Olaf Jacobsen

Hilfe! Ich stehe unbewusst zur Verfügung

Olaf Jacobsen

Hilfe! Ich stehe *unbewusst* zur Verfügung

Unbewusste Beeinflussungen aufdecken
für ein unabhängiges Leben

Olaf Jacobsen Verlag

Die in diesem Buch beschriebenen Methoden sollen ärztlichen Rat und medizinische Behandlung nicht ersetzen. Die vorgestellten Informationen und Anleitungen sind sorgfältig recherchiert und wurden nach bestem Wissen und Gewissen weitergegeben. Dennoch übernehmen Autor und Verlag keinerlei Haftung für Schäden irgendeiner Art, die direkt oder indirekt aus der Anwendung oder Verwertung der Angaben in diesem Buch entstehen. Die Informationen in diesem Buch sind zur eigenen, persönlichen Weiterbildung gedacht.

Wie wird hier geschlechtergerecht formuliert?

Wird eine Bezeichnung in der Mehrzahl benötigt, dann wird der Genderstern verwendet (Bsp.: „Teilnehmer*innen"). Bei Bezeichnungen in der Einzahl wird unregelmäßig zwischen weiblich und männlich abgewechselt.

Bibliografische Information der Deutschen Nationalbibliothek:
Die Deutsche Nationalbibliothek verzeichnet diese Publikation
in der Deutschen Nationalbibliografie; detaillierte bibliografische
Daten sind im Internet über http://dnb.d-nb.de abrufbar

1. Auflage 2016
2. Auflage 2018
3. überarbeitete Auflage 2021

Cover-Foto: PublicDomainPictures-chain-19176, Pixabay.com,
abgerufen am 15.3.2020

Druck und Bindung: CPI books GmbH, Leck

ISBN 978-3-936116-07-6

Meine liebe Jacqueline,

dieses Buch habe ich für dich geschrieben,

aus meinem ganz tief liebenden Herzen heraus.

Erweitere deine Wirklichkeit und die Wirkung ändert sich

Olaf Jacobsen

Wie wird hier geschlechtergerecht formuliert?

Wird eine Bezeichnung in der Mehrzahl benötigt, dann wird der Genderstern verwendet (Bsp.: „Teilnehmer*innen“). Bei Bezeichnungen in der Einzahl wird unregelmäßig zwischen weiblich und männlich abgewechselt.

Inhalt

Die weise Ohnmacht

Es ist immer wieder spannend, wenn ich an einem neuen Buch arbeite. Ich beginne mit einer Idee und fange an zu schreiben. Dann komme ich an einen Punkt, an dem ich denke, dass ich als nächstes über ein ganz bestimmtes Thema schreiben müsste. Denn dieses Thema würde sich schlüssig aus dem bisher Geschriebenen ergeben. Allerdings habe ich mir über das neue Thema noch keine Gedanken gemacht. Und so überlege ich, was ich darüber schreiben kann und möchte. Dabei kann es vorkommen, dass ich mich einen Tag lang lustlos fühle. Mir fällt nichts ein, ich habe keine Klarheit. Ich rutsche in einen Konflikt und frage mich, wie ich denn an dem Buch weiterarbeiten soll, wenn mir nichts zu diesem Thema einfällt, ja wenn ich nicht einmal die Energie habe, darüber nachzudenken …

„Entspann dich. Du brauchst heute nichts mehr zu schreiben. Und mach dir keine Sorgen. Es ist alles gut", antwortet meine innere Stimme.

Wo kommt diese innere Stimme her? Ich habe nicht das Gefühl, dass diese innere Stimme nicht mir gehört. Sondern es fühlt sich so an, als ob ich mich mit einem „weisen Gefühl" selbst beeinflusse. Ich scheine plötzlich die Rolle zu wechseln, in einen anderen Olaf-Anteil zu schlüpfen und mit dem Gefühl eines weiten Überblicks zu reden, aber ungeplant. Es passiert einfach, nachdem ich mir selbst eine Frage gestellt habe. Und das Spannende an der ganzen Sache ist: Meine innere Stimme hat im Nachhinein meistens Recht!

Dieses Mal habe ich es wirklich geschafft, dem Einfluss meiner inneren Stimme zu vertrauen, was nicht immer leicht ist. Ich habe den Rest des Tages genossen, wurde früh müde, bin ins Bett gegangen und habe lange geschlafen. Dabei habe ich einen hochinteressanten Traum gehabt. Und genau dieser Traum hat mich beeinflusst und mir bewusst gemacht, wie es mit der Arbeit an dem Buch weitergehen kann. Allerdings musste ich das bisher Geschriebene neu strukturieren und einen völlig neuen Anfang schreiben.

Was ist hier mit mir passiert? Woher weiß meine innere Stimme, dass es gut weitergehen wird? Und woher kommen solche klaren und hilfreichen Träume?

Habe ich ein „weises Unterbewusstsein“? Oder bin ich vom „weisen Universum“ beeinflusst? Führe ich „Gespräche mit Gott“? Bin ich ein Channel-Medium für Engel? Oder sind meine Neurone im Gehirn auf zwei getrennte Weisen aktiv – einmal „normal“ und einmal „superschlau“?

Vielleicht braucht es gar nicht solche Deutungen, was da passiert, und es ist völlig menschlich?

Ich habe vor vielen Jahren Musik studiert. Deshalb kann ich mich noch gut daran erinnern, dass Johannes Brahms[1] irgendwo geschrieben oder gesagt haben soll, er würde sich öfter zum Komponieren entspannt auf sein Sofa legen. In der Entspannung oder im Halbschlaf kämen ihm die besten Einfälle.

Wie kann so etwas funktionieren? Heutzutage würden die Neurobiologen sagen, dass wir in einem bestimmten Gehirnzustand (Theta-Schwingung, Signalwellen zwischen 4 und 8 Hz) einen besonders guten Zugang zum Unterbewusstsein haben. Die Gehirne von kleinen Kindern sollen sich permanent in so einem Zustand befinden. Wie erkläre ich mir aber, dass meine innere Stimme bei vollem Bewusstsein auftaucht? Ohne Entspannung oder Trance? Und wieso weiß meine innere Stimme, wie es weitergeht? Oder bringe ich mich etwa nach dem Stellen einer Frage blitzschnell in einen Theta-Wellen-Zustand und kann mir dann selbst meine Frage aus meinem weisen Unbewussten[2] heraus beantworten?

Inzwischen habe ich schlüssige und für mich äußerst hilfreiche und wirkungsvolle Antworten dazu gefunden, warum das passiert und wie wir effektiv mit uns selbst kommunizieren können[3]. Allerdings ist mir klar, dass nicht jede*r Leser*in etwas damit anfangen kann. Es gibt Menschen, die haben es noch nicht mit sich selbst erlebt. Sie kennen es von

---

[1] Deutscher Komponist, Pianist und Dirigent, 1833 – 1897.

[2] Ich benutze die Begriffe „Unterbewusstsein“ und „Unbewusstes“ synonym.

[3] Sie werden ab Seite 250 mehr darüber erfahren.

sich selbst nicht, was ich von mir berichte. Ich habe früher erfahren, dass im schlimmsten Fall einige Menschen dazu neigen, meine Beschreibungen als „Hirngespinst“ abzutun oder mich als „Nicht-Wissenschaftler“ und „Laien“ nicht ernst zu nehmen.

Außerdem habe ich auch Menschen erlebt, die das, was ich schreibe, anders deuten, als ich es eigentlich gemeint hatte. Sie interpretieren es mit ihren eigenen Möglichkeiten, ohne sich dessen bewusst zu sein. Dann speichern sie es offenbar völlig anders in ihrem Gehirn, schreiben eine Rezension über mein Buch – und haben letztendlich das rezensiert, was sie in ihrem Gehirn erschaffen haben, aber nicht wirklich das Buch, das ich meiner Ansicht nach geschrieben habe.

Ich bin nicht der einzige Autor, der so etwas erlebt. Ich behaupte sogar: Diese Missverständnisse darf *jede*r* Autor*in erfahren. Auch umgekehrt: Ich bin mir bewusst, dass ich es genauso mache! Ich höre, was eine Person sagt, bin der Ansicht, sie verstanden zu haben, und reagiere auf sie. Anschließend wundere ich mich, dass die andere sich zu erklären oder gar zu rechtfertigen beginnt, weil sie sich von mir überhaupt nicht verstanden fühlt.

Wenn wir genau hinschauen, dann finden wir dieses Problem der gegenseitigen Missverständnisse überall wieder – und das seit Jahrtausenden, seitdem der Mensch die Sprache entwickelt hat. Und wenn wir noch genauer hinschauen, dann entdecken wir etwas Großartiges: Wir haben mit Hilfe dieser Missverständnisse die Chance, mit unserem Unbewussten in direkten Kontakt zu treten und dadurch ein großes Potenzial tief in uns freizulegen[4].

Allerdings ist das Schlimme an den vielen Missverständnissen: Keiner kann es in irgendeiner Weise ändern, weil keiner sein eigenes Missverständnis bemerkt, bevor nicht der andere ein Feedback gegeben hat. Manchmal ist es sogar so, dass das Gegenüber zwar ein Feedback gibt, man selbst demjenigen aber nicht glauben kann und weiterhin an dem Missverständnis festhält. Wir leben komplett in einer riesigen Wolke voller Missverständnisse. Ich kann überhaupt nicht darauf Einfluss nehmen, wie andere Menschen mich im ersten Augenblick missverstehen oder was sie als Reaktion auf mich fühlen. Ich bin in diesem Punkt absolut ohnmächtig – ohne Macht – ich kann es ***nicht beeinflussen***.

[4] Sie werden ab Seite 214 mehr darüber erfahren.

Und genau darum ging es in meinem Traum.

Ich träumte davon, dass ich in einer Fußgängerzone den um mich herum stehenden Menschen demonstrieren wollte, wie ich als Psychologischer Coach einem Menschen helfe. Eine junge Frau wollte sich gerne von mir helfen lassen. Wir redeten kurz über ihr „Problem" und ich fragte sie, wie sie sich auf einer Skala zwischen Null und Zehn einstufen würde, wenn Null = „kein Problemgefühl" und Zehn = „absolut starkes Problemgefühl" bedeute. Sie antwortete: „Fünfundzwanzig!"

Ich akzeptierte diese Antwort und begann mit ihr eine Systemaufstellung[5] mit kleinen Spielfiguren durchzuführen. Ich spürte, wie die Frau sich immer mehr verschloss. Zu einem Zeitpunkt, an dem ich den Eindruck hatte, dass die Aufstellung ihr zu einem besseren Gefühl verholfen hatte, weil sie sich irgendwie offener verhielt, fragte ich sie wieder, wo sie sich jetzt auf dieser Skala einstufen würde. Ihre Antwort: „Das kann ich jetzt nicht sagen."

Ich hatte keine Chance zu erfahren, ob die Aufstellung dieser Frau geholfen hatte, und ich hatte auch keine Chance, den umstehenden Menschen zu „beweisen", dass ich sie mit Hilfe der Aufstellung unterstützen konnte.

Ich war ohnmächtig.

Wieso ist dieser Traum wegweisend für meine Arbeit an diesem Buch? Weil ich über Beeinflussungen schreibe und bei meinen bisherigen Überlegungen diesen einen Punkt vorübergehend vergessen hatte: die vollständige Ohnmacht desjenigen, der andere Menschen beeinflussen möchte. Ich kann Sie, liebe*r Leser*in, in keiner Weise beeinflussen, wenn Sie nicht dieses Buch aufgeschlagen hätten, hier nicht lesen würden und wenn Sie nicht verstehen könnten, was die Worte bedeuten. Auch wenn Sie in Ihrem Gehirn aus meinen Sätzen etwas ganz anderes machen, als ich es ursprünglich gemeint hatte, habe ich Ihnen gegenüber keine Chance.

Ich bin absolut ohnmächtig, wenn ich bei Ihnen etwas ganz Bestimmtes bewirken will. Und das ist bei allen Beeinflussungen so.

---

[5] Sie werden ab Seite 366 mehr darüber erfahren.

Wenn wir an einem Grashalm ziehen, wächst er dadurch nicht schneller. Wir können das Wachstum des Grashalmes nicht beeinflussen. Wir können ihm nur optimale Nahrung (Dünger) zukommen lassen, die er dann autonom für sich selbst nutzt oder nicht nutzt. Ein Angler kann nur den Köder auswerfen. Der Fisch entscheidet selbstständig, ob er das Angebot nutzen und anbeißen will. Der Angler kann den Fisch in dieser Entscheidung nicht beeinflussen.

Stellen Sie sich einen Menschen vor, der sich von seinen Eltern im Streit trennt. Seitdem hat er Probleme mit Menschen, die ihm auf irgendeine Weise übergeordnet sind. Und nun bewirbt er sich bei einer Firma, erhält dort einen Arbeitsplatz, wird ein Angestellter und hat ab sofort mit einer Chefin zu tun. Angenommen dieser Mensch projiziert in seine Chefin unbewusst seine Eltern. Hat dann diese Chefin eine Chance, auf positive Weise mit dem Angestellten umzugehen? Der Angestellte denkt misstrauisch: „Im Moment scheint sie freundlich zu sein. Aber das macht sie nur, um mir später eins reinzuwürgen." Aufgrund dieses Gedankens verschließt sich der Angestellte gegenüber der Chefin und ist nicht bereit, zu kooperieren und ihre Anregungen wertzuschätzen. Und wenn diese Chefin irgendwann einmal „zufällig" einen Fehler macht und sich kurz unfreundlich verhält, weil sie gerade unkonzentriert ist oder schlechte Laune hat, dann interpretiert es der Angestellte sofort als: „Da ist es! Ich wusste es doch! Jetzt würgt sie mir eins rein!", und beginnt mit ihr zu streiten. Er lebt im Kontakt mit seiner Chefin genau das gleiche Muster, das er auch im Kontakt mit seinen Eltern gelebt hat. Er projiziert seine Eltern auf die Chefin und gibt ihr dadurch unbewusst in gewisser Weise eine „Elternrolle".

Seine Chefin hat keine Chance. Sie kann ihren Mitarbeiter nicht beeinflussen und ist ihm gegenüber vollkommen ohnmächtig. Sie kann nur darauf warten, dass er sich selbst vielleicht irgendwann einmal weiterentwickelt und selbstständig erkennt, dass er sich in seiner Sicht auf die Chefin geirrt hat.

Psychotherapeut*innen kennen das: Wenn ihre Klientin grundsätzlich Probleme mit Psychotherapeut*innen oder mit Änderungsvorschlägen hat, dann hat die Psychotherapeutin kaum eine Chance, irgendeine Änderung zu bewirken. Sie kann ihrer Klientin nur Sichtweisen und Handlungsmöglichkeiten *anbieten*. Was die Klientin aber daraus macht, liegt allein in der Hand der Klientin.

Zu einer erfolgreichen Beeinflussung von außen
gehören *immer* mindestens zwei Parteien:
jemand/etwas im Außen – und Sie.

Der Hauptpunkt bei Beeinflussungen ist immer: Sie sind **„Chef*in Ihres Erlebens“**. Sie sind Chef*in über alle Beeinflussungen, die von außen ankommen. Niemand kann Sie beeinflussen, wenn Sie auf irgendeiner Ebene nicht dafür offen sind. Und niemand kann bestimmen, auf welche Weise er Sie beeinflusst. Denn Sie können als Chef*in mit jeder Beeinflussung so umgehen, wie Sie es bewusst oder unbewusst wollen.

Wenn Sie das Gefühl hätten: „Hilfe! Ich stehe *unbewusst* zur Verfügung“, dann wäre das ein Zeichen dafür, dass Sie den Kontakt zu sich selbst verloren haben und davon ausgehen, von außen unwillentlich beeinflusst zu werden. Sie fühlen sich als Opfer von unbewussten Beeinflussungen. Dabei haben Sie in Wirklichkeit Ihr Bewusstsein dafür verloren, dass Ihr gesamter Organismus selbstständig entscheidet, was er mit den Einflüssen von außen macht, wie er damit umgeht.

Die Zwickmühle bei der ganzen Sache ist jetzt: In diesen letzten zwei Absätzen habe ich aufgeschrieben, dass Sie Chef*in Ihres Erlebens sind. Doch da ich das als Autor aufgeschrieben habe, steckt dahinter mein persönlicher Wunsch, Sie mit meinen Aussagen zu beeinflussen: Ich wünsche Ihnen aus ganzem Herzen, dass Sie sich bewusst werden können, dass Sie Chef*in Ihres Erlebens sind – und es schon immer waren. Sie bestimmen zwar nicht, was Ihnen das Leben bringt, aber ich will Ihnen zurufen: „Sie als Chef*in bestimmen immer selbst, was Sie aus allen Erfahrungen und Erlebnissen machen, die auf Sie zukommen.“ Durch diesen Wunsch von mir ist mein Verhalten so ähnlich, wie wenn ein Mensch A zu einem Menschen B sagt: „Sei doch mal selbstständig!“ – Erkennen Sie den Widerspruch?

Der Widerspruch ist: Wenn Mensch B auf diese Anweisung von Mensch A hört und gehorcht und nun selbstständig wird, dann wurde er selbstständig, weil Mensch A das zu ihm gesagt hat. Wird man selbstständig, weil man einem anderen Menschen folgt oder gehorcht? Verstehen wir unter „Selbstständigkeit“ wirklich so ein gehorchendes Verhalten? Oder wird man nur selbstständig, wenn man aus eigenem Antrieb heraus selbst zur Selbstständigkeit gefunden hat? Ohne Hilfe von außen? Eben „selbstständig“?

Wenn Sie sich jetzt selbst als Chef*in Ihres Erlebens betrachten, weil ich Ihnen das gesagt habe, sind Sie dann wirklich Chef*in? Oder stehe ich nicht auf irgendeiner Gefühlsebene als „Autor“ und damit als „Experte“ in der Hierarchie immer noch über Ihnen?

Wenn Sie mir glauben, dass Sie Chef*in sind, und nun versuchen, meinem Hinweis zu folgen und ab sofort Chef*in Ihres Erlebens sein zu wollen, dann werden Sie unweigerlich scheitern. Denn dadurch, dass Sie versuchen, meinem Hinweis zu folgen, haben Sie *mich* unbewusst zu Ihrem Chef gemacht. Sie werden möglicherweise eine Energielosigkeit fühlen, können das Chef*insein nicht wirklich umsetzen und können sich nicht aus ganzem Herzen darüber freuen. Sie werden aus der Unterordnung erst herauskommen, wenn Sie diesen Widerspruch durchschaut haben und selbstständig entscheiden: „Ich *will* das umsetzen, was jemand anderes angeboten hat“.

Ich wollte als Kind immer selbstständig sein und aus eigenem Antrieb heraus meiner Mutter beim Tischdecken helfen, damit sie sich darüber freut. In dem Moment, in dem ich in die Küche kam und zum Geschirrschrank ging, um den Tisch zu decken, sagte sie: „Deck´ doch mal bitte den Tisch!“ – und schon war mein Gefühl der Selbstständigkeit wie weggeblasen und ich fühlte Lustlosigkeit.

Die Lösung dieser Zwickmühle ist im Grunde ganz einfach: Jeder Mensch ist sowieso schon immer selbstständig. *Unabhängig* davon, ob ich das hier schreibe oder nicht. Jede Person ist schon immer Chef*in ihres Erlebens – seit ihrer Geburt. Egal, ob ihr das bewusst ist oder nicht, ob sie bewusste Entscheidungen trifft oder unbewusste. Jedes einzelne lebende System ist biologisch autonom und hat einen ganz eigenen Überlebenswillen. Ihr gesamter Organismus hat selbstständig entschieden, ob er die Muttermilch einsaugt, verdaut und zum Wachstum nutzt oder ob er sich dagegen wehrt oder nicht reagiert. *Sie entscheiden* selbstständig (bewusst oder unbewusst), ob Sie den Hinweis des anderen Menschen „Sei doch mal selbstständig!“ umsetzen oder nicht. *Sie entscheiden* (bewusst oder unbewusst), ob Sie gehorchen oder nicht. *Sie entscheiden*, wenn Sie nicht gehorchen, ob Sie den Hinweis des anderen trotzdem umsetzen – mit einem selbstständigen Gefühl. *Sie entscheiden*, ob Sie scheitern oder nicht. *Sie entscheiden*, ob Sie um Ihr

Leben kämpfen oder nicht. Und wenn ich Ihnen schreibe, dass Sie als Chef*in mit jeder Beeinflussung so umgehen, wie Sie es bewusst und unbewusst wollen, dann *entscheiden Sie* als Chef*in, ob Sie mit meiner Aussage übereinstimmen oder nicht. Wenn ich Ihnen sage, dass Sie unweigerlich scheitern werden, dann *entscheiden Sie* als Chef*in, ob Sie mit meiner Aussage übereinstimmen oder doch nicht.

Als Kind konnte ich im Grunde *selbstständig entscheiden*, ob ich nach der Aussage meiner Mutter „Deck´ doch mal bitte den Tisch!“ auch weiterhin den Tisch decke oder es sein lasse. Ich hätte nur mit den Folgen leben müssen. Trotz ihrer Aussage blieb ich im Grunde immer selbstständig. Mein Organismus hat *selbstständig entschieden*, sich plötzlich lustlos und enttäuscht zu fühlen.

Mein wirkliches Problem war damals nicht meine scheinbare „Unselbstständigkeit“. In Wirklichkeit hatte ich den selbstständigen Wunsch, dass meine Mutter meinen selbstständigen Tischdeck-Impuls erkennen würde. Ich wollte selbstständig das übliche Denk- und Verhaltensmuster meiner Mutter ändern. Sie sollte sich freuen. Ich wollte ihr selbstständig eine Freude machen. Doch dieser Wunsch wurde mir nicht erfüllt. Meine plötzlich aufkommende Lustlosigkeit nach ihrer Anweisung hatte also nichts damit zu tun, dass ich nicht mehr selbstständig war. Sondern die Lustlosigkeit hatte damit zu tun, dass meine Mutter mir meinen Wunsch nach Anerkennung und nach Gesehenwerden nicht erfüllte – und ich fühlte Ohnmacht.

Es war genau wie in meinem Traum, als die Frau mir meinen Wunsch nicht erfüllte, der umstehenden Gruppe „beweisen“ zu können, wie ich ihr mit Hilfe einer Systemaufstellung helfen konnte. Ich war ohnmächtig gegenüber der *selbstständigen unbewussten Entscheidung* meiner Mutter. Ich konnte sie nicht beeinflussen. Sie entschied unbewusst, ihr Verhaltensmuster auch weiterhin fortzusetzen - unabhängig davon, ob ich schon auf dem Weg zum Geschirrschrank war und den Tisch decken wollte. Meine Mutter lebte auch weiterhin den gleichen Blick auf mich: „Ich muss Olaf sagen, was er tun soll, sonst denkt er selbst nicht daran.“

Von einer anderen Ebene aus betrachtet, kann man zusätzlich noch das Folgende erkennen: Genau dieser Blick von meiner Mutter, ihre Annahme „sonst denkt er selbst nicht daran“, ließ mich im Kontakt mit ihr unselbstständig fühlen, obwohl ich es nicht war. Sie gab mir dadurch unbewusst eine bestimmte „Rolle“. Diese Rolle beeinflusste mich, weil ich dafür offen war und mich auch beeinflussen ließ. Ich stand meiner Mutter unbewusst für diese Rolle zur Verfügung und fühlte mich daher unselbstständig[6].

Sie entscheiden schon immer selbstständig (bewusst oder unbewusst), ob und wie Sie sich beeinflussen lassen.

Sie - als Leser*in dieses Buches - haben sicherlich den Wunsch, dass ich mit meinen Sichtweisen über das Thema „Beeinflussungen“ als Autor möglichst hilfreich für Sie bin, sonst würden Sie hier nicht lesen. Sie haben den Wunsch, mich gut verstehen zu können, und hoffen, mit meinen Aussagen etwas anfangen zu können, damit Ihr Alltag angenehmer verläuft. Vielleicht haben Sie auch den Wunsch, dass ich Zusammenhänge formuliere, durch die Sie sich selbst noch besser verstehen können. Doch ich kann mich noch so sehr anstrengen und Behauptungen und scheinbare Wahrheiten und ausführliche Erklärungen aufschreiben – letztendlich sind Sie Chef*in und *entscheiden selbst*, ob das, was Sie hier lesen, für Sie hilfreich wirken kann oder nicht. Nur Sie können das beeinflussen. Sie entscheiden selbstständig, was Sie als „Wirklichkeit“ für sich empfinden und was nicht.

Ich kann Ihnen lediglich meine Sichtweisen und Denkmodelle zur Verfügung stellen. Ich kann versuchen, eine möglichst einfache Sprache zu wählen und meine Denkmodelle nach meinem Gefühl und meiner Logik schlüssig darzustellen. Mehr nicht. Sie gehen als Chef*in Ihres Erlebens sowieso selbstständig mit allem um, was Sie hier lesen – ob ich das hier nun schreibe oder nicht: Es ist auf jeden Fall so, dass ich Ihnen gegenüber ohnmächtig bin. Ich nenne es eine „weise Ohnmacht“. Denn wenn ich dieser Ohnmacht Ihnen gegenüber zustimme, dann erkenne ich an, was ist. Ich fühle mich näher an der Realität, als wenn ich das Ohnmachtsgefühl ändern und Sie beeinflussen wollen würde.

Gerade erinnere ich mich an Dr. med. Gunther Schmidt[7]. In einem seiner Kurse hat er dem Sinn nach gesagt: „Es ist sowieso egal, wie ich mich anziehe. Sie allein entscheiden, ob ich gut aussehe oder nicht.“

---

[6] Mehr über diese „Rollen-Resonanz“ zwischen zwei Menschen ab Seite 375.

[7] Institutsleiter des Milton-Erickson-Instituts Heidelberg, Entwickler der Hypnosystemischen Therapie, Initiator und Geschäftsführer der sysTelios-Klinik.

Komplexer hat es Heinz von Foerster[8] ausgedrückt: „Die Information einer Beschreibung hängt von der Fähigkeit eines Beobachters ab, aus dieser Beschreibung Schlussfolgerungen abzuleiten."

Es ist in anderen Büchern nicht üblich, dass ein*e Autor*in über die Rollenverteilung zwischen Autor*in und Leser*in schreibt. Deswegen möchte ich das hier jetzt einmal ausführlich tun, auch wenn es zunächst banal erscheinen sollte. Außerdem gehört es zum Thema meines vorhin beschriebenen Traums und ist für das Thema dieses Buches „Beeinflussungen" von großer Bedeutung:

Wenn eine Autorin an einem Buch arbeitet, ist sie logischerweise in dieser Zeit die Chefin und bestimmt frei, was sie schreibt. Da sie sich beim Schreiben an Leser*innen wendet, ob sie sie nun direkt anspricht oder nicht, überträgt sie ihr Chefinsein auf ihre Beziehung zu den Leser*innen. Es gilt für sie während der Arbeit am Buch die Rollenverteilung: Die Autorin ist die Chefin und die Leser*innen sind diejenigen, die der Autorin und ihren Gedanken zur Verfügung stehen werden. Diese Rollenverteilung strahlen viele Autor*innen beim Schreiben aus – und so wird es von Leser*innen oft erspürt und interpretiert. So erkläre ich mir, dass manche Leser*innen eine*n Autor*in auf einen „Thron" stellen. Selbstverständlich unabsichtlich. Und dann reagieren sie entweder gläubig oder rebellierend auf das, was die Autorin geschrieben hat – beide Reaktionen geschehen aus der untergeordneten Position heraus. Auf diese Weise (durch die Unterordnung) kommen im negativen Fall „kämpferische Rezensionen" oder „abwertende Kritiken" zustande. Würden Leser*innen aus einer anderen Position heraus mit Mitgefühl auf die Autorin reagieren, müssten sie nicht kämpfen und abwerten, sondern könnten klar und konstruktiv ihre eigene Sichtweise vertreten.

Es gilt also oft automatisch und fast selbstverständlich die Rangfolge: Die Autorin ist die „Chefin", die „Expertin", und die/der Leser*in ist untergeordnet. So leben es viele Autor*innen beim Schreiben und so strahlen ihr Buch und ihre Sprache es aus. Mehr noch: Ein*e Autor*in hat sogar meistens das Gefühl oder die Überzeugung, Experte*in sein zu *müssen*, denn sonst bräuchte man erst gar nicht ein Buch zu schreiben. Sonst würde die Leserschaft den/die Autor*in nicht ernst nehmen.

---

[8] Österreichischen Biophysiker und Kybernetiker, 1911 – 2002.

Nicht nur Autor*innen, auch Verleger*innen und Lektor*innen stellen sich meiner Erfahrung nach oft „über" Leser*innen und sind davon überzeugt zu wissen, was Leser*innen wollen, was sie wünschen, was verständlich ist, was gut ankommt. Sie benutzen einen Maßstab, als wenn sie vorausberechnen könnten, was die meisten Leser*innen wollen.

Ich will gar nicht leugnen, dass Erfahrungen auch hilfreich sein können. Ich habe selbst bei der Arbeit an einem früheren Buch erlebt, wie mir eine Lektorin helfen konnte, meine Formulierungen noch einfacher und nach meinem Gefühl noch klarer zu gestalten. Ob dadurch letztendlich mehr Leser*innen mein Buch gelesen haben, wissen wir nicht.

Wenn es aber wirklich so wäre, dass Autor*innen, Verleger*innen und Lektor*innen vorausfühlen können, wie die meisten Leser*innen empfinden und welche Wahrheiten gut für die Leser*innen sind, dann müsste ein Bestseller nach dem anderen erscheinen, und die Menschen würden gar nicht mehr aufhören wollen, ein Buch nach dem anderen zu lesen.

Doch alle übersehen: Sobald ein Buch geschrieben und veröffentlicht ist, dreht sich die Rangfolge sofort um. Ab sofort ist das Buch der „Diener" und steht den Leser*innen zur Verfügung. Das Buch ist untergeordnet und die Leser*innen sind nun Chef*innen. Nur die Leser*innen allein entscheiden, welches Buch sie interessiert, wie sie das Buch wahrnehmen, ob sie es anziehend, neutral oder abstoßend finden, mit welchen Überzeugungen, Sichtweisen und inneren Haltungen sie lesen und wie das Buch in ihnen wirkt. Leser*innen *entscheiden selbst*, was sie mit dem Buch machen, wie sie es nutzen, was sie lesen und was nicht. Autor*in, Verlag und Lektor*in haben keinerlei Einflussmöglichkeiten mehr. Deren Chef*innenrollen sind beendet. Komplett.

Sie als Chef*in können dann frei bestimmen, ob Sie sich beim Lesen als „Chef*in über das Buch" erkennen oder ob Sie bewusst oder unbewusst *selbstständig entscheiden*, sich der/dem Autor*in und dem Verlag beim Lesen gläubig unterzuordnen. Schließlich ist die/der Autor*in ja ein*e Expert*in auf dem Gebiet …

> Wenn Sie die Rangfolge ändern und nicht mehr Ihr Umfeld über sich selbst stellen, sondern sich selbst als „Chef*in Ihres Erlebens" sehen, ändern Sie dadurch die Wirkungen vieler Beeinflussungen.

Diesen Zusammenhang kann ich als Autor am besten berücksichtigen und integrieren, wenn ich schon beim Schreiben so weit wie möglich die „dienende Rolle“ einnehme. Dies kann ich tun, indem ich zum großen Teil von mir persönlich berichte, dadurch die Subjektivität dieses Buches unterstreiche und meine Denkmodelle Ihnen zur Verfügung stelle – als *Angebot*. Ich stehe für die „Rolle des Experten“ nicht zur Verfügung, weil ich weiß, dass ich es nicht bin. Sie sind allein Experte*in dafür, ob Sie mit meinen subjektiven Erkenntnissen, Denkmodellen und Werkzeugen etwas anfangen oder nicht. Wenn Sie jetzt aber reagieren und sagen: „Doch, Olaf. Für mich bist du ein Experte im Nicht-Experte-Sein!“, dann werde ich Ihnen *nicht* widersprechen. Erstens ist dies *Ihre* Entscheidung und zweitens stehe ich Ihnen in *dieser* Rolle gerne zur Verfügung.

Weil ich Ihnen gegenüber ohnmächtig bin, kann ich nicht beeinflussen, welche Rolle Sie mir geben. Egal was ich schreibe, ich kann nicht steuern, ob Sie mir ebenso die Rolle des Dienenden geben – oder trotzdem die Rolle des Experten, dem Sie sich gerne unterordnen oder gegen den Sie kämpfen oder den Sie auf ebenbürtiger Ebene für sich nutzen. Wichtig ist für mich: Ich tue *mein* Bestes, so dass ich mir hinterher nichts mehr selbst vorzuwerfen habe. Mit diesem Gefühl mir selbst gegenüber kann ich besser den Rollenverteilungen, die von Leser*innen ausgehen, zustimmen.

Je zufriedener Sie mit sich selbst sind, umso leichter ist es, mit negativen Beeinflussungen von außen umzugehen. Denn Ihre eigene Zufriedenheit bietet negativen Beeinflussungen kaum noch eine Angriffsfläche.

Unzufriedenheiten sind „offene Wunden“, in die andere Menschen leicht ihre Finger stecken können.

Ich werde nicht bei jedem Satz schreiben: „aus meiner Sicht“ oder „meiner Meinung nach“ oder „als Angebot an Sie“ oder „mein Denkmodell ist“. Daher werde ich nicht darum herumkommen, auch „allgemein“ zu formulieren und einen scheinbaren Tatbestand scheinbar objektiv zu beschreiben. Wenn Sie dem Schein dann glauben und meine Beschreibung für eine „Wahrheit“ halten, ist in dem Moment möglicherweise etwas zwischen dem Buch und Ihnen passiert, was wir Menschen dann „Beeinflussung" nennen. Letztendlich haben aber Sie die unbewusste oder bewusste Entscheidung *selbstständig* gefällt, Ihr Inneres dem anzupassen, was Sie glauben, gelesen zu haben (behaupte ich)[9].

In diesem Buch stelle ich Ihnen Denkmodelle von mir zur Verfügung, damit Sie sich Schritt für Schritt selbstständig ein Bewusstsein für Ihre Chef*inrolle erarbeiten können, falls Sie es nicht schon überall haben und falls Sie es überhaupt wollen. Ich biete Ihnen Werkzeuge an, wie Sie als Chef*in Ihres Erlebens mit äußeren Einflüssen bewusst umgehen lernen. Und ich bin mir dabei Folgendes bewusst: Diese Denkmodelle und Trainings dienen Ihnen nur, wenn sie für Sie auch wirklich Sinn machen, wenn Sie sie ausprobieren wollen und wenn sie *für Sie* hilfreich sind – und nicht, weil *mir* diese Denkmodelle und Trainings geholfen haben oder weil sie angeblich *grundsätzlich* hilfreich *sind.* Ich und die Denkmodelle haben mit der Wirkung in Ihnen gar nichts zu tun. Sie und Ihr Unbewusstes entscheiden selbstständig komplett unabhängig von mir, wie Sie mit meinen Denkmodellen umgehen wollen und können. Sie entscheiden, welche „Rolle" sie meinen Denkmodellen und mir geben[10].

Ich habe eine interessante Ansicht von Jörg Starkmuth gefunden. Er ist der Autor des Bestsellers *Die Entstehung der Realität* und hat folgenden Spruch verfasst: „Denkmodelle mit Wahrheit zu verwechseln ist eine zutiefst menschliche Angewohnheit, für die Wissenschaftler und Esoteriker gleichermaßen anfällig sind."

Zu diesem Spruch passend möchte ich ein weiteres persönliches Beispiel bringen: Eine Buchhändlerin hat mir empfohlen, doch einmal das neue Buch des Neurobiologen Joachim Bauer zu lesen. Der Titel:

Selbststeuerung – Die Wiederentdeckung des freien Willens.[11]

Ich hielt die Buchhändlerin für eine „Expertin" und kaufte mir das Buch gleich bei ihr, ohne vorher eine Leseprobe zu studieren. Ich las zu Hause die ersten Sätze, die ich hier zitieren möchte:

„Mit Selbststeuerung lässt sich im Leben vieles, ohne sie nichts erreichen. Ihre wahre Bedeutung liegt jedoch nicht in der Ansteuerung hehrer oder spektakulärer Ziele. Ihr tiefer Sinn liegt darin, unser ganz eigenes,

---

[9] Mehr darüber im Zusammenhang mit dem „Placebo-Effekt" ab Seite 198.

[10] Mehr darüber ab Seite 207 zum Thema *Individuelle Realitäten.*

[11] Blessing Verlag, 2015.

wahres Leben zu leben und zu uns selbst, zu unserer ureigenen Identität zu finden. Wer – wie es ein Kleinkind tut – nur seinen spontanen Impulsen nachgibt oder unvermittelt und ohne Sinn und Verstand nach allem greift, sich alles einverleibt oder alles haben muss, was ihm hingehalten wird, hat kein Selbst."

An dieser Stelle schlug ich das Buch wieder zu. Das war´s für mich. Ich hatte sofort das Gefühl, Joachim Bauer maßt sich mit dieser letzten Aussage etwas an. Woher will er wissen, was ein „Selbst" ist und wer ein Selbst hat und wer nicht? Und vor allem: Woher will er wissen, dass spontane Impulse nicht sinnvoll sind oder dass ein Kleinkind kein Selbst hat und „ohne Sinn" nach allem greift? Man müsste sich doch erst einmal genau mit der Definition von „Selbst" auseinandersetzen. Wie definieren wir das Selbst? Gibt es überhaupt eine einheitliche Definition? Ich z. B. sehe es so, dass jedes Lebewesen, das zwischen sich selbst und seinem Umfeld unterscheiden kann, ein Selbst hat. Das beginnt schon da, wo ein Hund ein juckendes Gefühl sich „selbst" zuordnen kann und sich mit seiner Pfote „selbst" am eigenen Ohr kratzt. Um dies tun zu können, muss er sich selbst steuern können.

Außerdem sehe ich es in meiner Wirklichkeit so, dass sich kleine Kinder in einer Phase der allumfassenden Musterbildung befinden. Der Sinn des „Nach-allem-Greifens" ist der Aufbau von inneren Denk- und Verhaltensmustern, auf die das Kind später zurückgreifen kann. Als Erwachsener „greift" man nicht mehr nach allem, sondern man „guckt" eher und ist weiterhin spontan neugierig. Diese Musterbildung eines Menschen, die das ganze Leben lang geschieht, gehört meiner Ansicht nach ebenfalls zum „Selbst" eines Menschen[12].

Letztendlich sind „spontane Impulse" nicht sinnlos, sondern können einen Zusammenhang zum Umfeld aufzeigen und im Nachhinein einen Sinn im aktuellen Umfeld ergeben[13].

Wie dem auch sei: Ich fühlte keine positive Resonanz zu den Sätzen von Joachim Bauer und zu seiner Haltung als Autor gegenüber mir als Leser. Demnach hatte ich kein Interesse mehr, sein Buch weiterzulesen. Ich wähnte mich sicher: Alle weiteren Buchseiten würden von seiner Anmaßung begleitet sein. Er würde als Wissenschaftler und Autor seine

---

[12] Fortsetzung zu diesem Thema der Musterbildung siehe ab Seite 96.

[13] Zum Sinn der Spontaneität mehr ab Seite 381.

Denkmodelle und Spekulationen als „Wahrheiten“ formulieren. Ein paar Stichproben bestätigten mir diese Einschätzung.

Sie sehen, wie ich als Chef meines Erlebens mich zunächst von der Buchhändlerin beeinflussen ließ und das Buch kaufte[14]. Dann habe ich als Chef meines Erlebens diesen ersten Absatz von Joachim Bauer aus meiner eigenen Realität heraus wahrgenommen, habe innerlich etwas daraus gemacht, es gewertet („seine Anmaßung“) und habe einen bestimmten Schluss für mich daraus gezogen. Weitere Stichproben schienen meine Schlussfolgerung zu bestätigen.

Dabei bin ich mir vollkommen bewusst, dass dies mein ganz eigenes Gefühl war, meine ganz eigene Sichtweise und meine ganz persönliche Reaktion und Wirklichkeit[15]. Ich bin mir sicher, dass es viele Menschen gibt, die ganz anders mit den Sätzen von Joachim Bauer umgehen und vielleicht auch ganz andere Stichproben im Buch gefunden hätten. Ich behaupte nicht, dass ich mit meiner Einschätzung ein objektives Urteil gefällt habe. Nein – meine Einschätzung ist rein subjektiv. Und jede andere Reaktion von anderen Menschen gehört genauso dazu und ist ebenso eine „Wirklichkeit“. Wenn ich so urteile, bedeutet das für mich nicht, dass jeder andere Mensch genauso urteilen muss, wie ich. Ganz im Gegenteil: Ich nehme die persönlichen Urteile aller Menschen ernst. Alles gehört dazu[16].

Des Weiteren bin ich felsenfest davon überzeugt, dass es in meinem Buch, das Sie gerade in den Händen halten, auch viele Absätze gibt, in denen ich genauso formuliere. Ich mache also genau den gleichen „Fehler“, den ich hier bei Joachim Bauer meine, wahrnehmen zu können. Und zu guter Letzt bin ich mir sicher, dass Joachim Bauer aus seiner Perspektive heraus seinen Text bestimmt nicht anmaßend gemeint hat und sich selbst auch nicht als anmaßend empfindet. Er hat sicherlich mit sehr positiver Absicht sein Buch verfasst – aus seiner persönlichen Wirklichkeit heraus. Trotzdem hat er mit seinem Buch keinen Einfluss darauf, wie ich auf sein Buch reagiere und wie ich damit umgehe. Er ist mir gegenüber ohnmächtig.

---

[14] Im Nachhinein stellt sich nun heraus, dass meine Entscheidung sinnvoll war, weil ich das Buch an dieser Stelle zitiert habe und als Beispiel für meinen Umgang damit nutzen konnte. Das gehörte also auch dazu. Siehe ab Seite 311.

[15] Zum Thema „Realitäten“ siehe ausführlich ab Seite 216.

[16] Zum Thema „Ernst nehmen aller Menschen“ siehe ab Seite 385.

Inzwischen habe ich live einen Vortrag von ihm erlebt. Ich sehe es nun so, dass Joachim Bauer und wahrscheinlich auch einige andere Neurobiologen davon ausgehen, dass ein bestimmtes Hirnareal für das „Selbst“ des Menschen steht. Dieses Hirnareal zeigt genau dann eine Aktivität, wenn sich ein Erwachsener über sich selbst Gedanken macht. Bei Babys hat man festgestellt, dass diese Hirnregion noch keine messbaren Signale für „Aktivität“ aussendet, also wohl noch nicht aktiv ist. Aus diesem Zusammenhang heraus hat sich möglicherweise das Denkmodell gebildet, dass Babys noch kein Selbst haben.

Außerdem habe ich in diesem Vortrag etwas Weiteres beobachtet. Im Vergleich zu anderen Referent*innen hat Joachim Bauer erstaunlich oft erwähnt, wie andere Menschen ihn oder Inhalte seiner Arbeit kritisiert haben. Beispielsweise hat er auf ein Buch eines anderen Autors hingewiesen, in welchem die Existenz von Spiegelneuronen[17] angezweifelt wird. Joachim Bauer vertritt deren Existenz und rechtfertigte sich. Er beschrieb das andere Buch als „unsinnig“ und „nicht lesenswert“. Bei keinem anderen Referenten habe ich bisher erlebt, dass Werke und Ansichten anderer Menschen im Vortrag negative Aufmerksamkeit erhielten und gezielt ausgegrenzt wurden.

Ich schloss aus seinem Verhalten, dass er möglicherweise eine Persönlichkeitsstruktur hat, die verstärkt „Angriff von außen“ erfuhr und erfährt, und dass er einen Musterautomatismus entwickelt hatte, auf solche Angriffe öffentlich mit Rechtfertigung und Verteidigung zu reagieren. Leider nutzt er auch seinerseits dazu das Werkzeug der Abwertung. In diesem Zusammenhang könnte meine abwertende Reaktion auf sein Buch auch eine „Resonanz“ zu seiner Erfahrungsgewohnheit gewesen sein. Denn ich reagiere normalerweise nicht so stark abwertend auf Bücher, wie ich es bei seinem Buch getan hatte. Über solche „seltsamen“ Zusammenhänge schreibe ich ab Seite 356 mehr.

In diesem Sinne möchte ich Ihnen nun den Gedanken anbieten, dass die gesamte Werbeindustrie und auch alle anderen Menschen Ihnen gegenüber ohnmächtig sind. Denn Sie und Ihr Unbewusstes allein entschei-

---

[17] Neurone sind Nervenzellen. Spiegelneurone sind Nervenzellen im Gehirn eines Menschen A, die eine beobachtete Aktivität eines anderen Menschen B so widerspiegeln, als ob Mensch A es gerade selbst aktiv durchführen würde.

den, was Sie aus all den Informationen machen, die per Werbung, per Nachrichten, per Zeitung, per Buch, per Internet, per E-Mail oder per Gespräch zu Ihren Sinnesorganen gelangen.

Allerdings könnte es da noch eine andere Ebene geben, durch die wir vielleicht doch *unbewusst* beeinflusst werden: Resonanz. Wir blenden diese Ebene in unserer Gesellschaft bisher durchweg noch aus und haben daher auch noch nicht gelernt, mit Resonanzen bewusst umzugehen. Durch die immer bekannter werdenden Systemaufstellungen wird in unserer Gesellschaft allmählich deutlich, dass wir Menschen eine Gabe zu dieser ganz besonderen Wahrnehmungsfähigkeit haben. Ich habe es „resonierende Empfindungen“[18] genannt. Das sind Gefühle, die offensichtlich mit unserem Umfeld im Gleichgewicht zu schwingen scheinen und mal mehr mal weniger unsere Gefühle und unser Verhalten zu steuern scheinen. Ich habe dies bereits angedeutet, als ich davon schrieb, dass die Art und Weise, mit der meine Mutter auf mich schaute, mich unselbstständig fühlen ließ, obwohl ich nicht unselbstständig war. Auch meine Reaktion auf Joachim Bauer könnte aus einer resonierenden Empfindung heraus entstanden sein.

Ich weiß, dass diese Gedanken über Resonanz für einige Leser*innen ein wenig „esoterisch“ angehaucht erscheinen. Zumindest sind Sie als Leser*in und „Chef*in über dieses Buch“ frei, entweder ein „esoterisches Denken“ in meine Worte zu interpretieren oder mich als „normalen“ Menschen mit subjektiven Erfahrungen und Denkmodellen zu sehen. Jetzt, wo dieses Buch fertig geschrieben und gedruckt ist, entscheiden Sie selbstständig, welche Rolle Sie mir und dem Buch geben.

Bezüglich der „resonierenden Empfindungen“ biete ich Ihnen die Information an, dass ihre Entdeckung auf den Beobachtungen vieler Menschen bei Systemaufstellungen beruht. Resonierende Empfindungen sind empirisch hunderttausendfach belegt und können nicht auf bloßer Einbildung oder auf reinen Interpretationsmöglichkeiten unseres Gehirns basieren. Außerdem ist dieses Phänomen den Psychoanalytikern und Psychologen seit Sigmund Freud bekannt. In psychologischen Sitzungen wird dieses Phänomen „Gegenübertragung“ genannt. Der Therapeut fühlt ab und zu Gefühle, die mit den Projektionen seines

---

[18] In Fachkreisen wird es auch „repräsentierende Wahrnehmung“ genannt, eine Bezeichnung von Matthias Varga von Kibéd und Insa Sparrer. Die Bezeichnung „resonierende Empfindung“ stammt von mir. Siehe ausführlich ab Seite 356.

Klienten auf ihn zu tun haben. Und wenn das auch über die Entfernung funktioniert[19], muss da also noch etwas anderes sein, als bloße Interpretationen unseres Gehirns. Letztendlich gibt es erste wissenschaftliche Experimente, deren Ergebnisse in die Richtung von resonierenden Empfindungen weisen.[20]

Um noch einmal auf Jörg Starkmuth und seinen Spruch zurückzukommen: Ich sehe mich selbst weder als Wissenschaftler noch als Esoteriker. Ich sehe mich als Mensch, der sein eigenes Leben besonders intensiv beobachtet. Ich mache mir über jedes Erlebnis und über jedes kleine Gespür im Alltag Gedanken, analysiere alles ausführlich, finde Lösungen und entwickle Erklärungen und für mich schlüssige Sichtweisen. Dabei versuche ich, meine Ergebnisse und Denkmodelle direkt in Worte zu fassen, ohne etwas zu verschleiern oder schön zu reden. Gleichzeitig bin ich bereit, alles zu hinterfragen und noch besser funktionierende Denkmodelle zu finden.

Doch hier beginne ich schon, ausführlicher über meine Person zu berichten. Dafür werde ich gleich ein neues Kapitel beginnen.

Zum Abschluss dieses ersten Kapitels biete ich Ihnen noch eine Möglichkeit an, wie Sie mit dem Buch umgehen können, wenn Sie wollen.

Sie werden von mir nicht nur bereits bekannte Denkmodelle lesen, sondern Sie werden auf jeden Fall auch mit komplett neuen Sichtweisen konfrontiert. „Neu“ heißt: „unüblich“ und vielleicht auch: „bisher noch nie so formuliert“. Aus der Hirnforschung wissen wir, dass komplett neue Dinge für das Gehirn erst einmal schwer zu verarbeiten sind. Diese „Schwere“ könnte ein Zeichen eines Ungleichgewichts im Gehirn sein. Das Gehirn kann gerade nicht auf gewohnte Muster zurückgreifen, sondern es muss komplett neue Muster bilden. Oder es müsste für ein Verständnis bestimmte vorhandene Muster nutzen, die aber zurzeit von etwas anderem abhängen (eventuell unverarbeiteter emotionaler Schmerz) und daher nicht zur Verfügung stehen. Die Neubildung oder Umbildung von Denk- oder Verhaltensmustern kann manchmal schnell gehen, manchmal aber auch eine gewisse Zeit und ein gewisses Training brauchen. Wir sehen das bei Kindern, wie viel Zeit und wie viel

[19] Siehe im Internet: http://www.unifeeling.com.

[20] Siehe ausführlich Seite 360 f.

Einsatz und Wiederholungen es braucht, bis sie das erste Mal etwas komplett Neues gelernt und ein entsprechendes Muster gebildet haben. Das geht nicht von heute auf morgen.

Sie werden also beim Lesen erleben, dass Ihr Gehirn bei manchen Themen scheinbar abzuschalten beginnt oder an bestimmten Themen mit eigenen Gedanken hängen bleibt. Gleichzeitig wird Ihr Gehirn auch angeregt, neue Verknüpfungen zu bauen. Es wird auf der unbewussten Ebene mit einer Musterbildung beginnen, was ein paar Tage oder Wochen braucht. Manchmal können Sie diese Musterbildung bewusst miterleben, weil Ihnen im Alltag plötzlich Zusammenhänge klarer werden, die Sie kurz vorher im Buch gelesen hatten. Oder Sie erleben, dass Sie Dinge anders zu sehen beginnen.

Ich schlage Ihnen folgenden Umgang mit dem Buch vor: Lesen Sie das Buch einmal komplett in Ihrem Tempo durch. Falls Ihr Gehirn abschaltet, lesen Sie trotzdem weiter, auch wenn Sie nichts verstehen. Legen Sie am Ende das Buch zur Seite, machen eine Woche Pause und lassen Ihren Synapsen im Gehirn etwas Zeit. Dann nehmen Sie es wieder zur Hand und lesen es noch einmal. Das gilt auch, wenn Sie schon beim ersten Lesen der Ansicht sind, alles vollkommen verstanden zu haben. Sie werden erleben, dass Sie plötzlich den Inhalt des Buches mit (noch) mehr Klarheit verstehen können.

Wenn Sie dann das Buch nach einem Monat Pause noch ein drittes Mal lesen, werden Sie das Gefühl haben, manche Dinge in diesem Buch neu zu erkennen. Sie werden weitere Aha-Erlebnisse mit sich selbst erfahren. Das liegt daran, dass Ihr Gehirn die entsprechenden Muster gebildet hat und nun (noch) besser „versteht“. Es kann besser ein Gleichgewicht zu dem Geschriebenen eingehen. Ihr Gehirn ist soweit, weitere Verknüpfungen zwischen Ihren alten Denkmustern und den neu gebildeten Denkmustern entstehen zu lassen.

Wenn Sie wollen, können Sie davon ausgehen, dass Sie hier drei Bücher in einem in der Hand haben. Das erste Buch, das Sie wahrnehmen, wenn Sie es das erste Mal lesen. Das zweite Buch, das Sie wahrnehmen werden, wenn Sie dieses Buch nach einer Woche Pause zum zweiten Mal lesen. Und das dritte Buch, das Sie wahrnehmen werden, wenn Sie es nach einem Monat Pause noch einmal lesen.

Natürlich besteht auch die Möglichkeit, ein einzelnes Kapitel mehrfach durchzulesen, bevor Sie zum nächsten Kapitel übergehen. Auf diese Weise regen Sie Ihr Gehirn ebenso zum Wachsen an. Vielleicht wird dies sowieso nötig sein, weil ich im Verlauf des Buches so viele Erkenntnisse mitteile, dass es möglicherweise für manche*n Leser*in schwer ist, alles auf einmal zu verdauen. Berechnen Sie also die Möglichkeit mit ein, in mehreren kleinen Häppchen das Buch zu lesen.

Ein weiterer Hinweis: Mir geht es bei der Arbeit am Buch so, dass ich morgens immer sehr frisch an die Arbeit gehe. Ich kann morgens am besten fühlen, was ich in diesem Buch schreiben möchte. Meine Kreativität fließt genauso wie mein Begeisterungsgefühl. Und wenn ich meine bisher geschriebenen Texte morgens noch einmal durchlese, habe ich einen sehr guten intensiven Zugang zu den Inhalten. Nachmittags oder abends lässt das nach. Ich bin zwar immer noch hellwach, merke aber, wie ich in meinem Gefühl nicht mehr so guten Zugang zu den Inhalten bekomme. Meine Erklärung ist, dass morgens mein Gehirn ausgeruht ist. Nachmittags habe ich schon so viel hinter mir, so viel gedacht und gefühlt, dass wohl Teile meines Gehirns kaum noch kreativ sein können.

Natürlich weiß ich nicht, ob es Ihnen beim Lesen ähnlich ergeht. Aber wenn Sie beobachten, dass Sie nachmittags oder abends weniger Zugang zu den Inhalten dieses Buches bekommen als vormittags, dann könnte es eventuell daran liegen, dass Sie zum Lesen dieses Buches ein ausgeruhtes Gehirn benötigen. Oder vielleicht auch daran, dass Sie zu mir als Autor eine resonierende Empfindung entwickelt haben und genauso fühlen wie ich. Probieren Sie aus, ob vormittags oder abends besser für Sie ist oder ob es keinen Unterschied macht.

Weil es bestimmte Themen gibt, die ich erst weiter hinten im Buch ausführlich behandle, aber schon in der ersten Hälfte anspreche, setze ich entsprechende ***Fußnoten***. In den Fußnoten finden Sie den Hinweis, wo Sie das Thema ausführlich nachlesen können, wenn es Sie danach verlangt. Es spricht nichts dagegen, wenn Sie sich mit dem Thema weiter hinten im Buch auseinandersetzen, bevor Sie vorne weiterlesen.

Auch einfach draufloszublättern und im Buch querzulesen ist möglich. Allerdings bedenken Sie bitte: Da es neue Denkmodelle von mir gibt, wird es manchen von Ihnen vielleicht schwerfallen, beim direkten Hinblättern das entsprechende Denkmodell ohne die Vorgeschichte im Buch nachvollziehen zu können. Es könnte durchaus sein, dass Sie beim Querlesen das Buch weniger interessant finden, als wenn Sie es von vorne Schritt für Schritt durchlesen.

Aber das weiß ich nicht wirklich. Nutzen Sie die Fußnoten, wie Sie es benötigen. Letztendlich sind Sie ja Chef*in des Buches. Ich gehe davon aus, dass Ihr Bauchgefühl und Ihre Impulse Sie richtig und stimmig führen werden, so wie es für Sie passt.

So, nun habe ich in diesem ersten Kapitel schon einige Themen angeschnitten, die ich im Laufe des Buches ausführlicher behandeln werde. Einige – für mich besonders spannende – Themenbereiche habe ich hier aber noch nicht untergebracht, damit Sie beim weiteren Lesen auch positiv überrascht fühlen können – wenn Sie es wollen, natürlich.

Ich freue mich, dass ich Ihnen mit meinem Buch „dienen“ darf, solange Sie darin lesen.

Was bisher geschah

Seit vielen Jahren bin ich auf einer tiefgründigen Suche. Ich suche danach, was uns Menschen ausmacht. Warum verhalten wir uns so, wie wir uns verhalten? Warum fühlen wir uns so, wie wir uns fühlen? Und wie können wir bewusst darauf Einfluss nehmen? Wie können wir gezielt ein Ungleichgewicht in ein Gleichgewicht verwandeln? Immer wenn ich auf neue Antworten und Zusammenhänge stoße, versuche ich meine Erkenntnisse für andere Menschen möglichst einfach und praktisch umsetzbar zu machen.

Diese tiefgründige Suche begann, als ich im Alter von zweiundzwanzig Jahren aus meinem Elternhaus in Schleswig-Holstein auszog, um ca. siebenhundert Kilometer südlich mein Musikstudium an der Staatlichen Hochschule für Musik in Karlsruhe zu starten. Ich saß in meinem Auto mit Anhänger, in dem sich meine Habseligkeiten befanden, und fuhr auf der A 7 Richtung Süden. Es war klar, dass ich aufgrund der großen Entfernung nun für einige Zeit nicht mehr nach Hause kommen würde. Und so dachte ich, dass ich mich jetzt endlich frei fühlen könnte – frei und ganz unabhängig von den bewussten und unbewussten Grenzen in meiner Familie. Doch die emotionalen Hemmungen und Blockaden, die ich zu Hause während meiner Jugend und als junger Erwachsener in mir beobachtete, nahm ich mit. In Karlsruhe angekommen hatten sie sich leider nicht aufgelöst. Ich dachte, ich könnte in Karlsruhe neu anfangen und endlich der Olaf sein, der ich schon immer sein wollte. Tief in meinem Inneren hatte ich ein ganz klares Gefühl, eine klare Vision davon, wie ich mich im freien Zustand verhalten und fühlen würde. Doch ich blieb auch siebenhundert Kilometer entfernt von allen mir gesetzten Grenzen immer noch der gehemmte und blockierte Olaf, der sich vieles nicht traute, sich immer zurückzog, sich wegen seiner Konzentrationsschwäche nicht an „normalen“ Gesprächen beteiligen konnte, beim Sprechen vor Gruppen immer ein riesiges Lampenfieber hatte und nur wenige Sätze sprach. Nun war mir klar, dass irgendetwas mit mir nicht stimmte. Meine Familie hatte mich über viele Jahre stark beeinflusst – und diese Beeinflussungen wirkten weiterhin tief in mir, obwohl ich endlich weit weg von allen lebte. Eine lange Suche begann, wie ich mich ändern und mich von diesen Beeinflussungen befreien konnte.

Heute (2016) bin ich 49 Jahre alt, fühle mich seit vielen Jahren frei, flexibel, offen und reich an Erfahrungen und Erkenntnissen, bin mit meiner Herkunftsfamilie vollständig ausgesöhnt und freue mich sehr darüber. Mein inzwischen entwickeltes Welt- und Menschenbild fühlt sich für mich äußerst stimmig und allumfassend an. Ich finde dafür viele Übereinstimmungen zu aktuellen wissenschaftlichen Sichtweisen und kann immer mehr Zusammenhänge in dieses Welt- und Menschenbild schlüssig integrieren.

Allerdings habe ich mich bewusst für einen Weg entschieden, der sich Abseits jeglicher wissenschaftlicher Studien befand. Ich stand zwar nach meinem Musikstudium kurz vor der Entscheidung, Psychologie zu studieren, doch etwas in mir wollte einen anderen Weg gehen. Die damaligen Inhalte des Psychologiestudiums haben mich nicht angesprochen. Und nur um später anderen Menschen eine Qualifikation vorweisen zu können, wollte ich nicht studieren. Deswegen hat mich mein Weg an dem Philosophie-, Psychologie- oder Medizin-Studium vorbeigeführt, vorbei an dem Studium der Neurobiologie, vorbei an jeglicher wissenschaftlich anerkannten Forschungstätigkeit. Deswegen bin ich kein Arzt, kein Therapeut, kein ausgebildeter Wissenschaftler, besitze keinerlei Diplom, habe keinen Doktortitel und bin kein Professor. Demnach kann ich Ihnen keine offizielle Qualifikation bieten.

Ich bin immer noch froh darüber, dass ich so entschieden hatte. Denn so konnte ich mich über viele Jahre in meinem Tempo mit meinen individuellen Gefühlen, Gedanken, meiner eigenen Logik und mit meinen Erfahrungen im Kontakt zu anderen Menschen auseinandersetzen. Ich nahm mir während meines Musikstudiums und auch danach viel Zeit dafür, alles ausführlich zu erforschen, zu klären und neu zusammenzufügen. Ich konnte meinen ganz eigenen Weg gehen – und habe mir nur Informationen „von außen“ (Fachliteratur, Fachvideos, Seminare) geholt, wenn ich sie wirklich brauchte, wenn ich entsprechende Fragen hatte oder wenn ich nach Anregungen suchte, um mit mir selbst weiterzukommen.

Rückblickend sehe ich diesen individuellen Weg von mir als notwendige Voraussetzung, mich möglichst unabhängig von bisherigen Sichtweisen, Erkenntnissen, Erfahrungen und Forschungen anderer Menschen bewegen zu können. Gleichzeitig war ich damit auch unabhängig von eventuell einschränkenden und begrenzten Denkweisen anderer. Und ich war unabhängig von den Lehrplänen der Universitäten oder anderer Bildungseinrichtungen. Ich musste nicht zunächst einmal studieren, was Immanuel Kant über die Welt und den Menschen gedacht oder was Sigmund Freud über das Unbewusste geschrieben hatte. Ich musste nicht Statistik und Wahrscheinlichkeitstheorie zu einem Zeitpunkt beherrschen lernen, an dem ich noch gar nicht reif dafür war. Ich musste nicht Dinge auswendig lernen, die ich später sowieso nicht mehr gebraucht hätte, nur um bestimmte Prüfungen bestehen zu können oder Prüfer zufrieden zu stellen. Sondern ich konnte mich auf meinen eigenen Wachstumsprozess konzentrieren, meinen eigenen Fragen folgen, meine persönlichen Beobachtungen machen, meine individuellen Probleme lösen, meine eigenen Erkenntnisse finden und eigene Sichtweisen entwickeln. Im Grunde war und blieb ich mein eigener Chef.

Vor zwei Jahren (2014) habe ich von einem Mann Namens André Stern erfahren, der „nie in der Schule“ war und sich als Kind und Jugendlicher in Frankreich lebend selbstständig ausgebildet und entwickelt hat. Heute spricht er fünf Sprachen, kann meisterhaft Gitarren bauen, auf ihnen wundervoll spielen, ist Journalist und erfolgreicher Bestsellerautor. Er steht für eine „glückliche Kindheit ohne Schule“.

Ich habe den Eindruck: Auf genau diese unabhängige Weise habe ich über viele Jahre „ohne Studium“ uns Menschen studiert, unsere Gesellschaft – und natürlich mich selbst. Durch mein eigenes Interesse gesteuert war es mir möglich, unabhängig, unbeeinflusst und frei zu reifen, so wie meine Seele es wollte – ganz aus mir selbst heraus. Dabei war mein Gefühl immer, etwas finden oder erkennen zu können, was uns alle betrifft. Etwas in mir suchte nach dem „einfachen und logischen Kern“ unserer menschlichen Dynamiken. Warum fühlen wir uns so, wie wir uns fühlen? Warum verhalten wir uns so, wie wir uns verhalten? Warum lassen wir uns von unserem Umfeld beeinflussen und warum werden wir viele Einflüsse nicht mehr so schnell los?

Dabei habe ich immer gedacht: Wenn ich diesen Kern gefunden habe, der uns alle betrifft, dann können damit viele Menschen etwas anfangen und fühlen sich gesehen, verstanden und berührt. Außerdem würden viele Menschen es auf ihre Lebens-, Arbeits- und Wissensbereiche übertragen können. Es würde letztendlich dazu führen, dass ich zu einem meiner Bücher überdurchschnittlich viele positive Feedbacks bekomme. Besonders viele Menschen aus allen möglichen Bereichen würden sich in dem, was ich beschreibe, wiedererkennen (trotz aller Missverständnisse).

Für mich sind alle Menschen die „Expert*innen". Deswegen schreibe ich ein Buch nach dem anderen und beobachte die Reaktionen meiner Leser*innen. Dabei bewege ich mich zwischen hoher Komplexität auf der einen und möglichst einfachen, fast „naiven" oder „banalen" Formulierungen auf der anderen Seite. Denn einerseits eröffnen meine Erkenntnisse viele komplexe und auch tiefgehende Zusammenhänge und andererseits möchte ich möglichst viele Menschen aller Bildungsschichten erreichen. Auch in diesem Prozess wachse und reife ich auf meine Weise. Denn Missverständnisse, negative Feedbacks und verhaltene Reaktionen der Leser*innen zeigen mir *nicht*, dass ich sie nicht gut genug beeinflusst oder überzeugt habe, sondern sie zeigen mir, dass ich ihnen als Autor nicht umfassend genug „gedient" habe.

Die Tatsache, dass ich keine professionelle, fachlich anerkannte Ausbildung besitze, und die Tatsache, dass viele Menschen Vorurteile gegenüber „Menschen ohne Qualifikation" haben, machen die ganze Sache für mich noch aufregender. In diesem Kontext *muss* ich inhaltlich gut und schlüssig sein und möglichst vielen „dienen" können, wenn ich mein Ziel erreichen will. Dieser Kontext spornt mich in meiner Entwicklung doppelt an.

Nachdem ich mich parallel zu meinem Musikstudium über mehrere Jahre erfolgreich meinem emotionalen Befreiungsprozess widmen konnte (siehe mein allererstes Buch), stieß ich kurze Zeit nach meinem Abschluss des Studiums 1996 auf die Familienaufstellungen und damit auf das Phänomen der „resonierenden Empfindungen". Irgendetwas in mir ahnte damals schon, dass ich hier gerade etwas kennenlerne, das die Menschheit in einer neuen Form vorwärts zu bringen vermag, wenn dieses Phänomen auf einer ganz tiefen Ebene ernst genommen werden würde – von allen.

Sieben Jahre später begründete ich die „Freien Systemischen Aufstellungen" – eine Form der Aufstellungsarbeit auf Augenhöhe[21]. Hier sind die Teilnehmer*innen Chef*in ihrer eigenen Aufstellung. Menschen können sich frei und selbstständig mit Hilfe der resonierenden Empfindungen ihrem emotionalen Befreiungsprozess widmen – so wie ich es intuitiv mit mir selbst gemacht hatte.

Als Organisator der Freien Systemischen Aufstellungen und als Psychologischer Coach konnte ich über mehrere Jahre Menschen auf tiefer emotionaler Ebene beobachten. Ich lernte ihre Schwierigkeiten kennen und erlebte, auf welche Weise sie für sich Lösungen fanden. Aus meinen Erfahrungen und Erkenntnissen heraus veröffentlichte ich im Jahr 2007 mein fünftes Buch „Ich stehe nicht mehr zur Verfügung – Wie Sie sich von belastenden Gefühlen befreien und Beziehungen völlig neu erleben", das tatsächlich zu einem Buch mit viel Beachtung wurde. Im Windpferd Verlag war es bis 2021 zu einem Longseller geworden. Ich hatte mit diesem Buch also schon ein bisschen „den Nagel auf den Kopf" getroffen.

Doch ich war noch nicht zufrieden und meine Suche ging weiter. Ich fand weitere Klarheiten und veröffentlichte weitere Bücher, die immer tiefer in menschliche Emotionen und Dynamiken vordrangen[22].

In meinem vorigen Buch schrieb ich über die „Kriegs-Trance", von der wir fast alle betroffen sind (meinem Denkmodell nach). In einer Kriegs-Trance ist das Mitgefühl abgestellt. Sie entsteht z. B., wenn eine Soldatin im Krieg ihr Mitgefühl abstellen muss, um einen anderen Menschen erschießen zu können. Hätte sie Mitgefühl mit ihrem Gegenüber, dann könnte sie nicht schießen. Es würde sie selbst viel zu sehr schmerzen, einen anderen Menschen zu verletzen oder gar zu töten.

In unserer Gesellschaft taucht die Kriegs-Trance in dem Moment auf, in dem ein Mensch einen anderen Menschen verletzt. Um sein Gegenüber verletzen zu können, muss man vorher sein Mitgefühl für den anderen abgestellt haben. Ich behaupte, dass wir Menschen schon seit Jahrtausenden innerhalb dieser Kriegs-Trance leben. Aus diesem Grund kommt es bereits in der Erziehung sehr häufig vor, dass Eltern ihre Kinder verletzen und traumatisieren und damit ebenfalls unabsichtlich

---

[21] Siehe im Internet: www.freie-systemische-aufstellungen.academy.

[22] Eine Liste meiner bisherigen Bücher finden Sie ganz am Ende dieses Buches.

zur Kriegs-Trance erziehen. Die Kriegs-Trance und das Abstellen von Mitgefühl sind uns nicht bewusst. Denn weil es „schon immer so ist“, halten wir es für normal. Doch das ist es nicht. Mitgefühl füreinander ist die eigentliche menschliche Natur, was Ergebnisse aus der Hirn- und Verhaltensforschung bei Mensch und Tier inzwischen zu belegen scheinen.

In diesem Buch, das Sie in Ihren Händen halten, liefere ich Ihnen nun endlich die umfassende Erklärung über uns Menschen, nach der ich seit meinem 23. Lebensjahr gesucht habe. Erst jetzt kann ich alle Puzzle-Teile schlüssig zusammenfügen. Ich biete Ihnen ein Denkmodell dafür an, warum wir Menschen uns in Kriegs-Trancen befinden, selten Mitgefühl füreinander haben können und was der natürliche Kern all unserer menschlichen Dynamiken ist. Ich erkläre Zusammenhänge, warum wir uns beeinflussen lassen, warum wir andere Menschen oft gegen ihren Willen unbedingt beeinflussen wollen, wie Einflüsse überhaupt wirken und wie wir mit Einflüssen positiv, frei und unabhängig umgehen können. Dabei werde ich die seit Sigmund Freud existierende Sichtweise „Bewusstsein / Unterbewusstsein“ erweitern und Ihnen ein neues, aus meiner Perspektive stimmigeres Erklärungskonzept der Psyche des Menschen zur Verfügung stellen.

Im ersten Band „Ich stehe nicht mehr zur Verfügung“ (2007/2021) hatte ich Ihnen viele zwischenmenschliche Resonanz-Einflüsse vorgestellt, die wir im Alltag beobachten können, wenn wir genauer hinschauen und genauer hinfühlen. Diese Resonanz-Einflüsse leitete ich aus den resonierenden Empfindungen ab, die in Systemaufstellungen von jedem beobachtbar sind, der sie einmal selbst durchführt. Ich erläuterte, wie man sich einem Resonanz-Einfluss im Alltag erfolgreich nicht weiter zur Verfügung stellt.

Im zweiten Band „Ich stehe nicht mehr zur Verfügung 2“ (2010/2021) schrieb ich über Möglichkeiten, sich mit seinen emotionalen Blockaden und im schlimmsten Fall mit seinen erlebten Traumata selbstständig zu beschäftigen und sie aufzulösen. Ich bot das Ziel an, letztendlich ausgeglichen und liebevoll mit kritischen Menschen umgehen zu können und sich nicht mehr von verletzendem Verhalten negativ beeinflussen zu lassen. Dabei schrieb ich über emotionale (seelische) Phantomschmerzen und wie wir sie lösen können.

Für dieses dritte Buch der „Ich stehe nicht mehr zur Verfügung"-Reihe habe ich mir erlaubt, den Titel ein wenig zu verändern. Meinem Gefühl nach beschreibt der neue Titel treffender, in welchen Einflüssen wir alle scheinbar „gefangen" sind. Denn wir stehen uns gegenseitig zum großen Teil *unbewusst* zur Verfügung und beeinflussen einander permanent auf einer bestimmten Ebene. Dieses Mal werde ich neben neuen Werkzeugen, wie man mit solchen Beeinflussungen umgehen kann, auch noch beschreiben, warum das überhaupt passiert. Warum wollen wir uns bewusst oder unbewusst gegenseitig beeinflussen? Warum stehen wir uns gegenseitig zur Verfügung? Welche tiefen unbewussten Wünsche stecken dahinter? Warum hält uns die Natur in Einflüssen scheinbar „gefangen"? Was ist der positive Sinn dahinter? Worauf will uns die Natur in Wirklichkeit hinweisen und was will sie damit erreichen? Wo können wir die „natürliche Evolution" wiederentdecken? Welcher unbewusste Chef*in-Anteil in uns schwingt mit dieser Natur im Gleichgewicht? – Und ich werde zeigen, auf welch überraschend einfache Weise wir uns tatsächlich von Einflüssen unabhängig machen können, ohne dabei die Verbundenheit zu unserem Umfeld zu verlieren. Meine neue Erkenntnis über den „Kern" unseres Menschseins[23] kann noch klarer und umfassender wirken, als der einfache Satz „Ich stehe dafür nicht mehr zur Verfügung".

Während ich in meinem Elternhaus heranwuchs, gab es einen Anteil in mir, der darauf wartete, endlich erwachsen zu werden und selbstständig entscheiden zu dürfen. Ich wartete darauf, mich endlich unabhängig und frei fühlen zu können. Als es dann soweit war, ich mein Elternhaus verließ, mich aber nicht frei fühlte, führte diese Erfahrung dazu, dass ich mich über viele Jahre intensiv selbst zu erforschen und zu befreien begann.

Heute stehe ich auf der anderen, erlösten Seite und kann aus der Perspektive eines emotional befreiten Menschen berichten. Ich kann erzählen, wie sich ein Mensch fühlen und welche inneren Haltungen er einnehmen kann, wenn er seine emotionalen Blockaden zum großen Teil erlöst hat. Ich zeige, was für „natürliche Abhängigkeiten" bestehen

---

[23] Ausführliche Informationen über diesen „Kern" werden Sie ab Seite 143 lesen.

bleiben. Denn wir bewegen uns in unserer Gesellschaft permanent innerhalb von resonierenden Empfindungen und beeinflussen uns gegenseitig[24]. Und ich werde Ihnen Möglichkeiten anbieten, diese Abhängigkeiten ganz klar „beherrschen“ zu lernen, so dass sich Unabhängigkeits- und Freudegefühle ausbreiten[25].

Da ich selbst mein Forschungsobjekt Nr. 1 war und bin, hat dies zur Konsequenz, dass ich viel über mich selbst berichte. Gleichzeitig werde ich meine Begeisterung über das, was mit mir geschehen ist und geschieht, nicht verstecken können. Außerdem möchte ich als „dienender Autor“ für die Ausstrahlung sorgen, dass ich hier nur meine *persönlichen* Denkmodelle anbiete. Dieser Gesamtauftritt von mir mag auf einige vielleicht „selbstgefällig“ oder „selbstherrlich“ wirken, ist so aber von mir nicht gemeint. Ich bitte um Verständnis, dass ich als Autor mit meinen Sichtweisen und Erfahrungen immer im Mittelpunkt meiner Bücher stehe. Eigentlich geht es auch gar nicht anders, wie ich ab Seite 207 genauer erläutern werde.

Des Weiteren bitte ich um Verständnis, dass ich aus der Sicht von Expert*innen garantiert laienhaft formuliere und auch manche Begriffe anders verwende, als in wissenschaftlicher Literatur üblich. Mit meiner persönlichen Sprache versuche ich, mein in mir freigesetztes Potenzial so stimmig wie möglich zu vermitteln. Selbstverständlich fehlt mir für die Formulierungen – wie erwähnt – eine gewisse wissenschaftliche Bildung. Außerdem macht es mein Welt- und Menschenbild notwendig, einige Begriffe ein bisschen anders zu definieren. Und gleichzeitig versuche ich, möglichst klar, deutlich und leicht nachvollziehbar zu schreiben. Wenn also einige Erklärungen als „banal“ erscheinen oder wiederholt auftauchen oder in die Länge gezogen erscheinen oder ich Begriffe einfach umdefiniere, bitte ich dies meiner Unwissenschaftlichkeit zuzuschreiben – und auch meinem Bedürfnis, so vielen Menschen wie möglich meine Sichtweisen auf nachvollziehbare Weise zugänglich zu machen.

Eine gute Freundin mit dem Namen Monika sagt zu mir immer: „Erkläre mir das noch einmal wie für Erstklässler.“ Das will ich in diesem Buch gerne versuchen. Diejenigen, die schon sehr schnell begreifen können, worauf ich in einem Kapitel hinaus möchte, bitte ich um Nach-

---

[24] Siehe ausführlich ab Seite 290.

[25] Siehe ausführlich ab Seite 339.

sicht für die vielen Beispiele, Wiederholungen und gründlichen Erklärungen.

Meine Sprache wird sicherlich keinem kritischen philosophischen Blick standhalten. Bestimmt gibt es in meinen Formulierungen Unstimmigkeiten. Daher bitte ich darum, sich nicht an meinen Formulierungen aufzuhalten, sondern vielmehr die jeweilige Absicht und die Sichtweise, die dahinter steckt und sich formulieren möchte, zu ergründen.

Bleiben Sie sich immer bewusst, dass mein Maßstab für meine innere Realitätsbildung nicht „Wissenschaftlichkeit" ist, sondern es ist die Frage: „Was funktioniert am besten? Womit können die meisten Menschen etwas anfangen? Was genau führt zu einem umfassenden Verständnis füreinander?"

Dies kann ich nur „ausprobieren". Und Sie als Chef*in Ihres Erlebens entscheiden, was für Sie am besten funktioniert. Können Sie durch meine Inhalte sich selbst und andere Menschen besser verstehen? „Funktionieren" die Tipps und Trainingsanleitungen von mir? Können Sie es für sich umsetzen? Fühlen Sie sich persönlich von mir wahrgenommen und verstanden? Und können Sie die von mir ausgeführten Inhalte dafür nutzen, um sich im Thema *„unbewusste* Beeinflussungen" weiterzuentwickeln? Nur das zählt, denn das ist mein persönliches Ziel.

In diesem Sinne hoffe ich und wünsche ich Ihnen, dass Sie mit meinen Denkmodellen möglichst viel anfangen können.

Halten Sie es fest, bis Sie es verstehen

Ich habe im Internet nach Einträgen zu den Stichwörtern „Anhaftung / Buddhismus" gesucht. Dabei bin ich durchweg auf die Erklärung gestoßen, dass man eine Anhaftung an einen anderen Menschen oder an verschiedene Dinge auflösen sollte, um glücklich zu werden. Mit „Anhaftung" ist gemeint, dass man an Menschen oder an Dingen *festhält*, von denen man eigentlich besser *loslassen* sollte. Der dänische Lama Ole Nydahl schreibt beispielsweise:

„Störgefühle wie Anhaftung entstehen ursprünglich aus Verwirrung. Nur drei Gefühle entstehen nicht aus Verwirrung und sind absolut: Furchtlosigkeit, Freude und Liebe."

„Alles, was anhaftet, erwartet und klebt, ist nicht gut, alles, was frei ist, ist gut." [26]

Auf der Website Wikipedia findet man unter Upādāna (pali/sanskr: Aneignung, Erwähnung) den Satz: „Anhaften entsteht aus den drei Geistesgiften: Gier, Hass und Verblendung. Da alle Erscheinungen vergänglich und unbefriedigend sind, erschafft man sich zusätzliches Leid, wenn man nicht *loslassen* kann." [27]

Buddha soll seinem Sohn Rahula u. a. Folgendes gelehrt haben: „Übe Dich in der Nicht-Anhaftung, um Vorurteile zu überwinden. Nicht-Anhaftung ist das offene, unvoreingenommene Schauen auf die Dinge; Schauen auf die Dinge, wie sie sind." [28]

---

[26] Internet 19.3.2008: http://www.lama-ole-nydahl.de/fragen/?p=216, Zugriff am 18.4.16.

[27] Zugriff am 18.4.16.

[28] Aus *Old path white clouds* von Thich Nhat Hahn.

Matthias Ennenbach schreibt in seinem Buch *Buddhistische Psychotherapie*: „Wie die Unwissenheit gehört auch die Anhaftung zu den drei Ursachen allen *vermeidbaren* Leidens und wurde von Buddha in der Zweiten der Vier Edlen Wahrheiten beschrieben.[...] Damit ist jede Form des Festhaltens, sowohl der gedanklichen als auch der physisch-materiellen Anhaftung und Fixierung, der Grübelzwänge, des Nicht-Loslassens, des Haben-Wollens etc. gemeint.“[29]

Diese fünf Zitate sollen erst einmal genügen und stellvertretend für alle Sichtweisen stehen, die Anhaftung auf diese Weise definieren und als „nicht erstrebenswert“ betrachten.

Ich beschreibe ab Seite 275 mein NeuroSonanz-Modell. Mit diesem Modell werde ich ein Denkmodell anbieten, in dem die Anhaftung nicht das „ursächliche“ Problem ist. Das eigentliche Problem ist der *Schmerz*, der oft hinter der Anhaftung steckt. All diejenigen, die eine Anhaftung vermeiden, wollen in Wirklichkeit dem damit verknüpften Schmerz ausweichen und ihr Leid verringern.

Was wäre, wenn es eine angenehme Anhaftung *ohne* Schmerz gäbe? Oder was wäre, wenn wir durch unsere Anhaftung optimal dazulernen und reifen könnten?

Vielleicht kommt unser anhaftendes Verhalten zustande, weil in unserem Unterbewusstsein ein unverarbeiteter Schmerz wirkt. Vielleicht ist unsere Anhaftung sogar die Folge einer unbewussten Beeinflussung tief in uns! Jemand hat uns eine Überzeugung „eingepflanzt“, die uns festhalten lässt. Und nun führt unser Festhalten zu Leid, weil wir der Beeinflussung gefolgt sind und nicht unserem Herzen.

Ich behaupte: Wenn durch die Anhaftung ein Leid zum Vorschein kommt, können wir es erforschen und die *wirkliche* Ursache herausfinden. Die Anhaftung kann eine wichtige Helferin sein, um unsere unverarbeiteten Schmerzerlebnisse an die Oberfläche zu holen und zu lösen. Und sie kann helfen, unbewusste Beeinflussungen aufzudecken und sie zu beenden.

Ich habe die Erfahrung gemacht, dass meine Anhaftungen viele interessante Informationen aus meinem Unbewussten wieder nach oben gespült haben. Diese Informationen habe ich konstruktiv genutzt, habe sie genau untersucht und herausgefunden, was mein Verhalten beein-

---

[29] Windpferd, 2010, Seite 280.

flusst, was „eigentlich“ mein Leid verursacht. Dabei hielt ich *so lange an der Situation fest*, bis ich Klarheit über meine inneren Zusammenhänge hatte. Meine Ergebnisse führten nie zu der Erkenntnis, dass meine Anhaftung die *Ursache* meines Leids war. Stattdessen entdeckte ich immer, welche unerlösten Wünsche, Sehnsüchte, Befürchtungen oder Beeinflussungen hinter meiner Anhaftung steckten. Habe ich etwas erkennen und lösen dürfen, dann konnte ich rückblickend sehen: In mir hatten Unstimmigkeiten meine Sichtweise verzerrt. Ich hatte in einem Irrtum gelebt, der entweder durch Unwissenheit zustande kam oder durch unverarbeitete Schmerzerlebnisse oder durch fremde Beeinflussungen.

Erforsche ich mich auf diese Weise selbst, erkenne einen neuen Zusammenhang und verstehe meine Situation, dann ändern sich mein Denken und Verhalten wie von selbst. Verarbeite ich einen ungelösten Schmerz aus meiner Vergangenheit, dann kommt anschließend eine klarere Sichtweise zum Vorschein. Entlarve ich eine Beeinflussung, dann hört ihre Wirkung automatisch auf.[30] Dadurch kann ich meine Irrtümer klären und mich der „Realität“ immer weiter annähern.

Durch solche „Korrekturen“ in meiner inneren Realitätsprojektion löst sich gleichzeitig mein ursprüngliches Leid auf. Für mich geht es also nicht um das *Loslassen*, um das Auflösen einer Anhaftung, sondern um das *Verstehen* der Zusammenhänge, die zu meinem Leid und zu meiner Anhaftung geführt hatten. Meine anschließende Weiterentwicklung lässt mich wieder gut fühlen.

Ich schreibe dies, weil ich in diesem Kapitel erst recht zur Anhaftung einladen möchte.

Was meine ich damit?

Machen Sie sich Ihr Ziel klar und verfolgen Sie es mit Leidenschaft! Haften Sie an Ihrem Ziel an! Und wenn Ihnen der Weg zu Ihrem Ziel leidvolle Phasen bringt, dann forschen Sie genau danach, was hier die Ursache Ihres Leids ist. Lernen Sie daraus oder lösen Sie einen unverarbeiteten Schmerz auf oder beenden Sie eine unerwünschte Beeinflussung und entwickeln Sie sich dadurch weiter[31].

---

[30] Siehe zur Selbsterforschung ab Seite 250, zur Schmerzverarbeitung ab Seite 156, zur Entlarvung von Beeinflussungen ab Seite 339.

[31] Wie das alles konkret funktionieren kann, werden Sie ab Seite 234 lesen.

Die andere Seite gehört auch dazu: Es ist logisch, dass Ihr Leid sofort aufhört, wenn Sie Ihr Ziel komplett loslassen, wenn Sie die Anhaftung an Ihr Ziel aufgeben. In diesem Punkt stimme ich mit der Sichtweise mancher Buddhist*innen überein[32]: Geben wir ein Ziel ohne Bedauern auf, dann beenden sich auch alle mit unserem Ziel verknüpften Leidgefühle. Wer diese sofortige Leidfreiheit wünscht, dem empfehle ich, Wünsche und Ziele loszulassen.

Beispiel: Haben wir einen Termin und wollen in einer fremden Stadt zu einer bestimmten Adresse, wollen wir unbedingt rechtzeitig dort ankommen und finden einfach nicht dorthin, dann geraten wir unter inneren Druck. Wir leiden darunter, dass wir möglicherweise nicht rechtzeitig zum Ziel gelangen. Wir fragen andere Menschen, wie wir am schnellsten dorthin gelangen, lassen uns durch ihre Erklärungen beeinflussen und folgen ihren Anweisungen. Vielleicht erreichen wir unser Ziel trotzdem nicht, weil immer wieder etwas schiefläuft.

Geben wir aber unser Ziel auf, dann leiden wir nicht mehr darunter, dass wir das Ziel nicht erreichen können, denn wir wollen es ja nicht mehr. Und wenn wir das Ziel nicht mehr erreichen wollen und es komplett aufgegeben haben, dann können uns viele Menschen erzählen, wie wir das (damalige) Ziel am besten erreichen könnten ... es wäre uns egal und würde uns und unser Handeln nicht mehr beeinflussen.

Kinder können ihren bestrafenden Eltern für einen Moment den Wind aus den Segeln nehmen (sich der Beeinflussung der Eltern entziehen), wenn sie nach der Ankündigung des Strafmaßes von den Eltern sagen: „Ist mir egal.“

> Sind Sie ohne Ziele und ohne Wünsche, dann können Sie auch von keinem Menschen beeinflusst werden.
>
> Beeinflussungen funktionieren nur auf der Basis Ihrer eigenen Wünsche und Bedürfnisse.

Sie können einer Hypnotiseurin die Macht nehmen, wenn Sie sich ganz klar für ein anderes Ziel entscheiden, als für das, das die Hypnoti-

[32] Ich beziehe mich nur auf die Aussagen einzelner Buddhist*innen. Den Buddhismus habe ich nicht studiert und besitze garantiert Wissenslücken oder Irrtümer.

seurin mit Ihnen verfolgt. Sie entscheiden: „Ich will etwas anderes." Dann kooperieren Sie nicht mehr und werden nicht mehr auf die Suggestionsangebote der Hypnotiseurin reagieren – und sie ist ohnmächtig.

Dieser Zusammenhang von „Ziel aufgeben" und dadurch „Leid verringern" erscheint banal, ist aber als Werkzeug von großer Bedeutung für unseren Umgang mit Beeinflussungen.

Soweit die Theorie. Nun zur Praxis: Ich behaupte, dass das Auflösen *aller* Anhaftungen praktisch nicht möglich ist. Es gibt keinen „lebendigen" Zustand mit absoluter Ziel- und Wunschfreiheit. Warum nicht?

Mein Denkmodell, das ich Ihnen dazu anbiete, lautet: Weil alles Leben auf dem *Wunsch nach Gleichgewicht* aufbaut. Jedes Leben ist abhängig von der Anhaftung an diesen Wunsch. Die Basis unseres Lebens sind Wünsche. Ohne Wünsche kein Leben.[33]

Wenn wir einmal genau hinschauen, dann erkennen wir bei manchen Buddhist*innen, dass sie ebenfalls ein Ziel verfolgen: Sie haben das Ziel, möglichst leidfrei zu leben. Und sie versuchen, diese Leidfreiheit durch das Auflösen von Anhaftung zu erreichen – wobei sie doch gleichzeitig an dem Ziel anhaften, leidfrei zu sein.

Schon an den vorhin zitierten Sätzen von Lama Ole Nydahl erkennen wir, dass er an einem bestimmten Ziel anhaftet. Denn er bewertet die Anhaftung als „Störgefühl" und will sie ausschließen. Anhaftung darf nicht dazugehören. Dieser Ausschluss ist ein Zeichen für seine Anhaftung an den Zustand der Nicht-Anhaftung. Er sagt nicht: „Alles gehört dazu." Sondern er sagt: „Alles, was anhaftet, erwartet und klebt, ist *nicht gut*, alles, was frei ist, ist *gut*." Hinter jeder Bewertung steckt immer ein Ziel[34]. In diesem Fall steckt das Ziel dahinter, Freiheit zu erreichen. Lama Ole Nydahl sagt im Grunde dem Sinn nach: „Lasst uns an der Erreichung und Aufrechterhaltung der Freiheit anhaften!"

Auch das Üben der Nicht-Anhaftung ist ein Anhaften an der Nicht-Anhaftung.

Ohne dieses Ziel würde man sagen: „Sowohl Anhaftung, Erwartung, Kleben und Freiheit gehören dazu. Es ist alles gleich gültig. *Es ist alles gleich gut.* Es gehört *alles* dazu."

---

[33] Dieses Thema werde ich ab Seite 69 ausführlich behandeln.

[34] Dieses Thema werde ich ab Seite 280 ausführlich behandeln.

Ich höre gerade in meinen Gedanken Monika zu mir sagen: „Erkläre mir das jetzt noch einmal für Erstklässler."

O.k., dann möchte ich es auf den Punkt bringen. Die Kern-Botschaft meiner bisherigen Ausführungen lautet:

Es gibt nichts grundsätzlich Falsches daran, einen Wunsch zu haben oder ein Ziel zu verfolgen. Es gibt auch nichts grundsätzlich Falsches daran, extrem an diesem Wunsch oder Ziel festzuhalten. Wenn wir ein Ziel verfolgen *wollen*, ist das grundsätzlich immer in Ordnung.

Es könnte sogar sinnvoll sein, an einem Ziel besonders stark anzuhaften und die Konsequenzen zu erforschen. Auf diese Weise können wir effektiv dazulernen. Wir lernen genauer uns selbst als auch unser Umfeld kennen – vorausgesetzt wir wollen das auch.

Ein Problem taucht dann auf, falls wir mit den *Folgen* unserer Anhaftung an ein Ziel nicht zufrieden sind und dafür unsere Anhaftung verantwortlich machen. Dann können wir das Problem dadurch lösen, indem wir unser Ziel wieder loslassen, die Anhaftung an das Ziel aufgeben[35]. Können wir aber nicht loslassen, dann will vielleicht etwas innerhalb dieses Problems erkannt und verstanden werden, damit wir in ein neues und besseres Gleichgewicht gelangen.

Ich lade dazu ein: Lassen Sie uns im nächsten Kapitel gemeinsam ein spezielles Ziel entwickeln und es im Laufe des Buches intensiv verfolgen. Sollte Ihnen das Verfolgen dieses Ziels unangenehm werden, dann können Sie dieses Ungleichgewicht genauer erforschen. Sie können aber auch Ihre „Anhaftung an dieses Ziel" einfach loslassen. Dadurch beenden Sie das mit diesem Ziel verknüpfte unangenehme Gefühl als auch die dazugehören Einflüsse (z. B. die Hinweise von mir, wie Sie das Ziel erreichen). Praktisch sieht es so aus, dass Sie dann das Buch einfach schließen und an jemand anderen verschenken. Damit beenden Sie meine mögliche Beeinflussung. Niemand kann Ihnen diese Freiheit nehmen.

> Sie können bestimmte Beeinflussungen sofort beenden, wenn Sie Ihr dazugehöriges Ziel oder Ihren Wunsch komplett aufgeben.

---

[35] Wie man gezielt loslassen kann, können Sie ab Seite 298 lesen.

Wenn ich den Wunsch habe, dass ein anderer Mensch mich nett findet und er nichts Negatives über mich denken soll, dann kann ich diesen Wunsch komplett aufgeben und denken: „Es ist mir vollkommen egal, wie du über mich denkst und wie du zu mir fühlst. Ich habe dich in jedem Fall lieb." Mein positives Gefühl für den anderen kann dann nicht mehr von ihm beeinflusst werden. Es ist von den Bewertungen des anderen abgekoppelt. Mein positives Gefühl ist von meinem Gegenüber *unabhängig*, weil ich meinen Wunsch aufgegeben habe, dass der andere mich genauso lieb hat.

Angenommen ich habe den Wunsch, von anderen Menschen in meiner Selbstständigkeit respektiert zu werden. Nun begegne ich einem Menschen, der mir sagen will, was ich zu tun und zu denken habe. In dem Moment fühle ich mich nicht mehr autonom, nicht mehr selbstständig. Ich fühle mich klein und bevormundet und wehre mich gegen den anderen und sein dominantes Auftreten. Ich leide unter seinem Verhalten, weil ich permanent den Wunsch danach habe, dass er mich als „selbstständig" anerkennt.

Gebe ich aber diesen Wunsch komplett auf, dann ist es mir egal, ob ich in den Augen des anderen selbstständig oder unselbstständig bin. Und es ist mir auch egal, in welchem Tonfall der andere mit mir redet und was er von mir will. „Es ist mir egal, ob ich in deinen Augen selbstständig oder unselbstständig erscheine. Ich entscheide selbstständig, dich und dein Bedürfnis / deine Überzeugung zu respektieren. Ob ich mich auch danach richte, weiß ich noch nicht."

Ich habe als Chef meines Erlebens selbst in der Hand, ob ich loslasse oder festhalte und welche Folgen ich dadurch in mir selbst hervorrufe.

Nun kommt der nächste Schritt: Wenn wir einen Wunsch oder ein Ziel haben und wenn wir uns entscheiden, daran festzuhalten und das Ziel zu erreichen, dann brauchen wir als nächstes einen Plan. Ohne Plan wissen wir nicht, wie wir konkret dieses Ziel erreichen können. Stellen Sie sich vor, Sie stehen irgendwo in einer fremden Stadt und möchten zum Rathaus. Wenn Sie nicht wissen, wo Sie sich gerade befinden, und wenn Sie nicht wissen, wo sich das Rathaus befindet, wird es für Sie schwierig. Optimal wäre, wenn Sie einen Stadtplan hätten. Es genügt aber auch, wenn Ihnen eine Einwohnerin eine zuverlässige Beschreibung gibt, die den Weg zum Rathaus verständlich und nachvollziehbar zeigt. Man muss nicht in jeder Situation einen vollständigen Überblick über die gesamte Stadt haben.

Angenommen Sie hätten niemanden, der Ihnen den Weg beschreibt, dann ist der Stadtplan dafür gut, dass Sie schauen: Wo stehe ich und wo möchte ich hin? Jeder Gesamtplan ist dafür gut, den eigenen Standort zu bestimmen und auch das Ziel klar zu bekommen.

Im nächsten Kapitel stelle ich Ihnen für das Ziel „Umgang mit Beeinflussungen" einen Stufenplan zur Verfügung. Dieser Stufenplan bedeutet nicht, dass Sie bei der ersten Stufe beginnen müssen und das Ziel die letzte Stufe ist. Sondern es ist ein Gesamtplan und Sie entscheiden selbst, auf welcher Stufe Sie sich sehen, wo Sie sich selbst „einstufen". Sie entscheiden, wo Ihr aktueller Standort ist und zu welcher Stufe Sie sich entwickeln möchten, was also Ihr persönliches Ziel ist. Natürlich können Sie sich in unterschiedlichen Momenten oder in unterschiedlichen Situationen auch auf unterschiedlichen Stufen befinden. Genauso kann Ihr Ziel von Ihrer aktuellen Situation abhängen.

Dabei müssen Sie sich nicht unbedingt „festlegen" (oder an einer bestimmten Einstufung „anhaften"), sondern Sie können sich auch flexibel verhalten. Sie sind Chef*in. Sie entscheiden, was für Sie jetzt gerade dran ist: entweder eine Orientierung mit Hilfe dieses Stufenplans – oder einfach nur neugierig weiterlesen, ohne Standort- und Zielbestimmung.

Ein unverbindlicher Stufenplan für den Umgang mit Beeinflussungen

Ich habe in meiner großen Denkmodellkiste und in all meinen Erfahrungen tief gekramt und daraufhin diesen Stufenplan entwickelt. Er ist garantiert nicht allgemeingültig und auf jeden Fall erweiterbar. Sicherlich finden Sie beim Lesen Möglichkeiten, wo man widersprechen, was man noch ergänzen oder verbessern könnte. Und das ist auch gut so. Ich lade Sie dazu ein: Bleiben Sie aufmerksam und kreativ.

Aufmerksamkeit und *Kreativität* sind zwei Verhaltensmuster, die im Umgang mit Beeinflussungen eine große Rolle spielen. Denn mit Hilfe Ihrer Aufmerksamkeit können Sie mehr *Bewusstsein für Beeinflussungen* entwickeln. Und je mehr Kreativität Sie wieder in sich freilegen, umso besser können Sie auch *Verantwortung für den Umgang mit Beeinflussungen* übernehmen. Kreativität befreit aus Opferpositionen. Sind Sie kreativ, dann finden Sie selbstständig Möglichkeiten, mit Informationsangeboten anderer Menschen gut umzugehen.

Den Stufenplan habe ich aus diesen zwei Schienen zusammengefügt. Die erste Schiene ist das *Bewusstsein für Beeinflussungen.* Ich gehe davon aus, dass ein Mensch auf der allerersten, untersten Stufe kein Bewusstsein für Beeinflussungen hat, während der Mensch auf der höchsten Stufe sich der überall vorhandenen Beeinflussungsangebote bewusst ist.

Die zweite Schiene ist die *Verantwortung für den Umgang mit Beeinflussungen.* Eine Person auf der allerersten Stufe sieht die Verantwortung dafür, was ihr in ihrem Leben begegnet, im Außen. Besonders wenn ihr von anderen Menschen etwas Schmerzhaftes zugefügt wird, sieht sie die Verantwortung für ihren Schmerz komplett bei den entsprechenden Täter*innen. Die anderen sind schuld daran.

Die Person Mensch auf der höchsten Stufe hat für ihr gesamtes Erleben die volle Verantwortung übernommen. Sie sieht die Verantwortung dafür, wie sie ihre Erlebnisse und Erfahrungen bewertet, wie sie innerlich damit umgeht und was sie kreativ daraus macht, vollständig bei sich selbst. Sie hat sich selbst als kreative Chefin ihres Erlebens erkannt.

Schauen Sie *aufmerksam*, wo Sie überall Beeinflussungsangebote im Außen entdecken.

Gehen Sie *eigenverantwortlich* und *kreativ* mit allen Beeinflussungsangeboten um.

Um den Stufenplan möglichst einfach zu formulieren, habe ich mir überlegt, wie Menschen sich selbst beschreiben würden. Welche Aussagen würden sie machen, wenn sie sich auf der jeweiligen Stufe befänden? Im Anschluss an eine Aussage erläutere ich die jeweilige Stufe ausführlicher und verdeutliche den Unterschied zur vorangegangenen Stufe.

Ich erinnere noch einmal: Natürlich können Sie sich in unterschiedlichen Lebenssituationen auch auf unterschiedlichen Stufen befinden. Genauso Ihr Ziel, zu welcher Stufe Sie gelangen möchten, kann von Ihrer aktuellen Situation abhängen.

Stufe 1: „Ich lebe mein Leben komplett unabhängig von anderen Menschen! Jeder ist für sich selbst zuständig! Beeinflussungen sind Quatsch! Wenn mich andere Menschen schlecht behandeln, müssen sie selbst die Folgen dafür tragen oder es vollständig wieder gut machen! Meistens muss ich ihnen das sagen und ihnen zeigen, was sie falsch gemacht haben."

Erläuterung: Es gibt Menschen, die mit dem Begriff „Beeinflussung" nichts anfangen können. Sie erleben es so, dass sie mit anderen Menschen auf normale Weise „kommunizieren". Alles ist Kommunikation und Wahrnehmung auf der reinen Informationsebene. Manchmal streitet man sich vielleicht auch. Werden diese Menschen von anderen Menschen schlecht behandelt und leiden darunter, dann sehen sie die Verantwortung für ihr Leid beim anderen. Man regt sich über den anderen auf. Der andere ist durch sein negatives Verhalten schuld daran, dass es einem nun nicht gut geht. Der andere soll auch entsprechend die Folgen für sein Verhalten tragen. Und wenn er seinen Fehler nicht einsieht, dann kämpft man so lange darum, bis der andere es endlich einsieht, was er getan hat. Insgesamt leben diese Menschen ihr Leben, ohne groß über Gefühle zu reflektieren. Sie haben den Eindruck, ihr Leben ganz „normal" zu bestimmen. Sie machen ihre Arbeit, planen ihren Urlaub, genießen Freizeitaktivitäten, leben Familie – und wenn mal etwas dazwischen kommt, dann ist das eben ärgerlich. Alles in allem sind sie zufrieden mit ihrem Leben. Wenn da nicht Menschen wären, die sich immer wieder falsch verhalten und über die man sich ärgern muss ...

Stufe 2: „Ich glaube schon, dass es Beeinflussungen geben kann, ich nehme aber nicht wahr, wo Beeinflussungen stattfinden und wo nicht. Es spielt für mich auch keine große Rolle."

Erläuterung: Es gibt Menschen, die über Beeinflussungen etwas gelesen oder eine Fernsehsendung angeschaut haben. Vielleicht hat eine gute Freundin über das Thema „Beeinflussungen" einige Zusammenhänge erzählt. Es klang vielleicht interessant, doch in Wirklichkeit können diese Menschen nichts mit Beeinflussungen anfangen, weil sie nie selbst etwas konkret dazu erlebt haben. Da sie mit ihrem Leben in gewisser Weise zufrieden sind und alles seine geregelten Bahnen läuft, haben sie sich weiter keine Gedanken dazu gemacht. Sie waren nie gezwungen, sich selbst genauer zu beobachten und über sich selbst intensiver nachzudenken. Werbung nehmen sie als gegeben hin und fühlen sich davon nicht wirklich „beeinflusst".

Der Unterschied zu Stufe 1 ist, dass diese Menschen zumindest das Thema „Beeinflussungen" einmal angedacht haben, vielleicht auch schon einmal danach gesucht haben, wodurch ihr Leben beeinflusst sein könnte. Allerdings hat sich alles nur im Verstand abgespielt. Im Gefühl können diese Menschen mit dem Thema nicht viel anfangen.

Stufe 3: „Manchmal wollen andere Menschen etwas von mir. Sie wollen, dass ich etwas tue oder ändere, sie wollen mich überreden und beeinflussen, aber ich kann mich gut dagegen abschotten. Ich lasse mich nicht beeinflussen. Ich setze Grenzen."

Erläuterung: Die Menschen in Stufe 3 erfahren vermehrt Konflikte in ihrem Leben. Sie empfinden es so, dass sie von anderen Menschen konfrontiert oder angegriffen oder schlecht behandelt oder sogar hintergangen werden. Andere Menschen wollen, dass man sich verändert. Die spontane Reaktion darauf ist, sich selbst zu verteidigen und sich von den seltsamen Wünschen und falschen Vorwürfen dieser anderen Menschen abzugrenzen, sich vor ihnen zu schützen. Außerdem versteht man auch nicht wirklich, was diese anderen Menschen von einem wollen. Oder man meint es zu verstehen, hakt es aber schnell als „überflüssig" oder „belastend" ab.

Der Unterschied zu Stufe 2 ist, dass Stufe-3-Menschen bewusst beobachten und erfahren, dass andere Menschen sie aus irgendeinem Grund beeinflussen wollen. Die anderen Menschen wollen, dass man sein Verhalten ändert oder etwas einsieht oder etwas tut.

Stufe 4: „Ich wehre mich intensiv gegen den Willen oder gegen die Bedürfnisse eines anderen Menschen. Ich werde mich nicht beherrschen lassen und kämpfe darum, dem anderen für seinen Willen oder seine Bedürfnisse *nicht* zur Verfügung stehen zu müssen."

Erläuterung: In Stufe 4 befindet man sich bereits seit langer Zeit in solchen Konflikten und hat erfolgreich eine stabile Abwehr gegen die Forderungen anderer Menschen aufgebaut. Man ist zu einem „freundlichen Rebell" geworden und wehrt jeden Matchball der Gegenseite ab. Das Gefühl ist, dass man sich von niemandem überreden und damit beeinflussen lassen will. Man erlebt sich selbst in diesem Kampf als besonders erfolgreich und kraftvoll, hat aber gleichzeitig unbewusst permanent die Befürchtung, eventuell doch einmal von anderen Menschen negativ beeinflusst zu werden.

Begegnen die Stufe-4-Menschen anderen Menschen, die bedürftig sind, dann wird diese Bedürftigkeit gerne übersehen und abgeblockt. Man schafft es erfolgreich, dem anderen für die Erfüllung seiner Wünsche nicht zur Verfügung stehen zu müssen.

Der Unterschied zu Stufe 3 ist, dass man solche Beeinflussungen von außen schon länger kennt und eine automatische Strategie dagegen entwickelt hat. Dass es dadurch beim Gegenüber immer wieder zu Ausschlussgefühlen kommt und die anderen, bedürftigen Menschen in der Auseinandersetzung „verlieren", spielt keine große Rolle.

Stufe 5: „Ich beobachte, dass ich manchmal etwas anders mache, als ich es eigentlich wollte. Ich nehme es aber nicht ernst. Es ist halt so."

Erläuterung: Die Menschen, die sich auf dieser Stufe befinden, haben über sich selbst ein bisschen zu reflektieren begonnen. Sie können beobachten, dass sie sich manchmal anders verhalten, als sie es eigentlich wollten, als sie es ursprünglich geplant hatten. Doch sie nehmen es so hin, weil sie nicht wissen, wie sie damit umgehen sollen. Der Unterschied zu Stufe 4 ist, dass sich auf Stufe 5 die Selbstbeobachtung etwas mehr entwickelt hat.

Stufe 6: „Hilfe! Ich stehe unbewusst zur Verfügung. Irgendjemand oder irgendetwas beeinflusst mich so, dass ich mich anders fühle und verhalte, als ich mich eigentlich fühlen und verhalten möchte! Ich will so nicht sein! Die Beeinflussung soll endlich aufhören!"

Erläuterung: In Stufe 6 ist die Selbstbeobachtung vollständig entwickelt. Es wird der Unterschied zwischen den eigenen Wünschen und dem eigenen Verhalten klar wahrgenommen und problematisiert. Das Bewusstsein für äußere Beeinflussungen auf das eigene Verhalten ist mehr ausgebildet. Man kann noch nicht konkret zuordnen, wodurch oder durch wen man beeinflusst wurde, aber man erlebt eine deutliche Diskrepanz zwischen dem eigenen Willen und dem, was man letztendlich tut oder nicht tut.

Der Ausruf „Hilfe!" zeigt gleichzeitig, dass man sich beeinflusst fühlt, es aber keiner Ursache zuordnen kann. Ist man sich doch einer Ursache bewusst, dann weiß man aber nicht, wie man es ändern soll und fühlt sich ohnmächtig. Daher geht man von einer unbewussten Beeinflussung von außen aus. Denn man denkt: „Was ich nicht ändern kann, muss unbewusst sein." Im Unterschied zu Stufe 5 ist also in Stufe 6 das Bewusstsein für die Wirkungen von Beeinflussungen auf sich selbst wesentlich mehr entwickelt. Allerdings hat man noch keine Verantwortung übernommen. Man kann damit noch nicht umgehen.

Stufe 7: „Es gibt *ab und zu* Situationen, in denen muss ich dem Willen eines anderen Menschen zur Verfügung stehen und kann mich nicht dagegen wehren. Dabei fühle ich mich vom anderen eingeschüchtert, so dass ich mich nicht traue, etwas dagegen zu unternehmen. Ich tue automatisch, was der andere will. In anderen Situationen kann ich mich etwas besser abschotten."

Erläuterung: Hier ist man sich inzwischen der Quelle der Beeinflussung bewusst. Man ist sich bewusst, wer die äußere Ursache und damit „Chef*in der Beeinflussung“ ist. Man hat einen äußeren „Sündenbock“. Die Ohnmacht ist bereits eine gewohnte Gefährtein, allerdings kämpft man fleißig dagegen und schafft es in anderen Situationen manchmal noch, sich „abgeschottet“ (beschützt) zu fühlen.

Beispiel: Sie werden hypnotisiert und stellen plötzlich fest, dass Ihr Arm in einer bestimmten Höhe festgefroren ist. Sie können ihn nicht bewegen. Es erscheint Ihnen, als ob der Hypnotiseur eine Macht über Sie hat, Sie auf eine bestimmte Weise beeinflusst hat, so dass Sie nun die Erfahrung machen, über ihren Arm keine Kontrolle mehr zu haben. Hier entdecken Sie bewusst, dass Sie auf einer Ihnen unbewussten Ebene dem Befehl des Hypnotiseurs zur Verfügung stehen, ohne dass Sie wissen, wie Sie wieder die Kontrolle zurückerhalten.

Der Unterschied zu Stufe 6 ist, dass man die Verbindung zwischen der Beeinflussungsquelle und dem eigenen Verhalten klarer sieht.

Stufe 8: „Ich fühle mich abhängig von anderen Menschen und kann keinen Widerstand leisten. Ich werde *meistens* von anderen beeinflusst und richte mich nach ihnen, weil ich Angst habe, sonst von ihnen ausgeschlossen oder bestraft zu werden.“

Erläuterung: Allmählich hört die Gegenwehr auf und die Ohnmacht greift um sich. Man hat im Unterschied zu Stufe 7 den Eindruck, sich nun gar nicht mehr abschotten zu können. Stattdessen taucht man vollständig in die überall vorhandenen Beeinflussungen ein. Gleichzeitig wächst das erste Pflänzchen Bewusstsein dafür, dass die eigenen Wünsche bei der ganzen Sache auch eine Rolle spielen: Man wird sich seiner Angst bewusst, ausgeschlossen oder bestraft zu werden.

Stufe 9: „Ich fühle mich in meinem Leben öfter antriebslos, energielos, habe keine Lust, mein Leben in die Hand zu nehmen. Oft liegt es daran, dass ich Menschen um mich habe, die mich missverstehen, ausschließen und verlassen. Das lässt mich ängstlich und enttäuscht fühlen.“

Erläuterung: Die Antriebslosigkeit ist ein Zeichen dafür, dass man sich unbewusst einem imaginären „Chef im Außen“ zur Verfügung stellt. Man hat keinen *eigenen* Antrieb. Im Unterschied zu Stufe 8 ist hier die Ohnmacht gegenüber Beeinflussungen voll entfaltet (erzwungene Hingabe). Die Begründung zeigt, dass man immer noch Verantwortung abgibt. Man ist mit seiner Aufmerksamkeit noch im Außen verankert. Die Ursache der Antriebslosigkeit ist angeblich das Verhalten der anderen Menschen. Man leidet unter ihrer Verschlossenheit und ist sich gleichzeitig der eigenen Unzulänglichkeiten bewusst.

Stufe 10: „Ich fühle mich in meinem Leben öfter antriebslos, energielos, ohnmächtig, habe keine Lust, mein Leben in die Hand zu nehmen. Oft liegt es daran, dass mir der Zugang zu mir selbst fehlt. Ich habe die Ursache für diese Energielosigkeit in mir noch nicht klären können und muss viel darüber weinen."

Erläuterung: Hier ändert sich im Zustand voller Ohnmacht und Antriebslosigkeit die Sichtweise. Man übernimmt das erste Mal die Verantwortung für den Zustand und schreibt es den eigenen inneren Anteilen zu. Gleichzeitig beginnen die Tränen zu fließen, die einen wichtigen inneren Verarbeitungsprozess unterstützen. Leider werden Tränen in solchen Zuständen oft als „Selbstmitleid" missverstanden. In Wirklichkeit sind sie – wie bei Kindern – ein Zeichen für den Beginn einer inneren Verarbeitung unerlöster Schmerzerlebnisse. Sie sind ein *„Selbstmitgefühl"*. Gerade das Fallenlassen in diese Ohnmacht und Antriebslosigkeit kann es unterstützen, dass die Tränen endlich fließen. Dafür ist es wichtig, sich viel Zeit und Raum zu nehmen.

Die Parallele zu Stufe 9 ist die Ohnmacht. Der Unterschied zu Stufe 9 ist die Verantwortungsübernahme und damit auch der Beginn der Schmerzverarbeitung. Dieser Schmerz hat sich in den vorigen Stufen immer mehr verdichtet, bis er jetzt in dieser Stufe zum Ausbruch kommt und damit verarbeitet werden kann.

Stufe 11: „Ich bin abhängig von anderen Menschen, werde immer von ihnen beeinflusst, richte mich nach ihnen und stimme meinem Ohnmachtsgefühl zu (zustimmen = Wunsch nach Veränderung aufgeben). Ich beobachte und erforsche die Folgen: Zu was für einem Menschen werde ich? Ich finde es allmählich interessant, wie ich dadurch die anderen Menschen und mich selbst genauer kennenlernen kann. Zwar habe ich auch eigene Wünsche und Ziele in meinem Herzen, kann sie aber noch nicht wirklich umsetzen."

Erläuterung: Nach tränenreichen Verarbeitungsprozessen ist man immer öfter in der Lage, bestimmten unangenehmen Situationen im Alltag leichter zu begegnen. Im Unterschied zu Stufe 10 hat sich nun in Stufe 11 ein innerer Beobachter befreit, der mit dem abhängigen Zustand zu leben beginnt. Dadurch wird eine neue Energie frei: den aktuellen Zustand mehr zu erforschen. Man schaut mehr hin – auf sich selbst und andere, stellt Fragen, beginnt, sich selbst Antworten zu geben, und wird auf diese Weise innerhalb des abhängigen Zustands aktiv. Allerdings immer noch auf den abhängigen Zustand bezogen, so dass man noch nicht das Gefühl hat, eigenen Zielen folgen zu können.

Stufe 12: „Ich bin abhängig von anderen Menschen, so wie die anderen Menschen auch von mir abhängig sind. Wir beeinflussen uns immer gegenseitig. Daran kann ich nichts ändern. Aber diese Beeinflussungen kann ich für mich effektiv nutzen, so dass ich sowohl mein Umfeld als auch mich selbst immer besser kennenlernen kann. Außerdem lerne ich, mit meinem Umfeld als auch mit mir selbst unabhängig von allen Beeinflussungen immer liebevoller und achtsamer umzugehen. Das macht mir viel Freude."

Erläuterung: Im Unterschied zu Stufe 11 übernimmt man in Stufe 12 immer mehr die Verantwortung für sein eigenes Leben und setzt sich intensiv mit sich selbst auseinander. Durch die allmähliche innere Befreiung beginnt man, sich vom Umfeld unabhängig zu machen – *innerhalb* der vorhandenen Abhängigkeit, die man inzwischen anerkannt hat. Das Bewusstsein für die überall vorhandenen Beeinflussungen wächst. Die Verantwortung für das eigene Erleben und damit die innere Unabhängigkeit beginnen zu wachsen. Man findet innerhalb der Beeinflussungen zu seinen eigenen Möglichkeiten zurück. Nicht „entweder - oder", sondern „sowohl - als auch". Sowohl Beeinflussungen als auch eigene Gestaltungsmöglichkeiten. Denn die anderen reagieren ja auch auf einen selbst. Man ist noch offener für Lernprozesse und die Rebellion gegen Abhängigkeit hat sich endgültig gelegt.

Stufe 13: „Ich sehe überall Beeinflussungen. Meine gesamte Wahrnehmung ist Beeinflussung pur. Ich bin ein kleiner Teil eines großen Ganzen und fühle mich mit allem verbunden. Ich kann sehen, wo ich etwas ändern kann und ändere es auch, und ich kann sehen, wo ich nichts ändern kann und stimme dem zu. Wenn ich gerade eine Beeinflussung im Außen ändern kann, freue ich mich. Wenn ich sie nicht ändern kann, dann achte ich sie, wie sie ist, und entscheide mich frei, wie ich nun kreativ damit umgehe. Ich wachse dabei über mich hinaus, freue mich darüber, bin glücklich damit und finde das alles hochinteressant."

Erläuterung: Im Unterschied zu Stufe 12 sind nun die tiefe Verbundenheit zu allem als auch die dazugehörigen Beeinflussungen selbstverständlich geworden. Die Verantwortung für den Umgang mit Ungleichgewichten liegt in der eigenen Hand. Man kann innerlich und äußerlich aktiv sein. Die Energie fließt. „Eigentlich" könnte dies als höchste Stufe so bestehen bleiben ... aber es geht noch weiter. Es gibt noch mehr zu entdecken:

Stufe 14: „Alles ist in Resonanz. Alles gehört dazu – auch das Nicht-Dazugehören, die Abhängigkeit und die Unbewusstheit. Alles hat seinen Sinn – auch wenn ich ihn manchmal nicht erkennen sollte. Ich weiß, wie ich mich selbst und meine Wünsche beeinflussen kann und lenke dadurch auch, wie die Resonanz zu meinem Umfeld in mir wirkt."

Erläuterung: Auf dieser Stufe erweitert sich das eigene Weltbild. Man erkennt immer mehr Zusammenhänge innerhalb der überall vorhandenen Verbundenheit. „Alles hat seinen Sinn" bedeutet: Alles hat einen Wunsch nach Gleichgewicht. Alles ist auf seine individuelle Weise zielgerichtet. Auch resonierende Empfindungen werden immer klarer erkannt. Man bekommt im Unterschied zu Stufe 13 einen noch tieferen Zugang zu seinen eigenen Wünschen, die innerhalb der Verbundenheit und des eigenen Erlebens die Hauptrolle spielen. Denn auch diese Wünsche stehen ganz tief mit allem in Verbindung und beeinflussen, wie man sich selbst mit allem fühlt.

Stufe 15: „Ich bin angekommen – in mir selbst. Ich bin Chef*in meines Erlebens und gleichzeitig mit allem und jedem tief verbunden. Ich fühle mich innerhalb der allumfassenden Verbundenheit immer freier und unabhängiger und erkenne uns alle als Teile der universellen Wachstumsspirale, in der wir immer waren, sind und werden. Das weckt immer wieder Freude und Begeisterung."

Erläuterung: Diese letzte Stufe ist die Stufe, die ich als Autor als höchste Stufe erkennen kann. Vielleicht gibt es weitere Stufen, die ich momentan noch nicht sehe. Das herauszufinden überlasse ich den Leser*innen.

Auf dieser (scheinbar) letzten Stufe findet die Erkenntnis statt, dass es keine letzte Stufe gibt und dass sich alles im Wachstumsprozess miteinander befindet. Alles, was sich auf den vorigen Stufen abgespielt hat, ist Teil dieser universellen Wachstumsspirale, in der man sich schon immer befunden hat. In dieser Wachstumsspirale war und ist man schon immer „angekommen“. Eine erfüllende Erkenntnis.

Die Hauptfrage, die einige Leser*innen sich beim Durchlesen dieses Stufenplans sicherlich als erstes gestellt haben, ist: Warum stehen die Situationen, in denen man sich ohnmächtig und von seinem Umfeld komplett abhängig fühlt, nicht am Anfang des Stufenplans?

Weil ein Mensch, der sich ohnmächtig abhängig (Stufe 8) oder antriebslos fühlt (Stufe 9 und 10), bereits Beeinflussungen wahrnimmt und auch sehen kann, woher die Beeinflussungen kommen. Ihm sind die Beeinflussungen bewusster als demjenigen, der nicht an Beeinflussungen glaubt (Stufe 1). Leider ist jedoch dieser Bewusstseins-Zustand in den mittleren Stufen noch mit viel ungelöstem Schmerz oder gar mit Traumata verknüpft. Erst wenn dieser Schmerz verarbeitet und integriert ist[36], kann man die überall vorhandene gegenseitige Abhängigkeit als „Verbundenheit“ und „Dazugehörigkeit“ wahrnehmen (ab Stufe 13) und kreativ für seinen eigenen Wachstumsprozess zu nutzen beginnen.

Beeinflussungen sind immer und überall vorhanden und als „reine Schwingungen“ von Natur aus ***neutral***.

Verknüpfen Sie Beeinflussungen mit Schmerz, dann erscheinen sie Ihnen als ***negative Abhängigkeit***.

Im gelösten Zustand erscheinen Ihnen Beeinflussungen als ***positive Wachstumsenergie***.

---

[36] Siehe zur Schmerzverarbeitung ab Seite 156.

Weil ich es als sehr wichtig empfinde, erinnere ich noch einmal daran, dass Sie sich in unterschiedlichen Situationen auch auf unterschiedlichen Stufen befinden können. In manchen Situationen fühlen Sie sich eher im gelösten Zustand und können gut mit einer bestimmten Beeinflussung umgehen und sie für sich positiv nutzen. In anderen Situationen triggern Beeinflussungen einen ungelösten Schmerz in Ihnen – und Sie fühlen plötzlich eine negative Abhängigkeit vom Umfeld, wehren sich gegen die Beeinflussungen und beginnen zu kämpfen.

Außerdem will dieser Stufenplan nicht aussagen, dass man zur höchsten Stufe nur gelangt, wenn man über alle anderen Stufen gegangen ist. Sie müssen nicht bei einer Entwicklung jede Stufe durchlaufen. Sie können auch gleich von Stufe 1 zu Stufe 15 springen – je nach Ihrer Veranlagung und Ihren Wünschen.

Haben Sie aufgrund dieses Stufenplans für sich feststellen können, welches Ihr aktueller Standort in Ihrer aktuellen Situation ist? Haben Sie sich selbst einstufen können? Und haben Sie auch ein spezielles Ziel für sich entdeckt? Gibt es eine Stufe, bei der Sie in der aktuellen Situation sagen: „Da möchte ich hin! Dorthin möchte ich mich entwickeln! So möchte ich sein, fühlen und leben können!"? Oder möchten Sie kreativ eine eigene Stufe entwickeln, die Sie hier nicht vertreten sehen?

Als nächstes biete ich Ihnen an, gemeinsam mit mir den Weg zu Ihrem Ziel zu gehen. Suchen Sie sich beim Lesen aus meinen folgenden Denkmodellen diejenigen aus, von denen Sie überzeugt sind, dass sie Ihnen bei der Erreichung Ihres Ziels dienen können. Ich kenne es von mir so: Wenn ich tief in meinem Herzen ein bestimmtes Ziel erreichen will, dann führt mich mein Herz (mein Gefühl / meine innere Stimme) und zeigt mir, was ich dazu benötige und was nicht.

Die klare Vision für den inneren Chef

Es gibt unterschiedliche Möglichkeiten, mit Wünschen oder Zielen umzugehen. Im Folgenden werde ich Ihnen vier Möglichkeiten vorstellen. Alle Möglichkeiten sind zunächst einmal gleichwertig. Es entsteht erst ein Wert durch Ihr Gefühl, durch Ihre Wünsche und Bedürfnisse. Beobachten Sie, was *für Sie* mehr Wert hat und was weniger.

Absichtlich kein Ziel haben

In unseren Workshops für Freie Systemische Aufstellungen sind die Teilnehmer*innen Chef*in ihrer eigenen Aufstellung. Sie dürfen frei über ihre Aufstellung bestimmen. Die Organisatorin des Workshops und die übrigen Teilnehmer*innen bieten der aufstellenden Person Ideen und Gedanken zur Aufstellung an. Die aufstellende Person kann die Ideen aufgreifen, abwandeln oder verwerfen.

Manchmal schlage ich vor, die Aufstellung *ohne* Ziel zu beginnen. Dies kann man so umsetzen, indem man die Gruppe bittet, einfach spontan den Gefühlen und Impulsen zu folgen, die jede*r in sich selbst wahrnimmt. In diesem Fall ist jede*r Teilnehmer*in, die/der bei dieser Aufstellung mitmachen möchte, dazu eingeladen, ohne jegliche Rollenzuweisung sich selbst zu beobachten und zu schauen, wie und wohin einen die Gefühle und Impulse steuern. Unter der Beobachtung der „Chefin" (aufstellende Person) entsteht auf diese Weise eine scheinbar zufällige Gruppendynamik, ein improvisiertes Rollenspiel, welches aber in den meisten Fällen der Chef*in Sinn macht. Sie erkennt in dem Verhalten der Gruppenmitglieder eine Parallele zu einem ungelösten Thema aus ihrem Alltag oder aus ihrer Vergangenheit. Sobald ihr dieses Thema klar ist, kann sie nun den Gruppenmitgliedern konkrete Rollen zuweisen und mit dem Thema gezielt weiterarbeiten[37].

---

[37] Siehe zum Umgang mit Freien Systemischen Aufstellungen auch ab S. 366.

Übertragen auf unseren Alltag: Wir können einen Tag so beginnen, dass wir uns kein besonderes Ziel vornehmen, sondern uns nur von unserem Gefühl und unseren spontanen Impulsen leiten lassen. Wir können sogar einen Tag freimachen, kein Ziel haben und nur schauen, wohin uns unser Bauchgefühl oder unsere innere Stimme lenken möchte. Wie werden wir geführt? Was werden wir tun? Was begegnet uns im Außen? Was können wir in dem, was uns begegnet, wiederentdecken? Welche Bedeutung geben wir dem, was passiert?

Sie können dieses Buch ohne besonderes Ziel lesen und beobachten, was es mit Ihnen macht, was es Ihnen spiegelt und wie Ihre Gefühle darauf reagieren.

Wenn Sie auf diese Weise absichtlich eine Absichtslosigkeit verfolgen, könnten Sie verstärkt mit Ihrem Unbewussten in Kontakt kommen. Es könnte sein, dass äußere Beeinflussungen in Ihnen ein Ungleichgewicht anregen, das von Ihnen in ein besseres Gleichgewicht gebracht werden könnte[38].

Es könnte aber auch sein, dass Sie „zufällig" von Ihrem Gefühl zu etwas geführt werden, was Sie sich schon immer gewünscht hatten.

> Wenn Sie absichtlich absichtslos sind, können äußere Beeinflussungen dafür sorgen, dass Ihnen eventuell ein unbewusstes Ungleichgewicht bewusst oder dass Ihnen ein schon lange vorhandener Wunsch erfüllt wird.

Das Ziel klären und beobachten, was passiert

Ich habe gestern Abend zusammen mit meiner Frau Jacqueline einen Spielfilm angeschaut. Während der ersten Hälfte des Films fühlte ich mich, wie ich mich immer beim Fernsehen fühle: auf den Film konzentriert, mitlebend, aber sonst nichts weiter. Mittendrin machten wir eine kurze Pinkelpause. Auf dem Klo kam mir die Idee, mir vom Film zu wünschen, dass er mir tolle Ideen für die Arbeit an diesem Buch anregt. Dann setzten wir uns wieder vor den Fernseher und schauten weiter.

[38] Mehr darüber schreibe ich ab Seite 375.

Tatsächlich gab es zwei Momente, in denen mir plötzlich etwas klar wurde und ich diese Erkenntnisse sofort aufschreiben musste, um sie im Buch verwenden zu können. Ich war wieder in den Film versunken gewesen und hatte gar nicht mehr daran gedacht, Anregungen für das Buch zu erhalten. Ich suchte nicht konkret nach Anregungen. Sondern mein Unterbewusstsein reagierte zwei Mal spontan mit einer Erkenntnis. Ich wachte aus dem Film auf und schrieb sie mir auf.

Früher gab es in meinem Leben eine längere Phase von mehreren Jahren, in der ich mich immer wieder neu fragte, was ich in meinem Leben denn „eigentlich“ will. Ganz ehrlich. Und dann fertigte ich eine Liste an und schrieb alles auf, was ich wirklich wirklich wollte. Am Anfang dieser Phase dauerte das ziemlich lang, bis ich mein Gefühl vollständig ausgequetscht hatte, bis ich den Eindruck hatte, wirklich alles aufgeschrieben zu haben. Jahre später ging es immer schneller und das, was ich aufschrieb, hatte sich auf wenige Punkte konzentriert.

Jedes Mal, nachdem ich so eine Liste fertig hatte, fühlte ich mich erleichtert, nun wieder zu wissen, was ich wirklich wollte, und ließ dann los. Mir genügte es, meine Wünsche einfach nur zu wissen. Dann schaute ich wieder, wohin mein Gefühl mich führte und was mein Alltag für mich vorgesehen hatte – bis ich diese Liste vergessen hatte oder ich das Gefühl bekam, wieder einmal klären zu wollen, was ich wirklich will. Dann machte ich aus meinem Bauchgefühl heraus eine neue Liste (die oft den früheren Listen sehr ähnlich war).

Einige Wünsche haben sich bis heute nicht erfüllt, aber es genügt mir, sie einfach klar zu haben. Gleichzeitig weiß ich, wenn ich auf mein bisheriges Leben schaue, dass es gar nicht anders hätte verlaufen können. Es gab auch starke andere Wünsche, die ich mir nicht aufgeschrieben hatte, die aber Vorrang hatten, so dass ich diesen kraftvollen Wünschen gefolgt bin bzw. folgen *musste*. Der Wunsch, meine Welt- und Menschensicht auszubauen und in Büchern immer mehr und immer einfacher auf den Punkt zu bringen, war am stärksten. Trotzdem bin ich mir gleichzeitig bewusst, was ich sonst noch möchte. Und ich fühle mich zufrieden damit, es genau zu wissen. Ob sich die bisher noch unerfüllten Wünsche in meinen späteren Jahren erfüllen werden, wird sich zeigen.

Übertragen auf unseren Alltag: Wir können uns klarmachen und aufschreiben, was wir wirklich wollen, und dann beobachten, wie uns unser Gefühl nun führt – zusammen mit dieser Klarheit.

Sie können dieses Buch mit einem bestimmten Wunsch lesen und beobachten, wann Ihr Gefühl plötzlich mit einer Erkenntnis reagiert, die Ihrem Wunsch entspricht. Sie wachen aus dem Buch auf und können sich Ihre Erkenntnis notieren. Durch so eine Ziele-Klärung scheinen sich Einflüsse von außen manchmal wie von selbst zu kanalisieren und sich Ihren Wünschen und Zielen anzupassen.

Kanalisieren Sie die Beeinflussungen von außen, indem Sie sich etwas ganz Bestimmtes von diesen Beeinflussungen wünschen. Ihr Unbewusstes wird entsprechend darauf reagieren und die Beeinflussungen sortieren.

Die Kern-Vision klären und sich davon leiten lassen

Zu Beginn meiner Arbeit an diesem Buch suchte ich intensiv danach, was denn der Kern dieses Buches sein sollte. Ich kam auf viele Erkenntnisse. Meine Suche führte dazu, dass mir mehrere Zusammenhänge für mich und mein Leben und unser Menschsein klar wurden. Doch jedes Mal, wenn ich eine tolle Erkenntnis hatte, war die euphorische Wirkung einen Tag später wieder verschwunden und ich hatte das Gefühl, weiter nach dem wirklichen Kern suchen zu wollen. Es gab einige Phasen der Unklarheit und Energielosigkeit und einige Hemmungen beim Schreiben. Dieses Such-Gefühl machte mich immer wieder unzufrieden, weil ich mich dadurch dem Buch gegenüber nicht ausgeglichen und frei fühlen konnte. Ich wollte voraussehen können, ob das Buch „gut" werden würde. Trotz dieser (scheinbaren) Fehlschläge gab es eine Kraft in mir, die weiter nach dem Kern suchen wollte. So setzte ich immer wieder neu an und kam auch immer wieder zu neuen Erkenntnissen, die ich alle für das Buch verwenden kann. Den „wirklichen Kern" des Buches fand ich erst Wochen später.

Inzwischen habe ich diesen Kern gefunden, denn ich lebe in einem ruhigen und sicheren Gefühl und bin sehr motiviert, am Buch zu arbeiten. Ich weiß, dass es „gut" wird – zumindest an meinem eigenen Maßstab gemessen. Die Phasen der starken Energielosigkeiten und der Hemmungen sind vorbei. Ich habe Klarheit, auch wenn ab und zu noch eine kleine energielose Phase die nächste Erkenntnis ankündigt. Ich erlebe tatsächlich, dass das Wissen über diesen „Kern" (meine klare Vision) nun meine Arbeit am Buch steuert. Vorher hatte mich noch die Suche nach dem Kern gesteuert[39].

Übertragen auf unseren Alltag: Wenn wir ein Ziel haben, kann es Sinn machen, sich zusätzlich den tiefen Kern dieses Ziels klar zu machen. Gibt es einen Grund, warum wir genau *das* Ziel haben? Was ist der exakte Kern oder der tiefe Sinn unseres Ziels / unseres Projekts?

Sie können sich die Frage stellen, was genau Sie zu diesem Buch hat greifen lassen. Was ist der Kern Ihres Gefühls, in diesem Buch zu lesen? Wonach sehnen Sie sich tief in Ihrer Seele? Ganz ehrlich?

Erlauben Sie sich, einer absolut klaren Kern-Vision zu folgen. Dies wird dazu führen, dass äußere Beeinflussungen deutlich eingeteilt werden in:

a) Das passt zu meiner Vision.

b) Das passt nicht zu meiner Vision.

Diese klare Kern-Vision führt zu einem gelassenen Gefühl. Denn Sie wissen ganz genau, was Sie brauchen und was nicht, und suchen nicht mehr „verzweifelt".

Schritt für Schritt auf das klare Ziel zugehen

Ich erinnere mich noch genau an die Hochzeit meiner älteren Schwester. Sie ist acht Jahre älter als ich und heiratete in ihrem einundzwanzigsten Lebensjahr. Mit meinen dreizehn Jahren war ich ziemlich schüchtern – und als ich dazu aufgefordert wurde mitzutanzen, fühlte ich mich extrem gehemmt und wollte nicht. Ich konnte doch gar nicht tanzen. So blieb ich sitzen, fühlte mich nicht richtig dazugehörig und schaute zu, wie die anderen sich von der Tanzmusik beeinflussen ließen und sich ausgelassen bewegten.

Ein paar Monate später begann ich, Tanzkurse zu nehmen. Ich war sehr gut darin, mir die Schritte zu merken und umzusetzen, so dass meine Tanzpartnerin und ich das Turnier auf dem Abschlussball gewan-

[39] Wer neugierig auf diesen Kern ist, kann ab Seite 143 nachlesen.

nen und von der Tanzschule den ersten Preis erhielten: den Fortgeschrittenen-Kurs.

Wir lernten und tanzten auch weiterhin so erfolgreich und gewannen bei jedem Abschlussball immer wieder den nächsten Kurs. Am Ende hatten wir uns bis zum Kurs „Gold-Star“ hochgearbeitet und dafür letztendlich nur einmal den Anfängerkurs bezahlt. Danach fühlte ich nie wieder Hemmungen, wenn mich jemand aufforderte, mit ihm auf der Tanzfläche zu tanzen. Jetzt konnte ich hemmungslos tanzen. Ich hatte es gelernt und brauchte mich nicht mehr zu verstecken.

So wie ich einen Tanzkurs nach dem anderen belegte und dadurch im Tanzen immer selbstsicherer wurde, so werden Sie in diesem Buch eine Perspektive nach der anderen kennen- und umsetzen lernen. Vorausgesetzt, Sie trainieren sich Schritt für Schritt. Am Ende können Sie möglicherweise mit allen Beeinflussungen in Ihrem Leben frei und selbstsicher „tanzen“.

Da ich als Autor Ihnen gegenüber komplett ohnmächtig bin, kann ich Sie nicht von einem unsicheren beeinflussbaren Menschen in einen klaren, selbstbewussten und selbstsicheren Menschen verwandeln. Ich kann Sie nicht zu einem Menschen werden lassen, der eigenständig und unabhängig sein Leben lebt und mit Beeinflussungen gezielt und sinnvoll umgeht. Allerdings kann ich Ihnen neue Sichtweisen anbieten, die Sie beim Lesen kennenlernen. Dadurch haben Sie die Möglichkeit, Ihr Inneres an diese Sichtweisen anzupassen, falls die Sichtweisen sich für Sie stimmig anfühlen. Sie können schrittweise lernen, auf eine neue Weise zu denken, und betrachten allmählich Ihr Umfeld und sich selbst aus einer neuen Perspektive.

Wenn ich damals während der Tanzkurse nur von außen zugeschaut hätte, hätte ich beim Abschlussball niemals den nächsten Tanzkurs gewonnen. Ich hätte zwar gewusst, wie die Tanzschritte gehen, aber ich hätte es nicht fließend umsetzen können. Ich musste also während des Kurses aktiv mitmachen, aktiv die Schritte selbst trainieren und aktiv immer wiederholen, damit sie sich in mein Körpergefühl tief einprägten und automatisch abrufbar waren.

Sie können beim Lesen dieses Buches selbst aktiv werden. Machen Sie sich klar, was Sie wollen (vielleicht mit Hilfe des Stufenplans im vorigen Kapitel). Dann trainieren Sie Schritt für Schritt, bis Sie am Ende mit allen Beeinflussungen in Ihrem Leben frei tanzen können. Die Spielregeln eines neuen Spiels lernt man am besten, wenn man gleichzeitig zu spielen beginnt. Sie werden im Buch an manchen Stellen (hoffentlich wirkungsvolle) Möglichkeiten finden, wie Sie die von mir beschriebenen Inhalte aktiv umsetzen, trainieren und integrieren können. Wenn Sie wollen, können Sie sich also selbst Schritt für Schritt beeinflussen, um leichter mit Beeinflussungen umzugehen.

Übertragen auf unseren Alltag: Dieser Umgang mit einem Ziel ist den allermeisten bekannt. Wir entwickeln ein Ziel, machen es uns besonders klar und gehen Schritt für Schritt darauf zu, setzen es um, trainieren dafür, bis wir es erreicht haben.

Dabei ist die Klarheit über das Ziel sehr wichtig. Wir kennen es von unserem Umgang mit dem Internet. Je klarer unsere Formulierung ist, die wir in eine Suchmaschine eingeben, umso größer ist die Chance, dass wir in den Suchergebnissen finden, was wir suchen. Wenn ich mir zu Weihnachten ein neues Portemonnaie wünsche, könnte mir meine Frau Jacqueline jedes Modell besorgen. Je konkreter ich angebe, welche Farbe es haben soll, wieviel Fächer etc., umso größer ist die Chance, dass ich bekomme, was ich mir vorstelle. Wenn wir eine Stecknadel im Heuhaufen suchen, finden wir sie schneller, wenn wir wissen, welche Farbe der kleine runde Kopf dieser Stecknadel hat.

Ich erfahre mit mir selbst auch noch folgende Nebenwirkung: Je besser und klarer ich als Chef*inmeines Erlebens weiß, wohin ich möchte, was mir so richtig gut tun würde, und je mehr ich davon überzeugt bin, es irgendwann erreichen und erleben zu können, umso leichter und gelassener kann ich auch mit gegenwärtigen Fehlschlägen und negativen Beeinflussungen umgehen.

Beeinflussen Sie sich selbst, indem Sie sich neue Denk- und Verhaltensmuster Schritt für Schritt antrainieren.

Jetzt habe ich Ihnen vier Möglichkeiten aufgezeigt, mit Zielen umzugehen. Aus meiner Perspektive hat keine dieser Möglichkeiten einen Vorrang oder ist besser als eine andere – denn es hängt letztendlich davon ab, was Sie selbst zu welchem Zeitpunkt wollen und was für Sie gut ist. *Sie entscheiden selbstständig* und in jedem Moment neu.

Wenn man sich nicht wirklich als Chef*in des eigenen Erlebens fühlt, könnte es schwierig sein, überhaupt eine Vision oder ein Ziel zu entwickeln. In dem Fall gibt es möglicherweise einen inneren Anteil in einem selbst, der sagt: „Es wird ja doch nichts, weil es andere Menschen gibt, die stärker sind und mich von meinem Ziel oder meiner Vision abhalten werden." Oder es gibt einen anderen Anteil, der sagt: „Ich habe es nicht verdient, ein tolles Ziel zu erreichen." Oder „Ich schaffe es sowieso nicht." Oder: „Ich begreife gar nicht, wie es geht …" Solche Anteile haben sich in der Vergangenheit als innere Denkmuster gebildet (manche sagen auch „Glaubenssätze" dazu). Sie wirken einigen anderen Denk- und Verhaltensmustern entgegen. Man hat das Gefühl, einen inneren „Chef-Saboteur" zu besitzen. Mit so einem Saboteur-Denkmuster haben Visionen und Ziele kaum Kraft oder man bekommt nicht einmal Zugang zu ihnen. Man weiß einfach nicht, was man will.

Wie man das lösen kann, werde ich ab Seite 232 zeigen. Trotzdem möchte ich hier als ersten Schritt ein dazu passendes Denkmodell anbieten. Vielleicht hilft es Ihnen, einen besseren Zugang zu Ihren Visionen, Zielen und Wünschen zu erhalten. Gleichzeitig führe ich mit diesem Denkmodell tiefer in das Thema „Beeinflussungen" ein:

Was sind Beeinflussungen überhaupt?

Bevor wir trainieren können, wie wir mit Beeinflussungen optimal tanzen, sollten wir uns ganz am Anfang mit der Frage auseinandersetzen, was Beeinflussungen überhaupt sind. Wann und wo erleben wir, dass wir von unserem Umfeld beeinflusst werden?

Im Grunde immer und überall. Allein durch unsere bewusste und unbewusste Wahrnehmung. Jedes Lichtteilchen, das in unser Auge gelangt, jede Schallwelle, die an unser Trommelfell gelangt, jede körperliche Berührung etc. beeinflussen uns.

Vor einiger Zeit ging ich eine Straße entlang. Da hielt neben mir ein Auto. Ein älterer Herr saß am Steuer. Die ebenfalls ältere Beifahrerin hatte ihr Fenster heruntergekurbelt und fragte mich: „Entschuldigung. Wissen Sie, wie wir zur Käthe-Paulus-Straße kommen?"

Da war er – der Moment. Diese Frage öffnete mir alle Möglichkeiten, ganz frei das Ehepaar so zu beeinflussen, wie ich es wollte. Egal, was ich ihnen sage, sie würden mir glauben und genau die Strecke fahren, die ich ihnen beschreibe. Vorausgesetzt sie vergessen meine Beschreibung nicht und bringen in ihrem Gedächtnis nichts durcheinander.

Natürlich habe ich ihnen den einfachsten Weg beschrieben. So fies war ich nicht, sie absichtlich in die Irre zu leiten. Aber die Möglichkeit dazu hätte ich gehabt.

Dieses kleine Beispiel enthält die Hauptpunkte, die bei dem Thema „Beeinflussung" wichtig sind:

- Das Ehepaar hatte eine Frage.
- Ich hatte offensichtlich so eine Ausstrahlung, dass das Ehepaar mich für glaubwürdig und ansprechbar hielt. Weder sah ich wie ein verwahrloster Mensch aus noch hatte ich eine gewalttätige Ausstrahlung. Wäre es so gewesen, dann könnte ich mir vorstellen, dass dieses ältere Ehepaar trotz ihrer Frage an mir vorbeigefahren wäre.
- Das Ehepaar hoffte, von mir eine hilfreiche Antwort zu bekommen.
- Meine Worte und meine Gesten mit meinen Händen beeinflussten die Gehirne der beiden älteren Menschen, die mir aufmerksam zuhörten und zusahen.
- Mit meiner Beschreibung konnten sie anschließend frei umgehen. Sie hatten mindestens folgende Möglichkeiten: Entweder sie vergessen meine Beschreibung wieder und befragen ein paar Kreuzungen weiter den nächsten Fußgänger. Oder sie missverstehen meine Beschreibung oder bringen sie durcheinander und verfahren sich entsprechend. Oder sie haben meine Beschreibung unterschiedlich verstanden und beginnen über die „Wahrheit" zu streiten. Oder sie merken sich alles korrekt, folgen exakt meiner Beschreibung und kommen problemlos am Ziel ihrer Wünsche an.

Ich verallgemeinere und fasse zusammen:

- Person A hat eine Frage.
- Person A sucht danach, wo und wie diese Frage am schnellsten und besten beantwortet werden könnte. Während dieser Suche lässt Person A sich von ihrem Umfeld beeinflussen (= nimmt ihr aktuelles Umfeld wahr, um suchen und entscheiden zu können).
- Person A entscheidet sich für Person B als Antwortgeber.
- Person A nimmt alles auf, was Person B ausdrückt. Person A lässt sich also gezielt von Person B beeinflussen.

- Person A geht anschließend mit dieser Beeinflussung frei und selbstständig um.

Wir sehen: Zwar geht der Einfluss vom Umfeld und von Person B aus, doch interessanterweise hat Person A letztendlich alles in der Hand. Person A ist bei jedem Schritt Chef*in.

Bisher denken viele Menschen bei Beeinflussungen, dass ein*e Beeinflusste*r hilflos den Beeinflussungen des Umfeldes ausgeliefert sei.

Ich biete Ihnen an dieser Stelle ein erstes Umdenken an. Ich lade Sie dazu ein, mit mir zusammen einmal hypothetisch davon auszugehen, dass die/der Beeinflusste alles selbst in der Hand hat und mit jeder Beeinflussung umgehen kann - wenn man weiß, wie.

- Die Beeinflusste entscheidet selbstständig, ob sie an ihr Umfeld eine Frage hat. Und wenn ja – welche.
- Sie entscheidet, ob und wo sie nach einem Antwortgeber sucht.
- Sie entscheidet, wie intensiv und wie lange sie sich vom Antwortgeber beeinflussen lässt.
- Sie entscheidet, was Sie selbst aus dieser Beeinflussung macht, wie sie kreativ damit umgeht, wie sie die Beeinflussung selbst gestaltet.

Gehen wir einmal davon aus, dass das freie Tanzen mit den Beeinflussungen möglich ist – und zwar nicht als sich hingebender Tanzpartner, sondern als aktiv führender Tanzpartner. Lassen Sie uns nicht daran zweifeln, ***ob*** es überhaupt möglich ist, Einflüsse bewusst zu lenken, sondern lassen Sie uns schauen, ***wie*** es möglich sein könnte. Dann probieren wir es aus und beobachten das Ergebnis. Dafür möchte ich einen neuen Begriff anbieten: Wir wollen ein*e „Einfluss-Lenker*in“ werden. Wir wollen den Einfluss bewusst lenken, den wir von außen erhalten. Am besten gleich so, dass wir ein glücklicheres und freieres Leben als bisher führen. Und dass wir mit mehr Energie und Freude eigene Visionen und Ziele frei entwickeln.

Dass wir Beeinflussungen von außen erhalten, ist unvermeidbar. Über unsere Sinnesorgane gelangen permanent Signale in uns hinein. Es sind alle möglichen Signale, die auf unterschiedlichste Weisen in uns einfließen (Schallwellen, Lichtwellen etc.) und mit denen wir dann unbewusst oder bewusst umgehen. Das ist auch gut so, denn aus diesen Signalen können wir wichtige Antworten herausziehen. Beispielsweise Antworten zu unseren Fragen, wie wir innerhalb unseres aktuellen

Umfeldes optimal überleben und wie wir unsere sonstigen Ziele effizient erreichen können. Genau dazu haben wir im Laufe der Evolution unsere Sinnesorgane entwickelt. Sinnesorgane ermöglichen immer Beeinflussungen von außen.

Sind die Signale von außen erst einmal in uns drin, dann lassen sie sich von uns auch steuern. Unser Organismus entscheidet als „Chef" unbewusst und bewusst, welche Wirkungen und Aktionen diese Einflüsse in uns hervorrufen. Auf der unbewussten Ebene entscheiden all unsere unbewussten Anteile, wie eine Beeinflussung wirken soll. Auf der be-„wussten" Ebene können wir Einflüsse nur lenken, wenn wir auch „wissen", wie das geht.

> Wir lenken alle Beeinflussungen unbewusst und bewusst, sobald diese in uns „eingeflossen" sind.

Unser großes Problem ist: Wie sollen wir Beeinflussungen *bewusst* lenken, wenn sie sich in unserem *Unbewussten* aufhalten?

Ich biete Ihnen mit diesem Buch das Ziel an, sich immer mehr unbewusste Entscheidungen bewusst machen zu können, damit Sie zur *bewussten* Lenkerin der Beeinflussungen werden, zur „Einfluss-Lenkerin", zum aktiv führenden Tanzpartner jeder Beeinflussung.

Für den nächsten Schritt auf dem Weg zur bewussten Einfluss-Lenkerin beschreibe ich Ihnen im nächsten Kapitel mein Denkmodell, auf welche Weise wir Menschen unser Leben gestalten. Dabei werde ich den Kern dieses Buches zum ersten Mal berühren, der sich in den darauffolgenden Kapiteln immer mehr verdichtet.

Weil ich einiges in meinem Welt- und Menschenbild anders sehe, als in unserer aktuellen Gesellschaft üblich, muss ich zunächst einmal ganz von vorne beginnen. Sie werden im Laufe des Buches erkennen, wozu diese Informationen gut sind, die ich Ihnen im Folgenden als „Basis" zur Verfügung stelle. Denn alles Weitere wird Schritt für Schritt bis zum Schluss darauf aufbauen.

Unsere grundlegende Antriebskraft, die alles steuert

Über dieses Kapitel:

Es kann sein, dass einige Leser*innen die erste Hälfte dieses Kapitels als „abstrakt" empfinden werden, wie Mathematik. Nicht jeder hat Lust auf Mathe. Meine Gedanken werden ab Seite 78 wieder praktischer.

Bei all meinen Überlegungen über viele Jahre zu den Fragen: „Warum fühlen wir uns so, wie wir uns fühlen? Warum verhalten wir uns so, wie wir uns verhalten?" hatte ich immer einen Anspruch: Ich wollte *einfache* Antworten und ich wollte ganz *grundlegende* Antworten. Ich suchte also im Grunde nach einer einfachen Formel für alles. Und zwar nicht im mathematischen Bereich, sondern im Bereich der einfachen Denkmodelle. Ich wollte diese „Formel" ganz einfach mit Worten beschreiben können. Damit ich endlich Klarheit über mein Leben bekomme und damit ich diese Erkenntnis jedem anderen Menschen wirkungsvoll zur Verfügung stellen kann.

Tatsächlich wurde mir diese Formel vor gut zwanzig Jahren im Alter von 28 Jahren klar. Sie lautet: „Jedes Element hat den Wunsch nach Gleichgewicht." [40]

Damals dachte ich bereits, dass allein diese Formel bei allen Menschen wie eine Bombe einschlagen würde, wenn sie nur davon hören würden. Doch ich machte eine gegenteilige Erfahrung: Ich war ohnmächtig. Ich konnte niemanden „beeinflussen". Niemand reagierte so, wie ich mich bei der Erkenntnis dieser Formel selbst fühlte. Ich konnte niemandem meine Erkenntnis und alle daraus resultierenden Folgen so be-

---

[40] Siehe dazu mein drittes Buch *Die Vollkommenheit des Universums.*

schreiben, dass mein Gegenüber meine Begeisterung nachvollziehen und selbst spüren konnte. War es allein meine ganz persönliche Erkenntnis? Oder hatte ich tatsächlich ein universelles Denkmodell erkannt?

Seit zwanzig Jahren ist für mich die Antwort meiner inneren Stimme immer wieder gleich: „Es ist etwas Universelles." Gleichzeitig erkenne ich immer mehr, wo das Prinzip der Homöostase eine Rolle spielt. Im Internet findet man folgende Beschreibungen[41]:

Wikipedia: „Homöostase bezeichnet die Aufrechterhaltung eines Gleichgewichtszustandes eines offenen dynamischen Systems durch einen internen regelnden Prozess."

DocCheck Flexikon: „Die Homöostase ist das physiologische Streben nach Einhaltung eines Gleichgewichts, das für die Lebenserhaltung und Funktion eines Organismus oder eines Organs notwendig ist."

Wissen.de: „Mit der Homöostase ist die Aufrechterhaltung des so genannten inneren Milieus des Körpers mit Hilfe von Regelsystemen gemeint."

Spektrum.de / Kompaktlexikon der Biologie: „Homöostase, eine Systemeigenschaft von Zellen bzw. Organismen, welche die Gesamtheit der endogenen Regulationsvorgänge umfasst, die für ein stabiles inneres Milieu sorgen, wie z. B. die Konstanthaltung des Blutdrucks, die ionale Zusammensetzung der Körperflüssigkeiten oder die Körpertemperatur."

Was diese Beschreibungen alle gemeinsam haben, ist die „Aufrechterhaltung" (Einhaltung, Konstanthaltung) eines Gleichgewichts. Wenn wir den Begriff „Aufrechterhaltung" lesen, haben wir dabei das innere Bild, als ob das Gleichgewicht bereits erreicht sei und nur aufgepasst wird, dass es nicht verloren geht. Das System erhält das bestehende Gleichgewicht aufrecht. Es *ist* im konstanten Gleichgewicht und hat das Bestreben, innerhalb dieses Gleichgewichts das Ungleichgewicht zu *vermeiden*.

Dass Menschen auf diese Weise denken, kann ich gut nachvollziehen, wenn ich mir unsere menschliche Logik und ganz speziell die Mathematik anschaue. In der Mathematik arbeiten wir mit Konstanten und Gleichheitszeichen. Wir leben in der Mathematik innerhalb perfekter

---

[41] Zugriff am 29.4.2016.

Gleichgewichte. In der Physik gehen wir manchmal von idealen Modellen aus, wie z. B. ein abgeschlossenes, vollkommen isoliertes System, das in keiner Weise in Wechselwirkung zum Umfeld steht (Energieerhaltungssatz in der Thermodynamik). In der Biologie gibt es das Denkmodell der Autopoiesis: Ein autopoietisches System entwickelt sich innerhalb einer operativen „Geschlossenheit“ – auch eine Art Gleichgewichtsform, die sich aufrechterhalten möchte. Wenn wir Menschen unsere Psyche analysieren, dann entdecken wir viele Verhaltensweisen, durch die wir ein Ungleichgewicht unbedingt *vermeiden* wollen. Man möchte z. B. keinen Verlustschmerz erleben.

Ich halte folgendes Denkmodell für stimmiger: Es gibt keine absolut perfekten Gleichgewichte. Es gibt keine absolute Gleichheit, so wie wir es in der Mathematik beschreiben. Es gibt keine vollkommen abgeschlossenen oder isolierten Systeme. Es gibt kein Leben ohne immer wieder auftauchende kleine oder größere Gewinne und Verluste. Die Welt schwingt und pulsiert. Es ist eine Welt des ewigen Wandels und der überall vorhandenen Verbundenheit.

Deshalb drücke ich mit meiner Formel „Jedes Element hat den Wunsch nach Gleichgewicht“ aus, dass es nicht das universelle Bestreben ist, ein Gleichgewicht zu *erhalten*, sondern ein Gleichgewicht zu *erreichen*. Mit dieser Formel lade ich zu der Vorstellung ein, dass sich alles bereits in Ungleichgewichten befindet und jeweils nach einem besseren Gleichgewicht strebt.

In der Naturwissenschaft als auch in der Psychologie ist man sich bewusst, dass eine „Störung“ ein System anregt, eine neue Ordnung zu bilden. In dieser neuen Ordnung kann das System in Zukunft mit der Störung besser umgehen. Auf diese Weise entsteht beispielsweise die Resistenz von Keimen, die sich ihrer Umwelt anpassen und in Zukunft besser überleben können. Ich behaupte, dass in *allen* Systemen, in *allen* „scheinbaren“ Gleichgewichten bereits minimale oder auch deutliche Störungen vorhanden sind, die das System danach streben lassen, sich in ein noch besseres Gleichgewicht zu bewegen.

Ich gehe von dem Denkmodell aus, dass alles Lebendige zwei Grundeigenschaften hat:

1. Anpassung an die sich verändernde Umwelt, Mutation
2. Sich selbst kopieren, Replikation, Reproduktion

Der „Wunsch nach Gleichgewicht" passt zu beiden Eigenschaften. Denn eine Anpassung an das Umfeld ist ein Schritt in das „nächst bessere Gleichgewicht" mit dem Umfeld. Und die Reproduktion von sich selbst macht es erstens möglich, in dem neuen reproduzierten Element besser angepasste Eigenschaften entstehen zu lassen. Es ist durch eine Reproduktion ein noch größerer Anpassungsschritt an das Umfeld möglich. Zweitens erschafft man sich mit einem gleichen oder sehr ähnlichen Element ein Umfeld, das einem selbst entspricht. Wenn man eigene Kinder um sich herum hat, befindet man sich mehr miteinander im biologischen Gleichgewicht, als wenn man fremde Kinder oder andere fremde Menschen um sich herum hat (das psychische Gleichgewicht ist ein anderes Thema ...). Auch wenn man sich vorstellt, als Mensch allein in einem Rudel von Wölfen zu leben, wird klar, dass das bessere biologische Gleichgewicht das Leben in einer Gemeinschaft mit Menschen wäre. Die Reproduktion (= mehr von der eigenen Art) ist also ebenfalls eine Herstellung eines besseren biologischen Gleichgewichts für sich selbst.

Ich behaupte mit Hilfe meiner Formel, dass diese Grundeigenschaften nicht nur für das Lebendige gelten, sondern überall angelegt sind, also auch innerhalb der sogenannten „toten" Materie. Aufgrund meiner (noch) fehlenden wissenschaftlichen Bildung kann ich an dieser Stelle dafür keine chemischen oder physikalischen Beispiele zur Verfügung stellen. Ich bin jedoch davon überzeugt, dass dies irgendjemand irgendwann einmal können wird.

Ich behaupte also: Es gibt kein Element, das sich in einem perfekten Gleichgewicht befindet. Jedes scheinbare Gleichgewicht ist nur ein *relatives* Gleichgewicht, kein absolutes. Wenn man genauer hinschaut, enthält jedes Gleichgewicht bereits Störungen, störende Einflüsse vom Umfeld, so dass es in Wirklichkeit ein Ungleichgewicht ist. Jedes Element will sich aus diesem Ungleichgewicht in ein besseres Gleichgewicht bewegen.

Das Streben nach *„Aufrechterhaltung eines Gleichgewichts"* ist meiner Ansicht nach in Wirklichkeit immer ein *„Streben nach einem besseren Gleichgewicht, als es jetzt im Moment existiert"*. Selbst der Zerfall eines Elements ist eine Bewegung in ein besseres Gleichgewicht. Denn kurz vor einem Zerfall ist das aktuelle (relative) Gleichgewicht zu einem Ungleichgewicht geworden, z. B. weil die Energiezufuhr von außen sich verringert hat (bei Menschen: keine Nahrungsaufnahme mehr, kein Licht und keine Wärme mehr)[42]. Mit einer fehlenden Energiezufuhr von außen wäre das bessere Gleichgewicht der Zerfall des Elements in die entsprechenden Unterelemente. Diese Unterelemente können sich *einzeln* leichter in (relative) Gleichgewichte bewegen, als in der nicht mehr energievollen Gemeinschaft.

Monika würde jetzt sagen: „Erkläre mir das doch bitte alles noch einmal wie für Erstklässler." Doch leider bin ich dazu nicht in der Lage. Aus meiner Perspektive kann ich es nicht einfacher erklären. Das ist aber auch nicht notwendig. Ich habe es nur für die Leute aufgeschrieben, die es aufgrund ihres eigenen Fachwissens nachvollziehen können. Das, was Sie, liebe Leser*innen, nachher brauchen, um es dem Thema „Beeinflussungen" zuordnen zu können, werde ich am Ende dieses Kapitels ab Seite 78 ganz einfach zusammenfassen.

Die Formel „Jedes Element hat den Wunsch nach Gleichgewicht" ist das Ergebnis jahrelanger Selbstanalyse mit vielen befreienden Erkenntnissen und emotionalen Weiterentwicklungen[43]. Und sie ist das Ergebnis einer zwanzigjährigen Überprüfung. Seitdem ich sie 1996 gefunden habe, teste ich immer wieder, ob sie passt oder ob sie vielleicht in irgendeinem Bereich einen Widerspruch bildet. Die einzige Lücke, die mir bisher bewusst geworden ist, lautet: Wie definiere ich den Begriff „Wunsch" genauer? Was ist eigentlich ein „Wunsch"?[44]

Ich bin nie tiefer gedrungen, als mit der Antwort, dass ein Wunsch eine Kraft ist. Und alle unterschiedlichen Kräfte, die wirken, – auch alle physikalischen Kräfte – sind unterschiedliche Wünsche. Letztendlich habe ich mir gesagt, dass genau das die tiefe Basis von allem ist. Die kleinsten Einheiten, aus denen alles besteht und durch die alles mitei-

---

[42] In der Kybernetik geht man davon aus, dass ein System sein Gleichgewicht wieder herstellen möchte, wenn es von außen in seinem Gleichgewicht gestört wird. Dabei kann Sonneneinstrahlung (Energiezufuhr) eine Art von „Störung" darstellen und zu Bewegung und Wachstum in Richtung „besseres Gleichgewicht" führen.

[43] Siehe meine ersten drei Bücher.

[44] Auf den folgenden vier Seiten habe ich Textteile eingeflochten, die ich bereits in unserem Buch *Der lebendige Spiegel* verwendet habe (dort ab Seite 91).

nander in Verbindung steht, sind keine Materieteilchen und keine Schwingungen, sondern es sind Wünsche / Kräfte. Denn Materieteilchen oder Schwingungen können nur existieren, wenn sie durch eine Kraft zusammengehalten oder angeregt werden. Es gibt keinen Raum im Universum, der absolut wunschfrei / kraftfrei ist.

Folgender Zusammenhang könnte das bestätigen:

Wenn sich etwas von uns unterscheidet, dann können wir es wahrnehmen. Wenn etwas mit uns absolut gleich ist, können wir es nicht wahrnehmen. Im Ungleichgewicht geschieht Wahrnehmung. Im Gleichgewicht verschwindet Wahrnehmung.

Beispiel auf der physikalischen Ebene: Fassen wir mit unserer Hand langsam in die mit Wasser angefüllte Badewanne, in der die Wasseroberfläche ganz glatt ist und das Wasser genau die gleiche Temperatur hat wie unsere Finger (= Gleichgewicht), dann fühlen wir nicht, wann unsere Finger in das Wasser eintauchen. Ist das Wasser aber besonders kalt oder heiß, dann fühlen wir es sofort und können aufgrund des Temperaturunterschiedes (= Ungleichgewicht) den Moment wahrnehmen, in dem wir das Wasser berühren.

Da sich das Basis-Element, aus dem das ganze Universum besteht, mit uns Menschen in einem absoluten Gleichgewicht befindet, weil wir ja ebenso daraus bestehen, werden wir es niemals wahrnehmen oder nachweisen können. Denn jedes Instrument, mit dem wir dieses Basis-Element untersuchen wollen, besteht ebenso aus diesem Basis-Element und unterscheidet sich davon nicht.

Haben Sie einen Wunsch oder eine Kraft schon einmal wahrgenommen? Haben Sie einem Wunsch oder einer Kraft schon einmal die Hand geschüttelt? Sie haben doch eigentlich immer nur die *Auswirkungen* eines Wunsches / einer Kraft gespürt. Wir können nur anhand von Materieteilchen eine Kraft nachweisen, weil sich diese Teilchen nach der Kraft ausrichten. Aber die Kraft selbst haben wir in ihrer reinen ursprünglichen Form noch nie wahrnehmen können. Und doch sind Kräfte überall präsent und wirken.

Dementsprechend könnte man es so sehen, dass Wünsche / Kräfte die Basis sind, aus der wir und alles andere, was existiert, bestehen. Deswegen haben Kräfte keine für uns sichtbare „Masse“. Sie befinden sich mit uns in einem absoluten Gleichgewicht, in dem die Wahrnehmung von Masse verschwunden ist.

Viele sagen, das Universum bestünde aus reiner Energie. Der Begriff „Energie“ kommt aus dem Altgriechischen. Man kann ihn übersetzen mit „en“ = „innen“ und „ergon“ = „wirken“. Genau das ist es, was Wünsche machen. Sie wirken innen. Ich finde den Begriff „Wunsch“ zurzeit noch stimmiger als den Begriff „Energie“.

Materie ist eine Konzentration von Wünschen, die sich zusammen in einem bestimmten (relativen) Gleichgewicht befinden, um gemeinsam in das nächste bessere Gleichgewicht gelangen zu können. Ist das Gleichgewicht erreicht (Wunscherfüllung), ändern sich die Wünsche und sortieren sich zu neuen hilfreichen Konzentrationen, die das nächste bessere Gleichgewicht anstreben.

Wenn ein Wunsch die kleinste Einheit des Universums ist, kann ich natürlich nicht sagen, aus welchen kleineren Einheiten ein Wunsch besteht. Das einzig stimmige Bild für mich ist: Jeder Wunsch besteht aus Unterwünschen, die wieder aus Unterwünschen bestehen, die aus Unterwünschen bestehen etc.

Ähnliche Wünsche schließen sich zu Wunschgruppen zusammen und bilden einen größeren Überwunsch, der sich mit anderen Überwünschen zu einem weiteren Überwunsch zusammenschließt etc.

„Wunsch“ ist für mich also der Basis-Begriff für alle unterschiedlichen Kräfte, die es im Universum gibt. Wünsche / Kräfte sind die Basis für jegliche Materie, für alle Schwingungen und für jegliche Bewegungs- und Energieformen. Alles besteht aus Wünschen.

Alles ist „das Wünschende“.

Ich kann mein universelles Grundgesetz noch leicht umformulieren und sagen: „Jedes Element *ist* ein Wunsch nach Gleichgewicht.“

Wie und warum werden wir eigentlich aktiv? Wo kommen unsere persönlichen Wünsche, Ziele, Bedürfnisse her?

Die Antworten auf diese Fragen sind mit dem eben beschriebenen Hintergrund einfach: Wir werden aktiv, weil wir grundsätzlich durch die Basiskraft des Universums gesteuert werden – durch Wünsche.

Unsere Wünsche kommen aus dem All, aus dem Universum, aus dem Ganzen. Alle Wünsche sind immer Teil des Ganzen. So wie wir selbst Teil des Ganzen sind.

Jeder Wunsch wirkt sich auf andere Wünsche aus, jede (Gravitations-)Kraft beeinflusst ihre Umgebung. Sobald sich ein Wunsch erfüllt/auflöst, entsteht ein neuer Wunsch und das Umfeld ändert sich entsprechend.

Aufgrund dieser überall vorhandenen Beeinflussungen ist es schwer, ein Materieteilchen isoliert von seiner Umgebung zu untersuchen. Denn was passiert bei einer solchen Untersuchung? Wissenschaftler (= bestehen aus Wünschen / *sind* Wünsche) untersuchen (= Wunsch nach Gleichgewicht, nach Erkenntnis) Materieteilchen, Schwingungen, Kraftteilchen (= *sind* andere Wünsche) und beeinflussen dabei alles um sich herum. Je mehr sich ein Wunsch seiner Wunscherfüllung annähert, desto mehr ändert er sich selbst, desto mehr ändert sich auch sein Umfeld und dementsprechend die anderen Wünsche, die man gerade untersuchen wollte. Jede*r Forscher*in beeinflusst das, was sie/er erforscht. Man sollte in diese Forschung die Erforschung von sich selbst immer mit einbeziehen. Allerdings dürfte das schwierig werden, denn:

Alles ist im Fluss. Und ein Fluss kann sich nicht selbst erkennen. Sobald er sich selbst erkannt hat, ist er schon wieder verändert, weitergeflossen, und wird nie wieder so sein, wie er zu dem Zeitpunkt der Selbst-Erkenntnis war. Es sei denn, er erkennt das Übergreifende: das „Fließende“ an sich, den ewigen Wandel.

Das Übergreifende allen Seins im Universum ist „das Wünschende“ an sich. Erst aus dem Wünschenden entsteht das Fließende. Ohne Wünsche keine Bewegung, kein Fluss, kein Wandel.

Ich vergleiche gerne „das Fließende“ mit dem Begriff „Qi“ oder „Ch´i“ aus der traditionellen chinesischen Medizin, was so viel wie „Energie, Atem oder Fluidum“ bedeutet. „Das Wünschende“ setze ich mit dem Begriff „Jing“ gleich. Jing wird oft mit „Same des Lebens“ oder „Ursubstanz der Lebensenergie“ übersetzt und ist die Basis des Qi. Ohne Jing kein Qi. Ohne Wunschkraft kein Fluss.

Wir sind beeinflusst durch überall wirkende Wünsche nach Gleichgewicht. Wir *sind* Wünsche nach Gleichgewicht.

Für mich fühlt sich dieses Denkmodell seit zwanzig Jahren stimmig an und ich kann mir sehr viele Phänomene des Lebens schlüssig daraus erklären. Auch wie und warum wir uns gegenseitig beeinflussen, kann ich mit Hilfe dieses Denkmodells auf den Punkt bringen und stelle Ihnen meine Erkenntnisse in diesem Buch zur Verfügung.

Jede (Beeinflussungs-)Kraft führt letztendlich zu einem neuen und nächst höheren Gleichgewicht, zu einer nächsten Stufe der Stabilität, auch wenn diese Kraft dafür vorher manches zerstören muss. Das ist das überall vorhandene Wachstum. Das ist die grundlegend treibende Kraft der Evolution, die Kraft der Formbildung, der Musterbildung, der Strukturbildung. Aufgrund des überall vorhandenen Wunsches nach Gleichgewicht bilden sich überall neue Strukturen. Und manchmal, wenn eine nächst höhere Struktur gebildet werden möchte, müssen dafür ältere / andere Strukturen sterben / zerfallen.

Diese Erkenntnis hat mich u. a. auch bei der Sichtweise unterstützt, dass letztendlich auf der „universellen" Ebene nichts falsch läuft. Es gibt kein „Falsch" und kein „Richtig" – sondern alles ist immer nur auf dem Weg in ein nächst besseres Gleichgewicht. Wohlgemerkt auf der *universellen* Ebene. Auf der Ebene der unterschiedlichen persönlichen und gesellschaftlichen Wünsche gibt es natürlich immer ein Falsch und ein Richtig. Denn es gibt die klare Einteilung zwischen

- das gehört zu meinem / unserem Ziel dazu (= richtig)
- das gehört zu meinem / unserem Ziel nicht dazu (= falsch).[45]

Diese Einteilung begegnet uns überall im Leben wieder: Das will ich und das will ich nicht. Das freut mich und das schmerzt mich. Das passt und das passt nicht. Das ist wichtig und das ist unwichtig. Das spielt eine Rolle und das ist egal. Das ist positiv und das ist negativ. Gut und Böse.

Solche Ein-Teilungen entstehen, weil wir ganz individuelle Wünsche haben. An diesen Wünschen messen wir, ob etwas dazugehört oder nicht. Wird unser Wunsch in einer bestimmten Situation größer und dringender, dann ist das, was wir gerade erleben, nicht wunscherfüllend. Es gehört nicht zu unserer Wunscherfüllung, passt nicht und schmerzt vielleicht sogar. Wird unser Wunsch in einer Situation kleiner oder verschwindet ganz, dann erleben wir gerade eine Wunscherfüllung. Das,

---

[45] Ab Seite 280 werde ich mich im Rahmen des NeuroSonanz-Modells ausführlich mit „falsch" und „richtig" auseinandersetzen.

was wir gerade erleben, passt also, stellt uns zufrieden, macht uns glücklich.

Auf diese Weise können wir unsere Wünsche als „Barometer“ nutzen: Wenn wir zufriedener fühlen (Wünsche werden erfüllt), dann hat uns eine Beeinflussung gedient. Wenn wir unzufriedener fühlen (Wünsche sind unerfüllt), dann hat uns eine Beeinflussung eher gestört[46].

Nun kann ich auf den Punkt bringen, wie Beeinflussungen bewusst oder unbewusst in uns wirken:

Wir haben bewusste Wünsche und wir haben unbewusste Wünsche. Beispiel für einen unbewussten Wunsch: Angenommen wir wurden in unserer Kindheit von einem bestimmten Menschen schmerzvoll behandelt. Vielleicht von einer bestimmten Lehrerin in der Schule oder von unserem Bruder oder von unserem Vater oder von einer Nachbarin. Als Kind haben wir den Wunsch entwickelt, dass wir so einen Schmerz nie wieder erleben wollen. Diesen Wunsch vergessen wir im Laufe der Zeit, weil wir uns auf andere Dinge konzentrieren. Trotzdem bleibt er präsent. Als Erwachsene begegnen wir einem neuen Menschen, der sehr ähnlich aussieht und sich so ähnlich bewegt, wie die Person, die uns damals verletzt hat. Unsere Wahrnehmung dieses neuen Menschen aktiviert sofort unseren alten Wunsch wieder, dass wir keinen Schmerz erleben wollen. Also verhalten wir uns spontan besonders vorsichtig gegenüber diesem Menschen. Wir schützen uns. Und das tun wir ganz automatisch[47], ohne dass wir uns bewusst an früher erinnern. Wir merken gar nicht, dass uns dieser neue Mensch an den damaligen verletzenden Menschen erinnert.

Spontan würden wir aus unserer Perspektive erst einmal sagen: „Dieser neue Mensch *beeinflusst* mich so, dass ich mich zurückziehe und mich gehemmt verhalte.“

Mit Hilfe meines Denkmodells können wir es so beschreiben: Auf der physikalischen Ebene nehmen wir „neutrale“ Schwingungen wahr (Lichtwellen und Schallwellen, die uns über den neuen Menschen informieren). Diese neuen Schwingungen sind den früheren Schwingungen

---

[46] Wie dieses Barometer „Beobachtung unserer Wünsche“ für den Umgang mit Beeinflussungen eingesetzt werden kann, werde ich ab Seite 321 beschreiben.

[47] Siehe ausführlich „Musterautomatismus“ ab Seite 99.

ähnlich, die wir während der damaligen Verletzung wahrgenommen haben. Deshalb hat diese neue Wahrnehmung in uns ein bereits bestehendes Ungleichgewicht (= unbewusster Wunsch) berührt und aktiviert. Dieses Ungleichgewicht führt dazu, dass wir mit einem Bestreben in ein besseres Gleichgewicht reagieren. In diesem Fall ist das für uns bessere Gleichgewicht das Hochfahren eines Schutzschildes (in Form von Abwehr, Rückzug oder Verteidigung).

Viele Werbungen von Firmen sind darauf aufgebaut, dass sie als erstes versuchen, ein Ungleichgewicht in uns zu aktivieren. Sie beschreiben Ungleichgewichte. Beispiel: „Stellen Sie sich vor, in Ihr Haus wird eingebrochen und Ihnen werden wertvollen Dinge gestohlen."

Wenn es die Firma durch diese Beschreibung geschafft hat, in Ihnen ein bestehendes Ungleichgewicht (= unbewusster Wunsch) zu berühren und zu aktivieren, wird der nächste Schritt vielleicht ebenso erfolgreich. Denn nun bietet Ihnen die Firma die Lösung für dieses Ungleichgewicht an: einbruchsichere Fenster und eine Alarmanlage.

Weil Sie aufgrund eines Ungleichgewichts in sich selbst auf der Suche nach einem besseren Gleichgewicht sind, greifen Sie vielleicht zu.

Dies ist ein einfaches Beispiel, bei dem viele Leser*innen bereits reagieren mit: „Nö, sowas passiert mir nicht mehr. Da stehe ich drüber." Ja – da sind Sie aufgrund der überall vorhandenen Werbungsversuche bereits etwas „resistent" gegenüber Werbung geworden.

Fortgeschrittene Werbungen bieten gleich die Lösung für ein Problem an, aus der klar hervorgeht, für welches Problem die Lösung angeboten wird. Die Aussage: „Wir machen Ihr Haus noch sicherer", suggeriert, dass unser Haus unsicher *ist*. Falls wir aber bereits denken sollten, dass unser Haus sicher ist, dann steckt gleich die Information drin, dass es *noch sicherer* geht. Und wenn es noch sicherer geht, heißt das, dass unser Haus auf jeden Fall irgendwo noch unsicher ist, auch wenn wir schon eine Alarmanlage haben. Ungleichgewicht.

Wenn wir nun tief in uns drin die gleiche Befürchtung haben, dass unser Haus eigentlich nicht sicher genug ist, dann greifen wir vielleicht zu und wollen es noch sicherer machen lassen.

Sie erkennen folgendes Prinzip: Beeinflussungen „funktionieren" nur, wenn etwas im Außen es schafft, in uns ein neues oder bereits bestehendes Ungleichgewicht zu wecken, auf das wir selbst mit einem Bestreben in ein besseres Gleichgewicht reagieren.

Eine Beeinflussung, die in uns aber ein Gleichgewicht berührt („Hab ich schon. Brauch ich nicht. Bin damit im Frieden. Bin satt."), löst keine Aktivität in uns aus und wirkt demnach nicht. Wir nehmen die Beeinflussung zwar wahr, wie wir Blumen auf einer Wiese wahrnehmen, aber wir reagieren nicht darauf (wenn wir gerade keine Blumen pflücken wollen).[48]

Ein Beispiel, auf das wir dieses Beeinflussungs-Prinzip ebenso übertragen können: Wir sehen in den Nachrichten, dass in einem bestimmten Land ein Erdbeben tausende Leben gefordert hat und viele Menschen auf der Straße sitzen. Die Nachrichtensprecherin bietet eine Möglichkeit an, auf welches Konto man Geld spenden kann, damit den Menschen geholfen wird. Wenn nun diese schlimme Nachricht in uns ein großes Ungleichgewicht ausgelöst hat und wir uns auf den Weg in ein besseres Gleichgewicht machen und auch davon überzeugt sind, dass unser Geld den Menschen in dem Land helfen wird, dann werden wir aktiv und überweisen Geld auf ein Spendenkonto. Anschließend fühlen wir uns in einem etwas besseren Gleichgewicht und hoffen und wünschen, durch unsere Aktion den Verunglückten ein bisschen geholfen zu haben.

Das Beeinflussungs-Prinzip:

Berührt etwas im Außen in uns einen Wunsch nach einem besseren Gleichgewicht und sehen wir selbst eine Möglichkeit, tatsächlich in ein besseres Gleichgewicht zu gelangen, dann werden wir aktiv. Das Außen hat uns wirkungsvoll beeinflusst.

Ich lade Sie dazu ein, ab jetzt von diesem Denkmodell als „Basis" auszugehen: Die überall vorhandenen „Wünsche nach besseren Gleichgewichten" steuern alles – auch unsere Entscheidungen, wie wir mit Beeinflussungen umgehen.

---

[48] Manche Firmen sagen: „Es genügt uns schon, wahrgenommen zu werden. Denn schon allein *das* wirkt. Der Kunde wird an uns denken, wenn er uns braucht." Dieses Thema behandle ich ab Seite 107 ausführlicher.

Wollen wir also mit Beeinflussungen frei „tanzen", dann geschieht das, indem wir mit unseren Wünschen tanzen lernen. Und das wäre nicht nur für das Thema „Beeinflussungen" gut, sondern für unser gesamtes Leben und für unsere Position als „Chef*in unseres Erlebens" (vorausgesetzt, Sie wünschen es auch ☺).

Um Ihnen ein konkretes Bild dafür anzubieten: Sie können nur erfolgreich aktiv mit einer Tanzpartnerin oder einem Tanzpartner tanzen, wenn Sie auch Ihren eigenen Körper steuern und beherrschen. In erster Linie funktioniert das Tanzen demnach über die Steuerung Ihres Körpers. Ich übertrage es auf Wünsche und Beeinflussungen:

Wenn Sie keine Wünsche haben, dann sind Sie orientierungslos. Sie wissen nicht, was Sie wollen. Wenn Sie zwar Wünsche spüren, aber diese nicht „im Griff" haben, können ihre Wünsche frei von außen beeinflusst werden. Um die Beeinflussungen von außen lenken zu können, müssen Sie Ihre eigenen Wünsche im Griff haben, so wie Sie Ihren Körper im Griff haben, wenn Sie ihn zum Tanzen einsetzen.

Werden Sie also nicht direkt zum Einfluss-Lenker, sondern in erster Linie zum Lenker Ihrer *eigenen* Wünsche, zum Wünsche-Lenker. Wenn Sie Ihre eigenen Wünsche so lenken können, wie Ihren Körper, dann können Sie mit äußeren Beeinflussungen tanzen.

Genauso wie wir trainieren können, unseren Körper immer besser zu steuern und immer schöner und freier zu tanzen, genauso können wir uns trainieren, unsere Wünsche immer klarer und effektiver zu lenken. In allen folgenden Kapiteln biete ich Ihnen Sichtweisen und Werkzeuge an, wie Sie Ihre Fähigkeit im Wünsche-Lenken immer mehr ausbauen können.

Ihre Wünsche nach besseren Gleichgewichten steuern, wovon oder von wem Sie sich beeinflussen lassen und wie Sie mit den Beeinflussungen umgehen.

Steuern Sie immer klarer Ihre eigenen Wünsche und Sie steuern damit immer klarer die Wirkungen von Beeinflussungen.

Zwei grundlegende Wünsche, die unser gesamtes Leben beeinflussen

Der Neurobiologe Dr. Gerald Hüther betont in vielen Texten und Vorträgen immer wieder, dass ein Kind zwei Grunderfahrungen macht. In einem Interview mit der Stuttgarter Zeitung sagte er: „Kinder bringen ja zwei wichtige Erfahrungen schon mit auf die Welt. Die eine ist die, aufs Engste mit jemandem verbunden zu sein, nämlich mit der Mutter. Diese Erfahrung macht jedes Kind. Die andere ist die, dass man wachsen kann. Auch diese Erfahrung, dass man körperlich und später geistig wachsen kann, ist grundlegend. So lange man diese beiden Grunderfahrungen bestätigt findet, bleibt man auch im Glück. [...] Bis ins hohe Alter wollen wir verbunden sein und über uns hinauswachsen."[49]

Ich fasse kurz zusammen:

1. Ein Mensch möchte dazugehören, sich verbunden fühlen.
2. Ein Mensch möchte über sich hinauswachsen.

Dies entspricht den zwei Grundeigenschaften aller Lebensformen, die ich auf Seite 71 ansprach:

1. Anpassung an die sich verändernde Umwelt = zur Umwelt dazugehörig bleiben und verbunden sein
2. Sich selbst kopieren, Replikation, Reproduktion = über sich hinauswachsen

Heute Morgen hat mir mein Gefühl etwas Wichtiges demonstriert und mich dadurch auf einen sehr entscheidenden Zusammenhang aufmerksam gemacht. Ich las in einem Internetartikel von Guido Stepken[50] über einen Versuch des britischen Kybernetikers und Psychiaters Ross

---

[49] Siehe www.gerald-huether.de, Veröffentlichungen, Zugriff am 2.5.2016.

[50] Kybernetik der Kybernetik – Gesetze der N., Version 5.0, 2006, Wissensnavigator.

Ashby, der in den 50er Jahren eine Box mit zwei Lampen und zwei Schaltern baute – die sogenannte „Ashby Box“. Sie war so programmiert, dass die beiden Lichter zufällig zwischen vier Zuständen hin- und herschalteten:

Zustand 1: kein Licht leuchtet

Zustand 2: nur das eine Licht leuchtet

Zustand 3: nur das andere Licht leuchtet

Zustand 4: beide Lichter leuchten

Die Versuchspersonen wussten nicht, dass die Schaltung *zufällig* passierte. Sie bekamen stattdessen die Aufgabe, die „implizite Logik“ der Schaltung zu ergründen. Nach welchen Regeln leuchten die Lichter auf? Gebannt haben die Versuchspersonen sogar über Nacht das Geheimnis ergründen wollen. Sie haben Zahlenkolonnen notiert und versucht, darin Zusammenhänge zu erkennen. Als der Versuchsleiter sie aufforderte, schlafen zu gehen, teilten sie mit, „kurz vor der Lösung zu sein“ und machten euphorisch weiter. Dabei war es aufgrund der Zufallsschaltung in Wirklichkeit unmöglich, ein Muster zu finden und damit vorherzusagen, wie diese Lampen agieren.

Diese Äußerung der Teilnehmer*innen „kurz vor der Lösung zu sein“ triggerte etwas in meinem Gefühl. Ich kannte das nur zu gut. Besonders beim Schreiben von Büchern, wenn ich etwas Geniales erkennen will, aber nicht richtig dahinterkomme, was ich denn eigentlich erkennen will. Ich habe dabei immer wieder das Gefühl, „kurz vor der genialen Erkenntnis zu stehen“. Schon als Kind hatte ich das Gefühl, ein Auto erfinden zu wollen, das mit Meerwasser fahren kann. Ich setzte mich mit einem Blatt Papier und einem Bleistift in den Sessel und verkündete meinen Eltern stolz mein Ziel. Ich hatte es wirklich ernst gemeint …

Nachdem mir heute Morgen dieser unstimmige Zusammenhang in meinem Gefühl klar wurde, wollte ich genauer untersuchen, was da in mir los ist. Also verstärkte ich mein Gefühl, indem ich ein Gedankenexperiment machte. Ich stellte mir vor, ich würde mich in einen dunklen Keller zurückziehen, alle Türen und Fenster schließen, das Licht ausmachen und dort darüber nachdenken, wie ich dieser Dunkelheit am besten nicht mehr zur Verfügung stehe.

Mein Verstand gab mir vier Lösungsmöglichkeiten:

1. Ich wehre mich nicht mehr gegen die Dunkelheit, stimme ihr zu und lebe ab sofort glücklich in dieser Dunkelheit.
2. Ich mache das Licht wieder an.
3. Ich öffne die Fenster und lasse die Sonne herein.
4. Ich verlasse den Keller und gehe in den sonnigen Garten.

Doch mein Gefühl wollte keine dieser vier Lösungsmöglichkeiten akzeptieren. Mein Gefühl wollte weiter darüber nachdenken, wie ich mich auf andere noch viel bessere Weise dieser Dunkelheit nicht weiter zur Verfügung stelle.

Ja, das war genau dieser Zustand in mir. Das Gedankenexperiment funktionierte. Ich hatte mit dieser Vorstellung mein „Problemgefühl" getriggert. Etwas in mir war der Überzeugung, in dieser Situation „kurz vor einer genialen Lösung" zu sein. Weil dieses Problemgefühl jetzt aktiv war, konnte ich es analysieren und mich (meine innere Stimme) fragen, wieso eine Seite in mir nach einer „unmöglichen" Lösung sucht und nicht dazu bereit ist, die offensichtlichen Lösungen zu wählen. Was steckt eigentlich dahinter? Ich schrieb in mein Tagebuch: „Warum sucht ein Teil in mir nach einer anderen Lösung?!?"

Nachdem die Frage aufgeschrieben war, konnte ich loslassen, entspannen und warten. Ziemlich schnell antwortete meine innere Stimme darauf:

„Weil die Suche nach dieser anderen Lösung auch eine Lösung ist."

Das war eine neue Ebene. Ja – genau: Indem ich mich auf die Lösungssuche konzentriere, stehe ich ebenfalls der Dunkelheit nicht weiter zur Verfügung.

Ich fragte mich weiter: „Aber warum wähle ich diese Nachdenk-Lösung und nicht die einfacheren Lösungen, wie z. B. den Keller wieder zu verlassen?"

Um die Antwort auf diese Frage herauszubekommen, stellte ich mir vor, wie ich mich denn fühlen würde, wenn ich die Suche aufgebe und den Keller verlasse. Ich „zwang" mich also in meiner Fantasie dazu, die Lösung Nr. 4 durchzuführen. Auf diese Vorstellung, den Keller zu verlassen, reagierte mein Gefühl mit einem leichten Schmerz, einem Verlustschmerz. Und „Verlustschmerz" heißt: Ungleichgewicht, ein Wunsch nach Gleichgewicht wird nicht mehr erfüllt. Ich lebte also *innerhalb* dieser Lösungssuche in einem bestimmten Gleichgewicht. Mir wurde bewusst, dass ich *in* der Lösungssuche eine Verbundenheit fühlte, die ich verlieren würde, wenn ich meinen Nachdenk-Zustand verlasse und aus dem Keller gehe. Deswegen der Verlustschmerz. Diese Verbundenheit fühlte ich zu wem auch immer...

... Nein – nicht „zu wem auch immer“, sondern zu meinem Vater. Er grübelte früher während meiner Kindheit auch immer viel über Probleme und suchte nach Lösungen, ohne dass ich ihn einmal erlebt habe, dass er vor Begeisterung „Ich hab´s!“ ausrief und sich danach befreit verhielt. Irgendwie war er die meiste Zeit ins Nachdenken versunken. Und ich – weil ich dazugehören wollte – habe diesen Zustand von ihm übernommen. Ich habe mich seinem Nachdenk-Zustand angepasst, um mich dazugehörig fühlen zu können. Das Muster habe ich bis heute genutzt – unbewusst.

Ich war noch nicht zufrieden und wollte wissen, wie solch ein Nachdenk-Zustand ohne Lösungserfahrung überhaupt entstehen kann. In Gedanken bin ich dann noch weiter in der Zeit zurückgegangen und habe mich an die Eltern von meinem Vater erinnert. Da kam mir plötzlich eine Erklärung, die sich für mich stimmig anfühlte:

Meine Großeltern haben beide im Krieg mehrere Geschwister verloren. Die damalige Generation wusste nicht, dass man schmerzliche Verluste emotional verarbeiten kann – und zwar so endgültig, dass man nach der Verarbeitung mit den Verlusten in seinen Gefühlen tiefen Frieden finden und sein Leben glücklich weiterleben kann[51].

Solange aber ein Mensch den Verlust eines nahstehenden anderen Menschen emotional nicht vollständig verarbeitet, gibt es eine Seite in diesem Menschen, die sich den früheren Zustand wieder zurückwünscht. Egal, ob der Kontakt schmerzhaft oder liebevoll war: Es war ein Kontakt, der das Leben bestimmt hat. Und wurde der Verlust nicht vollständig verarbeitet und das oder der oder die Verlorene nicht vollständig emotional verabschiedet, dann existiert ein unbewusster Wunsch danach, dass der Verlust wieder rückgängig gemacht wird. Ein Teil der Persönlichkeit beginnt also auf der unbewussten Ebene, **nach der unmöglichen Lösung zu suchen**. *Das* war die grundlegende Dynamik, die hinter meinem Gefühl und meinem Verhalten steckte.

---

[51] Siehe zur Schmerzverarbeitung ab Seite 154.

Meine Großeltern hatten Geschwister verloren, den Verlust nicht verarbeitet und einen unbewussten Suchzustand entwickelt. Weil mein Vater sich zu seinen Eltern dazugehörig fühlen wollte, übernahm er unbewusst diesen Suchzustand. Und ich übernahm diesen Suchzustand von meinem Vater, weil ich mich zu ihm dazugehörig fühlen wollte. Dieser Suchzustand wurde in mir immer dann ausgelöst, wenn ich an einem Punkt in meinem Leben ankam, an dem ich verstärkt „dazugehören" wollte. Beispielsweise beim Schreiben eines Buches und dem Wunsch, andere Menschen mit dem Buch berühren zu können. Ich geriet in einen Zustand, in dem ich besonders stark nach einer „genialen Lösung" suchte.

Jetzt weiß ich, dass diese „geniale Lösung" in Wirklichkeit ein Moment gewesen wäre, in dem meine Großeltern ihre Geschwister wieder zurückbekommen und liebevoll in die Arme geschlossen hätten. In diesem Moment hätten meine Großeltern auch wieder glücklich über sich hinauswachsen können – zusammen mit ihren Geschwistern.

Letztendlich war in unserer Familie die Lebensdynamik „Dazugehören" und „Über-sich-Hinauswachsen" durch einen unverarbeiteten Verlustschmerz und einen fehlenden endgültigen Abschied blockiert gewesen – und das schon über mehrere Generationen.

Ob das „wirklich wahr" ist, weiß ich natürlich nicht. Aber dieses Denkmodell fühlt sich für mich stimmig an. Außerdem lässt es mich befreit fühlen. Ich kann nun in meinem Gedankenexperiment ganz leicht vom Suchzustand loslassen und den dunklen Keller verlassen.

Jetzt fühlt es sich gut an – kein Verlustschmerz mehr. Ich kann mich auf „normale" Weise mit meinem Vater und meinen Großeltern verbunden fühlen. Meine Verbundenheit ist nicht mehr vom „Suchzustand" abhängig. Allein die Erkenntnis dieses für mich stimmigen Zusammenhangs hinter diesem Suchzustand hat genügt, davon automatisch loslassen zu können.

In meiner Fantasie sitze ich nun in der Sonne auf dem Rasen im Garten, genieße das Licht und die Wärme und fühle mich mit meiner Herkunftsfamilie einfach so verbunden. Ich fühle mich dazugehörig und habe tiefes Mitgefühl mit dem Verlustschmerz meiner Großeltern. Ich kann (andeutungsweise) nachvollziehen, wie schlimm es für sie gewesen sein muss. Und ich selbst muss diesen Verlustschmerz nicht mehr übernehmen – meine Großeltern hätten das bestimmt auch nicht gewollt, dass ich als Enkel den Verlustschmerz zu übernehmen versuche. Parallel zu dieser Erkenntnis habe ich für mich während der Arbeit an diesem Buch auf einer anderen Ebene tatsächlich eine „geniale" Lösung gefunden, die ich Ihnen hier habe aufschreiben dürfen. Ich bin wieder einen Schritt über mich hinaus gewachsen, weil ich den möglichen Hintergrund eines bestimmten Gefühls erkannt habe.

Was hat diese Geschichte von mir mit dem Thema „Beeinflussungen" zu tun?

Sie können an diesem Beispiel nachvollziehen, wie der tiefe Wunsch, zu jemandem dazuzugehören, und der tiefe Wunsch, über sich hinauszuwachsen, uns intensiv steuern können. Sie steuern uns so stark, dass wir uns (als Chef*in unseres Erlebens) von unerledigten Themen unserer Eltern „beeinflussen" lassen. Wir imitieren und passen uns an – obwohl so eine Imitation gar nicht immer nötig wäre. In meinem Fall hätten nur meine Großeltern den Verlustschmerz verarbeiten können. Mein Vater und ich dagegen müssen diesen Zusammenhang „nur" erkennen, um letztendlich von der Imitation loszulassen.

Für mich hat es genügt, mir dieses Zusammenhangs bewusst zu werden. Dadurch beendete sich mein Drang, das Verhaltensmuster „Suche nach unmöglicher Lösung" zu imitieren, das mir ursprünglich Verbundenheit bringen sollte. Anschließend war ich in der Lage, auf einer bewussten Ebene Mitgefühl für meine Großeltern und meinen Vater zu entwickeln. Durch dieses Mitgefühl erfülle ich mir selbst den Wunsch nach Dazugehörigkeit – auf wesentlich angenehmere Weise als durch den vorigen Suchzustand[52].

> Unser Wunsch nach Dazugehörigkeit und unser Wunsch, über uns hinauszuwachsen, sind ganz tiefe „Wünsche nach Gleichgewicht".
>
> Wenn wir diesen Wünschen selbst eine Richtung oder Erfüllung geben, lassen wir uns nicht mehr unkontrolliert vom Umfeld beeinflussen.

[52] Eine weitere Lösungsmöglichkeit für solche Beeinflussungen bietet die Popin-Methode©, die ich ab Seite 234 ausführlich beschreibe.

Schauen wir mit diesem Hintergrund auf die Werbeindustrie, dann können wir entdecken, dass tatsächlich sehr viele Werbungen diese beiden Grundsehnsüchte in uns bedienen:

1. Dazugehörigkeit, Gemeinschaft, glückliche Familie, Freunde, glückliche Kontakte bei der Arbeit
2. Über sich Hinauswachsen, neue Herausforderungen bewältigen, Neues erleben, Spaß haben, spielen, Erfolg

Wenn uns diese beiden Grundwünsche bewusst sind, wie können wir mit ihnen umgehen, um unserem Umfeld weniger ungewollt zur Verfügung zu stehen? Wir können uns im Kontakt mit Beeinflussungen immer zwei Fragen vergegenwärtigen:

1. Wozu und zu wem will ich *wirklich* dazugehören?
2. Was brauche ich *wirklich*, um über mich hinauszuwachsen?

Mit diesen beiden Fragen können Sie beispielsweise besser unterscheiden, dass Sie zwar gerne zu Ihren Eltern dazugehören, aber nicht zu deren unerlösten Schmerzerlebnissen. Wenn Sie im Kontakt mit der Werbeindustrie ganz ehrlich in sich hineinfühlen, werden Sie sicherlich bei den meisten Werbungen und sonstigen Angeboten reagieren mit: „Nee – *das* will ich bestimmt nicht!" Sie können im Grunde fast alle Werbungen entkräften und sich davon unabhängig machen.

Es sei denn, eine Werbung berührt etwas in Ihnen, das Sie zufälligerweise *wirklich* brauchen. Dann hat die Werbung Sie aber nur daran *erinnert*, dass Sie das sowieso schon wollten. Jetzt ist noch die Frage, ob das, was Sie sowieso wollten, bei *dieser* Firma wirklich das beste Produkt ist – oder ob eine andere Firma es noch besser anbietet.

Mir geht es so, dass ich wirklich „gute" Werbung intensiv genieße – wie einen Spielfilm. Oder wie eine Blumenwiese. Ich lasse also mein gutes Gefühl bei dieser Werbung zu. Denn so etwas inspiriert mich. Gleichzeitig weiß ich, dass ich dort *nicht* dazugehöre, weil diese Werbung ein Kunstwerk ist, das den Wunsch einer Firma repräsentiert, Käufer zu gewinnen. Ich habe Mitgefühl und Verständnis für diese Firma, denn die Firma möchte „dazugehören" (zu den Wünschen der Käufer) und sie möchte „über sich hinauswachsen". Gleichzeitig knüpfe ich an so ein Kunstwerk immer den Gedanken: Mal sehen, ob es noch bessere Firmen und Produkte gibt, die ich tatsächlich brauche.[53]

---

[53] Zu diesem Thema komme ich noch ausführlicher ab S. 107 und ab S. 345.

Wenn wir ein Mitgefühl für unser uns beeinflussendes Umfeld entwickeln, dann drehen wir die Rangfolge um: Wir sind nicht mehr „Opfer von Beeinflussungen", sondern wir sind wieder „Chef*in unseres Erlebens".

Als Chef*in können wir Mitgefühl und Verständnis dafür haben, dass auch unser Umfeld die Wünsche „Dazugehören" und „Über-sich-Hinauswachsen" hat.

Gleichzeitig bleiben wir unabhängig und frei, unseren ganz eigenen Wünschen zu folgen.

Aufbau zweier Schutzschilder vor Beeinflussungen

Es gibt die Möglichkeit, eine Art „Schutzschild" vor nicht gewollten Beeinflussungen aufzubauen.

Stellen Sie sich diese beiden Fragen, die ich Ihnen oben auf Seite 88 angeboten habe, nicht erst beim Kontakt zu Beeinflussungen, sondern beantworten Sie sich die Fragen jetzt schon. Zu wem oder zu was oder zu welcher Gruppe fühlen Sie sich in Ihrem Leben am tiefsten dazugehörig? Welcher Kontakt befriedigt Ihren Wunsch nach Dazugehörigkeit? Welchem Menschen fühlen Sie sich besonders nahe?

Erlauben Sie sich bei der Beantwortung dieser Frage alle möglichen und unmöglichen Antworten. Wenn eine Stimme in Ihnen sagt: „Nee, das darf ich mir aber nicht vorstellen!", dann erlauben Sie es sich trotzdem. Es geht hier nur um die *Bewusstwerdung* von Gefühlen – und nicht um Aktionen mit ihrem Umfeld. Kennen Sie also einen Menschen, der beispielsweise verheiratet ist, und fühlen Sie sich trotzdem ganz tief mit demjenigen verbunden, dann erlauben Sie sich dieses Gefühl. Ja – Sie dürfen sich ganz tief verbunden und dazugehörig fühlen. Es geht hier nur um Ihr Gefühl, um Ihre Erfahrung. Mehr nicht.

Haben Sie keine konkrete Erfahrung diesbezüglich, dann malen Sie sich aus, wie ein optimaler Kontakt zu einem Menschen oder zu einer Gruppe wäre. Wie würden Sie sich optimal dazugehörig fühlen können, wenn die optimalen Menschen existierten? Wie würden sich diese Menschen verhalten und wie fühlt es sich für Sie an?

Wenn Sie jemanden oder eine Gruppe oder auch einen Ort oder eine Gegend äußerlich oder in der Fantasie gefunden haben, wo Sie ein tiefes Dazugehörigkeitsgefühl spüren, dann nehmen Sie das als Ihren „**Dazugehörigkeits-Maßstab**“. Dabei spielt es keine Rolle, ob diese Menschen auch tatsächlich so sind, wie Sie es meinen. Entscheidend ist es, dass Ihr inneres Bild von dieser Menschengruppe in Ihnen das Gefühl von Dazugehörigkeit optimal auslöst.

Mit diesem Maßstab haben Sie den ersten Schutzschild für bestimmte Beeinflussungen aufgebaut. Denn nun können Sie alle äußeren Angebote mit diesem Dazugehörigkeits-Maßstab vergleichen und können feststellen, ob das aktuelle Angebot diesem Maßstab entspricht. Erinnern Sie sich: Je klarer Ihr Ziel ist, um so mehr sortiert Ihr Inneres, was dazu passt und was nicht. Damit sind Sie schon ein ganzes Stück freier im Tanz mit Beeinflussungen.

Nehmen Sie nun die zweite Frage. Beantworten Sie sich, was Sie genau brauchen, um über sich hinauszuwachsen. Machen Sie ein Gedankenexperiment: Angenommen Sie würden in einem Umfeld leben, zu dem Sie sich dazugehörig fühlen, wo Ihnen keinerlei Grenzen gesetzt werden. Die Menschen, zu denen Sie sich dazugehörig fühlen, würden Sie ohne Erwartungen einfach anspornen und bei Ihren Zielen unterstützen. Oder falls es ein Ort oder eine Umgebung ist, zu der Sie sich dazugehörig fühlen, stellen Sie sich vor, dass Sie von dort viel Energie für alles erhalten, was Sie umsetzen wollen. Ihr Umfeld wäre vollkommen unterstützend. Was wäre es, was Sie tun wollen? Was wären Ihre Ziele? Was *sind* Ihre Ziele? Wodurch und womit wollen Sie voller Freude und mit viel Spaß über sich hinauswachsen?

Vielleicht hilft es Ihnen, sich an Ihre Kindheit zu erinnern, wie es sich damals angefühlt hat, als Sie über sich hinauswachsen wollten. Was hätten Sie damals am liebsten gewollt? Oder woran erinnern Sie sich, was Ihnen als Kind am meisten Spaß gemacht hat? Und nun übertragen Sie das Gefühl dieser Erinnerung auf die Gegenwart.

Schreiben Sie sich all Ihre Wünsche und Ziele auf[54]. Machen Sie sich eine vollständige Liste – ohne Grenzen. Bewerten Sie nicht, was möglich

---

[54] Falls Ihnen nichts einfällt oder Sie keine Antworten von sich selbst erhalten, dann beschäftigen Sie sich zunächst mit dem Kapitel *Wie kommunizieren wir mit uns selbst?* ab Seite 250.

und was nicht möglich ist, was umsetzbar ist und was nicht. Das spielt keine Rolle. Nur Ihr tiefes Wunschgefühl spielt eine Rolle. Machen Sie sich all Ihre Wünsche und Ziele bewusst, die tief in Ihnen brachliegen, und halten Sie sie auf einem oder auf mehreren Blättern Papier fest. Diese Liste ist Ihr persönlicher „**Wachstums-Maßstab**".

Als Beispiel möchte ich Ihnen meinen persönlichen Dazugehörigkeits-Maßstab vorstellen. Die Menschen, zu denen ich dazugehören möchte, beschreibe ich so:

✓ Sie lieben sich selbst aus ganzem Herzen als auch ihr gesamtes Umfeld – unabhängig davon, wie sich das Umfeld verhält.

✓ Sie sehen sich selbst als auch jeden anderen Menschen als Chef*in des eigenen Erlebens.

✓ Sie haben Freude an ihrem Körper, sowohl in Bezug auf Ernährung als auch sportlich als auch sexuell. Sie genießen ihr körperliches Leben.

✓ Sie haben Freude an der Selbstreflexion und daran, über ihre Gefühle und Emotionen zu reden. Sie haben tiefen inneren Zugang dazu.

✓ Sie haben Freude daran, Ziele zu verfolgen und sich Wünsche zu erfüllen und erleben alles dabei wie ein „Spiel". In diesem Zusammenhang können sie spielerisch und klar unterscheiden als auch kommunizieren, was zu ihren Zielen/Wünschen dazugehört und was nicht. Dementsprechend können sie klar und liebevoll Grenzen setzen.

✓ Sie sind offen für emotionale Schmerzverarbeitungsprozesse, falls sie etwas sehr Schmerzvolles erleben müssen oder falls ein unverarbeiteter Schmerz aus der Vergangenheit an die Oberfläche kommt. Genauso sind sie offen für die Prozesse anderer Menschen.

✓ Sie sind grundsätzlich neugierig und haben Freude daran, ihren Wissens- und Sichtweisenhorizont im Austausch mit ihrem Umfeld immer mehr zu erweitern.

✓ Sie wollen sich emotional, geistig und körperlich bis ins hohe Alter weiterentwickeln und wünschen sich diesbezüglich von ihrem gesamten Umfeld Feedbacks dazu. Diese Feedbacks nutzen sie gezielt für ihre Weiterentwicklung und ihren permanenten Reifungsprozess.

✓ Sie geben gerne anderen Menschen Feedbacks, wenn danach gefragt wird, und unterstützen sie dadurch in ihrer Weiterentwicklung.

- ✓ Sie gehen grundsätzlich davon aus, dass zunächst einmal alle Menschen eigenverantwortlich sind und sich mit all ihren Wünschen ebenbürtig begegnen. Erst an zweiter Stelle werden gemeinsam Rangfolgen und Rollenverteilungen ausgehandelt.
- ✓ Sie sind sich der überall vorhandenen resonierenden Empfindungen bewusst und können sie erfolgreich für ihre eigene Weiterentwicklung nutzen als auch dafür, anderen Menschen hilfreich für deren Weiterentwicklung zur Seite zu stehen.
- ✓ Sie sind bezüglich persönlicher Grenzen und Wünsche anderer Menschen achtungsvoll und verständnisvoll.
- ✓ Sie nehmen alles und jeden ernst, ohne sich dabei verpflichtet zu fühlen, sich nach anderen zu richten. Sie haben Mitgefühl und wünschen allen inklusive sich selbst aus ganzem Herzen das Allerbeste.
- ✓ Sie sind offen für das Unberechenbare. Wenn sie ein Ziel verfolgen, dann rechnen sie immer damit, dass etwas Unvorhergesehenes dazwischenkommen kann und entweder das Erreichen des Zieles (scheinbar) stört oder das Erreichen unerwarteter Weise besonders unterstützt, so dass man schneller und besser ans Ziel gelangt.

Wenn ich an eine Menschengruppe denke, die dieser Beschreibung entspricht, fühle ich mich wohl, geborgen, energievoll und begeistert.

Gerade vor ein paar Tagen habe ich einen viertägigen Kongress miterlebt. In diesem Kongress ging es um viele verschiedene Techniken, wie man als Psychotherapeut*in oder Coach*in anderen Menschen aus ihren Traumata heraushelfen kann. Nach diesem Kongress blieb in mir zum großen Teil ein Enttäuschungsgefühl und Traurigkeit zurück. Ich fand es schade, auf diesem Kongress nicht mit Menschen in Kontakt gekommen zu sein, mit denen ich mich pudelwohl und begeistert fühlen konnte. Auch die Referent*innen, die ich miterleben durfte, begeisterten mich kaum. Die Erinnerung an diesen Kongress lässt in mir Energielosigkeit entstehen. Wenn ich mir aber wieder meine Vision von der oben beschriebenen Menschengruppe bewusst mache, zu der ich herzlich gerne dazugehören möchte, geht es mir schlagartig besser und ich habe wieder Energie, meinen Tag aktiv zu gestalten.

Sie sehen, dass so ein Dazugehörigkeits-Maßstab nicht automatisch unglücklich macht, weil man die Realität an diesem Maßstab misst und dann enttäuscht ist. Wenn es so wäre, dürfte man keine Ziele verfolgen.

Dann müsste ja jeder Moment, in dem man sein Ziel noch nicht erreicht hat, enttäuschend wirken. Ein Enttäuschungsgefühl ist immer damit verbunden, dass man gleichzeitig keine Hoffnung mehr hat und sich von seinem tiefsten inneren Wunsch verabschiedet. Wenn ich aber meinen Wunsch nach so einer Menschengruppe aufrechterhalte und auch weiterhin die Hoffnung habe, irgendwann einmal solchen Menschen zu begegnen, dann fühle ich mich besser. Außerdem löst schon allein der Gedanke an so eine tolle Menschengruppe schöne Gefühle in mir aus und versetzt mich in die Lage, möglicherweise andere Menschen für meine schöne Vision zu begeistern. Eine „Anhaftung" an diese Vision tut mir letztendlich sehr gut.

Ich fühle enttäuscht, wenn ich den Kontakt zu meiner Vision, zu meinem tiefen Wunsch, verliere oder davon überzeugt bin, diese Vision aufgeben zu müssen. Wenn ich an den Kongress zurückdenke, verliere ich den Kontakt zu meiner Vision und auch meine Energie. Stelle ich mir aber vor, in Zukunft bei einem nächsten Kongress meine Vision als Referent selbst vorzustellen, kommt meine Energie zurück. Und wenn ich mich wieder auf die Menschengruppe konzentriere, zu der ich wirklich dazugehören möchte, fühle ich mich wieder wohl und bin begeistert.

Ich lade Sie dazu ein, ganz bewusst einen Dazugehörigkeits-Maßstab zu bilden und ihn auswendig zu lernen. Dann haben Sie immer wieder die Möglichkeit, innerlich zu Ihrer gewünschten Menschengruppe Kontakt aufzunehmen. Entwickeln Sie keine „Erwartung", dass es sich im Außen zeigen muss. Es genügt, *unabhängig* vom gegenwärtigen Umfeld innerlich Kontakt zu dieser Vision zu haben. Dies kann in Ihnen ein Gefühl auslösen, als ob Sie in dieser Menschengruppe leben würden.

Es könnte sein, dass einige von Ihnen es nicht sofort umsetzen können, weil trotzdem ein innerer Anteil reagiert mit dem Gedanken: „Dieser Wunsch wird sowieso nicht erfüllt – ich kann ihn gleich wieder aufgeben!" In diesem Fall verweise ich auf später. Ich werde Ihnen im Buch noch ein paar weitere Sichtweisen und Techniken anbieten, mit deren Hilfe Sie diesen Anteil möglicherweise ändern können[55].

Viele von uns kennen es, dass uns in der Kindheit die Erwachsenen ausreden wollten, wundervolle fantastische Wünsche zu haben und zu verfolgen. Uns wurde bewusst gemacht, dass unsere Wünsche nicht

---

[55] Tipps für eine praktische Umsetzung finden Sie ab Seite 222.

realistisch seien. Und jetzt vergleichen Sie einmal: Womit haben Sie sich als Kind besser gefühlt? Mit dem tiefen inneren Kontakt zu Ihrer Vision? Oder mit der Erklärung der Erwachsenen, dass Ihre Vision nicht der Realität entspricht? Haben Sie Erleichterung gefühlt, als die Erwachsenen aufgeklärt haben? Ich nicht.

Interessanterweise wollten uns die Erwachsenen vor Enttäuschungen schützen. Aber ich behaupte, dass genau dadurch die Enttäuschungen in uns erst wirksam wurden, weil wir mit unserer Vision zu den Erwachsenen nicht „dazugehören" durften.

Ich behaupte, dass es in uns einen Anteil gibt, der sich genau bewusst ist, was Realität ist und was nicht. Gleichzeitig verfolgen wir Visionen, die sich unheimlich gut anfühlen, wenn wir innerlich im Kontakt mit diesen Visionen stehen.

Und sollte die Zeit wirklich reif sein, eine Vision tatsächlich loszulassen, dann wird dies auf natürliche Weise ganz von selbst geschehen – und wird auch nicht wehtun. Es wird genauso passieren, wie im Herbst ein Blatt ganz von selbst vom Baum abfällt. Es tut nur weh, wenn andere Menschen uns unsere Vision ausreden wollen, wenn sie also mitten im Sommer ein grünes Blatt vom Baum abreißen.

Nehmen wir einmal an, Sie haben nun Ihren Dazugehörigkeits-Maßstab als auch Ihren Wachstums-Maßstab gebildet und auswendig gelernt. Wenn jetzt von außen Menschen auf Sie zukommen oder Sie Werbung wahrnehmen oder Sie auf andere Weise beeinflusst werden, können Sie als Chef*in Ihres Erlebens alles, was Ihnen begegnet, immer an diesen beiden Ideal-Maßstäben messen (vergleichen). Sie spüren, ob sich ein Angebot von außen für Sie stimmig oder unstimmig anfühlt. Sie können auch klarer wahrnehmen, was genau unstimmig ist, wie man es besser unterscheiden sollte und wie es letztendlich stimmiger wäre. Sie werden in Ihrem Blick klarer (Ich konnte auf dem oben erwähnten Kongress klar wahrnehmen, was mir genau fehlte).

Das bedeutet natürlich nicht, dass Sie die Angebote von außen immer ablehnen müssen. Sie können trotzdem noch *selbstständig entscheiden*, ob Sie einen Kompromiss machen und das Angebot von außen annehmen – in dem Bewusstsein, dass es nicht ideal ist.

In dem Fall, in dem Sie bewusst einen Kompromiss machen, können Sie viel besser mit eventuell unangenehmen Folgen Ihrer Entscheidungen leben. Denn Sie haben sich bewusst für den Mangel entschieden – und sind bei negativen Folgen nicht mehr überrascht. Vielleicht hilft Ihnen sogar der Gedanke, dass jedes Gleichgewicht sowieso nur ein „relatives" Gleichgewicht ist, also im Grunde ein *Un*gleichgewicht, das sich in ein noch besseres Gleichgewicht entwickeln möchte. Denn „absolute" und „perfekte" Gleichgewichte gibt es ja nicht.

So gesehen ist meine „perfekte" Vision von einer Menschengruppe nicht unbedingt etwas, das ich jemals erreichen oder erleben werde. Aber die Vision ist eine emotionale Sonne, von der ich mich entspannt bescheinen lasse, die mir wohlige Energie gibt, in deren Richtung ich wachse, zu der ich mich gerne hinstrecke und nach der ich mich ausrichte – und die ich gerne mit anderen Menschen teile.

Damit haben Sie nun die ersten Schritte gelernt, mit Ihren Wünschen und damit auch mit den Einflüssen von außen zu tanzen.

Trainingsangebot

Entwickeln Sie Ihren perfekten Dazugehörigkeits-Maßstab und Ihren perfekten Wachstums-Maßstab und lernen Sie die beiden Maßstäbe auswendig.

Messen Sie Ihr Umfeld entspannt an diesen beiden Maßstäben und entscheiden Sie nach Gefühl, wie Sie mit Ihrem Umfeld umgehen wollen.

Erlauben Sie sich, diese Maßstäbe jederzeit weiterzuentwickeln, wenn Sie etwas noch Stimmigeres gefunden haben.

Der Kern des menschlichen Verhaltens

Für mich war es leicht, Ihnen im letzten Kapitel ein Angebot für den Umgang mit den beiden menschlichen Grundwünschen zur Verfügung zu stellen. Denn diese beiden Wünsche sind auf jeden übertragbar. „Dazugehörigkeit“ und „Über sich Hinauswachsen“.

Was ist aber mit ganz individuellen Wünschen? Mit Ihren persönlichen (un)bewussten Wünschen, die sich im Laufe Ihres Lebens gebildet haben und Ihre Gefühle und Ihr Verhalten steuern? Und durch die Sie möglicherweise beeinflussbar sind?

Um diese Frage zu beantworten, stelle ich Ihnen ein nächstes Denkmodell vor, das Ihr Selbstbild verändern könnte.

Aus dem überall vorhandenen Wunsch nach Gleichgewicht entwickelt sich etwas Natürliches, das unser aller Leben bestimmt und letztendlich sogar unser Leben ausmacht. Und nicht nur das Leben der Menschen, sondern das Leben aller Lebewesen. Dieses Natürliche ist für uns auf der einen Seite ein Segen – und auf der anderen Seite ein Fluch. Es ist aber nur so lange ein Fluch, solange wir es nicht verstehen und nicht damit umgehen lernen. Ich nenne dieses Natürliche:

Musterbildung

Mit diesem Begriff meine ich nicht einen „Musterschüler“, der eine hervorragende Bildung hat. Sondern ich meine die Bildung von Mustern. Alles Lebendige bildet Muster. Denn jedes Muster stellt eine Art „Gleichgewicht“ dar und erfüllt annähernd einen „Wunsch nach Gleichgewicht“.

Der Begriff „Musterbildung“ ist nicht neu. Er wird in der Chemie, Physik und auch in der Biologie verwendet. Bei Wikipedia ist folgender Satz zu finden: „Bei der Strukturbildung von (Einzel-)Organismen und deren Organen, der sogenannten Morphogenese, spielen die Prinzipien der Musterbildung eine zentrale Rolle.“ (Zugriff am 3.5.2016.)

Ich hätte auch den Begriff „Formbildung“ oder „Strukturbildung“ verwenden können. Letztendlich wähle ich aber den Begriff „Musterbildung“, weil das Wort „Muster“ auch in unserem Begriff „Verhaltensmuster“ vorkommt oder weil man in der Psychologie das Wort „Musterunterbrechung“ für eine wirkungsvolle Intervention benutzt. Außerdem fühlt sich für mich das Wort „Musterbildung“ für das, was ich vermitteln möchte, am stimmigsten an.

Ich möchte darauf hinweisen, dass sich meine Definition von „Musterbildung“ in einigen Teilen von der wissenschaftlichen Definition unterscheidet. Denn ich werde im Folgenden meine Formel „Jedes Element hat den Wunsch nach Gleichgewicht“ zugrunde legen. Die wissenschaftliche Sichtweise soll hier eine untergeordnete Rolle spielen. Vorrangig ist, dass ich mit dem Begriff „Musterbildung“ mein persönliches Denkmodell zu beschreiben versuche. Und ich hoffe, dass es Ihnen beim Thema „unbewusste Beeinflussungen“ dienen kann.

Wir bilden ein Muster, wenn wir einen individuellen Wunsch nach einem ganz bestimmten Gleichgewicht haben. Mit Hilfe dieses gebildeten Musters können wir uns dann den Wunsch erfüllen und das Gleichgewicht erreichen. Das bedeutet also umgekehrt: **Hinter unseren Mustern stecken unsere individuellen Wünsche (= Kräfte).**

Beispiele: Wir bilden als kleines Kind das Muster „Krabbeln“ und später „Laufen“. Unser natürlicher Wunsch dahinter ist, uns selbstständig und unabhängig von den Eltern fortzubewegen (über uns hinauswachsen). Außerdem wollen wir uns genauso selbstständig fortbewegen wie die Eltern (Dazugehörigkeit zu den Eltern). Wir stellen mit dieser Fähigkeit (mit dem Verhaltensmuster „Laufen“) ein Gleichgewicht zur eigenen Natur und zu unserem menschlichen Umfeld her.

Wir bilden das Muster „Sprechen“, weil wir den Wunsch haben, immer besser mit unserem Umfeld zu kommunizieren. Dabei entwickeln wir die Sprache unseres Umfeldes. Je besser wir sprechen, umso besser ist der hilfreiche Informationsaustausch.

Als Baby haben wir das Muster „Sehen“ gebildet. Unser Gehirn hat nach der Geburt beim ersten Öffnen der kleinen Äuglein begonnen, zu den Signalen, die durch die Augen einströmten, Gleichgewichte herzustellen. Es hat „Muster“ in der Umwelt identifiziert (Wiederholungen in den einströmenden Signalen) und dazu entsprechende Muster ausgebildet (Verknüpfungen bereits vorhandener Neurone, Bildung neuer Neurone). Mit Hilfe dieser selbst gebildeten Muster gelang es dem Gehirn immer schneller, die Signale von außen zu identifizieren und zu verarbeiten (zu ihnen ein Gleichgewicht einzugehen). Heute ist es für uns selbstverständlich: Wir können „sehen." Gleichgewicht.

Wir bilden Muster, weil wir uns etwas Bestimmtes wünschen. Hinter jedem Muster steckt ein Wunsch nach Gleichgewicht.

Wollen wir uns also Wünsche (wieder) bewusst machen, um sie bewusst zu lenken, dann können wir uns fragen:

Welcher Wunsch steckt hinter diesem Muster?

Als Kind wurde ich im Kontakt mit meinen Eltern und meinen Geschwistern allmählich erwachsen und bildete Verhaltensmuster, die für meinen Kontakt zu meiner Familie stimmig waren. Allerdings fühlten sich nicht alle Verhaltensmuster so an, als ob ich sie „wollte", als ob sie „zu mir gehörten". Ich hatte sie übernommen, weil meine Eltern es wollten und ich mich ihrem Wunsch angepasst habe. Außerdem lebte meine Familie diese Verhaltensmuster selbst und ich konnte durch das Übernehmen der Muster am besten *dazugehören*. Das Übernehmen der Muster erfüllte also meinen Wunsch nach Dazugehörigkeit.

Gleichzeitig war ich aus irgendeinem Grund immer der Überzeugung, manche unangenehmen und mich bremsenden Verhaltensmuster genau dann ablegen zu können, wenn ich das Familiensystem verlassen würde. Doch das Gegenteil war der Fall. Nachdem ich als 22Jähriger ausgezogen war, lebte ich meine in meiner Kindheit und Jugend gebildeten Muster immer weiter.

Warum? Weil ich keine anderen Verhaltensmuster gebildet hatte. Ich konnte nur die Verhaltensmuster in mir abrufen, an die ich mich über viele Jahre gewöhnt hatte. Auch wenn ich während meiner Kindheit und Jugend das Gefühl hatte, mich „eigentlich" anders verhalten zu wollen. Ich hatte es zwar immer gewollt und auf die Gelegenheit gewartet, freie Verhaltensmuster leben zu können, aber ich hatte nie *aktiv* freie Verhaltensmuster ausgeübt und gebildet.

Das ist so ähnlich, wie wenn ich während meiner Kindheit darauf gewartet hätte, endlich ein großer Pianist zu sein. In dem Moment, in dem ich in meine eigene Wohnung gezogen und mich an ein Klavier gesetzt hätte, hätte ich trotzdem nicht sofort perfekt Klavier gespielt. Ich hatte das Verhaltensmuster „Klavierspiel“ nicht gebildet.

Und so konnte ich auch nicht plötzlich der Olaf sein, der ich eigentlich sein wollte. Vielleicht hatte ich mich als Baby noch frei gefühlt, in der behüteten Umgebung, in der man von mir als Baby noch nichts „erwartet“ hat. Aber in der Zeit meiner Kindheit, in der mein Umfeld (Eltern, Schule) mich zu „erziehen“ begann, hatte ich mich kaum so verhalten, wie ich es „eigentlich“ gewollt hätte. Ich hatte nie den „wahren Olaf“ regelmäßig aktiv ausgeübt. Also hatte ich auch kein „Wahrer-Olaf-Verhaltensmuster“ gebildet. Stattdessen hatte ich mich so verhalten, wie es zu meinem Familiensystem und zum Gesellschaftssystem passte. Ich hatte das Muster gebildet, der angepasste, umsichtige und blockierte Olaf zu sein – mit Konzentrationsschwächen.

Wenn wir immer wieder ein gleiches Verhaltensmuster durchführen, dann ist es wie im Training: Man trainiert sich eine Fähigkeit an. Dieses Training durch viele Wiederholungen ist unsere natürliche „Musterbildung“. Wenn dann das Muster gebildet ist, wenn man nun also die Fähigkeit besitzt und sich auch weiterhin ohne große Anstrengung ganz automatisch so verhalten kann, dann nenne ich das:

Musterautomatismus

Im Sport, in der Kunst, in der Musik und auch sonst im Leben, wo wir gezielt etwas gelernt (ein Muster gebildet) haben, ist dieser Musterautomatismus ein Segen für uns. Wir brauchen ihn, um z. B. Ski fahren zu können, ohne weiter über unsere Schwungtechnik nachdenken zu müssen. Wir brauchen ihn, um Klavier zu spielen und gleichzeitig die Musik zu genießen, die wir selbst mit unseren flinken Fingern hervorrufen. Auch beim Autofahren brauchen wir den Musterautomatismus, um uns gleichzeitig mit unserem Sitznachbarn zu unterhalten oder den Verkehrsnachrichten im Radio zuzuhören. Wir brauchen ihn, wenn wir eine Sprache lernen und irgendwann diese Sprache „fließend“ beherrschen. Dieser „Fluss“ ist nur aufgrund von Musterautomatismen möglich. Wenn Sie als Kind nicht lesen gelernt hätten, könnten Sie jetzt nicht fließend lesen. Ihre Fähigkeit zu lesen baut auf Musterautomatismen in Ihrem Gehirn auf. Sie haben damals als Kind in der Schule beim Lesenlernen in Ihrem Gehirn Schritt für Schritt Muster gebildet, die inzwischen blitzschnell und automatisch ablaufen: das Erkennen von einzelnen Buchstaben, das Zusammensetzen der Buchstaben zu einem Wort, das Erkennen von Wörtern auf einen Blick, das Abspeichern der einzelnen Wörter im Kurzzeitgedächtnis, um den Sinn eines ganzen Satzes erfassen zu können etc. Die Tatsache, dass diese Muster jetzt automatisch ablaufen, befähigt Sie, hier lesen zu können.

Ich glaube, es ist nicht notwendig, weitere Beispiele aufzuführen, denn Sie kennen es alle – aus allen Bereichen des Lebens.

Vielleicht fragt sich der eine oder andere, warum ich dafür nicht den Begriff „Unbewusstes" verwende. Denn in unserer Gesellschaft ist es üblich, automatisch ablaufende Fähigkeiten zu beschreiben, indem man sagt, sie würden *unbewusst* ablaufen. Wir trainieren eine Fähigkeit so lange, bis sie *unbewusst* ablaufen kann und wir dann unseren Kopf für Neues frei haben, wie z. B. das Fahrradfahren. Wir brauchen nicht mehr darauf zu achten, wie wir das Gleichgewicht halten, sondern wir tun es *unbewusst*, während wir die Natur genießen oder beim Fahrradfahren an unseren Job denken oder an etwas anderes.

Folgende Aussagen kann man beispielsweise finden:

„Ihr Unterbewusstsein steuert viele Ihrer Handgriffe automatisch, während Sie sich auf andere Dinge konzentrieren."[56]

„Das Unterbewusstsein ist mit einer Schallplatte vergleichbar. Am Tag unserer Geburt begann jeder von uns mit einer Kunststoffplatte, in der sich noch keine Rille befand. [...] Von diesem Tag an ritzte jedes Wort, das wir hörten, und jede Erfahrung, die wir machten, eine Rille in diese Platte. Je öfter wir etwas hörten und erlebten, je intensiver und schmerzlicher das war, was wir erlebten, umso tiefer wurden die Rillen."[57]

Ich werde Ihnen später ausführlicher erläutern, warum ich den Begriff „unbewusst" nicht mehr in *diesem* Zusammenhang verwende. An dieser Stelle möchte ich erst einmal nur kurz andeuten, warum für mich der Begriff „unbewusst" hier nicht mehr passt:

Wenn ich beim Lesen eines Textes meine Musterautomatismen für die Wörtererkennung nutze, dann muss ich mich nicht mehr anstrengen,

---

[56] Ralf Senftleben, www.zeitzuleben.de, Internet, Zugriff 11.5.2016.

[57] Dr. Doris Wolf, www.psychotipps.com, Internet, Zugriff am 11.5.2016.

denn es läuft automatisch ab. Stimmt. Aber ich kann es *bewusst* beobachten! Ich kann bewusst beobachten, wie ich lese. Ich kann bewusst beobachten, wie ich Auto fahre, wie ich auf dem Fahrrad mein Gleichgewicht halte, wie ich meine Finger auf der Computertastatur bewege, wie ich die Computermaus bewege, wie ich Klavier spiele. Ich kann viele Musterautomatismen *bewusst beobachten*. In dem Moment sind sie nicht im Unbewussten. Ich muss nur keine Trainingsenergie, keinen Lerneinsatz mehr leisten. Es läuft automatisch. Und ich kann es *bewusst* wahrnehmen, wie es läuft. Außerdem habe ich *die Wahl*, ob ich meine Aufmerksamkeit darauf richte und es *bewusst* wahrnehme, oder ob ich meine Aufmerksamkeit auf etwas anderes konzentriere, während der Musterautomatismus dann weiter *unbewusst* abläuft. **Meine bewusste Aufmerksamkeit und der Musterautomatismus sind *unabhängig* voneinander.** Diese *Unabhängigkeit* bezeichne ich aber nicht mehr mit „Unterbewusstsein“.

Einige Seminarleiter*innen bringen das Beispiel: „Wenn ein Tausendfüßler anfangen würde, bewusst über die Bewegungen seiner einzelnen Füße nachzudenken, würde er zu stolpern beginnen.“

Mit diesem Beispiel wollen sie erklären, dass die automatischen Bewegungen am besten unbewusst ablaufen. Aber meine Erfahrung ist da ganz anders. Ich behaupte, dass nicht die Unbewusstheit entscheidend für einen Automatismus ist, sondern **die Unabhängigkeit** zwischen dem Automatismus und meiner bewussten Aufmerksamkeit. Ich kann bewusst meine Finger beim Tippen auf dieser Computertastatur beobachten – und Sie können bewusst Ihre Aufmerksamkeit auf Ihr Lesen lenken. Dadurch werde ich nicht langsamer beim Tippen und bei Ihnen ändert Ihre Aufmerksamkeit nichts an Ihrem Leseverhalten. Nur wenn Sie beginnen würden, Ihren Lese-Musterautomatismus verändern und z. B. jeden Satz ab jetzt von hinten lesen zu wollen, dann werden Sie wieder langsamer, müssen sich mehr darauf konzentrieren und machen möglicherweise wieder vermehrt Fehler (stolpern). Denn dieses neue Muster haben Sie noch nicht automatisiert und noch nicht von Ihrer Aufmerksamkeit unabhängig gemacht.

Weil ich als Jugendlicher extreme Schwierigkeiten hatte, Noten zu lesen, habe ich mir Klavierstücke immer so eingeprägt, dass meine Finger sie automatisch spielen konnten. Gab es dann ein Vorspiel, bei dem mir viele Erwachsene und Kinder zugehört haben, dann war ich sehr nervös und hatte Angst, dass meine Finger nicht mehr so laufen, wie ich es geübt hatte. Denn wenn ich mich einmal verspielen und dadurch aus dem fließenden Klavierspiel-Muster rauskommen würde, würde ich nicht wieder reinkommen. Ich konnte aufgrund meiner Notenleseschwäche die Noten nicht als „Stütze“ für mich nutzen. Entweder es lief auswendig in einem Stück durch oder eben gar nicht mehr. Nur wenn ich nach dem Rauskommen mit dem Spielen ganz von vorne begann und den Musterautomatismus komplett neu startete, konnte ich das Klavierstück wieder spielen.

So lernte ich es kennen, dass ich während des Vorspiels die ganze Zeit meine automatisch spielenden Finger *bewusst beobachtete* und dabei hoffte, dass der Musterautomatismus sich nicht stören lassen und ich bis zum Schluss durchkommen würde.

Im Laufe der Jahre stellte ich interessanterweise fest, dass meine Fehler beim Vorspielen *kaum* davon abhingen, wie gut ich mich während des Vorspiels *konzentrieren* konnte, sondern *viel mehr* davon, wie gut ich in der Zeit vorher den *Musterautomatismus eingeübt* hatte. Lief der Automatismus schon vor dem Vorspiel unter verschiedenen Bedingungen einwandfrei, dann hatte ich während des Vorspiels trotz meines Lampenfiebers nur selten Probleme. Hatte ich aber nicht genügend Zeit ins Üben investiert und war der Automatismus nicht genug ausgereift, dann machte ich beim Vorspiel vermehrt Fehler oder kam komplett raus und konnte nicht mehr weiterspielen.

Später übte ich zusätzlich verschiedene Musterautomatismen ein, das Stück nicht nur von vorne spielen zu können, sondern auch mitten drin an unterschiedlichen Stellen ohne Noten einsteigen zu können.

Wenn der Tausendfüßler seine Füße beim Laufen bewusst beobachtet, wird er nicht stolpern! Auch wenn er darüber nachdenkt, ändert sich nichts. Erst wenn er sich ***entscheidet***, sich anders zu bewegen, als der eingeübte Musterautomatismus abläuft, und es dann auch ***aktiv tut***, wird sich im Automatismus etwas zu ändern beginnen und er fängt möglicherweise zunächst einmal an zu stolpern, bevor er das neue Muster automatisieren konnte.

Wenn Sie Ihre fließenden Musterautomatismen beobachten, wird sich nichts ändern. Auch nicht, wenn Sie darüber nachdenken. Nur wenn Sie sich dazu *entscheiden*, einen Musterautomatismus bewusst zu ändern, es *aktiv tun* und gezielt „Störungen“ einbauen (Ungleichgewicht herstellen), wird eine neue Musterbildung angeregt (stärkerer Wunsch nach neuem Gleichgewicht) und Sie werden erst einmal langsamer und „stolpern“ (Lernprozess).

Dementsprechend passt es für mich nicht, im Zusammenhang mit automatischen Verhaltensmustern immer davon zu reden, dass sie im „Unbewussten“ ablaufen. Automatismen können bewusst beobachtet werden als auch unbewusst weiter ablaufen. Deshalb geht es auch nicht darum, für eine Änderung den Automatismus aus dem Unbewussten ins Bewusstsein zu bringen. Denn wenn wir einen Automatismus bewusst beobachten können, ändert das am Automatismus nichts. Es geht darum, den Automatismus gezielt ändern zu *wollen* (= Entscheidung für eine Änderung) und es auch zu tun. Und dafür sind ganz andere Werkzeuge nötig, als sich einfach nur etwas „bewusst zu machen“.

Diese neue Unterscheidung ändert einiges im Umgang mit uns selbst. Ich werde später noch ausführlicher darauf eingehen[58].

Vorhin habe ich beschrieben, wie uns der Musterautomatismus wundervoll im Leben unterstützt. Im Sport, in der Kunst, in der Musik und allgemein im Leben. Wie ich aber mit dem Beispiel meiner eigenen Verhaltensmuster im Kontakt mit meiner Familie beschrieben habe, kann der Musterautomatismus auch zum Fluch werden.

In dem Buch *Legacies: A Chinese Mosaic* (1990) von Bette Bao Lord ist auf Seite 3 der Bericht von einem alten Mann zu lesen, der nach einem jahrzehntelangen Aufenthalt im Gefängnis entlassen wurde. In seinem Alter war er nicht mehr in der Lage zu arbeiten. Und so war er frei, das Leben zu leben, das er leben wollte. Er stellte fest, dass er morgens zur gleichen Zeit wie im Gefängnis aufstand und abends schlafen ging, wie er es gewohnt war. Außerdem lief er in seiner Wohnung so hin und her, wie er es in seiner Gefängniszelle getan hatte. Er hatte während seiner Zeit im Gefängnis ein einziges Verhaltensmuster gebildet, das er nun auch außerhalb des Gefängnisses fortsetzte, weil er im wahrsten Sinne des Wortes „keine andere Wahl hatte“. Die Tatsache, dass er sein Muster bewusst beobachten konnte, änderte nichts am Verhalten. Er musste erst Energie dafür aufwenden, ein neues Verhaltensmuster anzutrainieren – und dann erst begann eine allmähliche

[58] ausführlich ab den Seiten 128, 321 und 390.

Veränderung. Diese Energie kam durch einen Wutausbruch über seine alten Verhaltensmuster zum Vorschein.

Ich erinnere mich dunkel daran, früher einmal von einer Geschichte gehört zu haben, in der ein Eisbär im Zoo in einem Käfig jahrelang auf und ab gegangen war. Irgendwann soll man ihn in einen größeren Käfig gesteckt haben. Doch dort lief er genauso in kurzen Wegstrecken auf und ab, die der Größe des ersten Käfigs entsprachen. Er lebte das Muster weiter, das er in der Zeit seines Aufenthaltes im kleinen Käfig gebildet hatte.

Die amerikanischen Wissenschaftler Steven Maier und Martin Seligmann veröffentlichten 1976 einen Bericht über ihre im Jahr 1968 durchgeführten Versuche mit Hunden[59]. Das Thema war die ***erlernte Hilflosigkeit*** bei Tieren. Sie hatten in kleinen Einzelkäfigen Hunden mehrfach Elektroschocks zugefügt. Die Hunde konnten dieser Behandlung nicht entkommen. Nach einiger Zeit öffneten die Versuchsleiter die Käfigtür und gaben den Hunden bei offener Tür erneut Elektroschocks. Hunde, die als Kontrollgruppe eingesetzt wurden und vorher keine Elektroschocks erhalten hatten, liefen sofort durch die offene Tür davon. Die bei geschlossener Tür mit den Elektroschocks behandelten Hunde jedoch versuchten selbst bei offener Tür nicht mehr zu fliehen. Sie winselten nur bei einem erneuten Elektroschock und entleerten sich. Die offene Tür spielte für sie keine Rolle mehr. Sie hatten in der Gefangenschaft im Kontakt mit den Elektroschocks den Musterautomatismus gebildet, die Schocks auszuhalten. Flucht war für sie keine Alternative mehr, denn das Flucht-Verhaltensmuster hatten sie im Zusammenhang mit den Elektroschocks nicht ausleben und damit nicht „üben“ können.

Ich kann mir gut vorstellen, dass Kinder, die in ihrer Kindheit Leid aushalten mussten, später als Erwachsener auch eher das Leid „aushalten“, anstatt für sich Grenzen zu setzen, sich zu schützen oder in einen angenehmeren Bereich zu flüchten.

Es gibt Männer, die beim Sex im Moment des höchsten Rausches leidenschaftlich den Namen ihrer Partnerin aussprechen. Wenn nun eine langjährige Partnerschaft auseinander geht und der Mann eine neue Partnerin findet und den ersten Sex mit ihr hat, kann es passieren, dass

---

[59] Seligman, Maier: “Learned Helplessness: Theory and Evidence“, *Journal of Experimental Psychology: General* 105, Nr. 1 (1976).

er im Moment des höchsten Rausches leidenschaftlich und automatisch den Namen der vorherigen Partnerin ausspricht.

Viele Frauen sind bei so einem Missgeschick beleidigt und denken, dass der Mann sich immer noch mit seiner früheren Partnerin verbunden fühlt. In Wirklichkeit hatte der Mann einfach nur ein Muster gebildet, das an den Moment der höchsten Leidenschaft gekoppelt war. Er hatte noch keine Chance gehabt, ein neues Muster zu bilden. Nicht die Verbundenheit zu der früheren Frau, sondern der Kontakt zu dem alten Musterautomatismus wirkte noch kraftvoll. Im Grunde könnte die Frau sein spontanes Verhalten auch als Kompliment nehmen, denn der Mann hat sich erlaubt, mit der neuen Frau ganz „er selbst" zu sein, also all seine (alten) Musterautomatismen offen auf den Tisch zu legen, ohne sich zu hemmen oder sich auf eine Neubildung zu konzentrieren. Er konnte mit dieser neuen Frau wirklich „hemmungslos" sein. Wenn dann die neue Frau diesen Automatismus mit Humor nimmt und hinterher scherzhaft sagt: „Übrigens, ich hatte mich noch gar nicht vorgestellt: Ich heiße ...", kann der Mann lachend und ohne schlechtes Gewissen seinen Musterautomatismus allmählich umgewöhnen.

Es gab eine Zeit, in der ich lange Haare hatte. Ich hatte damals das Muster gebildet, immer wenn ich einen Rollkragenpullover überzog mit der Hand in meinen Nacken zu fahren und die langen Haare, die nach dem Überziehen noch unter dem Pullover steckten, nach draußen zu holen. Noch heute – sieben Jahre nach dem Abschneiden meiner langen Haare – gibt es ab und zu Momente, in denen ich bemerke, dass meine Hand nach dem Überziehen eines Rollkragenpullovers automatisch nach hinten zum Nacken greifen möchte.

> Je öfter sich äußere Beeinflussungen wiederholen und wir zu diesen Beeinflussungen in unserem Gehirn ein Gleichgewicht eingehen, umso stärker prägt sich unser dazugehöriger innerer *Musterautomatismus* aus. Das macht sich die Werbeindustrie zunutze: mit Hilfe vieler Wiederholungen.

Vor ein paar Monaten ist mir auf der Autobahn ein kleiner Stein auf die Vorderscheibe geknallt. An dieser Stelle sieht man jetzt einen kleinen sternförmigen Riss in der Scheibe. Meiner Einschätzung nach ist der Schaden so klein, dass ich die Scheibe noch nicht austauschen muss. Allerdings hat meine Werkstatt empfohlen, diesen Schaden reparieren zu lassen. Immer wenn ich nun diesen kleinen Steinschlag in der Scheibe sehe, höre ich in meinen Gedanken eine spezielle Melodie – gesungen von Frauenstimmen: „Carglas repariert – Carglas tauscht aus." Eine Werbung aus dem Radio. Diese Werbung habe ich schon mehrfach gehört und dadurch hat sich in mir ein Erinnerungsmuster gebildet, das immer dann ausgelöst wird, wenn ich auf irgendeine Weise daran denke, die Scheibe meines Autos reparieren zu lassen.

Wenn mich heute jemand auffordert, ihm das erste Waschmittel zu nennen, das mir einfällt, kommt mir sofort der Begriff „Perwoll". Dabei sehe ich vor meinem inneren Auge, wie eine Perwoll-Flasche in Zeitlupe in einen Stapel Handtücher fällt und es so aussieht, als ob sie ganz weich landen würde. Warum ist das so? Offensichtlich hat mich schon in meiner Jugend diese Werbung im Fernsehen so beeindruckt und beeinflusst, dass mein Gehirn ein Erinnerungsmuster gebildet hat. Dieses Muster läuft beim Begriff „Waschmittel" automatisch ab.

Nachdem ich diesen Abschnitt geschrieben hatte, habe ich im Internet recherchiert und festgestellt, dass mein Gehirn zwei Elemente miteinander kombiniert hat, die ich so niemals erlebt habe: Es ist niemals eine Perwoll-Flasche in einen Handtuchstapel gefallen. Das war in Wirklichkeit „Lenor". Doch Lenor ist vom Begriff her für mich weniger präsent, weil weder meine Mutter noch ich selbst dieses Waschmittel jemals verwendet haben. Der Begriff „Perwoll" ist für mich eingängiger, weil ich es selbst auch schon mehrfach in der Hand gehabt hatte. Außerdem ist das Bild der weich fallenden Flasche in einen Handtuchstapel für mich besonders eindrucksvoll. Und so haben sich in meinem Gehirn diese beiden Elemente miteinander verknüpft und ein neues Erinnerungsmuster gebildet.

> Unser Gehirn bildet sich aus allen Beeinflussungen letztendlich die Musterautomatismen, die durch Gewöhnung für das Gehirn am stimmigsten sind.

Als ich Jacqueline fragte, ob sie sich erinnern könne, welches Waschmittel damals in der Werbung in Zeitlupe in einen Handtuchstapel fiel, sagte sie spontan „Persil“. Ihre Mutter hatte damals hauptsächlich Persil verwendet. Anschließend, als ich ihr sagte, wie es eigentlich richtig wäre, erklärte sie mir, dass Lenor damals kein Waschmittel, sondern ein „Weichspüler“ war. Meine Frage nach einem „Waschmittel“ hätte sie wohl so beeinflusst, dass ihr als erstes das Waschmittel Persil einfiel.

Welcher Musterautomatismus im Gehirn aktiviert wird, hängt von der aktuellen Anregung oder Fragestellung ab – also vom aktuell geäußerten „Wunsch nach Gleichgewicht“. Das Gehirn reagiert mit einer Bewegung in ein dazu passendes Gleichgewicht.

Wenn die Werbeindustrie meine vorigen Absätze lesen würde, könnte es sein, dass die Geschäftsführer sich die Hände reiben, sich freuen und sagen: „Super! Klappt doch – das mit der Werbung!“

Eine kleine Information am Rande: Ich habe noch nie Lenor oder Persil gekauft – und nur ein einziges Mal Perwoll. Das ist schon Jahre her und die Flasche ist immer noch nicht leer. Ich räume sie in der Waschküche hin und her und nehme sie aus unerfindlichen Gründen bei jedem Umzug mit. Sie ist also in meinem Leben präsent, doch ich nutze sie letztendlich nicht. Außerdem war ich auch nicht bei Carglas. Demnach gehöre ich nicht zu der Zielgruppe, die die Werbeindustrie erreichen möchte. Ich nehme die Werbung zwar wahr, aber sie wirkt wohl bei mir nicht. Es ist, als ob ich eine bunte Blumenwiese wahrnehme, den Anblick der Wiese genieße, weitergehe und mich später immer noch an die schöne Wiese erinnern kann. Und wenn ich einmal Blumen brauche und pflücken möchte, dann wähle ich diejenigen aus, die mir selbst gefallen. Allerdings kann ich dazu auch auf eine andere Wiese gehen. Ich bin der Chef meines Erlebens.

Natürlich kann ich nur die Blumen pflücken, die ich sehe. Wenn eine Blume noch gar nicht ausgereift ist und ihre Blüte noch nicht entfaltet hat, nehme ich sie nicht so gut wahr, wie eine blühende Blume. Wenn also eine Firma durch viel Werbung ihre Blüte entfaltet, wird sie auch viel öfter wahrgenommen. Es ist nur die Frage, ob diese Wahrnehmung in mir wirkt und meine Entscheidungen steuert. Und damit komme ich zum nächsten Thema:

Musterumbildung

Sie erinnern sich, dass ich vorhin über die Verwechslung von Perwoll und Lenor schrieb? Und auch darüber, dass Jacqueline ebenfalls durch meine Frage beeinflusst etwas verwechselte?

Unser Gehirn ist plastisch, es ist flexibel, es kann sich umbauen. Natürlich können Neurone im Gehirn auch absterben. Es können ganze Hirnregionen krank werden und ausfallen. Dadurch werden Musterautomatismen so umgebildet, dass sie nicht mehr funktionieren. An diese Krankheiten denke ich jedoch weniger, wenn ich den Begriff „Musterumbildung" verwende. Es geht mir mehr darum, dass wir Erinnerungsmuster gezielt verändern und Verhaltensmuster gezielt umbilden können – und zwar durch eine bestimmte neue Musterbildung.

Ich kann die Carglas-Werbung („Carglas repariert – Carglas tauscht aus") nutzen, um daran den Gedanken zu knüpfen: „Bevor ich zu Carglas gehe, überprüfe ich, ob es vielleicht noch günstigere und zuverlässigere Werkstätten gibt, die mir helfen können."

Ich mache mir einen eigenen Werbespruch:

„Carglas erinnert mich daran, ausführlich zu suchen, zu wem ich am besten gehe."

Oder: „Carglas repariert **meine Erinnerung daran, etwas Besseres zu suchen** – Carglas tauscht **sich selbst gegen eine bessere Werkstatt** aus."

Wenn ich nun den kleinen Schaden auf meiner Windschutzscheibe sehe, dann habe ich das innere Bild, wie ich im Auto sitzend zur besten Werkstatt fahre, die ich mir ausgesucht habe. Dabei fühle ich mich sehr gut und bin der Firma Carglas dankbar, dass sie mich mit ihrer Werbung unabsichtlich darin unterstützt, mir die beste Werkstatt für mein Auto zu suchen.

Durch meine kreative Veränderung und Musterumbildung erfüllt mir nun die Carglas-Werbung meine *eigenen* Wünsche. Und ich trainiere dabei gleichzeitig meine Kreativität. Sie erinnern sich: Je kreativer wir sind, umso besser können wir mit Beeinflussungen eigenverantwortlich umgehen.

Es gibt noch eine weitere Waffe gegen unerwünschte Werbung: ein bestimmter Umgang mit unserer Intuition oder auch „Bauchgefühl". Dazu komme ich später ausführlicher (ab Seite 356).

Wenn sich durch wiederholte Werbung in uns ein Erinnerungsmuster gebildet hat, dann können wir es gezielt kreativ umbilden und für unsere eigenen Wünsche nutzbar machen.

Erst in den 1990er Jahren setzte sich die Erkenntnis bei den Hirnforscher*innen durch, dass im Gehirn bis ans Lebensende neue Neurone sprießen. Bisher ausführlich erforscht ist die Neubildung der Neurone im Hippocampus, der für das Abspeichern von neuen Erinnerungen zuständig ist. Neue Neurone nehmen ca. zwei bis vier Wochen nach ihrer „Geburt“ ihre Arbeit auf. Bei Ratten hat man herausgefunden: Wenn das Nachwachsen von Neuronen blockiert ist, dann weisen die Ratten die typischen Symptome einer Depression auf:

- Sie verlieren das Interesse an Zuckerwasser.
- Sie geben schneller auf, wenn sie im Wasserbecken um ihr Leben schwimmen müssen.
- Antidepressiva wirken nicht mehr.[60]

Wenn wir das auf den Menschen übertragen, könnte es bedeuten: Je weniger wir unser Gehirn fordern und je weniger wir es zur Neubildung von Neuronen anregen, umso größer ist die Chance einer Energielosigkeit, Gleichgültigkeit oder sogar Depression. Kurz: Unterforderung ist ungesund.

Allerdings kenne ich auch das Umgekehrte: Wenn ich einen Tag lang mein Gehirn besonders intensiv trainiert habe, mit Hilfe spezieller Gehirntrainingsprogramme am Computer (Gedächtnis, Konzentration)[61], dann erlebe ich abends und auch den ganzen nächsten Tag eine Art „Depressionsgefühl“ und Energielosigkeit. Nach einem Tag Pause geht es mir schon wieder etwas besser. Der dritte Tag nach dem Training fühlt sich wieder besonders energievoll an.

Zuerst konnte ich meine Phasen von Gleichgültigkeit nach dem Gehirntraining nicht dem Training selbst zuordnen. Ich dachte, dass irgendetwas mit mir selbst nicht mehr stimmt und ich über irgendetwas traurig

---

[60] Informationen entnommen aus verschiedenen Ausgaben der Zeitschrift *Gehirn und Geist.*
[61] Kostenloses Programm im Internet: www.brainworkshop.net.

bin. Ich wusste aber nicht, warum. Nach einiger Zeit der genauen Beobachtung konnte ich es dann zuordnen – und seitdem nenne ich die depressive und lustlose Zeit nach einem intensiven Gehirntrainingstag „Gehirnmuskelkater".

Wenn Sie also einen Tag lang besonders konzentriert etwas Neues trainieren oder sich mit neuen Zusammenhängen und Aufgaben auseinandersetzen müssen, auf die Sie nicht mit Ihren normalen, leichten, einfachen Musterautomatismen reagieren können, dann ist abends und auch am nächsten Tag eine verstärkte Energielosigkeit möglich. Gehirnmuskelkater. Beispiel: Wenn Sie sich im Job sehr konzentrieren mussten, dann ist es logisch, wenn Sie abends keine Energie mehr haben. Logisch ist auch, wenn Sie mit Gehirnmuskelkater den Freitag und den Samstag zur Erholung brauchen und erst am Sonntag wieder Energie für eigene Dinge fühlen. Übrigens: Falls Sie konzentriert bestimmte Visualisierungsübungen aus diesem Buch durchführen, könnte es vielleicht auch zu Gehirnmuskelkater führen.

Wenn Sie auf der anderen Seite absolut keine Herausforderungen haben und Ihren Alltag *nur noch* mit bequemen Musterautomatismen leben, fehlt die Motivation, über sich selbst hinauszuwachsen. Wie überall ist auch hier eine gesunde Mischung aus Musterautomatismus und Muster(um)bildung gefragt. Weder Überforderung noch Unterforderung tun uns über lange Zeit gut.

Unser Gehirn ist ein wahres Wunderwerk und hat unglaublich viele verschiedene Möglichkeiten an Musterumbildungen und Musterneubildungen. Viele können sich das gar nicht vorstellen, was genau alles möglich ist. Deswegen starte ich zum Thema Muster(um)bildung extra ein neues Kapitel und schreibe Ihnen einige Beispiele über unser Wundergehirn auf. Je besser wir über die Möglichkeiten unseres Gehirns Bescheid wissen, umso leichter werden wir uns auch darin trainieren können, unsere Wünsche zu lenken, unsere Musterbildung zu steuern – und damit letztendlich mit allen Beeinflussungen zu tanzen.

Was unser Gehirn alles kann

Das Gehirn entwickelt sich so,
wie und wofür es mit Begeisterung benutzt wird.

Neurobiologe Dr. Gerald Hüther

Meine bisherigen Erfahrungen und Recherchen haben mich zu der Sichtweise geführt, dass mit unserem Gehirn fast alles möglich ist. Im Grunde folgt es kaum irgendwelchen Regeln. Es bildet nur Muster, um sich mit dem Umfeld in ein möglichst optimales Gleichgewicht zu begeben und dabei selbst so wenig wie möglich Energie zu verbrauchen (= Effizienz). Diese Muster passt das Gehirn immer wieder den neuen Gegebenheiten an. Musterbildung, Musterautomatismen, Musterumbildung. Dabei reicht das Spektrum von blitzschnellen energetischen Musterumbildungen innerhalb von Sekundenbruchteilen bis hin zu langsamen Musterbildungen auf materieller Ebene über viele Monate.

Wodurch unser Gehirn blockiert wird, sein Potenzial auszubauen, sind Stress und Unwissenheit. Für beides werde ich Lösungsmöglichkeiten anbieten. Zum Thema „Stress" finden Sie weiter hinten in mehreren Kapiteln verstreut Lösungen. In diesem Kapitel beginne ich mit der Unwissenheit und zeige Ihnen, welche Musterbildungen in unserem Gehirn *mindestens* möglich sind. Ich werde Ihnen Wissen zur Verfügung stellen, gehe aber gleichzeitig davon aus, dass ich nicht alles weiß. Ich lade also dazu ein, über meine Beschreibungen noch hinauszugehen, weiter zu forschen, über sich selbst hinauszuwachsen und davon auszugehen, dass bestimmt *noch mehr* möglich ist …

Eine Frau in Wisconsin (USA) verlor ihren Gleichgewichtssinn. Aufgrund der Nebenwirkungen von Medikamenten hatten sich Neuronenverbindungen (= Muster) aufgelöst und es sind Neurone abgestorben, so dass sie ihr Gleichgewicht nicht mehr halten konnte. Ihr Musterautomatismus, ein körperliches Gleichgewicht zu halten, funktionierte nicht mehr. Sie schwankte auf extreme Weise und fiel permanent hin.

Der Arzt sagte damals, die Zerstörung des Gleichgewichtssinns würde für immer so bleiben und sie müsse sich daran gewöhnen. In gewisser Weise hatte er Recht: Die abgestorbenen Neurone waren für immer abgestorben. Sie funktionierten nie wieder. Aber heute fährt sie wieder Fahrrad. Wie ist das möglich?

Die amerikanischen Wissenschaftler Michael Taylor und Yuri Danilov bewirkten etwas Verblüffendes: Sie setzten der Frau einen Helm auf den Kopf. Dieser Helm schickte Gleichgewichts-Signale über ein Kabel auf ein Metallplättchen, das die Frau auf ihre Zunge legen sollte. Sie spürte also mit ihrer Zunge die Gleichgewichts-Signale der Vorrichtung auf ihrem Kopf. Nach kurzer Zeit – nach wenigen Minuten schon – lernte ihr Gehirn über diesen Weg neu dazu, bildete neue Muster und konnte wieder das Gleichgewicht halten. Mit diesem Helm auf dem Kopf und dem Plättchen auf der Zunge stand sie gerade und aufrecht – ohne jegliche Schwankungen.

Als man das Plättchen von ihrer Zunge wegnahm und ihr den Helm absetzte, gab es einen kurzen Lern-Effekt. „Lern-Effekt“ heißt: Sie konnte ein paar Minuten ohne Helm das Gleichgewicht halten. Dann kam die Störung zurück und sie verlor wieder ihr Gleichgewicht.

Am nächsten Tag trainierte sie erneut mit diesem Helm. Je öfter sie trainierte, umso länger hielt der Lern-Effekt nach dem Abnehmen der Helm-Plättchen-Hilfe an. Im Grunde wie beim Lernen einer Vokabel, die man jeden Tag wiederholt – und nach einigen Tagen oder Wochen ist das Muster stabil und man beherrscht die Vokabel aus dem Effeff. Das Gehirn der Frau lernte durch dieses Gerät allmählich, neue stabile Muster aufzubauen, so dass sie später das Gerät nicht mehr benötigte. Das Gehirn dieser Frau wurde Schritt für Schritt neu programmiert – durch eine komplett neue Musterbildung.[62]

Erfunden hat dieses Prinzip bereits 1969 der amerikanische Neurophysiologe Paul Bach-y-Rita. Damals hat er eine Vorrichtung erfunden, eine Art "Protese" für Blinde, bei der das Signal einer Kamera mit Hilfe von Vibrationen auf den Rücken eines Blinden übertragen wurde. Sein

---

[62] Quelle: Norman Doidge, *Neustart im Gehirn*, Buch und Film.

Gehirn hat nach einem kurzen Training Informationen (Musterautomatismen) daraus gemacht, so dass er die Figuren grob beschreiben konnte, die vor die Kamera gehalten wurden. Wenn das Gehirn ein Signal im Zusammenhang mit einem Kontext erhält, findet es heraus, wie es das anwenden muss, um es zu entschlüsseln (Wunsch nach Gleichgewicht). Sowohl um sich selbst zu reparieren, als auch um die Aufgaben zu erledigen, die es ausführen muss.

Gehirnbereiche können sich selbst neu organisieren und neue Aufgaben übernehmen.

Vor wenigen Jahren hat man ausprobiert, einem Blinden Signale von einer Kamera über ein Metallblättchen zu geben, das auf seine Zunge gelegt wurde – wie bei der Frau mit den Gleichgewichtsstörungen. Sobald er diese Signale erhielt, nahm er Bilder im Gehirn wahr.

Schlaganfallpatient*innen kann man wieder heilen, wenn sie regelmäßig trainieren. Die gesunden Bereiche des Gehirns übernehmen die Aufgaben, die der durch den Schlaganfall verletzte Hirnbereich nicht mehr ausüben kann. Es ist, als ob man ganz von vorne anfängt. Dabei dauert es eine gewisse Zeit, führt aber zu stabilen Ergebnissen.

Jeder, der ein Musikstück einübt, der eine Tanzbewegung trainiert, der Sport macht, der ein Handy zu bedienen lernt, weiß und erlebt, wie das Gehirn ganz allmählich die trainierte Fähigkeit „verinnerlicht". Verinnerlichung heißt: Der gebildete Musterautomatismus wird von der bewussten Aufmerksamkeit allmählich *unabhängig*. Jetzt übertragen Sie das auf wirklich alles und Sie bekommen eine Ahnung, was möglich ist! Vorausgesetzt das Gehirn blockiert sich nicht selbst durch Stress und Unwissenheit! Mit „Unwissenheit" meine ich, dass man nicht an eine Verbesserung der Gehirnleistung glaubt, dass man nicht weiß, wie man sein Gehirn trainieren kann, und dass man sich nicht vorstellt, was möglich ist. Wenn all diese Punkte bei einem Menschen vorhanden sind, wird er nicht aktiv und entwickelt sein Gehirn nicht weiter. Die Gehirnentwicklung ist durch Unwissenheit blockiert.

Hier noch weitere Informationen für Sie, als Arznei gegen Ihre (eventuelle) Unwissenheit:

Dr. Jeffrey Schwartz, ein bekannter amerikanischer Psychiater und führender Experte in Neuroplastizität, hat sich mit Patient*innen auseinandergesetzt, die unter Zwangsstörungen leiden. Er hat festgestellt: Die Störungen lassen sich tatsächlich transformieren. Zuerst sollte man die Menschen über die Neuroplastizität aufklären und ihnen erklären, was in ihrem Gehirn passiert. Es gibt nämlich einen normalen gesunden Angstschaltkreis (Musterautomatismus): Ein Gehirnbereich registriert einen Fehler (= Ungleichgewicht) und schickt ein Signal an einen anderen Gehirnbereich. Dieser andere Bereich löst Besorgnis aus (= Wunsch nach einem besseren Gleichgewicht) – und deswegen konzentriert man sich so lange auf den Fehler, bis er korrigiert ist. Ist der Fehler korrigiert, dann entsteht das Gefühl eines „Gleichgewichts" und ein weiterer Gehirnbereich leitet uns zur nächsten normalen Aufgabe (nächstes Ungleichgewicht) weiter.

Bei der Zwangsstörung aber klemmt das Gefühl, dass der Fehler korrigiert ist. Aus irgendeinem Grund kann man das erreichte Gleichgewicht nicht fühlen, nicht annehmen, nicht wahrnehmen. Deswegen fühlt es sich immer noch so an, als ob ein Ungleichgewicht existiert, als ob der Fehler immer noch da ist. Dieser Mensch muss diesen scheinbaren Fehler wieder und wieder korrigieren = Zwangsstörung.

Auf diese Weise werden die Zwänge trainiert und damit auch ausgebaut und gefestigt. Es entsteht ein Musterautomatismus. Je mehr man beispielsweise über schädliche Keime nachdenkt und sich deswegen immer wieder seine Hände wäscht, umso mehr verstärkt sich dieses Denken und damit der Waschzwang. Der gebildete Musterautomatismus wird von der bewussten Aufmerksamkeit unabhängig.

Man sollte sich zuerst den Zwang bewusst machen. Anschließend trainiert man, die Aufmerksamkeit gezielt auf positive Gedanken zu lenken, auf das Happy End, auf das Gleichgewicht. Dadurch wird allmählich ein neues Muster gebildet.

Die Transformation von Zwangsstörungen kann durch die Bildung des folgenden neuen Musters erfolgen:

1. Inne halten und benennen, was gerade passiert ist. Man sagt zu sich selbst: „Die Zwangsstörung bewirkt, dass ich gerade ..... mache/denke."
2. Als nächstes sagt man zu sich selbst: „Diese Störung ist ein Musterautomatismus in meinem Gehirn."

3. Sich fragen: „Welches positive und konstruktive Verhaltensmuster möchte ich anstelle des Zwangsmusters bilden?“ Dieses Muster bewusst entgegensetzen und neu antrainieren.
4. Nach ein paar Wochen des intensiven Trainings lassen die Zwänge nach, denn man wählt immer häufiger den sich besser anfühlenden neu antrainierten Musterautomatismus. Dadurch erhält man eine Bestätigung (es funktioniert!) und weiß nun, dass man die Zwänge (= alte Musterautomatismen) vernachlässigen kann. Jetzt kooperiert das Gehirn wieder.

Man kann dies auch auf Situationen übertragen, in denen wir uns über etwas ärgern. Jeffrey Schwartz empfiehlt, diesen Ärger nicht auszuleben, weil das Ausleben zu einer Stärkung des Ärgermusters führt. Man solle das Ausleben des Ärgers gezielt unterdrücken (siehe oben: Punkt 1). Anschließend löst man die Ursache des Ärgers, z. B. indem man einen eigenen Wunsch aufgibt oder ändert oder anpasst. Allmählich trainiert man sich ein positives Reiz-Reaktionsmuster an.[63]

Im Grunde kann man Ärger als eine Art Zwangsstörung sehen, die wir im Zusammenhang mit anderen Menschen oder mit uns selbst ausleben. Auch einige Buddhisten sagen: Wer sich über andere Menschen ärgert, der verhält sich, als ob er nach glühenden Kohlen greift, um sie in Richtung eines anderen Menschen zu werfen. Die Folge: Man verletzt sich dabei selbst.

Achtung: Das *Unterdrücken* von Ärger heißt nicht, dass man gegenüber anderen Menschen immer "nachgibt" und sich unterordnet. Man kann auch ohne Ärgergefühle klare Grenzen setzen oder sich und seine Ziele klar und bestimmt formulieren oder seinem Gegenüber ein klares Feedback geben.

Kognitive Verhaltenstherapie ist seit Jahrzehnten nachweislich erfolgreich: Man schaut sich die negativen Gedankenmuster genau an und transformiert sie in positive Gedankenmuster. Ich selbst kann von mir berichten, dass ich mich durch viele Erkenntnisse über mich selbst als auch durch viele Lösungsprozesse von einem schüchternen, gehemmten, unkonzentrierten Studenten im Laufe mehrerer Jahre in einen freien, klaren, einfühlsamen Menschen verwandelt habe.

---

[63] Informationen über J. Schwartz ebenfalls aus: Norman Doidge, „Neustart im Gehirn“, Buch und Film.

Das waren bisher Beispiele, bei denen ein Gehirnbereich im extremen Ungleichgewicht war und Musterautomatismen schlecht oder gar nicht mehr funktionierten. Wie ist es aber, wenn kein Musterautomatismus „stirbt“? Eine Musterbildung funktioniert natürlich auch, wenn alle bisherigen Musterautomatismen noch intakt sind. Das einfachste Beispiel kennen Sie aus dem Bereich der Sprachen. Während Sie weiterhin Deutsch sprechen können, sind Sie in der Lage, parallel dazu eine neue Sprache zu lernen, also ein neues Sprachmuster zu bilden, z. B. Spanisch. Anschließend beherrschen Sie beide Sprachen.

Als junge*r Erwachsene*r haben Sie den Führerschein gemacht und Autofahren gelernt. Dabei haben Sie Ihre Fähigkeit, mit dem Fahrrad zu fahren, nicht verlernt. Sie konnten anschließend beides.

Oder Sie haben jahrelang ein Handy gehabt und es einwandfrei bedienen können. Dann bekommen Sie ein neues Handy mit anderen Funktionen und mehr Möglichkeiten. Es braucht eine Weile, das neue Handy bedienen zu können (Musterbildung). Wenn Sie es aber beherrschen, dann könnten Sie gleichzeitig immer noch das alte Handy einwandfrei bedienen. Sie haben nur eine neue Fähigkeit dazugelernt.

Viele Menschen, die in einem bestimmten Bereich ihres Lebens Probleme mit sich selbst haben, wollen dieses Problem-Muster loswerden. Sie wollen einen unangenehmen Musterautomatismus „löschen“. Sie hoffen, dass bei dem Training eines neuen Verhaltensmusters ihr altes problematisches Verhaltensmuster automatisch aufhört. Wir erleben es oft bei Alkoholikern, die ihren Drang, Alkohol zu trinken, loswerden wollen. Wir erleben es beim Abgewöhnen des Rauchens oder beim Abnehmen mit Hilfe von Diäten. Wenn Menschen, die sich etwas abgewöhnen wollen, dann während der Umgewöhnungsphase das alte unerwünschte Verhaltensmuster noch einmal ausprobieren und feststellen, dass sie es immer noch können, kriegen sie oft die Krise und denken, sie haben einen Rückfall. Das ist so ähnlich, wie wenn ich noch einmal mein altes Handy in die Hand nehme und feststelle, dass ich es immer noch bedienen kann. Dann bekomme ich die Panik, dass ich das neue Handy nun nicht mehr bedienen kann, obwohl ich es eben noch konnte.

Richtig ist: Man beherrscht am Ende *beide* Fähigkeiten. Man hat einen neuen Musterautomatismus zusätzlich zum alten Automatismus *dazugelernt*. Man hat die Wahlmöglichkeiten erhöht.

Beispiel: Ein Raucher trainiert sich das Nicht-Rauchen an. Dadurch wird er zum Nicht-*mehr*-Raucher. Nach einigen Monaten hat er den Eindruck, erfolgreich Nicht-Raucher zu sein, probiert noch einmal eine Zigarette und hat das Gefühl, als hätte er es nie verlernt. Wie sagt man so schön? Gelernt ist gelernt. Das bedeutet auch: Ein Raucher wird nie wieder zum Nicht-Raucher. In Wirklichkeit kann der Raucher immer noch rauchen. Er hat sich nur *zusätzlich* das Nicht-*mehr*-Rauchen angewöhnt. Er kann also nur noch zum Nicht-*mehr*-Raucher werden. Nun hat er die Wahl. Er kann sich sowohl beim Rauchen „zu Hause" fühlen, als auch beim Nicht-mehr-Rauchen. So wie man zwei Sprachen sprechen kann und sich mit beiden Sprachen wohl fühlt.

So ist es auch bei allem anderen, wenn wir etwas lösen oder ganz neu erlernen wollen. Man hat in der Hirnforschung beobachten können, dass beispielsweise beim Jonglieren-Lernen neuroplastische Veränderungen im Gehirn auftreten. Bei Jugendlichen stellt man fest, dass die Gehirnregion für die Daumen besonders ausgeprägt wird (durch die regelmäßige Bedienung des Handys).

Wenn man etwas komplett Neues lernt, geht es erst einmal völlig von vorne los. Wir beobachten, dass ein Kind ca. 2 - 3 Jahre benötigt, um fließend reden zu können. Übertragen wir das auf uns Erwachsene, dann bedeutet es: Wir müssen für eine komplett neue Fähigkeit ca. 2 - 3 Jahre Zeit aufwenden – und wir müssen uns dem Training dieser Fähigkeit den ganzen Tag widmen, um ungefähr so zu lernen, wie das Kind es tut. Allerdings haben wir natürlich als Erwachsener den Vorteil, dass wir bereits auf vieles Gelernte zurückgreifen können und beim Lernen uns mit den bisherigen Erfahrungen im Gehirn vernetzen. Deswegen gehen viele Lernprozesse schneller als 2 - 3 Jahre. Nur nach einem Schlaganfall oder nach anderen Verletzungen direkt im Gehirn ist so eine Vernetzung nicht mehr möglich. In diesem Fall muss man tatsächlich "ganz von vorne" beginnen. Das bedeutet: Wir brauchen Geduld, Konzentration und regelmäßiges Training. Dadurch ist eine Weiterentwicklung des Gehirns wundervoll möglich!

Alles, was wir neu lernen, existiert parallel zu dem bisher Gelernten.

Man kann das Lernen genauso lernen, trainieren und darin immer schneller werden. Ein Bereich, in dem uns die spannendsten Möglichkeiten unseres Gehirns demonstriert werden, ist die Hypnose. Aus dem großen Spektrum, was innerhalb von hypnotischen Zuständen für uns Menschen alles möglich ist, möchte ich ein Phänomen herausgreifen: die Zeitverzerrung.

Wir alle kennen es, dass für uns die Zeit schnell vergeht, wenn wir von einer Sache besonders fasziniert sind oder wenn wir Vergnügen erleben. Wenn wir aber wollen, dass eine schmerzhafte Situation hoffentlich schnell vorbeigeht (z. B. eine Operation beim Zahnarzt oder die Zeit vor der Verkündigung eines Prüfungsergebnisses), dann vergeht die Zeit viel zu langsam. Auch bei Langeweile. Des Weiteren kennen wir es, dass wir im Schlaf einen Traum hatten, der nach unserem subjektiven Empfinden einen sehr langen Zeitraum abgedeckt hat. Doch wenn wir aufwachen und auf die Uhr schauen, stellen wir fest, dass wir nicht einmal mehr als 15 Minuten „weg" waren.

Der bekannte amerikanische Psychiater und Hypnotherapeut Milton H. Erickson (1901 – 1980) war von dem Phänomen der Zeitverzerrung besonders fasziniert und hat eine Menge Zeit dafür aufgewendet, dieses Phänomen zu erforschen.[64] Er konnte feststellen, dass Menschen dazu in der Lage sind, geistige Aktivitäten unter Hypnose in extrem schnellem Tempo ablaufen zu lassen. Was ein „normaler" Mensch innerhalb von zehn Minuten erlebt, kann ein Mensch in einem trainierten Trancezustand innerhalb von zehn Sekunden (!) durchleben. Während er sich in so einem Zustand befindet, vergehen für ihn alle „realen" Bewegungen in seinem Umfeld wie in einer extremen Zeitlupe.

Ein Boxer soll in der Lage gewesen sein, sich während des Kampfes in einen solchen Zustand zu versetzen. Er hat die Handlungen seines Gegners schneller vorausberechnen und seine eigenen Schläge klarer platzieren können.

Durch eine Gruppe mit mehreren Proband*innen konnte Erickson zeigen, dass *alle* Personen in der Lage waren, „während der verlängerten subjektiven Zeitintervalle eine geistige Aktivität auszuführen. Diese Aktivität verlief in einer Geschwindigkeit, die die Proband*innen für normal oder üblich ansahen, dennoch ging die geleistete Menge weit

---

[64] Im Bd 3 der *Gesammelte Schriften von Milton H Erickson* (Hrsg.: Ernest L. Rossi, Carl Auer Verlag 1997) sind einige Artikel zu diesem Thema zu finden.

über das hinaus, was der Weltzeitraum [= die „normale“ Zeit] gewöhnlich erlauben würde. In allen Fällen verbesserte sich die Leistung durch Üben. [...] Alle Versuchspersonen waren überrascht von dem, was sie taten, manche nicht wenig, als man ihnen die Fakten mitteilte.“[65]

Eine Geigerin berichtete: „Ich versetzte mich in Trance und übte dann auf verschiedene Weise. Ich sah beispielsweise die Musik vor mir und markierte die Stellen, die ich besonders üben musste. Diese unterschiedlichen Stellen spielte ich dann wieder und wieder, bis sie saßen, was natürlich meinem Fingergedächtnis sehr half, da ich ja tatsächlich in Trance spielte. [Es handelte sich lediglich um eine halluzinierte Aktivität. Mit anderen Worten: Sie „spielte tatsächlich“ nur in der halluzinierten Welt und nicht in der physischen Welt.] Ich ‚übte Läufe‘ – wählte schwierige Läufe aus und spielte sie auf unterschiedliche Weise, um das Tempo und die Genauigkeit zu verbessern. Dann spielte ich das ganze Stück wegen der Kontinuität. Da ich das in meiner ‚besonderen Zeit‘ machte, schien ich sofort ein Gefühl für die Komposition als Ganzes zu bekommen.“

Erickson ergänzt: „Dadurch war die Frau in der Lage, in sehr kurzen Weltzeiträumen lange Stücke immer wieder zu üben und zu repetieren, und sie stellte fest, dass sich nicht nur ihr Gedächtnis auffallend verbesserte, sondern auch ihre Technik. Dieses bemerkenswerte Ergebnis wurde von ihrem Mann verbürgt, der selbst Musiker ist. Mit anderen Worten: Die Probandin spürte, dass das halluzinierte Proben dieser vor Jahren gelernten Stücke die spätere Aufführung verbesserte.“[66]

Erickson berichtet in seinem Artikel aus dem Jahr 1950 weiter, dass eine andere Probandin sich der Weltzeit („normale“ Zeit) zwar immer bewusst blieb, es aber schaffte, durch das Halluzinieren einer sonderbaren „Zellophanhaube“, die sie sich im Geiste überstülpte, der normalen Zeit zu entkommen. Unter dieser Haube war sie in der Lage, in nur ein paar Sekunden vollständig ein Musikstück zu „hören“ (halluziniertes Hören), das in der Weltzeit mehrere Minuten dauern würde.

In einem anderen Zusammenhang schrieb Erickson über einen Patienten, der wegen eines bestimmten Problems zu ihm kam. Der 25jährige Student war musikalisch begabt, sang gerne und begleitete sich dabei

---

[65] Band 3 (s.o.) S. 329 – Artikel *Zeitverzerrung in der Hypnose*, Jahr 1950.

[66] Band 3 (s.o.) S. 342, gleicher Artikel.

auf der Gitarre. Neben seinem Studium und einem Job, den er in einer regelmäßigen Nachtschicht unter der Woche ausübte, war er am Wochenende in einem Nachtclub engagiert, um Songs zu spielen. Er hatte kaum Zeit zum Üben und verbesserte sich nicht, so dass der Nachtclub ihm ankündigte, sein Engagement bald zu beenden.

Erickson trainierte ihn zunächst in der Fähigkeit, in eine tiefe Trance zu gehen, und anschließend darin, sein Üben innerhalb einer Zeitverzerrung zu halluzinieren. Allmählich lernte der Patient die Fähigkeit, sein Üben an der Gitarre so zu halluzinieren, dass er innerhalb von 10 bis 30 Sekunden üben konnte, als ob er 30 Minuten üben würde. Erickson beschrieb, welche Suggestionen er ihm gab: „Diese hatten zum Inhalt, dass er bei der Nachtschicht [unter der Woche] die Zeiten der Untätigkeit dazu benutzen sollte, von Zeit zu Zeit kurze, 10 bis 30 Sekunden dauernde Trancen zu entwickeln. Während dieser Trancen würde ihm auf einer halluzinatorischen Ebene genug seiner besonderen Zeit zur Verfügung stehen, um sowohl seinen Gesang als auch sein Spiel zu üben. Seine Kollegen würden nur bemerken, dass er im Moment etwas in sich gekehrt sei, da die Trancen der Uhrzeit nach kurz sein würden und da er das Üben lediglich halluzinieren würde."

Die musikalischen Fähigkeiten des Studenten explodierten nach einer Woche auffällig. Er stellte überrascht fest, wie sein Musizieren immer besser wurde – allein durch das halluzinierte Üben innerhalb von 30 Sekunden ab und zu während seiner Nachtschicht unter der Woche. Der Chef des Nachtclubs, in welchem der Student am Wochenende spielte, bemerkte diese Verbesserung und versprach, dass der Student einen sicheren Job im Nachtclub hätte, wenn er so weiter machen würde.[67]

> Wir können in unserem Gehirn Musterautomatismen herstellen, die einen Rahmen bieten, um noch viel ausgefallenere Muster zu bilden. Wie ein Computerprogramm, das uns am Computer wundervolle Dinge umsetzen lässt.

---

[67] Band 3 (s.o.) S. 381 ff. – Artikel *Klinische und therapeutische Anwendung der Zeitverzerrung*, 1954.

Savants sind Menschen, die auf der einen Seite eine kognitive Behinderung oder andere Entwicklungsstörung besitzen, auf der anderen Seite aber in einem kleinen Teilbereich außergewöhnliche Leistungen vollbringen. Beispielsweise wurde Orlando Serrell im Alter von zehn Jahren am Kopf verletzt und kann sich seitdem an jede Kleinigkeit seines Lebens seit dem Unfall erinnern. Der blinde Leslie Lemke kann Musikstücke, die er nur ein einziges Mal gehört hat, auf dem Klavier fehlerfrei nachspielen und dazu wundervoll singen. Stephen Wiltshire konnte nach nur einem Rundflug über London eine detaillierte Panoramaansicht der Stadt zeichnen. Daniel Tammet beherrscht das Lösen mathematischer Probleme und Rechnungen in einem atemberaubenden Tempo. Außerdem ist er ein außerordentlicher Gedächtniskünstler und hat sich in einem Experiment innerhalb von einer Woche die isländische Sprache beigebracht. Man spricht bei solchen Menschen auch von „Inselbegabung“, weil ein Bereich im Gehirn (= Insel) sich wohl besonders extrem weiterentwickelt hat.[68]

Der Neurowissenschaftler Eric Kandel bewies, dass allein das Denken Gene in Neurone so anregt, dass die Neurone neue Verbindungen im Gehirn erschaffen. Gedanken verändern unser Gehirn, indem wir z. B. eine Fingerübung am Klavier nur in Gedanken üben – oder beim Klarträumen. Das Gehirn verändert sich genauso, als ob man wirklich übt. Man könnte daraus schließen, dass wir gut aufpassen sollten, was wir genau denken. Wenn wir also etwas Schlechtes über andere Menschen denken, dann trainieren wir diesen Gedanken und bilden entsprechende Musterautomatismen. Und wenn wir denken, dass unser eigenes Gehirn zu solchen Leistungen nicht in der Lage sein wird, dann blockieren wir damit unsere Gehirnentwicklung.

Weil unser Denken unser Gehirn beeinflusst, bedeutet dies auch, dass wir nicht nur Hypnose, sondern auch das Klarträumen zum Trainieren und Verändern unseres Gehirns verwenden können. Was sind Klarträume? Das sind Schlafträume, in denen der Träumer sich bewusst ist, dass er gerade träumt, und seinen Traum gezielt beeinflussen kann. Daher kann er im Traum bestimmte Fähigkeiten trainieren und auf diese Weise im Schlaf sein Gehirn gezielt weiterbilden. Man nennt es auch

---

[68] Diese Beispiele und noch mehr kann man im Internet auf Wikipedia nachlesen unter dem Stichwort „Inselbegabung“.

„luzides Träumen“. Die Fähigkeit des Klarträumens ist genauso trainierbar, wie die Fähigkeit, sich selbst in Trancezustände zu versetzen.[69]

Dies waren nur wenige Beispiele dafür, was das Gehirn unter bestimmten Bedingungen zu leisten in der Lage ist. Was alle diese Beispiele gemeinsam haben, ist das Zauberwort „Unabhängigkeit“. Denn in allen Beispielen konzentriert man sich auf bestimmte Bereiche des Gehirns und entwickelt diese gezielt weiter, während sie gleichzeitig durch bestimmte Zustände von anderen Gehirnbereichen unabhängig sind oder unabhängig gemacht werden – durch Trance, durch eine „unnormale“ Entwicklung im Gehirn, durch einen Traumzustand etc. (= Inselbegabung).[70]

Mein Fazit: Unser Gehirn ist zu großen (und sicherlich noch größeren) Leistungen fähig. Wir müssen nur wissen, wie wir es entsprechend anregen und trainieren können. Wie können wir unsere Wünsche so einsetzen, dass wir optimal in unserem Gehirn Muster bilden? Wie bilden wir vielleicht sogar Muster, die uns bei unserer Musterbildung unterstützen und diese beschleunigt? Und wie bilden wir Muster, die uns helfen, Muster zu bilden, die uns helfen Muster zu bilden, um das Potenzial unseres Gehirns möglichst effektiv in jegliche Richtung zu entfalten – um letztendlich unsere Wünsche lenken zu können, um mit Beeinflussungen frei zu tanzen und sie effektiv und kreativ und kraftvoll für uns selbst zu nutzen?

Wir kommen unserem Ziel, frei und unabhängig mit allen Beeinflussungen zu tanzen, allmählich immer näher. Doch einige Denkmodelle gilt es dafür noch kennenzulernen. Ich komme im nächsten Kapitel zurück zur Muster(um)bildung …

---

[69] Ich empfehle, sich im Internet zunächst den Artikel über „Klartraum“ auf Wikipedia durchzulesen und sich dann auch anderweitig zu informieren, z. B. durch googeln von „Luzides Träumen“. Es gibt auch www.klartraum-wiki.de. Wer kein Internet hat, dem empfehle ich das Buch von Jens Thiemann: *Klartraum – Wie Sie Ihre Träume bewusst steuern können* - bei Rowohlt erschienen.

[70] Ich komme ab Seite 143 ausführlich auf die Unabhängigkeit unserer Muster im Gehirn zu sprechen.

Der „lebendige“ Musterautomatismus

Um mit Mustern umgehen zu können, müssen wir sie erst einmal erkennen. Wann haben wir mit einem Musterautomatismus zu tun und wann nicht?

Meine Antwort darauf lautet: *Alles* besteht aus Musterautomatismen. Jede „Form“, jedes „Element“, jedes „System“, jedes „Teilchen“, jede Zelle, jedes Lebewesen, jeder Gedanke, jede Handlung ist ein Muster. Denn Muster bestehen aus Wiederholungen. Sobald etwas in der Zeit fortbesteht, bedeutet es, dass es sich auf die gleiche oder auf ähnliche Weise in der Zeit wiederholt. Alles, was sich wiederholt, ist ein Muster. Und jedes Muster hat den Wunsch nach Gleichgewicht, nach einer besseren Wiederholung. Ein Muster will jede Wiederholung mit den eigenen Möglichkeiten der jeweiligen Situation entsprechend optimieren. Kurz:

1. Alles existiert durch Musterbildungen.
2. Jedes Muster ist aus einem Wunsch nach Gleichgewicht heraus entstanden und hat selbst den Wunsch nach Gleichgewicht.

Wenn wir uns diese zwei Punkte genau anschauen, erkennen wir, dass die Grunddynamik „Wunsch nach Gleichgewicht“ in scheinbar zwei verschiedene Richtungen führt:

Festigung: Es werden Wiederholungen angestrebt, um ein Muster (= Gleichgewicht) zu bilden und immer mehr zu **festigen**. Dadurch entsteht eine Form, eine Struktur.

Veränderung: Es wird nach einem besseren Gleichgewicht gesucht, weil jedes gebildete Muster sich in irgendeiner Weise immer noch (oder immer wieder) im Ungleichgewicht befindet. Diese Suche nach einem besseren Gleichgewicht als auch das Erreichen des neuen Gleichgewichts funktionieren nur, wenn das Muster sich **verändert**.

Dadurch geschieht die *Entwicklung* einer Form oder es passiert ihr *Zerfall* in kleinere Einzelteile.

Beide Richtungen (Festigung / Veränderung) kennen wir durch unseren Körper. Er hat stabile Muster gebildet (Knochen, Organe, Körperform, Gesichtszüge etc.) und enthält gleichzeitig Systeme, die sich permanent verändern (Blutkreislauf, Herzschlag, Atmung, Aktivitäten der Nervenzellen im gesamten Körper). Besonders kennen wir es aus der Beschaffenheit unseres Gehirns: Es bildet Verknüpfungen und festigt diese mit jeder Wiederholung – und es bildet sich plastisch um, verändert sich und passt sich dem neuen Umfeld an.

Schauen wir unser gesamtes Leben an, dann erkennen wir diese beiden Richtungen im Grunde überall wieder. Auf der einen Seite sind wir bestrebt, Gleichgewichte zu bilden, Muster zu stabilisieren, und auf der anderen Seite streben wir nach Weiterentwicklung. Manchmal wollen wir mehr Stabilität, manchmal wollen wir mehr Veränderung. Im Grunde können wir diese beiden Richtungen auch in den beiden grundlegenden Wünschen unseres Lebens wiederentdecken:

1. Ein Mensch möchte dazugehören, sich verbunden fühlen.
2. Ein Mensch möchte über sich hinauswachsen.

Die „Dazugehörigkeit“ ist eine Art „Zuhause“, eine Stabilität, eine Sicherheit, ein stabiles Muster, auf das man sich verlassen und auf dem man aufbauen kann.[71]

Das „Über sich Hinauswachsen“ hat mit Veränderungen und Bildung von neuen Mustern zu tun.

Diese beiden Bestrebungen sorgen dafür, dass wir lebendige Wesen sind. Würde es allein darum gehen, Muster zu festigen und immer fester zu machen, dann gäbe es nichts Lebendiges – nur tote Materie. Würde es allein darum gehen, sich zu wandeln, dann wäre alles ein chaotischer Fluss ohne jegliche Konstanz. Das Lebendige erhält seine Lebendigkeit dadurch, dass Muster (Wiederholungen) gebildet werden und jedes Muster im Grunde immer noch ein Ungleichgewicht ist (perfekte Gleichgewichte gibt es nicht) und sich weiterentwickeln will – in ein besseres Gleichgewicht. Jedes Muster ist also auf seine ganz eigene Weise „lebendig“ – ganz unabhängig davon, ob wir Menschen eine Verände-

[71] Deswegen geben Rituale Kindern und Erwachsenen eine gewisse Orientierung und ein Geborgenheitsgefühl.

rung eines Musters wahrnehmen können oder nicht. Schon die durch Kräfte (Wünsche) gesteuerten Bewegungen von Atomen und Molekülen sind etwas Lebendiges. Nach meinem Denkmodell steckt immer ein Wunsch nach Gleichgewicht dahinter.

Lassen Sie uns ab jetzt von dem Denkmodell ausgehen, dass jedes Muster auf irgendeine Weise „lebendig“ ist und den Wunsch nach Gleichgewicht hat. Und nun schauen wir uns ein paar Aspekte unseres Lebens an:

Wenn wir davon ausgehen, dass in uns alles aus lebendigen Mustern besteht, dann sind auch alle Fähigkeiten, die unser Gehirn seit unserer Geburt gelernt hat, das Ergebnis von Musterbildungen. Unser Leben besteht aus vielen Musterautomatismen. Bisher war uns bereits klar, dass folgende Fähigkeiten auf Musterautomatismen beruhen:

Etwas mit den Händen greifen können / laufen können / sprechen können / lesen können / Fahrradfahren können / schwimmen können etc.

Was vielen bisher noch nicht bewusst war, sind folgende Beispiele:

etwas sehen können / etwas hören können / etwas fühlen können.

Auch in diesen zuletzt genannten drei Bereichen haben wir als Baby Muster gebildet und diese Muster immer verfeinert. Hätte sich seit der Geburt unser Gehirn nicht weiterentwickelt, dann hätte man uns als „geistig behindert“ eingestuft. Stattdessen hat sich aber unser Gehirn entwickelt und beim Wachsen unsere Sinne ausgebaut und gestärkt. Das Gehirn hat sich trainiert, die Signale unserer Wahrnehmungsorganen stimmig zu verarbeiten. Dabei hat es lauter neue Muster gebildet. Und diese Muster laufen heute ganz automatisch ab.

Was erleben wir also, wenn wir etwas sehen? Wir erleben die aktivierten Musterautomatismen unseres visuellen Systems im Gehirn. Was erleben wir, wenn wir etwas hören? Die aktivierten Musterautomatismen im Hörzentrum. Was erleben wir, wenn wir etwas auf unserer Haut spüren? Wir erleben die aktivierten Musterautomatismen unseres Nervensystems.

Übertragen auf den direkten Alltag, am besten auf Ihren aktuellen Moment, in dem Sie diese Zeilen lesen: Was erleben Sie, wenn Sie diese Zeilen lesen? Sie erleben die antrainierten Automatismen aller Muster, die Sie jetzt gerade für das Lesen benötigen. Bei jedem Wort, bei jedem Buchstaben wird ein dazugehöriger Musterautomatismus aktiviert, der Sie dazu befähigt, die Buchstaben zu erkennen und zu verstehen. Sie nehmen also *nicht direkt* die Buchstaben wahr, sondern Sie nehmen Muster wahr, die sich in Ihrem Gehirn aktiviert haben. Diese Muster laufen automatisch ab und machen Ihnen die Buchstaben/Wörter/Sätze bewusst.

Um Ihnen andeutungsweise zu zeigen, wie schnell solche Prozesse ablaufen, möchte ich Ihnen ein Beispiel aus meinem dritten Buch *Die Vollkommenheit des Universums* vorstellen. Dort schrieb ich folgenden Abschnitt über „neue Gleichgewichte“. Sie können beim Lesen der nächsten Zeilen den Begriff „Gleichgewicht“ mit dem Begriff „Muster“ gleichsetzen:

„Sie haben also erleben dürfen, dass Sie beim Lesen ständig den Wunsch haben, das zu verstehen, was Sie gerade lesen. Und wenn Sie verstanden haben, sind Sie in einem neuen Gleichgewicht. Mit jedem Wort erreichen Sie ein neues Gleichgewicht, ja sog*r mit jedem Buchst*ben, den Sie w*hrnehmen.

Jetzt wissen Sie z.B. *uch, w*s für einen Buchst*ben dieses Zeichen „*“ ersetzen soll. Dieses Wissen in Ihnen ist ebenfalls ein neues Gl*ichgewicht [= ein neues Muster]. So lange, bis ich dieses Z*ichen anders verwende und es damit wieder zu *inem Ungl*ichgewicht wird.

Oder zu *inem neuen Gl*ichgewicht?

(Merken Sie, wie schnell Sie dazulernen und neue Gleichgewichte erreichen? Ohne sich anzustrengen? Und das ist *immer* so!)

Zuerst wurde der Buchstabe „a“ ersetzt, am Schluss der Buchstabe „e“. Zwischen den beiden Verwendungen des Zeichens gab es eine Übereinstimmung. Ist Ihnen auch *dieses* Gleichgewicht bewusst geworden? Beide Male sprechen Sie innerlich ein „a“, auch wenn dort normalerweise der Buchstabe „e“ stehen sollte, weil ein „i“ danach folgt.

So wird das Zeichen „*“ zu einem Ersatz des gesprochenen Lautes „a“ und nicht mehr nur des geschriebenen Buchstabens.

Das könnte sogar dazu geführt haben, dass Sie den Wechsel von „a“ zu „e“ nicht sofort bemerkten, denn der Laut „a“ passte beim Lesen ja immer noch zu dem Zeichen. In diesem Fall waren Sie in einem alten Gleichgewicht [= Musterautomatismus] geblieben, während sich außerhalb von Ihnen bereits etwas verändert hatte. So entsteht völlig unbeabsichtigt mancher Fehler oder Irrtum, einfach aus dem Wunsch nach Gleichgewicht heraus. Man bleibt in einem alten gewohnten Gleichgewicht oder verwendet ein altes Gleichgewicht, das aber nicht mehr zur neuen veränderten Gegenwart passt. Fehler. Irrtum."

Dieser Abschnitt aus meinem dritten Buch kann Ihnen deutlich machen, wie schnell Sie neue Muster in Ihrem Gehirn bilden bzw. bestehende Muster weiterentwickeln. Denn Sie haben sicherlich schnell begriffen, welcher Buchstabe durch den Stern ersetzt wurde – und wissen es auch jetzt noch. Dieses schnelle „Begreifen" war die Neubildung eines Musters. Außerdem bilden Sie in jeder Sekunde immer wieder ihre bisherigen Muster um und passen sie dem jeweiligen neuen Satz an, den Sie gerade lesen. Auch die Musterumbildungsprozesse beim Lesen geschehen so blitzschnell, wie Sie lesen. Denn Ihr Gehirn muss/will sich jedem Satz neu anpassen, um ihn zu verstehen.

So können Sie jetzt nachvollziehen, wieso ich auf Seite 111 schrieb, dass es Musterbildungen gibt, die in Bruchteilen von Sekunden geschehen, und andere Musterbildungen, die mehrere Monate benötigen – wie z. B. das Lernen einer komplett neuen Sprache oder das Beherrschen eines Instruments. Und Sie können nachvollziehen, wie schnell die Frau in Wisconsin Ihren Gleichgewichtssinn wiederfinden konnte (S. 112).

Nun komme ich zu einer interessanten Schlussfolgerung. Erinnern Sie sich daran, dass es Menschen gibt, die das Denkmodell haben: Musterautomatismen sind Teile unseres „Unterbewusstseins". Sobald etwas automatisch abläuft, ist es ins Unterbewusstsein eingebrannt.

Lassen Sie uns einmal kurz bei diesem Denkmodell bleiben und den Gedanken hinzufügen: Wenn wir etwas wahrnehmen, dann nehmen wir nur Musterautomatismen in unserem Gehirn wahr (Automatismen im visuellen System, im Hörzentrum, im Nervensystem). Wir können alles nur wahrnehmen, weil unser Gehirn Musterautomatismen aktiviert. Wir registrieren also unsere gut funktionierenden Musterautomatismen. Alles, was wir sehen, was wir hören, was wir spüren, ist nicht die Realität, sondern es sind unsere gut funktionierenden Musterautomatismen. Das merken wir besonders, sobald ein Muster nicht mehr richtig funktioniert. Beispielsweise bei einer Augenmigräne: Wir sehen ein Flimmern vor Augen. Beim Schlaganfall fallen einige Musterautomatismen aus und wir verlieren einige Fähigkeiten. Beides sind Störungen in unseren Musterautomatismen im Gehirn.

Kurz: Wenn wir etwas wahrnehmen, nehmen wir Musterautomatismen wahr. Musterautomatismen sind laut Denkmodell mancher Menschen Teile unseres Unterbewusstseins.

Die logische, hochinteressante Schlussfolgerung lautet: Wir nehmen permanent Teile unseres Unterbewusstseins wahr! Bewusst! Genauso wie ich beim Klavierspielen bewusst die automatischen Bewegungen meiner Finger beobachten kann.

Der Umkehrschluss lautet: Wenn wir diese Musterautomatismen auf irgendeine Weise beeinflussen und verändern, dann beeinflussen wir unser Unterbewusstsein!

> Der Schlüssel zu unserem „Unterbewusstsein" lautet:
>
> Musterbildung und Musterumbildung. Beides kann blitzschnell oder in einem Training durch mehrere Wiederholungen geschehen.

Außerdem können wir sehen, dass wir ein Unterbewusstsein haben, das sich auch ohne unseren direkten Einfluss weiterentwickelt. Denn wenn jedes Muster den Wunsch nach Gleichgewicht hat, können wir uns aus diesem Denkmodell heraus erklären, warum unser Unterbewusstsein lebendig ist und eine gewisse „Weisheit" besitzt. Aus der Hypnose wissen wir, dass unser Unterbewusstsein oft besser über uns „Bescheid weiß", als unser Bewusstsein. Wir werden diesen Zusammenhang später gezielt anschauen und die Weisheit unseres Unterbewusstseins nutzen lernen, um unbewusste Beeinflussungen aufzudecken – und vieles mehr[72].

Die Hypnose ist etwas sehr Faszinierendes. Man kann Personen dazu bringen, eine Farbenblindheit zu entwickeln. Durch ausführliches Training innerhalb der Hypnose kann eine Person ihre inneren Muster so an- oder abschalten, dass sie aus der Trance aufwacht und plötzlich die Farbe Rot nicht mehr wahrnehmen kann. Sie hat den entsprechenden Musterautomatismus deaktiviert. Man kann eine Person auch unter Hypnose darin trainieren (natürlich immer vorausgesetzt, diejenige ist einverstanden), dass sie bestimmte Dinge oder Menschen in der Realität

---

[72] Siehe ab Seite 275 und ab Seite 390.

ausblendet. Wurde ihr beispielsweise in einer Trance suggeriert, die Anwesenheit ihres Partners auszublenden, dann verhält sie sich tatsächlich so, als wenn ihr Partner nicht anwesend wäre (Phänomen der negativen Halluzination). Wie ist so etwas möglich? Die inneren Musterautomatismen werden so umgebildet und so aktiviert oder deaktiviert, dass das gewünschte Ergebnis entsteht. Auch unter Drogen scheinen sich die Musteraktivitäten so umzubilden, dass ein Mensch zu halluzinieren beginnt.

Wenn eine Person weder hypnotisch beeinflusst ist noch unter Drogen steht und wenn bei ihr alles „normal" funktioniert, dann denkt sie, dass sie ganz normal die Realität im Außen wahrnimmt. Aber sie nimmt in Wirklichkeit ihre aktiven Musterautomatismen wahr, die in ihrer Aktivität ein Gleichgewicht zu den Signalen eingehen, die durch die Sinnesorgane von außen ins Gehirn strömen. Ohne unstimmige Beeinflussung unserer Muster haben wir den Eindruck, wir nehmen alles „normal" wahr. Alles fühlt sich „stimmig" an und spielt perfekt zusammen. Erst wenn wir etwas Unstimmiges wahrzunehmen beginnen und sich Widersprüche auftun, werden wir stutzig.

Wir können den Spieß umdrehen und ihn selbst in die Hand nehmen. Haben Sie schon einmal Tagträume gehabt? Dann wissen Sie, wie man mit offenen Augen von der aktuellen Realität abweichen und sich auf innere Bilder konzentrieren kann. Diese inneren Bilder sind genauso Musterautomatismen, die wir aktiviert haben. Wir haben hier also genauso Kontakt zu unserem „Unterbewusstsein" und können es mit unseren Tagträumen beeinflussen.

Ich habe ein kleines Training begonnen. Mein Ziel ist, in Zukunft auf diese Weise mein Unterbewusstsein klarer und direkter zu beeinflussen, besser: meine Musterbildung und Musterumbildung zu beeinflussen. Dieses Training verteile ich über den Tag und führe es immer durch, wenn es mir gerade einfällt. Was mache ich?

Ich suche mir einen Gegenstand in meiner Umgebung, wie z. B. den Taschenrechner auf meinem Schreibtisch. Diesen Taschenrechner fixiere ich mit meinem Blick. Ich sehe, wie er da liegt. Dann stelle ich mir intensiv vor, ich würde den Taschenrechner in die Hand nehmen und ihn auf den Schreibblock daneben legen. Ich stelle es mir so intensiv vor, als ob ich es tatsächlich gerade tun würde: Ich bewege meine rechte Hand, nehme den Taschenrechner und lege ihn auf den Schreibblock – alles nur in der Vorstellung. Oder wenn ich auf dem Klo sitze, dann nehme ich die Klopapierrolle in die linke Hand und stelle sie auf den Fußboden – in der Vorstellung. Oder ich bin in der Küche, „sehe" ein Glas auf der Spüle stehen, nehme das Glas in beide Hände, halte es über den Fußboden und lasse langsam los. Das Glas bleibt schwebend in der Luft stehen – alles nur in der Vorstellung.

Ich trainiere es, meine inneren Muster zu aktivieren, während sie gleichzeitig von außen durch meine Wahrnehmungsorgane aktiviert sind. Also während ich die Augen offen habe und die Realität wahrnehme, stelle ich mir vor, diese Realität ein bisschen zu verändern. Dadurch bilde ich ein bisschen meine inneren Muster um – so wie Sie vorhin b✻im Lesen ✻ine kl✻ine Musterumbildung erlebt h✻ben.

Auf diese Weise werde ich später gezielt mit äußeren Beeinflussungen tanzen. Eine erste Erfahrung kann ich schon berichten: Ich habe wieder Zugang zu meinem Gefühl bekommen, das ich wohl als Baby hatte, als ich alles anfassen und kennenlernen wollte. Es hat Freude gemacht und war interessant, die Dinge zu spüren und damit etwas machen zu können.

Dieses Training regt intensiv meine Kreativität an. Es macht mir Freude, in meiner Vorstellung mit den Dingen zu spielen. Auf dem Weg zum Einkaufen habe ich Bäume gefällt und in Scheibchen geschnitten – und dann mit einem Zauberspruch liebevoll wieder zusammengefügt, so dass sie ohne Schäden weiterwachsen konnten. Es blieben keine Narben übrig. Vollständig geheilt. Die Bäume waren zunächst überrascht, was mit ihnen geschieht, und dann dankbar, dass nichts Schlimmes passiert ist. Für mich war es ein ganz anderes Erlebnis, als einfach nur zum Einkaufen zu gehen.

Irgendwie machen mich solche Fantasien in einem bestimmten Bereich „lebendiger". Ich werde im Laufe des Buches berichten, welche nächsten Schritte ich durchführe, um meine Muster(um)bildung zu aktivieren und zu beeinflussen.

Unser Unbewusstes ist etwas ganz anderes, als wir bisher dachten

Sigmund Freud: „Das Unbewusste muss nach dem Ausdrucke von Lipps[73] als allgemeine Basis des psychischen Lebens angenommen werden. Das Unbewusste ist der größere Kreis, der den kleineren des Bewussten in sich einschließt; alles Bewusste hat eine unbewusste Vorstufe, während das Unbewusste auf dieser Stufe stehen bleiben und doch den vollen Wert einer psychischen Leistung beanspruchen kann. Das Unbewusste ist das eigentlich reale Psychische, uns nach seiner inneren Natur so unbekannt wie das Reale der Außenwelt, und uns durch die Daten des Bewusstseins ebenso unvollständig gegeben wie die Außenwelt durch die Angaben unserer Sinnesorgane."[74]

Ich habe mich sehr lange mit der Hypnose nach Milton H. Erickson auseinandergesetzt. Aber erst durch einen jungen deutschen Hypnotiseur wurde in mir eine Idee angeregt, wie und warum Hypnose funktioniert: Alexander Hartmann.

Dankenswerter Weise hat Alexander fünf Videos im Internet auf Youtube veröffentlicht und darin sein „System23" beschrieben. Er nennt es: Die Hypnose Revolution[75]. In dem ersten Video hat er eine Hypnose-Demonstration gegeben, durch die mir plötzlich bewusst wurde, was hier vor sich geht. Auf einmal war ich in der Lage, mich selbst zu hypnotisieren und ganz allein absichtlich ein Phänomen bei mir zum Vorschein zu bringen, das er mit einem Klienten demonstriert hatte. Seine Demonstration in seinem ersten Video (Kapitel 1) lief wie folgt ab. Er sagte seinem

---

[73] *Der Begriff des Unbewusten in der Psychologie*. – Vortrag von Theodor Lipps auf dem Dritten Internationalen Kongress für Psychologie zu München 1897.

[74] Sigmund Freud: *Die Traumdeutung*, Kapitel VII, Abschnitt F: Das Unbewusste und das Bewusstsein – Die Realität

[75] Zugriff im Internet am 30. Mai 2016.

hellwachen Klienten innerhalb eines normalen Gesprächs im freundlichen und lockeren Tonfall:

„Nimm mal die Füße fest auf den Boden. Setz dich entspannt hin. [...] Nimm mal die Hand so nach vorne. Mach mal eine feste Faust. Eine ganz gerade Faust (*wobei er mit „gerade" den Arm meint und ihn so durchdrückt, dass der Klient seinen Arm komplett gerade waagerecht hält und dabei eine Faust macht*) – so. Also einen geraden Arm. Ich drück mal ein bisschen dagegen – und du drückst dagegen (*gegen seinen Druck*). Und stell dir mal vor, wie Bizeps, Trizeps und Arm alles ganz fest wird, wie von einer Statue - bis vor (*bis nach vorne zur Faust*). So dass ich deinen Arm gar nicht mehr anwinkeln kann (*er drückt kurz gegen den Arm des Klienten und der Klient hält dagegen*) – komplett fest. Und dann stell dir mal vor, wie der Arm so fest wäre, dass du ihn nicht anwinkeln könntest. Stell dir mal vor, wie sich das anfühlen würde, wenn du versuchen würdest und es ging nicht ... wie wäre das? Spür da mal rein.

Und wenn du das spürst, wie dein Arm fest ist, wie von einer Statue, dann versuch mal den Arm anzuwinkeln, nur um zu merken, dass es nicht mehr geht – jetzt schon. Komplett fest. Versuch mal, die Faust zur Nase zu bringen, nur um zu merken, es geht nicht mehr. Es ist komplett fest und hart. Versuch mal richtig mit Kraft. Es geht nicht.

Probier mal, die Hand zu öffnen. (*Klient versucht es, wobei der Arm steif und die Faust geschlossen bleibt – er schafft es nicht.*)"

Ich sah die Videos von Alexander an, nachdem ich mein Denkmodell mit den Musterautomatismen bereits ausgereift hatte. Und so konnte mir das Folgende durch diese Demonstration ganz klar werden: Der Klient macht nichts anderes, als einfach nur den Anweisungen von Alexander zu folgen. Ganz normal. So normal, wie wenn ich Ihnen sagen würde: „Schließen Sie einfach mal kurz das Buch und machen es dann wieder auf." Und Sie entscheiden sich selbstständig als Chef*in des eigenen Erlebens, tatsächlich kurz das Buch zu schließen, und machen es anschließend wieder auf und lesen hier weiter.

Ich gebe Ihnen einfach nur eine lockere Anweisung als Angebot und Sie entscheiden selbstständig, diese Anweisung genauso locker umzusetzen. Ohne Trance und ohne Pipapo.

Was machen Sie, wenn Sie einen Vorschlag von mir selbstständig umsetzen? Sie setzen in sich selbst einen Musterautomatismus in Gang. So wie wir in jeder Sekunde bei allem, was wir tun, immer nur einen Musterautomatismus in Gang setzen – und der läuft dann allein weiter. Bis wir ihn ändern oder wieder beenden. Das ist der Anfang von Hypnose. Ein ganz alltäglicher Vorgang.

Wenn Sie mit Joggen beginnen, dann starten Sie einen Musterautomatismus und denken während des Joggens nicht mehr darüber nach, wie Sie von einem Fuß auf den anderen hüpfen. Sie laufen von selbst. Nur wenn Sie Ihre Schritte dem Boden anpassen müssen, weil Sie z. B. nicht in eine Pfütze treten wollen und deswegen einen größeren Hüpfer machen, greifen Sie mit Hilfe Ihrer Aufmerksamkeit in den Automatismus ein und ändern kurz etwas.

Oder wenn Sie ein Steak essen: Sie halten in der einen Hand die Gabel, stechen mit der Gabel in das Fleisch, halten das Fleisch dadurch ganz fest und bewegen dann mit der anderen Hand das Messer mit Druck hin und her. Die Hand mit der Gabel bleibt dabei ganz ruhig und hält das Fleisch fest. Das sind zwei normale Musterautomatismen, die Sie früher in Ihrer Kindheit eine Weile eingeübt haben und die nun selbstständig ablaufen. Zuerst lenken Sie Ihre Aufmerksamkeit darauf, mit der Gabel in das Fleisch zu stechen, halten es fest, aktivieren dadurch den Musterautomatismus des Festhaltens und lenken dann Ihre Aufmerksamkeit auf das Messer, mit dem Sie den Musterautomatismus „Schneiden" starten.

Auf diese Weise können wir auch einen Musterautomatismus in Gang setzen, indem wir den einen Arm ganz ausstrecken und eine Faust machen und Arm und Faust total fest anspannen. Diesen Zustand aufrecht zu erhalten, ist ein Musterautomatismus. Wie das Festhalten der Gabel. Wir können diesen Musterautomatismus einfach bestehen lassen, weil wir das so wollen und auch weiterhin immer festhalten. Er ist von unserer Aufmerksamkeit *unabhängig*. Wir können unsere Aufmerksamkeit auf etwas Neues konzentrieren. Der Arm ist steif und die Faust ist fest verschlossen, so wie wir mit der Gabel das Fleisch festhalten, weil wir es so wollen. Nun konzentrieren wir uns *gleichzeitig* auf etwas Neues. Wir bewegen beispielsweise unsere Augen oder unseren Fuß (während der Arm und die Faust fest und geschlossen bleiben) oder wir bewegen den anderen Arm (während der erste Arm und die Faust fest bleiben). Oder wir lenken unsere Aufmerksamkeit darauf, wie wir innerlich im Gefühl „versuchen", die Faust zu öffnen, nur um zu merken, dass es nicht geht. Die Anweisung, etwas zu „versuchen", ist keine Anweisung, es auch zu „tun", sondern eben nur, den „Versuch" zu tun – mit dem Ziel, die Erfahrung zu machen, dass es nicht geht. Das ist etwas ganz anderes, als einfach die Faust wieder zu öffnen und den Arm zu entspannen.

Wenn ein Musterautomatismus einen Arm und eine Faust ganz fest sein lässt und ein anderer Musterautomatismus nur „versucht", diesen Arm zu bewegen und die Faust zu öffnen, dann laufen zwei Musterautomatismen gleichzeitig ab, die sich gegenseitig nicht behindern. Denn der „Versuch" kann gleichzeitig geschehen, während auf der anderen Seite der Arm und die Faust problemlos fest bleiben dürfen.

Ich kann wundervoll allein ohne Hypnotiseur meinen Arm ausstrecken, meine Faust fest machen, ganz fest machen und dann auch fest halten. Musterautomatismus. Und dann kann ich denken, es zu versuchen, meine Faust wieder zu öffnen. Es bleibt dabei: Ich denke nur, dass ich es versuche. Ich tue es nicht. Es entsteht das gleiche Phänomen, wie ich oben mit Alexander und seinem Klienten beschrieben habe. Mit meinem „Versuch" öffne ich nicht meine Faust, weil ich ja auf der anderen Seite absichtlich die Faust fest verschlossen halte. Beides tue *ich*. Der einzige Unterschied zu der Sitzung von Alexander mit seinem Klienten ist: Wenn ich es allein mache, dann bin ich mir vollkommen bewusst, dass ein Anteil von mir absichtlich das eine tut (festhalten) und der andere Anteil absichtlich etwas anderes tut (versuchen, den Arm anzuwinkeln). Ich wundere mich nicht darüber. Denn beides mache ich absichtlich. Wie beim Fleischschneiden. Wie beim Klavierspiel meine rechte Hand etwas anderes tut, als meine linke Hand, weil ich es so geübt habe. Oder beim Dirigieren. Ich habe im Studium trainiert, dass der rechte Arm die Taktfigur schlägt und der linke Arm unabhängig davon die Lautstärke anzeigt oder Einsätze gibt. Jetzt kann ich die Arme *unabhängig* voneinander bewegen. Ich habe gelernt, unterschiedliche Musterautomatismen in Gang zu setzen, die von meiner Aufmerksamkeit *unabhängig* ablaufen. Allerdings bin ich beim Klavierspiel oder beim Dirigieren oder beim Fleischessen nicht mehr überrascht, dass ich zwei unterschiedliche Dinge gleichzeitig tue. Und da widersprechen sich auch meine Ziele nicht.

Sobald sich die Ziele unserer Musterautomatismen zu widersprechen scheinen, wundern wir uns, dass wir zwar das eine wollen, aber das andere tun. Und warum wundern wir uns darüber? Weil unser Bewusstsein nicht durchschauen kann, dass gerade zwei Musterautomatismen gleichzeitig ablaufen, die sich nicht wirklich widersprechen. Der eine Musterautomatismus ist das, was wir gerade tun, und der andere Musterautomatismus ist ein Gedanke, den wir zwar denken, aber nicht wirklich praktisch umsetzen. Wir können jederzeit einen weiteren Musterautomatismus starten, mit dem wir dann unsere bisherigen Musterautomatismen wieder beenden, die Faust entspannen, den Arm entspannen und wieder frei bewegen.

Das ist das Geheimnis der Hypnose und gleichzeitig auch das Geheimnis all unserer Probleme mit uns selbst. Es scheint so, als ob sich unser Wille und unser Tun widersprechen. Stattdessen sind nur mehrere Musterautomatismen aktiv. Und sollten sich tatsächlich einmal Musterautomatismen direkt widersprechen, dann siegt immer der im Moment am stärksten aktivierte Musterautomatismus, den wir (oder ein Teil in uns) am stärksten wollen. Weil hinter jedem Muster ein Wunsch nach Gleichgewicht steht, kann man sagen: Es siegt immer der am stärksten wirkende Wunsch nach Gleichgewicht.

Wir leiden unter uns selbst, weil wir nicht erkennen können, dass im Grunde „nur“ mehrere Musterautomatismen gleichzeitig aktiv sind und sich nur „scheinbar“ widersprechen. Und wir leiden, weil wir nicht wissen, wie wir das gezielt ändern können. Wollen wir uns erfolgreich steuern (beeinflussen), dann müssen wir wissen, wie wir unsere Wünsche steuern, wie wir Muster bilden, Musterautomatismen in Gang setzen, sie wieder beenden oder umbilden.

In diesem Zusammenhang stellt sich nun die Frage: Was ist unser Unbewusstes und was ist unser Bewusstsein? Natürlich biete ich Ihnen hier wieder nur *mein* Denkmodell an. Vielleicht können Sie etwas damit anfangen und finden es genauso schlüssig, wie ich.

Weil ich es gerne besonders einfach und klar habe, gehe ich auch in dieser Frage von dem Einfachsten aus. Ich sage: Das menschliche Bewusstsein befindet sich überall dort, wo auch unsere Aufmerksamkeit ist. Ich setze „Bewusstsein“ mit „Aufmerksamkeit“ gleich. Mehr nicht. Alles, worauf wir jetzt gerade unsere Aufmerksamkeit lenken, befindet sich in dem Moment in unserem Bewusstsein. Alles andere, worauf wir ***nicht*** unsere Aufmerksamkeit lenken, ist in dieser Sekunde unbewusst.

Unsere Aufmerksamkeit ist unser Bewusstsein.

Alles andere ist das Unbewusste.

Wir können mit unseren Augen ein Buch anschauen und darin lesen. In dem Moment ist uns das, was wir lesen, bewusst. Wir können beim Lesen auch abschweifen und an etwas anderes denken. Wir können beim Lesen unsere Aufmerksamkeit auf unseren Körper lenken, z. B. auf unseren Rücken. Wie fühlt er sich gerade an? In dem Moment gehen wir mit unserer Aufmerksamkeit kurz zu unserem Rücken und nehmen die starken Schmerzen oder die leichten Schmerzen oder das Wohlgefühl wahr. Anschließend lesen wir wieder weiter.

Wenn wir aber *gleichzeitig* weiterlesen, *während* wir unsere Aufmerksamkeit auf unseren Rücken lenken, dann lassen wir unseren Lese-Automatismus weiterlaufen, sind aber mit unserer Aufmerksamkeit entweder mehr beim Rücken oder wir wechseln blitzschnell die Aufmerksamkeit zwischen Rücken und Text hin und her. Vielleicht sind wir auch mit unserer Aufmerksamkeit beim Rücken und speichern das in der Zeit Gelesene kurz zwischen (bilden ein Mini-Muster). Anschließend lenken wir kurz unsere Aufmerksamkeit auf diesen Zwischenspeicher (den Mini-Musterautomatismus). Dadurch machen wir uns *nachträglich* bewusst, was wir gerade gelesen haben.

Haben Sie es schon einmal erlebt, dass Ihnen bewusst wurde, wie Sie gerade permanent in Gedanken einen Begriff oder eine Zahl vor sich hin sagen? Und dann entdecken Sie, dass Sie diesen Begriff oder diese Zahl vor wenigen Sekunden an einer bestimmten Stelle gelesen hatten? Viele kennen auch das Phänomen der „Ohrwürmer". Ein Musterautomatismus.

Vor ein paar Tagen war ich in meinem Zimmer, hatte mich gerade an den Computer gesetzt und merkte plötzlich, wie ich innerlich permanent „Zweiundachtzig Komma Sieben - Zweiundachtzig Komma Sieben - Zweiundachtzig Komma Sieben..." in Gedanken sprach. Ich hatte komplett vergessen, warum ich das tue. Ich suchte im Zimmer, ob ich unbewusst irgendwo diese Zahl gelesen hatte, fand aber nichts. Erst fünf

Minuten später fiel mir wieder ein: Ich war vorher im Bad gewesen, hatte mich nach dem Duschen gewogen und mir mein Gewicht gemerkt, um es mir im Zimmer aufzuschreiben. Deshalb begann ich im Bad, innerlich diese Zahl vor mich hin zu sagen. Dieser Musterautomatismus lief weiter, während ich mich im Bad anzog und dann ins Zimmer ging. Der Automatismus wurde aber unbewusst, weil ich meine Aufmerksamkeit auf mein Anziehen im Bad lenkte. Als ich dann im Zimmer entspannt auf meinem Schreibtischstuhl saß und meine Aufmerksamkeit sich auf nichts mehr konzentrieren *musste*, lenkte sie sich auf das, was ich innerlich die ganze Zeit tat. Mir wurde wieder „bewusst", was in mir ablief. Allerdings hatte ich den Bezug dazu verloren, den Wunsch/Sinn hinter dieser Zahl vergessen, bis mir wieder einfiel, warum ich diesen Musterautomatismus gestartet hatte.

Auf diese Weise können wir Dinge kurz zwischenspeichern. Wenn wir etwas lesen, mit den Augen den Text entlangwandern und ganz kurz mit unserer Aufmerksamkeit abschweifen, speichern wir das Gelesene (nur wenige Wörter) und können anschließend nachträglich unsere Aufmerksamkeit auf das Gespeicherte richten. Ich schaffe es für maximal eine Sekunde, meine Aufmerksamkeit kurz auf z. B. den Rücken zu lenken und dann anschließend mir bewusst zu machen, was ich in dieser einen Sekunde mit den Augen gelesen hatte. Einen größeren Kurzspeicher diesbezüglich habe ich (noch) nicht. Ich bin mir aber sicher, dass sich das trainieren lässt, wenn man es darauf anlegt. Es könnte die Wahrnehmungsfähigkeit ausbauen.

Wir können mit unseren Augen viele Dinge scheinbar „gleichzeitig" sehen – doch in Wirklichkeit richtet sich unsere Aufmerksamkeit immer nur auf ein Element. Das merken wir schon allein beim Lesen, denn unsere Augen „wandern" die Zeilen entlang und bleiben kurz bei einzelnen Punkten hängen, damit wir ein „stabiles" Bild vor Augen haben. Allerdings brauchen wir für das Lenken unserer Aufmerksamkeit nicht einmal unsere Augen zu bewegen. Wir können auf einen Punkt an der Wand starren (= Musterautomatismus des Auges) und unsere Aufmerksamkeit innerlich auf das lenken, was in unserem Nebenblick einen Meter rechts neben diesem Punkt wahrzunehmen ist.

Sie können Ihren Blick auf den Anfang einer Zeile fixieren und die ersten drei oder vier Wörter im Nebenblick identifizieren. Wie weit können Sie in eine Zeile hineinlesen, ohne Ihre Augen vom ersten Buchstaben der Zeile wegzubewegen? Genauso können Sie Ihre Aufmerksamkeit auf bestimmte innere Gedanken oder Erinnerungen lenken. Das bedeutet: Ihre Augenbewegungen und Ihre Aufmerksamkeit sind *unabhängig* voneinander.

Manchmal starre ich aus dem Fenster, weil ich in Gedanken einer Erinnerung folge oder mir etwas Bestimmtes vorstelle. Wenn meine Frau Jacqueline das sieht, schaut sie auch aus dem Fenster und fragt mich, was ich dort so konzentriert anschaue. Dann korrigiere ich sie und erzähle, dass ich mit meiner Aufmerksamkeit gar nicht draußen bin, sondern dass ich sie auf einige Gedanken gelenkt habe. Was ich draußen sehe, ist mir in dem Moment komplett unbewusst. Aber wenn Jacqueline es anspricht, wird mir bewusst, dass meine Augen beispielsweise auf ein bestimmtes Blatt eines Baumes gerichtet waren.

Unser Bewusstsein / unsere Aufmerksamkeit ist also nur ein minimaler Punkt. Der Rest ist unbewusst, lässt sich aber sofort bewusst machen, sobald wir unsere Aufmerksamkeit wieder darauf lenken. Die Musterautomatismen in uns sorgen dafür, dass wir für das Lenken unserer Aufmerksamkeit genügend Signale *zur Auswahl* haben.

Wie meine ich diesen letzten Satz?

Ich schaue zwar gerade auf meinen Computerbildschirm, kann aber mit meiner Aufmerksamkeit (ohne die Augen zu bewegen!) auf meinem Schreibtisch umherwandern und im Nebenblick das Handy, die Wasserflasche, den Drucker, die Tesafilmrolle wahrnehmen. Wenn wir aber unsere Aufmerksamkeit ganz exakt analysieren, dann entdecken wir, dass wir alles nur blitzschnell *nacheinander* registrieren – nicht gleichzeitig. Die Tatsache, dass ich weiß, was wo ist und wohin ich gezielt meine Aufmerksamkeit lenken kann, verdanke ich meinen Musterautomatismen, die in meinem Gehirn ein (scheinbar) konstantes Gesamt-Bild aufrechterhalten. Durch meine Sinneskanäle fließen Signale herein, die mein Gehirn aufgreift und dann entsprechende Musterautomatismen startet. Diese Musterautomatismen sorgen dafür, dass ich (scheinbar) ein Gesamtbild vor Augen habe. Auf dieses Gesamt-Bild kann ich jederzeit zugreifen und meine Aufmerksamkeit blitzschnell hin und her lenken, von einer Ecke des Bildes in die andere Ecke. Ich kann mich aber auch auf innere Gedanken konzentrieren. Ich überlege: „Was schreibe ich als nächstes?“ Dann ist zwar das Gesamtbild meines Schreibtisches weiterhin vorhanden und wird mir von meinen Musterautomatismen als *Auswahlmöglichkeit* angeboten, worauf ich meine Aufmerksamkeit richten könnte. Doch das Gesamtbild ist mir in dem Moment *unbewusst*, weil ich meine Aufmerksamkeit auf innere Überlegungen gerichtet habe. Es wird sofort wieder bewusst, sobald ich meine Aufmerksamkeit auf den Schreibtisch lenke.

Ein gutes Beispiel für unsere wechselnde Aufmerksamkeit ist die Situation, in der wir einen Film anschauen. Die kennt jeder. Wir sind mit unserer Aufmerksamkeit auf die Handlung konzentriert und „vergessen" dabei unser aktuelles Umfeld. Das Umfeld ist uns *unbewusst*. Nur wenn wir unsere Aufmerksamkeit auf den Sessel richten, auf dem wir sitzen, oder auf andere Dinge im Raum, dann wird uns wieder bewusst, wo wir schon die ganze Zeit sind. Trotz dieser Konzentration auf den Film ist der Raum in uns als Gesamtbild präsent – nur nicht bewusst. Und wenn uns der Raum wieder bewusst wird, „wissen" wir gleichzeitig, dass er die ganze Zeit da war. Dieses Wissen liegt daran, dass unsere Musterautomatismen die ganze Zeit aktiv sind, die diesen Raum in unserem Gehirn repräsentieren und uns *zur Auswahl* für unsere Aufmerksamkeit zur Verfügung stellen.

Viele Menschen bezeichnen dieses Gesamtbild inklusive der Geräusche und der Gefühle, die wir alle gleichzeitig haben, als „Bewusstsein". Doch ich bezeichne es als „Wissen" und gehe davon aus, dass unser Bewusstsein ganz allein nur das ist, worauf wir unsere Aufmerksamkeit lenken. Alles andere ist uns vorübergehend unbewusst – auch wenn es vorhanden und zugänglich und in unserem Gehirn permanent repräsentiert wird und wir es „wissen". Ich unterscheide also zwischen „Wissen" und „Bewusstsein". Wissen sind bestehende Musterautomatismen. Bewusstsein ist der Punkt, an dem durch Aufmerksamkeit eine neue Musterbildung oder eine Musterumbildung stattfindet.

In einem meiner ersten Bücher habe ich das „Be-wusst-sein" übersetzt mit „Im-Erkenntnisprozess-sein". Und wir sind immer dort im Erkenntnisprozess, wo wir unsere Aufmerksamkeit konzentrieren. Alles andere ist unser „Wissen" und in diesem Augenblick *unbewusst* – so lange, bis wir wieder unsere Aufmerksamkeit darauf lenken.

Ich schrieb oben: Machen wir uns etwas Unbewusstes wieder bewusst, wie z. B. den Raum, in dem wir uns gerade befinden, dann „wissen" wir gleichzeitig, dass wir die ganze Zeit diesen Raum gesehen haben. Das bedeutet: Unser Gehirn macht aus unseren Musterautomatismen rückwirkend etwas Konstantes. Dies nutzen die Zauberer auf der Bühne. Sie lenken unsere Aufmerksamkeit so, dass wir rückwirkend zu wissen meinen, dort etwas Konstantes „gesehen" zu haben, wo eigentlich der Zauberer etwas gemacht hat, wir es aber mit unserer Aufmerksamkeit nicht verfolgt hatten.

Im Internet gibt es einen Film, in dem sich zwei Teams Bälle zuwerfen. Es gibt ein Team mit weißen Trikots und ein Team mit schwarzen Trikots. Die Aufgabe für den Betrachter dieses Videos lautet: „Zähle ganz genau, wie oft sich die Spieler mit den weißen Trikots den Ball zuwerfen." Dann konzentriert man sich auf das Zählen und lenkt dabei so stark seine Aufmerksamkeit darauf, wie oft die weißen Spieler sich den Ball zuwerfen, dass man dabei übersieht, wie ein als schwarzer Gorilla verkleideter Mensch kurz durch die Gruppe läuft[76]. Mir ist das beim ersten Mal auch so ergangen. Das Gehirn macht aus dem Hintergrund etwas Konstantes, in das der Gorilla nicht reinpasst (Musterautomatismus).

Dieses Phänomen wird für Sie nun schwierig nachzuvollziehen, falls Sie sich im Internet den Film anschauen wollen. Denn nun wissen Sie, was Sie eventuell übersehen könnten, und leben ein Muster, das zusätzlich nach dem Gorilla „sucht". Vielleicht klappt es trotzdem, wenn Sie sich ganz ganz fest vornehmen, beim ersten Anschauen die exakte Zahl der Ballwechsel herauszubekommen, ohne den geringsten Fehler zu machen. Sie dürfen beim ersten Mal absolut keinen Fehler machen! Und erst beim zweiten Anschauen suchen Sie den Gorilla.

Je größer und kraftvoller Sie Ihren Wunsch machen, die Zahl richtig zu bestimmen, umso größer ist die Chance, dass Sie alles andere ausblenden. Eines biete ich Ihnen dafür noch an: Verzichten Sie beim Anschauen und Zählen darauf, es zu kontrollieren, ob Sie tatsächlich alles andere ausblenden. Verschieben Sie Ihre Kontrolle und Ihre Neugierde komplett auf den späteren Zeitpunkt, in welchem Sie den Film ein zweites Mal anschauen. Zählen Sie beim ersten Anschauen mit starkem Wunsch ganz genau alle Ballwechsel des weißen Teams. Konzentrieren Sie Ihre Aufmerksamkeit vollständig auf „Ballwechsel zählen". Nur das.

---

[76] Bei Youtube.com „Der unsichtbare Gorilla" eingeben, dann finden Sie ein paar unterschiedliche Videos zu diesem Thema.

Angenommen unsere „Aufmerksamkeit“ ist unser „Bewusstsein“ und alles andere, worauf wir gerade keine Aufmerksamkeit lenken, ist das Unbewusste. So gesehen können wir durch das Lenken unserer Aufmerksamkeit ganz schnell Dinge aus dem Unbewussten ins Bewusstsein bringen. Umgekehrt machen wir bewusste Dinge ganz schnell unbewusst, wenn wir unsere Aufmerksamkeit von ihnen wegnehmen und uns auf etwas anderes konzentrieren. Alle Signale, die aktuell an unsere Wahrnehmungsorgane gelangen, sind unbewusst, solange wir unsere Aufmerksamkeit *nicht* darauf lenken. Sobald wir unsere Aufmerksamkeit darauf lenken, werden sie uns bewusst. Ein ganz einfacher Mechanismus.

Mit Hilfe unserer Aufmerksamkeit machen wir uns blitzschnell etwas bewusst. Alles andere ist uns in diesem Moment unbewusst.

Unsere aktivierten Musterautomatismen erhalten ein Gesamtbild aufrecht und sorgen dadurch für den Eindruck, dass wir ein konstantes Erleben haben.

Wir erleben oft, dass wir unsere Aufmerksamkeit nicht *absichtlich* lenken. Ich höre z. B. draußen gerade ein Motorrad laut Gas geben. Von diesem Geräusch werde ich „abgelenkt“, d. h. ich kann nicht in Ruhe weiterschreiben, sondern ich merke, wie meine Aufmerksamkeit selbstständig kurz zu diesem Geräusch wandert. Auch Dinge, die sich in meinem Blickfeld bewegen, lenken meine Aufmerksamkeit auf sich. Das macht sich die Internet-Werbung zunutze, indem sie bewegliche Werbebanner und kleine Filmchen erscheinen lässt.

In beiden Situationen (Lautstärke / Bewegung) fühle ich mich beeinflusst, weil ich meine Aufmerksamkeit nicht selbst darauf lenken wollte. Doch in Wirklichkeit gibt es in mir einen speziellen Wunsch, der dafür sorgt, dass ich meine Aufmerksamkeit auf das laute Geräusch oder auf die Bewegung lenke. Ich lenke mich also letzten Endes selbst ab – wegen dieses Wunsches in mir[77].

---

[77] Zu diesem Wunsch komme ich ausführlich ab Seite 165 (direkt: S. 171).

Mit diesem neuen Selbstbild (= Wir bestehen aus unterschiedlichsten Mustern mit Wünschen nach Gleichgewicht), geht es nun nicht mehr um das Unbewusste an sich, sondern konkret um die Muster. Nicht mehr um die unerwünschten Beeinflussungen aus dem „dunklen Unbewussten", sondern darum, wie wir uns wieder erinnern, welcher Wunsch nach welchem Gleichgewicht hinter einem Muster steckt. Eine „Erinnerung" ist unter diesem Gesichtspunkt der Moment, in dem unsere Aufmerksamkeit sich auf das „innere Wissen" richtet, welcher Wunsch in uns ein bestimmtes Muster steuert.

Außerdem geht es darum, wie wir unstimmige Muster so verändern, dass sie unseren aktuellen Zielen wieder stimmig dienen. Es geht darum, wie wir neue Muster bilden oder bestehende Muster neu miteinander verknüpfen oder Muster voneinander unabhängig machen.

Also nicht mehr: Wie mache ich mir eine unbewusste Wirkung in mir wieder bewusst?

Sondern: Wie erinnere ich mich an den Wunsch hinter einem Musterautomatismus und wie kann ich diesen Musterautomatismus umbilden oder neu verknüpfen?

Der Unterschied ist klein, aber fein.

Die meisten Menschen leben immer noch in der blockierenden Überzeugung: „Musterautomatismen laufen unbewusst ab. Solange etwas unbewusst ist, kann man es nicht ändern. Man ist Opfer seines Unbewussten." In Wirklichkeit gibt es viele Musterautomatismen, die wir *bewusst beobachten* können. **Wir wissen nur noch nicht, wie wir diese Musterautomatismen ändern können.** *Das* ist unser Hauptproblem und hat meiner Ansicht nach nichts mit der vorherrschenden Sichtweise über das menschliche „Unbewusste" zu tun.

Ich schlage vor, sich ab jetzt allein auf den Umgang mit den lebendigen Musterautomatismen in uns zu konzentrieren. Meine folgenden Ausführungen bis zum Ende des Buches werden deutlich machen, wofür dieser kleine Paradigmenwechsel gut sein kann.

Der Wendepunkt zur Freiheit

Meine nächste Schlussfolgerung aus den bisher beschriebenen Denkmodellen finde ich revolutionär. Durch diese Theorie lässt sich alles bisher Bekannte erklären und schlüssig zusammenfügen. Damit kommen wir zum Kern des Buches, um den sich hier alles dreht.

Mancher wird meine Theorie möglicherweise wiedererkennen und Parallelen zu den Sichtweisen anderer Autoren finden. Doch in dieser Form und in diesem Zusammenhang, wie ich sie hier präsentiere, ist sie – glaube ich – neu.

Meine **PolyPatt-Theorie** (PolyPattern = VielMuster) lautet:

Wir repräsentieren unser Umfeld mit Hilfe von vielen verschiedenen Mustern in uns selbst. Wenn wir den Wunsch haben, uns von den Beeinflussungen aus unserem Umfeld *unabhängig* zu machen, dann ist die logische Schlussfolgerung, dass wir unsere Unabhängigkeit dadurch erreichen, ***indem wir unsere inneren Muster voneinander unabhängig machen***.

> Wir machen uns von unserem Umfeld unabhängig, indem wir unsere inneren Muster voneinander unabhängig machen.

Haben Sie als Kind mit einer Eisenbahn gespielt? Beispielsweise mit einer Lok und einem Anhänger? Dabei haben Sie die Lok angefasst und bewegt und der Waggon hat sich mitbewegt. Der Waggon war abhängig von der Lok. Wenn Sie nun den Waggon von der Lok loskoppeln und bewegen wieder nur die Lok, dann bewegt sich die Lok alleine. Der Waggon bleibt an seiner Stelle stehen, denn er ist ja unabhängig. Allerdings haben Sie zusätzlich die Möglichkeit, mit der zweiten Hand den Waggon zu nehmen und ihn gemeinsam mit der Lok zu bewegen – als wäre er wieder angekoppelt. Oder Sie lassen ihn unabhängig von der Lok in eine andere Richtung fahren.

Wenn in Ihnen verschiedene Muster miteinander verknüpft und abhängig voneinander sind und ein Muster wird von außen beeinflusst und aktiviert, dann reagieren die damit verknüpften anderen Muster auch und werden automatisch aktiviert. Sind die Muster aber unabhängig voneinander, dann löst zwar das Außen etwas in Ihnen aus, aber lange nicht mehr alle Muster, die vorher damit verknüpft waren.

Mit „Unabhängigkeit" meine ich: Mehrere Teile sind jeweils Teile eines größeren Ganzen und auf diese Weise miteinander verbunden. Sie können aber gleichzeitig unterschiedlichen Zielen/Wünschen folgen und sind in diesem Zusammenhang unabhängig voneinander. Unabhängigkeit innerhalb einer größeren Verbundenheit.

Beispiele:

Wenn wir ein Steak essen, dann können wir mit unseren Händen unterschiedliche Dinge tun. Die Hände sind zwar beide ein Teil unseres Körpers und insofern miteinander verbunden, doch mit der einen Hand halten wir die ins Fleisch gesteckte Gabel und mit der anderen Hand bewegen wir das Messer und schneiden ein Stückchen Fleisch ab. Anschließend führen wir die eine Hand mit der Gabel zum Mund, während die andere Hand unten bleibt. Unsere Hände sind beide mit unserem Körper verbunden und agieren unabhängig voneinander.

Am Klavier spiele ich meistens mit beiden Händen. Die Hände sind Teile von mir selbst, sie gehören zu meinem Körper, können aber unabhängig voneinander unterschiedliche Dinge spielen.

Wenn ich dirigiere und meine Arme dabei bewege, dann sind meine Arme durch meinen Körper miteinander verbunden, können aber unabhängig voneinander unterschiedliche Bewegungen ausführen.

Wenn wir mit den Augen auf einen Punkt schauen, können wir gleichzeitig unsere innere Aufmerksamkeit auf das richten, was wir gerade hören oder was wir gerade denken. Unsere Augen und unsere Aufmerksamkeit sind Teile unseres Körpers, können sich aber unabhängig voneinander verhalten und unterschiedlichen Zielen folgen.

Diese Unabhängigkeit bedeutet selbstverständlich nicht „Trennung", nicht „Distanz" und auch nicht „*immer* unterschiedlich verhalten". Wir können die unabhängigen Teile auch so steuern, dass sie sich absichtlich wieder gleichzeitig bewegen. Auch wenn unsere Hände in der Lage sind, sich unabhängig voneinander zu bewegen, können wir auch entscheiden, sie wieder gleichzeitig zu bewegen. Unabhängigkeit hat nichts mit „Trennung" oder „Distanz" zu tun, sondern mit „mehr Wahlmöglichkeiten". Je unabhängiger bestimmte Teile voneinander sind, umso mehr Verhaltens- und Denkmöglichkeiten haben wir. Darin ist auch die Möglichkeit enthalten, die Teile absichtlich wieder gleichzeitig das Gleiche machen zu lassen.

Ein weiteres Beispiel: Wenn wir eine Person erleben, die wir gern haben, die aber böse auf uns ist, dann haben wir zwei unterschiedliche Anteile in uns. Der eine Anteil hat diese Person lieb und der andere Anteil leidet darunter, dass die andere böse ist. Meistens haben wir in so einer Situation eher Stress und das „Liebhaben" verschwindet aus unserem Gefühl. Dadurch entsteht ein Konflikt in uns. Wir wehren uns gegen dieses Stressgefühl, weil es uns komplett überrollt und viele andere Muster mit ins Stress-Boot zieht. Wenn wir aber diese beiden Anteile in uns unabhängig voneinander machen, dann können wir auf der einen Seite Stress fühlen und auf der anderen Seite die andere Person immer noch lieb haben, sie ernst nehmen und Mitgefühl mit ihrem Ärger haben. Außerdem können wir noch einen dritten Anteil in uns leben, wenn wir ihn von den anderen beiden Teilen unabhängig gemacht haben: den Anteil, der unsere eigenen Wünsche repräsentiert. Auf der einen Seite nehmen wir die andere Person ernst, haben sie lieb, auf der anderen Seite können wir unseren eigenen Wünschen treu bleiben und müssen uns nicht nach der anderen und ihren Wünschen richten. Dies funktioniert am besten, wenn all diese Anteile in uns unabhängig voneinander agieren können. Gleichzeitig haben wir die Wahl. Wir *können* uns nach der anderen richten, *müssen* es aber nicht mehr. Der Zwang ist weg. Die Unabhängigkeit ist da[78].

Nicht mehr „entweder – oder", sondern „sowohl – als auch".

Stellen Sie sich vor, Sie sind in der Lage, Ihre inneren Anteile / Muster voneinander unabhängig zu machen, so wie Ihre Hände oder Finger voneinander unabhängig agieren können. Folgender Schluss erscheint logisch: Je mehr innere Muster unabhängig voneinander agieren, umso flexibler sind diese Muster. Und je flexibler die Muster sind, umso mehr Muster stehen Ihnen zur Verfügung, um sich an Ihr Umfeld stimmig anzupassen. Ihre Wahlmöglichkeiten erhöhen sich.

---

[78] Wer jetzt schon eine erste Technik dazu kennenlernen will, kann zum Kapitel ab Seite 222 springen.

Mit „Anpassung“ meine ich in diesem Fall: die Realität in sich selbst möglichst stimmig abbilden. Je mehr Pixel[79] ein Bild hat, umso klarer kann es abgebildet werden. Mit nur wenigen Pixeln sieht man nur eine grobe Andeutung eines Bildes. **Teilen Sie Ihre inneren Muster in viel mehr „Pixel“ ein und machen Sie sie voneinander unabhängig.** Dann können diese lebendigen unabhängigen Muster sich flexibel bewegen und sich ihren stimmigen Platz suchen (Wunsch nach Gleichgewicht), um sich der aktuellen Realität anzupassen und stimmig abzubilden. Denn je besser Sie die Fähigkeit haben, sich innerlich anzupassen und zu sortieren, umso leichter fällt es Ihnen, das Umfeld in sich selbst nachzuvollziehen und zu verstehen. Ihre Realitätsprojektion verfeinert sich – und damit Ihre allgemeine Klarheit im Leben.

Es gibt viele wissenschaftliche Studien über Kinder, die sehr früh ein Musikinstrument gelernt haben. Die meisten Musikinstrumente erfordern viele verschiedene unabhängige Verhaltensmuster. Der Schlagzeuger muss mit Armen und Beinen die unterschiedlichsten Bewegungen unabhängig voneinander beherrschen. Die Geigerin muss mit beiden Armen und ihren Fingern sehr unterschiedliche Bewegungen unabhängig voneinander vollführen. Am Klavier müssen sowohl die Finger als auch die Hände unabhängig bewegt werden. Dies führt dazu, dass diese Kinder innerlich mehr unterschiedliche und unabhängige Muster bilden als andere Kinder. Das Ergebnis dieser Studien: Musikalische Kinder sind aufmerksamer, intelligenter und lernen schneller. Kein Wunder, denn ihnen stehen innerlich mehr unabhängige Muster zur Verfügung als anderen Kindern.

Auch das Tanzen hat eine solche Wirkung, weil dabei der Körper auf unterschiedlichste Weise bewegt wird. Nicht umsonst sagt man, dass das Tanzen genau die Sportart ist, die uns am besten bis ins hohe Alter geistig und körperlich fit hält.

Die Unabhängigkeit Ihrer inneren Muster kann Ihre Intelligenz als auch Ihre Reaktionsmöglichkeiten als auch Ihr Verständnis und Ihr Einfühlungsvermögen fördern. Gleichzeitig können Sie selbstständig und autonom werden. Sie werden zur/zum Chef*in Ihres Erlebens. Auch wenn Sie Ihre Kreativität trainieren[80], könnte das möglicherweise Auswirkungen auf Ihre innere Unabhängigkeit und auf Ihre Intelligenz haben – und umgekehrt.

---

[79] Pixel = Bildpunkte, aus denen ein digitales Bild zusammengesetzt wird.

[80] Siehe mein Trainingsvorschlag von Seite 108.

Stellen Sie sich die andere Seite der Medaille vor: Angenommen all Ihre Muster sind voneinander *abhängig*. Das ist so ähnlich, wie wenn Sie den einen Arm bewegen wollen und sich der andere Arm gleichzeitig mitbewegt. Oder wenn Sie das Steak schneiden wollen und die Hand mit der Gabel bewegt sich genauso, wie die Hand mit dem Messer. Dann rutscht das Steak auf Ihrem Teller hin und her und Sie können das Steak nicht schneiden. Von Ihren Fußzehen kennen Sie es auch: Wenn Sie z. B. den mittleren Fußzeh bewegen wollen, bewegen sich meistens alle anderen Zehen mit. Sie sind nicht unabhängig voneinander, sondern abhängig. Wenn Sie jetzt in Ihrer Vorstellung auch noch das Steak mit den Fußzehen und dem Messer verknüpfen (weil ich die beiden Beispiele direkt hintereinander genannt habe), dann entsteht in Ihnen vielleicht ein seltsames Gefühl ...

Wenn nun ein inneres abhängiges Muster aktiviert wird, dann werden im ungünstigsten Fall andere Muster gleichzeitig auch aktiv. Auf diese Weise fällt es Ihnen schwer, die Muster voneinander zu unterscheiden. Und weil die inneren Muster für Ihre Wahrnehmungsfähigkeit verantwortlich sind[81], fällt es Ihnen demnach auch schwer, im Außen Unterschiede wahrzunehmen. Es ist für Sie „alles das Gleiche".

Menschen, die nur wenig Intelligenz haben, sehen oft dort Ähnlichkeiten, wo kaum Ähnlichkeiten sind. Sie kombinieren Dinge miteinander, die intelligentere Menschen eher voneinander unterscheiden. „Es ist doch sowieso alles gleich ..." Man nennt so etwas „Generalisierungen". Auf diese Weise entstehen viele unnötige Verwechslungen und Missverständnisse. Je unflexibler, umso mehr Missverständnisse.

Wenn Menschen unter besonders starkem Stress stehen, sind bei ihnen viele Musterautomatismen gleichzeitig aktiviert. Diese Menschen sehen „überall" eine Gefahr und kämpfen gegen alles. Man scheint gegenüber allem „verschlossen" zu sein. Auf der anderen Seite agieren im entspannten Modus die inneren Muster eher unabhängig voneinander. Man kann besser unterscheiden und wirkt „offener" und „flexibler".

Stellen Sie sich eine Sanduhr vor. Aus Versehen ist der Sand nass geworden. Nun drehen Sie die Sanduhr so, dass sich der verklumpte Sand oben befindet. Wird der Sand durch die dünne Öffnung nach unten rieseln? Sicher nicht. Nur wenn die Sandkörner unabhängig voneinander sind,

---

[81] Siehe ausführlich ab Seite 207.

können sie in das für sie durch die Erdanziehungskraft angeregte bessere Gleichgewicht nach unten rieseln.

All diese Beispiele demonstrieren, dass Unabhängigkeit Ihrer inneren Muster viele Vorteile mit sich bringt. Zu diesen Vorteilen gehört, dass Sie auch klarer zwischen Ihren eigenen Wünschen und den Wünschen Ihres Umfeldes unterscheiden können. Je klarer Sie die Wünsche voneinander unterscheiden und in sich selbst unabhängig machen, umso unabhängiger fühlen Sie sich von Ihrem Umfeld. Sie haben nicht mehr die Verkoppelung und dadurch den „Drang“, auf Ihr Umfeld automatisch auf eine bestimmte Weise reagieren zu müssen. Ihnen stehen viele Verhaltensmöglichkeiten zur Auswahl. Sie können auf viel mehr Reaktionsmuster zugreifen, als es Ihnen bisher möglich war. Ihre Kreativität wächst – und damit Ihr Freiheitsgefühl.

Hinzu kommt noch eine weitere tolle Nebenwirkung: Je unabhängiger Ihre inneren Muster voneinander sind, umso besser können Sie Ihre eigenen Wünsche „regeln“. Sie können sie besser voneinander unterscheiden, können sie unterteilen, können sie stärker machen oder schwächer oder ganz aufgeben, können sie in die Zukunft verschieben oder können die Verantwortung für die Erfüllung eines Wunsches ans Universum abgeben etc. Und wenn das alles möglich ist und Sie auf diese Weise Ihre Wünsche aktiv steuern können, können Sie gleichzeitig mit den Beeinflussungen von außen frei tanzen.

Natürlich stellt sich sofort die Frage, mit welcher Technik wir unsere inneren Anteile / Muster voneinander unabhängig machen können. Dafür werde ich weiter hinten im Buch unter der Überschrift „Popin-Methode©“ (Popin = PolyPatternIndependence = VielMusterUnabhängigkeit) eine von mir entwickelte neue Technik anbieten. Außerdem werde ich weitere Möglichkeiten ansprechen, wie wir unsere Muster voneinander unabhängig machen können. Hier schon einmal eine kleine Kostprobe der Popin-Methode©:

Die Hauptwerkzeuge, mit denen wir unsere Muster voneinander unabhängig machen, sind einmal unsere Fantasie, unsere Vorstellungskraft und auf der anderen Seite unser Körper. In der Fantasie können wir uns beispielsweise ein Muster als Symbol vorstellen, das in der Gegenwart gerade aktiv zu sein scheint und uns irgendwie blockiert. Dann trennen wir es in zwei oder mehrere oder ganz viele kleine Teile auf und geben diesen

Teilen verschiedene Bezeichnungen (die Namensgebung ist aber nicht unbedingt notwendig). Dies muss nicht in der Fantasie geschehen, sondern kann auch direkt im Außen vollzogen werden. Schließlich wird das, was wir im Außen erleben, ja auch in unserem Gehirn repräsentiert und wirkt innerhalb von uns. Geben Sie einem Symbol auf Ihrem Schreibtisch die Bedeutung für ein blockierendes Muster, z. B. einem Blatt Papier, und schneiden Sie dieses Papier in mehrere Teile (ohne einen Teil wegzuwerfen). Geben Sie diesen Teilen verschiedene Bezeichnungen, identifizieren Sie sich intensiv mit diesen Teilen, verschieben Sie sie unabhängig voneinander hin und her und erleben Sie die veränderte Wirkung in Ihnen. In Ihrer Fantasie können Sie möglicherweise leichter üben, diese Teile sich unabhängig voneinander bewegen zu lassen. Erweitern Sie Ihre Wirklichkeit und die Wirkung verändert sich. Falls dies nicht sofort funktioniert, sondern die Teile irgendwie weiterhin zusammenkleben wollen, dann steckt dahinter ein ganz bestimmter Wunsch nach Gleichgewicht, um den wir uns später kümmern werden[82].

Das Neue an der PolyPatt-Theorie und der Popin-Methode© ist:

1. Die Basis ist das Denkmodell, dass *alles* in uns aus Mustern besteht, die *alle* den Wunsch nach einem Gleichgewicht haben.

2. Es geht bei der Lösung von Problemen oder bei der persönlichen Weiterentwicklung nicht mehr um „Musterunterbrechung“, wie es in der Psychologie aktuell noch formuliert wird, oder darum, ein störendes Muster „wegzumachen“ oder durch ein besseres Muster zu ersetzen, wie viele Menschen es anstreben. Sondern es geht darum, vorhandene Muster als existent und dazugehörig anzuerkennen, sie in immer kleinere Einheiten zu unterteilen (viele Pixel, Defragmentierung) und sie voneinander unabhängig zu machen (mehr Wahlmöglichkeiten). Und es geht darum, unabhängig davon eine neue Musterbildung anzuregen. Mehr nicht. Alle positiven und negativen Muster gehören dazu – sie sind nur unabhängiger voneinander und wirken entsprechend anders. Unser Organismus kann sich dann von Situation zu Situation aus all diesen kleinen unabhängigen Teilchen diejenigen heraussuchen, die er für ein bestimmtes Gleichgewicht in der Gegenwart gerade benötigt, und setzt sie auf eine Weise neu zusammen, wie es für ihn gerade stimmig ist (Wunsch nach Gleichgewicht). Je feiner und flexibler, umso besser.

---

[82] Siehe ausführlich ab Seite 154.

Beispiel: Haben wir zum Zeichnen nur die Farben Rot, Grün und Blau, ohne Feinabstufungen, und einen riesigen Pinsel, dann können wir farblich nur ein sehr grobes Bild herstellen. Wenn wir aber mit Tusche und einem kleinen Pinsel arbeiten, mehr Farben haben und diese auch noch miteinander zu neuen Farben vermischen, dann können wir aus dem gesamten Farbspektrum schöpfen, die Farben fein abstimmen und ein Bild malen, das der Realität sehr nahe kommt.

Beispiel aus menschlichen Beziehungen: Ein 12jähriges Kind nimmt an verschiedenen Gesangswettbewerben für Kinder teil. Die Eltern bringen es zwar hin, wollen aber nicht zuhören und warten draußen im Auto oder gehen spazieren. Das Kind erlebt einen Verlustschmerz. Es bildet sich das Muster: „Ich will etwas Neues erleben und keiner macht mit und unterstützt mich." Wird das Kind erwachsen und teilt dieses Muster mit Hilfe der Popin-Methode© in mehrere Anteile, dann können daraus folgende Teile entstehen:

- etwas Neues erleben
- keine Unterstützung der eigenen Eltern
- eigener Verlustschmerz
- Gesangswettbewerb

Diese Teile werden voneinander unabhängig gemacht und können allein bestehen oder auch neu miteinander oder mit neuen Teilen verknüpft werden. Es entstehen beispielsweise die Sichtweisen (Muster):

- Etwas Neues zu erleben, kann von anderen Menschen unterstützt werden, wie z. B. von Freunden.
- Etwas Neues zu erleben ist unabhängig von Verlustschmerz.
- Gesangswettbewerbe sind unabhängig von Verlustschmerz.
- Die Nicht-Unterstützung der Eltern kann unabhängig von allem anderen gesehen und als „Charakterzug" der Eltern identifiziert werden.
- Oder man erkennt, dass die Eltern ein „Thema" mit „Singen" haben und dass dieses Thema unabhängig von den eigenen Zielen und Bedürfnissen ist. Es hat nichts mit einem selbst zu tun – usw.

Machen wir unsere inneren Muster voneinander unabhängig, könnten auch Nebenwirkungen auftreten: Erinnern Sie sich an Ihren Physikunterricht in der Schule? Wenn man Teilchen, die durch eine starke Kraft verbunden sind, voneinander trennt, wird Energie frei. Ich behaupte, das ist auch bei unseren Mustern so. Gibt es zwei Muster, die durch eine starke Energie verkoppelt sind und macht man sie unabhängig voneinander, dann kann eine Freude- oder Schmerzenergie frei werden. Die Freudeenergie können wir genießen. Wird emotionale Schmerzenergie frei, dann kann der ursprüngliche Schmerz nun nachträglich verarbeitet werden.

Ich fasse die **PolyPatt-Theorie** in einem Satz zusammen: **Wir bestehen aus vielen Mustern, die den Wunsch nach Gleichgewicht haben und die voneinander unabhängiger gemacht werden können.**

Mit der PolyPatt-Theorie kommen wir meiner Ansicht nach der Struktur und der biologischen Arbeitsweise unseres Gehirns und unseres Körpers viel näher, als wenn wir von dem Denkmodell „Bewusstsein / Unterbewusstsein" ausgehen. Außerdem entspricht die PolyPatt-Theorie unserem Wachstumsprozess seit unserer Kindheit. Wir haben beim Erwachsenwerden unsere inneren Bilder von uns selbst und von unserem Umfeld im Gehirn permanent verfeinert und immer mehr Unterschiede gebildet. Deshalb haben wir lernen können, die Bewegungen unseres Körpers immer besser zu koordinieren. Wir haben immer mehr innere Wahlmöglichkeiten entwickelt. Irgendwann konnten wir erkennen, dass unsere Eltern gar nicht so perfekt sind, wie wir es als Kind zunächst wahrgenommen hatten. Unsere Eltern waren zunächst unser Maßstab. Je mehr wir aber Unterschiede gebildet haben, umso mehr haben wir auch erkannt, dass es noch andere Menschen mit anderen Verhaltensmustern gibt. Allmählich wurden wir von unseren Eltern immer unabhängiger. Während der Schulzeit haben wir uns weiterhin neue Wahlmöglichkeiten antrainiert, immer weiter Muster gebildet und bisherige Muster unterteilt und unabhängig voneinander gemacht.[83]

Bisher geschah dieser Prozess unabsichtlich und auf natürliche Weise. Jetzt können wir es in Zukunft absichtlich machen, mit Hilfe unserer Vorstellungskraft und unseres Körpers – und es bleibt ein natürlicher Wachstumsprozess. Dort, wo dieser Wachstumsprozess stecken geblieben ist, können wir ihn durch neue Musterbildungen, durch Musterumbildungen, durch Musterunterscheidungen (Unterteilung in kleinere Teile) und durch

[83] Das Thema der „Unterschiedsbildung" ist nicht neu. Beispielsweise hat Fritz B. Simon 1993 das Buch geschrieben: *Unterschiede, die Unterschiede machen*, Suhrkamp.

Musterbefreiung (die Muster voneinander unabhängig machen) wieder in Fluss bringen – und sogar optimieren.[84]

Ich habe übrigens mein Training inzwischen etwas weiterentwickelt – das Training, z. B. mit meinen Augen auf einen Gegenstand zu schauen und mir dabei vorzustellen, was ich mit diesem Gegenstand mache – ohne es zu machen – nur in meiner Vorstellung.

Meine Weiterentwicklung dieses Trainings passt zu dem Thema, innere Muster voneinander unabhängig zu machen. Das Training besteht aus mehreren Schritten:

1. Zunächst habe ich mit geschlossenen Augen geübt, mir einen Menschen vorzustellen. Irgendeinen Menschen, den ich kenne. Diesen Menschen stelle ich mir so vor, dass ich nur ihn allein sehe – mit vollkommen weißem Hintergrund. Er steht sozusagen ganz allein in einem komplett weißen Raum. Dieser weiße Raum hat keinerlei Grenzen – im Grunde wie ein weißes Universum. Dies habe ich so lange mit verschiedenen Menschen geübt, bis ich mir das mit geschlossenen Augen einigermaßen gut vorstellen konnte.
2. Im zweiten Schritt habe ich geübt, mir einen Film im Internet oder im Fernsehen anzuschauen. Mein Training hier war, mir mit offenen Augen bei dem Menschen, auf den ich gerade meine Aufmerksamkeit lenke, vorzustellen, wie er sich allein im weißen Raum bewegt. Ich blende das gesamte Umfeld dieses Menschen aus und projiziere nur einen weißen Hintergrund. Mit dieser Vorstellung „isoliere“ ich sozusagen einen einzelnen Menschen von seinem Umfeld.
3. Im dritten Schritt habe ich das beim Einkaufen gemacht. Bei jedem Menschen, den ich angeschaut habe, habe ich mir vorgestellt, dass sich das gesamte Umfeld in einen weißen Raum verwandelt. Kein anderer Mensch und nichts anderes war mehr zu sehen – in meiner Vorstellung. Nur der einzelne Mensch. Und hat sich dieser Mensch gerade mit einem anderen Menschen unterhalten, dann stellte es sich in meiner Vorstellung

[84] Wenn jemand entdeckt, dass es die Inhalte der PolyPatt-Theorie schon in anderen Zusammenhängen mit anderen Namen gibt, würde ich mich freuen, davon zu erfahren. Ich werde dies in der nächsten Auflage des Buches an dieser Stelle integrieren und klarer „unterscheiden“. Meine Kontaktdaten sind am Ende des Buches zu finden.

so dar, dass dieser Mensch allein in diesem weißen Raum in eine Richtung redete, wo nichts war – nur weißer Raum.

Mit Hilfe dieser Übung mache ich sozusagen die Menschen von Ihrem Umfeld „unabhängig“. In Wirklichkeit mache ich nicht den Menschen von seinem Umfeld unabhängig, sondern mein inneres Muster, das diesen Menschen repräsentiert, mache ich von meinem inneren Muster, das sein Umfeld repräsentiert, unabhängig. Wenn ich auf diese Weise einen Menschen wahrnehme, hat es eine andere Wirkung auf mich, als wenn ich ihn in seinem normalen Kontext wahrnehme. Irgendetwas entspannt sich dabei in mir und irgendetwas wird im Kontakt mit diesem Menschen klarer …

Natürlich weiß ich nicht, welche Wirkung das auf Sie hat. Probieren Sie es selbst aus und passen Sie das Training Ihren eigenen Gefühlen und Bedürfnissen an. Dieses Training ist nur eine Möglichkeit von vielen. Sie werden später noch mehr Möglichkeiten kennenlernen, Verknüpfungen voneinander unabhängig zu machen.

Warum ein Wachstumsprozess stecken bleiben kann

In diesem Kapitel komme ich durch die Frage, warum wir teilweise in unserem Wachstumsprozess stecken bleiben können, zu dem Thema „Tränen“, das ich auch in vielen anderen Büchern behandelt habe[85].

Die Fragen, die sich nach dem letzten Kapitel stellen, sind: Wenn wir als Kind bereits flexibel und spielerisch mit unseren inneren Anteilen umgegangen sind, sie verfeinert, umgebildet und kreativ voneinander unabhängig gemacht haben, wieso hat das beim Erwachsenwerden aufgehört oder ist weniger geworden? Wieso haben sich innere Anteile so miteinander verkoppelt und verklumpt, dass sie uns zu blockieren beginnen? Wieso werden im Laufe des Erwachsenwerdens manche Muster in uns eher unflexibel? Warum begegnen wir im Erwachsenenleben so vielen anderen Erwachsenen, die auf uns einen unflexiblen Eindruck machen? Wieso ist Abhängigkeit und Unflexibilität und damit das „Ringen um Freiheit und Unabhängigkeit“ in unserer Erwachsenenwelt ein so großes Thema?

Bevor ich diese Fragen beantworte, möchte ich Ihnen den Inhalt eines Videos beschreiben, das Bessel van der Kolk[86] im Rahmen eines Tagesworkshops am 25. Mai 2016 in Heidelberg gezeigt hat. Der Workshop und das Video waren in englischer Sprache – und da mein Englisch nicht sehr gut ist, habe ich nicht alles verstanden. Aber ich habe sehen können, was in diesem Video gezeigt wurde und gebe es so gut wie möglich wieder. Außerdem hat mir Jacqueline, deren Englischkenntnisse ausgereifter sind, ein paar Informationen übersetzt:

---

[85] Wer meine Erfahrungen mit Tränen aus anderen Büchern schon kennt: Ich habe es in diesem Kapitel noch einmal auf andere Weise und „besser verknüpft“ dargestellt.

[86] Amerikanischer Professor der Psychiatrie, Gründer und medizinischer Leiter des Trauma Center Brookline, Massachusetts/USA.

Das Video stammte aus dem Jahr 1949, war also schwarz/weiß und hatte noch keinen Ton. Eine Sprecherin wurde nachträglich dazugeschnitten. Sie beschrieb in kurzen Sätzen, was man im Film sehen konnte. Der Film zeigte einen für Kinder eingerichteten Spielraum innerhalb einer Wohneinheit, in der Kinder für eine gewisse Zeit von ihren Eltern getrennt untergebracht wurden (auch über Nacht). Jonathan war ca. 18 Monate alt und konnte gerade laufen. Mit ihm waren zwei Betreuerinnen und ein paar weitere Kinder im Raum. Die Mutter hatte ihren Sohn dort abgegeben, weil sie ins Krankenhaus musste, um ein zweites Kind auf die Welt zu bringen. Der Vater war berufstätig. Es war für Jonathan das erste Mal, von seiner Mutter komplett getrennt zu sein.

Als die Mutter ihn bringt, sich liebevoll verabschiedet und anschließend weggeht, weint er zunächst kräftig und schläft anschließend ca. 1 ½ Stunden. Anschließend spielt er mit den anderen Kindern und mit der Betreuerin, geht aber immer wieder zur Tür, aus der die Mutter gegangen war, um sie zu öffnen. Allerdings kommt er nicht an die Türklinke heran, kann sie also nicht selbstständig öffnen.

Einen Tag später kommt der Vater zu Besuch und spielt eine Weile mit Jonathan. Als der Vater gehen muss, will Jonathan mit ihm gehen, doch das geht nicht. Wieder fließen Tränen.

Allmählich beginnt er eine Beziehung zur Betreuerin aufzubauen und spielt mit ihr, muss aber auch immer wieder weinen, weil er nach Hause möchte.

Im Laufe von acht Tagen weint er immer mehr, beginnt irgendwann sich zu weigern, mit der Betreuerin zu spielen und nimmt auch ab dem fünften Tag immer weniger Nahrung zu sich – er verweigert das Essen immer öfter.

Die Betreuerin kümmert sich liebevoll um ihn und versucht ihn immer wieder zu trösten. Seine Beziehung zu ihr wächst, ändert aber nichts an seiner Traurigkeit. Immer wenn Jonathan Aufmerksamkeit braucht, ist die Betreuerin für ihn da.

Am 8. Tag ist Jonathan in einem Zustand angelangt, der mit „depressiv“ und „apathisch[87]“ beschrieben wird. Bessel van der Kolk sprach von einer „Traumatisierung“.

---

[87] teilnahmslos

Die Mutter kommt zurück. Als Jonathan seine Mutter sieht, beginnt er laut zu weinen. Er geht kurz zur Mutter, sie nimmt ihn in den Arm, doch er scheint es nicht lange auszuhalten und geht weinend von der Mutter wieder weg – in die Arme der Betreuerin. Noch einmal schaut er kurz zur Mutter und dann wieder weg und weint weiter.

Wenn die Mutter versucht, ihren Sohn in den Arm zu nehmen, wehrt er sich, strampelt und will von ihr weglaufen. Wieder landet er in den Armen der Betreuerin und weint weiter.

Ein paar Minuten später schaut Jonathan aus den Armen der Betreuerin das erste Mal seiner Mutter direkt in die Augen. Es war ein Blick, den die Mutter vorher noch nie gesehen hatte ...

Für die Mutter war es eine schmerzvolle Erfahrung. Sie konnte sehen, wie stark Jonathan sie in den letzten Tagen gebraucht hat. Doch sie blieb tapfer und weinte nicht – zumindest nicht, während die Kamera auf sie gerichtet war.

Ich habe in meinem Leben viele eigene Schmerzverarbeitungsprozesse hinter mich gebracht und möchte aus meiner Erfahrung mit mir selbst folgende Deutung der Situation anbieten, die Bessel van der Kolk in seinem Workshop nicht erwähnt hat:

Für mich sind Tränen nicht ein einfacher Ausdruck von Schmerz, sondern ein Mittel dafür, erlebte Schmerzerlebnisse vollständig emotional zu verarbeiten. Habe ich genügend über ein Schmerzerlebnis geweint, dann beenden sich meine Tränen von selbst und mir geht es wieder gut. Das entsprechende Schmerzerlebnis hat keine schmerzvolle „Ladung“ mehr und ist für immer verarbeitet. Bei vielen Kindern können wir diesen Prozess erleben – vorausgesetzt, das schmerzhafte Erlebnis ist vorbei und wiederholt sich nicht ständig. Die Kinder weinen über ihre Schmerzen nachträglich so lange, wie sie weinen müssen (und von den Eltern nicht gestört, sondern einfach nur liebevoll gehalten werden). Anschließend spielen sie wieder fröhlich weiter.

Ist die Schmerzquelle beendet, dann wirken die Tränen schmerzlösend. Nach dem Weinen und nach einer Schlafphase ist der Schmerz verarbeitet und das Gehirn kann sich neu sortieren. Wenn aber die Schmerzquelle permanent bestehen bleibt, wie z. B. die dauernde Abwesenheit der Mutter, dann erleichtern Tränen zwar den aktuellen Schmerz, ändern aber nichts an der schmerzvollen Situation, die immer wieder neuen Schmerz spürbar macht, der wieder neu verarbeitet werden muss. Aus diesem Grund weint Jonathan immer wieder.

Warum aber muss Jonathan in dem Moment noch einmal besonders stark weinen, als seine Mutter zurückkommt? Weil sich hier die schmerzauslösende Situation beendet und das Kind wieder in seine Sicherheit zurückkommen darf. Im sicheren Raum (Kontakt zur eigenen Mutter) kann ein Schmerzverarbeitungsprozess noch einmal besonders stark zum Vorschein kommen, weil nun der erlebte Schmerz endlich vorbei ist und vollständig verarbeitet werden kann. Je heftiger aber der vorher erlebte Schmerz war, umso heftiger kommen auch in der sicheren und geborgenen Situation die Tränen an die Oberfläche. Dies kann so heftig sein, dass man es zeitweise nicht aushält und eine schrittweise Verarbeitung benötigen würde. Und so kann es Jonathan nicht lange in den Armen seiner Mutter aushalten.

Hinzu kommt noch ein zweiter Aspekt: Für uns Menschen ist es äußerst wichtig und für unser Sicherheitsgefühl entscheidend, dass sich so ein Schmerz nicht mehr wiederholt. Wir brauchen eine „Sicherheit", dass wir in Zukunft auch wirklich ohne diesen Schmerz weiterleben dürfen. Ist eine andere Person an unserem Schmerz beteiligt gewesen (hier die Mutter), dann müssen wir uns sicher sein, dass diese andere Person begriffen hat, wie groß unser Schmerz war. Sie muss vollständig mitfühlen können, wie weh uns die Situation durch sie getan hat. Wir brauchen die Sicherheit, dass unser Gegenüber genau den gleichen Schmerz nachträglich fühlen kann, den wir fühlen mussten. Nur dann können wir ansatzweise sicher sein, dass die andere Person alles daran setzen wird, so eine schmerzvolle Situation in Zukunft zu vermeiden. Wenn wir diese Sicherheit fühlen, können wir uns auch allmählich wieder öffnen.

Aus diesem Grund wollen wir so dringend das Mitgefühl und das volle Verständnis derjenigen Menschen, durch die wir Schmerz erleben mussten. Wir wollen oft sogar eine innere Weiterentwicklung derjenigen, damit wir sicher sein können, dass sich so eine Situation nicht noch einmal wiederholt. Ansonsten bleibt in uns ein berechtigtes Misstrauen gegenüber der anderen Person bestehen.

Ich glaube, dass hier der Ursprung für das Gefühl von „Rache" zu finden ist: Wir wollen, dass derjenige Mensch, der uns Leid angetan hat, anschließend genauso leiden soll, damit er tief in seinem Gefühl *versteht*, was er uns angetan hat. Damit er es *nachvollziehen* kann und wir in dieser gemeinsamen Leiderfahrung und der anschließenden gemeinsamen Verarbeitung wieder im „Gleichgewicht" weiterleben können. Wir wollen ein Leben, in dem beide Beteiligten dazugelernt und die Haltung entwickelt haben, einen solchen Schmerz in Zukunft zu vermeiden. Wir brauchen die Sicherheit, dass es sich nicht wiederholt. Wenn wir diese Sicherheit nicht fühlen können, müssen wir uns so lange schützen und uns von demjenigen (innerlich) zurückziehen.

Schaue ich mit diesem Hintergrund auf das Ende des Videos, dann fehlen mir im körperlichen Ausdruck der Mutter das schmerzliche Mitgefühl und das Verständnis für das Leid von Jonathan. Die Sprecherin erzählt zwar, dass es für die Mutter ein leidvolles Gefühl war, aber es war nicht zu sehen, dass die Mutter zusammen mit Jonathan weint und ihren Schmerz genauso verarbeitet, wie Jonathan es gerade tut. Ich habe die These, dass Jonathan sich genau deshalb von seiner Mutter distanzieren muss, weil sie ihren eigenen Schmerzverarbeitungsprozess nicht fließen lässt, weil sie den Ausdruck ihres Mitgefühls mit Jonathan unterdrückt. So kann sich Jonathan nicht verstanden fühlen und sich nicht sicher sein, dass sich so eine Situation nicht noch einmal wiederholt. Er fühlt sich in seinem Schmerz von seiner Mutter nicht wirklich nachvollzogen, kann sich seiner Mutter nicht nahe fühlen und sucht in den Armen der Person Schutz, von der er sich in den letzten Tagen begleitet gefühlt hat: bei der Betreuerin.

Den gelösten Zustand stelle ich mir so vor, dass eine Mutter sich der Schmerzen ihres Kindes vollkommen bewusst ist. Während sie erkennt, dass ihr eigenes Kind durch ihre Abwesenheit so ein Leid erleben musste und deshalb nun so weinen muss, lässt sie selbst auch ihre eigenen schmerzlichen Gefühle als Tränen ungebremst fließen. Gleichzeitig ist sie sich klar, dass diese Phase jetzt endlich vorbei ist und sich nicht mehr wiederholen wird. Keine Unsicherheit über den Schmerz und die anfängliche Distanz des Kindes, sondern vollstes Verständnis für diese Schmerzverarbeitung. Nach dem Motto: „Ja – ich sehe, es war für dich ganz, ganz schlimm! Mir wäre es genauso ergangen, wie dir es ergangen ist und jetzt ergeht. Und mir tut es so unendlich leid, dass dies alles passieren musste! Es soll nie wieder passieren!"

In der Zeit um 1949 herum ist es kein Wunder, dass die Mutter nicht mitgeweint hat. Damals waren Tränen bei Erwachsenen in unserer

Gesellschaft noch besonders verpönt. Heute sind sie es leider zum Teil auch noch.

Meine Frau Jacqueline hat mit ihren Kindern mehrfach erlebt: Wenn sie selbst ein Thema bearbeitet hat und einen unverarbeiteten Schmerz nachträglich verarbeiten konnte (durch viele Tränen), haben sich anschließend ihre Kinder offener ihr gegenüber verhalten.[88]

Ich glaube an folgenden Zusammenhang: Viele Erwachsene haben sich in unserer Gesellschaft aberzogen, über seelische oder körperliche Schmerzen nachträglich zu weinen. Das Weinen wäre entweder peinlich oder wäre nur schwer auszuhalten. Oder man hat in der Kindheit erfahren, dass es als Schwäche gilt und bestraft wird. Deswegen fällt es ihnen auch schwer, mit Menschen mitzufühlen, die intensiv weinen. Wenn ein Mensch in ihrer Gegenwart weint, sind sie automatisch bestrebt, alles daran zu setzen, dass dieser Mensch nicht mehr weinen muss. Oder sie schauen mit einem beklemmenden oder unsicheren Gefühl weg. Sie halten das Weinen eines anderen Menschen nicht aus, weil sie ihr eigenes Weinen nicht aushalten können.

Außerdem können sich diese Erwachsenen ganz schwer in Menschen einfühlen, die aus unverarbeiteten Schmerzen heraus (Schmerzen, über die *nicht* geweint wurde) aggressive und distanzierte Verhaltensmuster an den Tag legen. Es fällt schwer, gegenüber Menschen, die in unserer Gesellschaft zu „Täter*innen" wurden, zu denken / zu fühlen / zu sagen: „Ja – mir wäre es genauso ergangen, wie es dir ergangen ist und jetzt ergeht. Ich kann mitfühlen, was dich antreibt."

Ich bin davon überzeugt – und ich bin da nicht der einzige Autor –, dass Kinder, die keine Möglichkeit hatten, gemeinsam mit ihren Eltern schmerzliche Erlebnisse nachträglich zu verarbeiten, eine innere Härte entwickeln. Möglicherweise werden sie dadurch in unserer Gesellschaft entweder zu „Täter*innen" oder zu „Opfern". Es entsteht durch Nichtverarbeitung unerlöster Schmerzen eine Art „Kriegs-Trance" in diesen Kindern, aus der heraus sie handeln und ohne Mitgefühl andere Menschen verletzen oder ohne Mitgefühl auf diejenigen schauen, von denen sie verletzt wurden. In so einer Kriegs-Trance werden diese Kinder erwachsen. Das Thema habe ich ausführlich in meinem Buch *Die Kriegs-Trance und das Mitgefühl* erörtert.

---

[88] Beispiele dazu finden Sie in unserem gemeinsamen Buch *Der lebendige Spiegel im Menschen – in Resonanz lernen-lösen-leben-lieben*, 2014.

Dieses Beispiel von Jonathan war besonders gut dafür geeignet, dass ich in diesem Kapitel meine Haltung zu Tränen auf den Punkt bringen konnte. Folgendes möchte ich noch ergänzen:

In meinen eigenen Schmerzverarbeitungsprozessen, denen ich 2015 den Begriff „Tränen-Yoga“ gegeben habe, habe ich *nicht gezielt* danach gesucht, wie ich über eine früher erlebte schmerzliche Situation weinen konnte. Sondern ich habe danach gesucht, wie ich die schmerzliche Situation besser „verstehen“ konnte. Die „stimmige“ Sichtweise zeigte sich mir dadurch, dass sie mich so tief entspannte und berührte, dass ich *automatisch* in Tränen ausbrach. Und wenn die Tränen einmal flossen, dann gab ich mir die Zeit und den Rahmen, so lange zu weinen, bis ich mich in Gedanken an die gesamte schmerzvolle Situation erinnern konnte, ohne dass noch einmal Tränen kamen. Der gelöste Zustand war immer dann erreicht, wenn ich nach dem Weinen an das Schmerzerlebnis denken und dabei lächeln konnte mit dem Gedanken: „Es ist vorbei und es macht mir jetzt in der Gegenwart keine Probleme mehr, dass es damals passiert ist. Es gehört zu meiner Vergangenheit dazu und ich habe vollständig daraus gelernt.“ ☺

Erstaunlich ist oft am nächsten Tag – nach einem erholsamen Schlaf, dass tatsächlich das entsprechende Problem „weg“ ist. Mein Gehirn sortiert sich sogar neu und liefert mir neue Erkenntnisse über die Welt, die Menschen und mich selbst. Die Tränen scheinen die Muster in meinem Gehirn unabhängiger gemacht zu haben, so dass sie sich ganz von selbst neu ordnen und zu „besseren Gleichgewichten“ (neuen stimmigeren Erkenntnissen) formieren konnten.

Ich finde es beim Weinen wichtig zu wissen, dass folgendes Phänomen auftritt: Während man intensiv über etwas weint, kann man nicht vorausfühlen, wann sich die Tränen beenden. Man kann nicht fühlen, wann es mal besser wird. Manchmal fühlt es sich so an, als ob man ins Bodenlose versinkt und es nie enden würde. Man fühlt einfach nur den tiefen Schmerz, der für unendliche Zeiten da zu sein scheint, und man weint und weint. Doch die Erfahrung zeigt immer wieder: Irgendwann beendet der Körper diesen Prozess – und sei es dadurch, dass man „zufällig“ an andere Dinge zu denken beginnt und man im Nachhinein feststellt: „Ich weine ja gar nicht mehr ...“. Wenn ein Schmerz wirklich vollständig durchweint ist, dann fühlt man sich danach wesentlich besser. Aber es gibt auch Ausnahmen: Es könnte sein, dass dann schon der nächste unverarbeitete Schmerz innerlich aufgetaucht ist oder man mit z. B. wütenden Gedanken oder anderen unguten Gefühlen an einer anderen Situation hängen geblieben ist …

Wer sich noch intensiver mit Hintergründen und mit praktischen Tipps für das Tränen-Yoga auseinandersetzen möchte, dem empfehle ich auch mein Buch *Der Mann, der sich glücklich weinte*. Dort habe ich alle meine Sichtweisen, Erkenntnisse und Erfahrungen mit Schmerzverarbeitung konzentriert dargestellt.

Nach dieser Darstellung über Schmerzverarbeitungsprozesse komme ich zu den Fragen zurück, die ich am Anfang dieses Kapitels gestellt hatte. Warum wird unser Wachstumsprozess in Bezug auf Musterbildung im Laufe des Erwachsenwerdens immer unflexibler und warum bleiben wir in gewisser Weise „stecken"?

Meine Antwort, die ich vorhin schon angedeutet habe, lautet: Weil wir in unserer heutigen Gesellschaft schmerzliche Situationen selten emotional verarbeiten und nicht mehr so darüber weinen, wie es noch die Kinder automatisch tun. Wir haben ein Tapferkeits-Muster gebildet, das unser natürliches Tränen-Muster verhindert.

Viele Menschen verbinden mit Tränen immer noch „Schwäche". Das ist auch kein Wunder, denn sie haben in gewisser Weise recht: Wenn man weint, fühlt man sich körperlich schwach. Ein natürlicher Mechanismus. Denn der Körper braucht beim Weinen seine gesamte Energie für die Schmerzverarbeitung. Deswegen brechen wir bei besonders heftigen Tränen auch körperlich zusammen. Wir haben keine Energie mehr, uns körperlich auf den Beinen zu halten, denn die Energie in unserem Gehirn fließt in den Bereich, in dem gerade die Schmerzverarbeitung stattfindet (so ist meine These).

Dafür steht uns nach einer vollständigen Schmerzverarbeitung die gesamte Energie wieder zur Verfügung. Wir fühlen uns gut und kraftvoll. Verarbeiten wir aber den Schmerz nicht vollständig, dann bleibt ein Teil unserer Energie in dem Schmerzmuster hängen. Wieso?

Schauen wir uns einmal genauer an, was bei einem Schmerzerlebnis passiert. Ein Schmerz ist für uns ein großes Ungleichgewicht. Dieses Ungleichgewicht aktiviert in uns verstärkt die Suche nach einem besseren Gleichgewicht. Wir wollen den Schmerz heilen und wollen uns in Zukunft vor der Wiederholung eines Schmerzes schützen. Wir suchen nach Sicherheit. Je größer das Ungleichgewicht ist, umso mehr Anteile in uns reagieren mit dieser „Suche nach einem besseren Gleichgewicht". Alle Anteile verfolgen dasselbe Ziel. Sie werden gleichgeschaltet und voneinander abhängig gemacht, denn je konzentrierter alle Anteile nach dem besseren Gleichgewicht (Schutz / Heilung) suchen, umso eher können wir es finden. Für diese Konzentration wird viel Energie benötigt.

Wir kennen es von Tieren, wenn sie eine Gefahr wittern: Der gesamte Körper konzentriert sich, die Ohren richten sich nach vorne, der Kopf ist in die Richtung gewendet, in der die Gefahr vermutet wird. Ein Mensch, der sich im Kampf befindet, richtet alle seine Aufmerksamkeit und seine Waffen auf den gefährlichen Gegner. Ein Mensch, der sich auf der Flucht befindet, richtet alle seine Anteile, seinen gesamten Körper und seine Aufmerksamkeit auf die Fluchtaktivität.

Hier werden Muster miteinander verknüpft, gleichgeschaltet, voneinander *abhängig* gemacht und dem Ziel, sich zu schützen, untergeordnet. Die beteiligten Muster sind nicht mehr unabhängig, sondern sie sind fest an die Suche nach einem besseren Gleichgewicht gebunden - bezogen auf dieses aktuelle Schmerzerlebnis oder die aktuelle Gefahr. Das bedeutet, dass sie dann auch nicht mehr flexibel für anderes zur Verfügung stehen.

Je mehr unerledigte Schmerzerlebnisse wir in uns versammeln, umso mehr Muster verknüpfen wir miteinander und machen sie voneinander abhängig.

Dadurch werden wir in unserem Wachstumsprozess langsamer. Wir werden innerlich „härter" und „unflexibler". Gleichzeitig fühlen wir uns auch von unserem Umfeld abhängiger, weil immer größere Mustergruppen durch die innere Abhängigkeit auf Signale von außen reagieren.

Wenn wir uns aber nach einem Schmerzerlebnis ganz klar bewusst machen, dass die Gefahr vorbei ist und wir wieder in Sicherheit sind, dann entspannt sich etwas in uns. Es können Tränen fließen, wir verarbeiten das Schmerzerlebnis. Unser Gehirn passt sich an die neue gefahrfreie Gegenwart an. Dieser Prozess der Entspannung ist aus irgendeinem biologischen Grund, der leider noch nicht erforsch ist, oft mit Tränen begleitet. Und die Tränen unterstützen auf irgendeine Weise die Loslösung der im Schmerz miteinander verkoppelten Muster und machen sie wieder unabhängig voneinander. Die Muster können voneinander loslassen, können sich unabhängig machen und sich wieder frei bewegen. Das neue Gleichgewicht ist erreicht.

Tränen können das „Unabhängig-machen" von Mustern unterstützen. Sie können Muster voneinander wieder befreien, nachdem die Muster durch eine Gefahrensituation miteinander verknüpft waren.

Wenn man das Schmerzerlebnis aber nicht emotional verarbeitet, wird viel Energie dafür gebraucht, die vielen abhängigen Muster bei einer „möglichen" Gefahrensituation zu aktivieren und aktiv zu halten. Denn jede „Kleinigkeit" in unserem Umfeld kann ein Muster aktivieren, das immer noch mit der Gefahrensituation verknüpft ist. Wir „projizieren" in ein eigentlich harmloses Umfeld immer noch Gefahr, verhalten uns ängstlich und müssen uns schützen. Diese Energie, die wir für unseren Schutz brauchen, steht uns für andere Prozesse nicht zur Verfügung.

Das ist nicht nur eine These von mir, sondern meine ausführliche persönliche Erfahrung. Hauptsächlich durch das Tränen-Yoga konnte ich mich Schritt für Schritt befreien und fühle mich wieder flexibel, offen und im Lebensfluss.

Allerdings müssen die Tränen nicht der einzige Weg sein, Muster voneinander unabhängig zu machen. Es gibt auch andere Wege, die ich ab Seite 234 und auf Seite 248 erwähne.

Warum aber in diesem Kapitel dieser dringliche Hinweis von mir auf die Tränen?

Wenn Sie andere Wege gehen, um Ihre inneren Muster voneinander unabhängig zu machen, wird es manchmal unweigerlich Situationen geben, in denen irgendeine Technik Sie traurig macht oder besonders tief berührt und plötzlich in Ihnen Tränen aufsteigen. Es könnte sein, dass sich in Ihnen ein altes Muster (Erinnerung?) meldet, an das noch unverarbeitete Schmerzen gekoppelt sind. Der Versuch, dieses Muster unabhängig zu machen, könnte diesen Schmerz wieder befreien und in Fluss bringen. Erinnern Sie sich, was ich auf Seite 151 schrieb: Aus dem Physikunterricht wissen wir, dass Energie frei wird, wenn zwei stark miteinander verknüpfte Elemente voneinander unabhängig gemacht werden. Dies könnte auch für unsere Psyche gelten.

Für solche Momente habe ich Ihnen hier beschrieben, wie natürlich und normal Tränen sind. Ich lade Sie dazu ein, in solchen Momenten sich Ihrer Tränen nicht zu schämen, sie nicht als Schwäche abzutun und auch nicht zu versuchen, sie so schnell wie möglich wieder zu beenden. Sondern lassen Sie Ihre Tränen fließen – so lange, wie Sie es aushalten mögen und aushalten können. Vielleicht sogar bis zum Schluss, bis Ihre Tränen von selbst versiegt sind und Sie anschließend frei lächeln und tief durchatmen können. Das Lächeln ist für mich immer das Zeichen: Schmerz verarbeitet. ☺

Ist der Schmerz noch nicht vollständig verarbeitet, dann führt der Versuch des Lächelns bei mir zu einer weiteren Runde von Tränen. Und ich weine so lange, bis ich entweder keine Zeit oder keinen Rahmen mehr dafür habe, weil ich von jemandem gestört werde (dann hole ich es später nach). Oder bis ich wieder frei lächeln kann und der Versuch des Lächelns sich nicht mehr „künstlich“ anfühlt. ☺

> Wenn wir unsere Schmerzerlebnisse nachträglich vollständig emotional verarbeiten, können andere Menschen nicht mehr den Finger in unsere Wunde legen, weil es keine Wunde mehr gibt.
>
> Andere Menschen können uns nur neue Schmerzerlebnisse zur Verfügung stellen – und wir schauen als „Chef*in unseres Erlebens“, was wir daraus machen.

Die überall vorhandenen Heilungshierarchien beeinflussen uns

Schmerz zu fühlen ist für uns überlebensnotwendig. Würden wir keinen Schmerz wahrnehmen, dann könnten wir uns nicht schützen und unser Körper würde viele Verletzungen erfahren. Außerdem könnten wir uns nicht heilen, wenn wir nicht spüren, wo wir verletzt sind. Deshalb spielt der Schmerz in unserem Leben eine besonders große Rolle. Er steht mit unserem Überlebenswunsch ganz eng in Verbindung.

Der Überlebenswunsch ist ein weiterer großer Wunsch, der uns in unserem Leben steuert. Auch durch diesen Wunsch kann uns unser Umfeld beeinflussen. Denn sobald uns ein anderer Mensch bedroht und wir haben Angst, dann reagieren wir und wollen uns schützen. Unser Umfeld kann uns suggerieren, dass unser Überleben bedroht ist, und sind wir ebenfalls davon überzeugt, dann ist dies für uns ein großes Ungleichgewicht. Auf dieses Ungleichgewicht reagieren wir mit einem starken Wunsch nach einem besseren Gleichgewicht: Wir werden alles daran setzen, unser Überleben zu sichern.

Weil wir auf (scheinbare oder echte) lebensbedrohliche Situationen reagieren, werden wir also von ihnen „beeinflusst“.

Unser Wunsch, am Leben zu bleiben, bildet eine weitere Grundlage für Beeinflussungen von außen.

Er teilt sich in zwei Teile:

a) Wunsch, sich vor Verletzung/Krankheit zu schützen.

b) Wunsch, vorhandene Verletzung/Krankheit zu heilen.

Wenn wir verletzt werden, dann strebt alles in uns nach Schutz und nach Heilung. Das geht nicht nur uns so, sondern das ist ein starker Wunsch in der gesamten Natur des Lebendigen.

Die Natur will letztendlich heilen.

Lassen Sie uns auf unseren Körper schauen. Was passiert, wenn wir uns an einer Stelle unseres Körpers verletzt haben? Angenommen wir würden uns aus Versehen mit einer Nadel in den Zeigefinger stechen. Gleichzeitig spüren wir einen Schmerz und zucken mit der Hand zurück. Wir lenken unsere Aufmerksamkeit sofort dorthin, wo es schmerzt, und entdecken, dass an der Stelle allmählich ein bisschen Blut hervorquillt. Entweder wischen wir das Blut ab oder nehmen den Finger immer wieder in den Mund und lutschen daran. Nach kurzer Zeit hört es auf zu bluten. Der Selbstheilungsprozess unseres Fingers hat begonnen. Vielleicht nehmen wir nun ein Pflaster und kleben es über diese Stelle, damit sie in Ruhe heilen darf und die kleine Wunde nicht durch Dreck verunreinigt wird. Oder wir schützen die Stelle anders, damit wir sie nicht aus Versehen noch einmal berühren, was wieder verstärkt schmerzen würde. Vielleicht halten wir nun den Finger die ganze Zeit in einer bestimmten Stellung, so dass wir nichts anderes damit berühren. Nach einigen Tagen ist die Stelle verheilt. Und sie schmerzt auch nicht mehr, wenn wir sie berühren.

Schauen wir uns unser gesamtes Verhalten noch einmal auf der Metaebene[89] an. Was ist der Unterschied zu einer Situation, in der wir uns *nicht* in den Finger gestochen hätten? Oder wenn wir keinen Schmerz gespürt und kein Blut entdeckt hätten?

Wir hätten uns in keiner Weise so ausführlich um unseren Finger gekümmert. Er hätte von uns keine besondere Aufmerksamkeit erfahren und wir hätten ihn auch nicht besonders schützen wollen.

Ich hatte eine Freundin, die in einer Einrichtung für Behinderte arbeitete und die Behinderten betreute. Sie erzählte mir, dass es einen Bewohner gäbe, der eine besondere Wohnzelle ohne Verletzungsmöglichkeiten benötige, weil er kein Schmerzempfinden habe. Dieser Bewohner würde in „Freiheit“ viele verschiedene Dinge zerstören – inklusive sich selbst. Er habe sogar ein Verhalten an den Tag gelegt, mit dem er

---

[89] Metaebene (sprich: Meta-Ebene): übergeordnete Position, hier verwendet als: „auf höhere Ebene über die tiefere Ebene reflektierend“.

seinen Körper gezielt an scharfe Kanten stoßen und sich selbst damit intensiv verletzen würde, bis er blutete. Nichts bremste ihn. Er fühlte keinen Schmerz und hatte kein Körperempfinden.

Wir sehen, wozu der Schmerz da ist. Er zieht unsere gesamte Aufmerksamkeit auf sich, damit wir uns selbst beschützen und uns Raum zur Selbstheilung geben können.

Was haben wir also nach dem Nadelstich gemacht? Wir haben unsere gesamte Aufmerksamkeit auf unseren Zeigefinger gerichtet, auf unseren Schmerz, auf die Verletzung. Und dann haben wir den Finger nicht noch mehr verletzt, sondern wir haben uns um den Schutz gekümmert. Genau dieses schützende Verhalten ist vollkommen natürlich und dient insgesamt dem Heilungsprozess. Das ist es, was die Natur von uns will. Dort, wo ein Schmerz auftaucht, will dieser Schmerz sofort **Aufmerksamkeit** (= Bewusstsein), um in der nächsten Zukunft einen Schutz zu erfahren und in Ruhe heilen zu können. Ist der Heilungsprozess beendet, dann ist keine Aufmerksamkeit mehr nötig. Gleichzeitig haben wir eine Erfahrung gemacht, d. h. wir haben ein Muster in uns gebildet, das diese Schmerzerfahrung repräsentiert.

Wenn wir eine besonders starke Verletzung auf ganz plötzliche Weise erfahren, ist unser Schutzreflex direkt gegen den sichtbaren Auslöser gerichtet. Neulich stand ich unter der Dusche und war in Gedanken versunken. Normalerweise stelle ich am Ende das Wasser kalt und beende mit einem kalten Wasserschwall meine Dusch-Session. Genauso wie man nach der Sauna ins kalte Wasser springt. Allerdings stellte ich dieses Mal in Gedanken versunken den Hebel genau in die entgegengesetzte Richtung, so dass plötzlich 60 Grad heißes Wasser über meinen Kopf strömte. Meine erste Schutzreaktion war, den Duschkopf zur Seite zu schmettern – anstatt den Wasserhebel auszustellen. Beides würde gleich schnell den Wasserfluss beenden. Meine spontane Reaktion war gegen die direkte Wasserquelle gerichtet: gegen den Duschkopf.

Sollte meine Reaktion eine „menschliche“ für uns alle geltende Reaktion sein, dann kann ich mir das Verhalten von uns Menschen im Konfliktfall erklären. Wenn mir eine andere Person Vorwürfe macht oder mich schmerzvoll kritisiert, dann ist mein spontanes Schutzverhalten, entweder verbal gegen die andere Person zu kämpfen oder mich von ihr zu distanzieren. Erst wenn ich mehr Zeit und Raum habe, kann ich mir klarmachen, dass hinter ihrem Vorwurf oder ihrer Kritik ein Missverständnis steckt. Oder ich kann daran denken, dass die andere sich gerade in einer Kriegs-Trance befindet, die mit mir gar nichts zu tun hat. Mit diesen Gedanken fühle ich mich ebenfalls geschützter – aber die kommen nicht spontan als erstes. Spontan ist erst einmal der Schutz vor der direkten Vorwurfsquelle in mir aktiv – der Schutz vor dem verletzenden Verhalten des anderen Menschen.

Gehen wir noch eine Ebene höher: Was ist das überhaupt, wenn ein Schmerz Aufmerksamkeit erhält? Was passiert hier eigentlich?

Wir können es auch anders formulieren: Wir *reagieren* auf den Schmerz. Wir stellen unsere Aufmerksamkeit dem Schmerz *zur Verfügung*. Es entsteht eine *Rangfolge*, eine ***Hierarchie!*** Der Schmerz erhält *Vorrang* vor allem anderen. Wir lassen uns vom Schmerz *„leiten"* – zum Zweck der optimalen Selbstheilung. Diese Rangfolge ist vollkommen natürlich, ich nenne sie: „Heilungshierarchie".

Die Heilungshierarchie: Dort, wo ein Schmerz auftaucht, will dieser Schmerz sofortige Aufmerksamkeit (= Bewusstsein), damit wir Schutz erfahren und heilen können. Diesem Wunsch ordnen wir alles andere unter. ⇨ Hierarchie

Diese Heilungshierarchie hat eine zweite Seite. Es geht nicht nur darum, einen erlebten Schmerz wieder zu heilen, es geht auch darum, alle *zukünftigen* Schmerzen zu vermeiden und sich davor zu schützen. Haben wir uns mit einer Nadel verletzt, dann werden wir in Zukunft im Umgang mit Nadeln besser aufpassen (= *aufmerksam* sein), damit es uns nicht noch einmal passiert. Gleichzeitig werden wir andere Menschen davor warnen, dass man sich mit einer Nadel verletzen kann. Und wir werden vorsichtig gegenüber Menschen, die eine Nadel in der Hand haben. Denn sie könnten uns aus Versehen stechen. Ich war bei meinen nächsten Dusch-Sessions vor dem Kaltduschen wesentlich aufmerksamer, in welche Richtung ich den Wasserhebel drehe.

Ein Schmerzerlebnis wird als Ungleichgewichts-Erinnerung gespeichert (= Musterbildung). Es entsteht der konkrete Wunsch, dass das nie wieder passiert. Durch diesen Wunsch werden alle an dem Erlebnis beteiligten Musterautomatismen miteinander verknüpft und abhängig voneinander gemacht. Es entsteht ein Erinnerungsnetzwerk für diese Situation (Episoden-Gedächtnis) mit einem Vermeidungsmusterautomatismus. Diese Vermeidung wird immer dann aktiviert, sobald uns irgendetwas an dieses Erlebnis erinnert. Beispiel: Sollte ich einmal in einem Hotel in einer Dusche genau den gleichen Wasserhebel vorfinden, dann wird er mich an das Schmerzerlebnis zu Hause erinnern und ich werde genauso achtsam sein.

Fortan hilft uns dieses Muster dabei, uns vor ähnlichen Situationen in der Zukunft zu schützen. Wir schätzen eine Situation als „gefährlich" ein, projizieren sozusagen eine Gefahr in die Situation, wenn sie einer früheren Situation ähnlich ist, in der wir bereits Schmerz erlebt haben.

Wenn uns also ein Mensch gezielt negativ beeinflussen will, dann braucht er nur eine Situation zu erschaffen, die uns an einen früheren Schmerz erinnert. Unser entsprechendes Muster im Gehirn wird aktiviert – und wir reagieren mit einem Schutzverhalten. Entweder wir fliehen (Rückzug) oder wir kämpfen (Abwehr) oder wir reagieren mit einer natürlichen Schreckstarre (Totstellreflex, Hemmung, Bewegungslosigkeit, Verstummen). Viele strenge Eltern beherrschen so eine Beeinflussung, indem sie zunächst ihr Kind regelmäßig bestrafen. Später brauchen sie nur noch streng zu schauen oder einen strengen Tonfall anzuwenden, ohne dass eine Strafe folgt. Und das Kind reagiert bereits auf den Blick oder den Tonfall mit einem Schutzverhalten.

Wird das Kind erwachsen, dann reagiert diese*r Erwachsene mit Schutzverhaltensmuster (Rückzug, Abwehr, Hemmung), sobald andere Menschen einen strengen Blick zu haben scheinen oder einen strengen Tonfall an den Tag legen. (Im gelösten Zustand könnte man erkennen, dass der andere es nicht so meint, oder man könnte Mitgefühl für den strengen Menschen entwickeln.)

> Die zweite Seite der **Heilungshierarchie**: Dort, wo ein Schmerz als *zukünftige Möglichkeit* projiziert wird, will diese *Gefahr* sofortige Aufmerksamkeit, damit rechtzeitig ein schützendes Verhalten aktiviert werden kann. Auch diesem Wunsch ordnen wir alles andere unter. ⇨ Hierarchie

Je intensiver die vergangene Schmerzerfahrung war, ohne dass man sie vollständig verarbeitet und geheilt hat, umso intensiver wirkt die entsprechende Heilungshierarchie im Nachhinein weiter (Aufmerksamkeit auf Schutz). Man will zukünftige Schmerzerfahrungen ähnlicher Art unbedingt vermeiden. Das bedeutet, dass das zukünftige Schutzverhalten sehr extrem ausgeprägt und ausgeweitet ist und auf sehr viele Verhaltensmuster übertragen wird. Viele Muster werden voneinander abhängig gemacht. Außerdem benötigt dieser Mensch besonders viel Verständnis und Raum und hilfreiche, liebevolle Aufmerksamkeit für seine Heilung. Eine Erfahrung in allen Trauma-Therapien ist, dass ein extrem traumatisierter Mensch in erster Linie besonders großen Schutz in allen Bereichen benötigt, um in den Heilungsprozess eintreten zu können. In der Gegenwart erinnert ihn jede „Kleinigkeit“ an den erlebten Schmerz und stellt für ihn eine potenzielle Gefahr dar. Er reagiert auf alles und jeden mit einem Schutzverhalten.

Je geringer und unbedeutender eine Schmerzerfahrung war, umso „flacher“ ist auch die dazugehörige Heilungshierarchie (wenig Aufmerksamkeit auf Schutz und Heilung). Es werden der erlebten Verletzung nur wenige Verhaltensmuster untergeordnet. Diejenige Person fühlt sich noch „relativ“ frei, ungebunden und zwanglos.

Kurz: Eine Heilungshierarchie entsteht in zwei Fällen.

a) Eine aktuelle, frische Verletzung bekommt sofort Aufmerksamkeit, sobald sie registriert wurde. Alles wird dieser Verletzung untergeordnet, damit der optimale Schutz zu optimaler Heilung führen kann.

b) Die Befürchtung vor einer Wiederholung eines Schmerzerlebnisses sorgt für eine Heilungshierarchie, sobald diese Befürchtung von der Gegenwart angeregt (getriggert) wurde. Man schützt sich vor einer Wiederholung und ordnet alles diesem Schutz unter.

Je stärker eine frische Verletzung wirkt oder je größer die Befürchtung vor einer zukünftigen Gefahr ist, umso stärker ist die damit verbundene Hierarchie. Die Beteiligten (Menschen oder Anteile/Muster eines Menschen) stehen zur Verfügung und ordnen sich der Verletzung oder der Befürchtung unter. Dadurch fühlen sie sich verstärkt gebunden. Es ist mehr ***Abhängigkeit*** vorhanden.

Je weniger eine Verletzung wirkt, weil sie kaum weh tut, oder je geringer die Befürchtung vor einer zukünftigen Gefahr ist, umso flacher ist die damit verbundene Hierarchie. Die Beteiligten (Menschen oder Anteile/Muster eines Menschen) fühlen sich weiterhin frei, zwanglos und ***unabhängig***.

Meine Schwägerin ist in ihrem Job fantastisch. Sie wird von der Firma dringend gebraucht. Sie hat keine Befürchtung, dass die Firma sie rauswirft, weil niemand es so gut kann, wie sie. Deshalb legt sie ein sehr freies Verhalten in der Firma an den Tag. Manchmal provoziert sie sogar ihren Chef – und der Chef lässt es gerne mit sich machen. Er ist sich bewusst, wie sehr er sie braucht. Und sie fühlt sich frei. Das ist ein Beispiel für eine flache Heilungshierarchie. Sie hat keine Angst, gekündigt zu werden, wenn sie sagt, was sie denkt.

Wenn eine Person permanent Angst hat, wegen jeder Kleinigkeit gekündigt werden zu können, dann verhält sie sich in ihrem Job gebremst und unfrei. Hier wirkt die Heilungshierarchie stark: Diejenige ordnet alle ihre Verhaltensmuster ihrer Angst unter, um sich effektiv schützen zu können.

Natürlich ist unser Überlebenswunsch auch in einer flachen Hierarchie vorhanden und steuert „automatisch" unsere Aufmerksamkeit. Wir können das beobachten, wenn wir ein plötzliches Geräusch hören, das aus unserem aktuell gewohnten Wahrnehmungsstrom heraussticht. Auch wenn sich etwas in unserem Gesichtsfeld bewegt, reagiert unsere Aufmerksamkeit. Diese Reaktionen stellen einen Schutz für uns dar. Unsere Aufmerksamkeit lenkt sich sofort darauf, denn beides könnte eine potenzielle Gefahr für uns sein. Ob es auch wirklich eine Gefahr ist, klären wir kurz mit Hilfe unserer Aufmerksamkeit. Wir entscheiden: „O ja, das wird gefährlich!" oder „Ist nix Besonderes. Ich kann meine Aufmerksamkeit wieder auf etwas anderes lenken." Dies ist tief in uns angelegt, ein Urinstinkt, den wir auch bei Tieren beobachten können. Diese Reaktion bedient unseren Wunsch, optimal zu überleben – und hat ebenfalls mit genau dieser Heilungshierarchie zu tun, die ich in diesem Kapitel anspreche. Das ist die Erklärung dafür, dass uns ungewohnte Geräusche oder sich bewegende Objekte in unserer Aufmerksamkeit kurz beeinflussen[90] und wir das Gefühl haben, „abgelenkt" zu werden. Dabei ist hier nur kurz unser „Überlebenswunsch" in einer flachen Heilungshierarchie aktiv.

---

[90] Ich beziehe mich hier auf meine Bemerkung auf Seite 141.

Auch andere Wünsche steuern unsere Aufmerksamkeit. Haben wir beispielsweise den starken Wunsch nach besonders viel Ruhe, dann wird unsere Aufmerksamkeit öfter auf Geräusche gelenkt, als wenn uns Geräusche egal wären. Warum? Weil mit dem starken Wunsch nach besonders viel Ruhe ein Geräusch ein *stärkeres* Ungleichgewicht für uns darstellt, als ohne diesen Wunsch. Ein starkes Ungleichgewicht wiederum lenkt unsere Aufmerksamkeit, damit wir uns besser vor der Störung schützen können. **Je mehr wir uns gegen etwas wehren, umso stärker wird davon unsere Aufmerksamkeit beeinflusst. Es wirkt eine Heilungshierarchie.**

Wenn wir unsere Gesellschaft genau beobachten, dann gibt es viele Hierarchien, die auf natürliche Weise nach diesem Prinzip aufgebaut sind. Nicht alle, aber viele. Diese Hierarchien haben den Wunsch als Basis, dass eine bestimmte Verletzung Aufmerksamkeit, Raum und Schutz erhält, um heilen zu können. Derjenige, der in so einer Hierarchie an der Spitze steht, repräsentiert die entsprechende Wunde und besitzt den Hauptmotor für die Selbstheilung. Alle anderen ordnen sich unter, dienen diesem Selbstheilungsprozess, indem sie die verletzte Stelle schützen, und sorgen im optimalen Fall dafür, dass der Heilungsprozess ungestört geschehen kann.

Bei einem Autounfall kümmert man sich sofort um die Verletzten. Sie erhalten vorrangig alle Aufmerksamkeit. Auch der Krankenwagen bekommt im Verkehr absoluten Vorrang.

Wenn sich ein Kind im Kindergarten verletzt, bekommt es von den Betreuerinnen mehr Aufmerksamkeit, als alle anderen Kinder.

Wenn in der Familie jemand krank wird, kümmern sich im optimalen Fall alle um denjenigen, damit er möglichst schnell wieder gesund werden kann. Beispielsweise verhalten sich alle ruhig im Haus, damit der Kranke in seinem Genesungsprozess nicht gestört wird.

Diese Heilungshierarchie funktioniert automatisch, wenn nicht eine andere, zweite oder sogar dritte Heilungshierarchie in die Quere kommt. Angenommen man leidet, wird aber in seinem Leid nicht gesehen, wird nicht zur/zum Chef*in der Situation ernannt oder muss sich mit einem anderen Leidenden um den Vorrang streiten. Dann bleibt im schlimmsten Fall ein Ungleichgewicht bestehen und die Heilung kann nicht vollzogen werden.

Diese Zusammenhänge gelten auch für eventuell zukünftige Gefahren und Verletzungen. Diejenige Person, die am besten das gesamte System vor Gefahren schützen kann, wird in der Hierarchie ganz nach oben gestellt (beispielsweise in einer wirklich gut funktionierenden Firma). Sie wird zur „Leiterin" und damit im optimalen Fall zur „Beschützerin" des Systems. Sobald diese Leiterin aber unzuverlässig wird und man ihr nicht mehr vertrauen kann, wird sie durch eine neue Leiterin ersetzt – wohlgemerkt im *optimalen* Fall.

In Familien ordnen sich Kinder instinktiv zunächst Ihren Eltern unter, weil sie natürlicherweise davon ausgehen, von den Eltern optimal geschützt zu werden. Alles, was von den Eltern kommt, wird vom Kleinkind zunächst in diese Schublade eingeordnet: „Es ist für mich das Beste." Selbst wenn Eltern das Kind verletzen, wird das in den frühesten Jahren zunächst einmal als Notwendigkeit einsortiert ... bis das Kind etwas anderes kennenlernt und die erfahrenen Verletzungen in eine neue Schublade einzusortieren beginnt. Dann beginnen die Probleme und die inneren Konflikte der unterschiedlichen Musterautomatismen im Kind, die nun nicht mehr unter einen Hut zu bringen sind.

Je „sicherer" jemand auftritt, umso höher steht er in der Hierarchie. So entstehen auch Gesprächshierarchien. Wenn ein anderer Mensch besonders „sicher" auftritt, geben viele Menschen oft ihr eigenes Chef*insein (Chef*in des eigenen Erlebens) auf. Wenn Ärzt*innen besonders „sicher" auftreten, vertraut man ihnen und blendet sein eigenes Bauchgefühl aus. Auch wenn jemand mit äußerster Sicherheit und Überzeugung abwertet und ausschließt, wird er von vielen Menschen in der Hierarchie nach oben gestellt. Diese Menschen denken (unbewusst), dass dieses sichere Auftreten am besten für einen „Schutz" geeignet sei. Die/der „Sichere" könne alle anderen beschützen.

Unsere Musterautomatismen hängen ganz eng mit genau diesen Heilungshierarchien zusammen. Leider wird in unserer Gesellschaft meistens nicht gesehen, dass Hierarchien oft dem Selbstschutz und der Selbstheilung dienen. Ich glaube, das liegt daran, dass es in vielen Fällen mehrere Verletzungen gleichzeitig gibt, die um ihren Vorrang und um ihre Anerkennung kämpfen, um heilen zu dürfen. Außerdem liegt es daran, dass unverarbeitete emotionale Wunden eine Dauerwirkung mit einem Dauerwunsch nach einer Dauerhierarchie entfalten.

Weil wir noch nicht breitflächig die Sichtweise entwickelt haben, dass Verletzungen zu Hierarchien führen, um Selbstheilung zu erfahren, haben wir uns in unserer Gesellschaft auch noch nie bemüht, in diesem Durcheinander eine Ordnung herzustellen und einer Verletzung nach der anderen Raum zur vollständigen Selbstheilung zu geben.

Ich bin davon überzeugt: Wir Menschen werden uns allmählich bewusst, dass die Dynamiken, die uns aus unseren schmerzlichen Gefühlen heraus steuern, nicht immer in eine Selbstzerstörung münden, sondern „eigentlich" den Selbstheilungsprozess als Basis haben. Bisher glauben wir, dass ein Mensch, der um Anerkennung ringt und der sich in einer Hierarchie ganz nach oben kämpft, um von allen anderen endlich gesehen zu werden, das aus egoistischen Motiven heraus tut. Wir glauben, dass ein Mensch, der sich dominant behauptet, keine Empathie für andere Menschen hat. Wir denken, ihm sind alle anderen Menschen „egal". Doch dieser Mensch leidet in Wirklichkeit unter einem unverheilten emotionalen Schmerz und wünscht sich tief in seiner Seele unbewusst eine Heilung.

Diese Heilung ist nur möglich, wenn alle anderen Menschen ihm genau den Rahmen bieten, den er für seine Heilung benötigt, und er in dem Moment auch tatsächlich in einen Selbstheilungsprozess einsteigt. Dazu müssen sich ihm alle so zur Verfügung stellen, wie es zu seiner Verletzung und dem dazugehörigen Selbstheilungsprozess passen würde. Nur – für das Herstellen eines solchen Rahmens bringt kaum ein Mensch Verständnis auf, weil jeder in seinen eigenen Verletzungen steckt und „eigentlich" auch den Rahmen für seinen eigenen Selbstheilungsprozess benötigt. Es ergibt sich ein Chaos aus lauter verletzten Menschen und somit vielen verschiedenen Heilungswünschen. Man könnte dieses Chaos auch „Konflikt" oder „Krieg" nennen. Und wie wir alle wissen, führen Konflikte und Kriege zu neuen Verletzungen und damit zu neuen Wünschen nach neuen Hierarchien, die den jeweiligen Heilungsprozess ermöglichen sollen.

Ich behaupte, dass Kriege im Grunde Kämpfe um Raum für die eigenen Selbstheilungsprozesse sind.

Vielleicht war Adolf Hitler durch seine schmerzvolle Kindheit besonders stark traumatisiert (verklumpte innere Musterautomatismen) und hat ganz viel „Raum" für seinen Selbstheilungsprozess benötigt, was er dann unbewusst nach außen übertragen hat und „ganz viel Raum" erobern wollte, um letztendlich selbst heilen zu können. Durch diese Sichtweise bekommt der Ruf „Heil Hitler!“ noch eine ganz andere Dimension: „*Heil*, Hitler!“ (beachten Sie das Komma, das den Gruß in eine Aufforderung verwandelt, sich zu heilen).

Bezogen auf das Thema „Beeinflussungen“ ist mein Eindruck, dass wir Menschen uns durch Verletzungen und Befürchtungen am stärksten beeinflussen lassen. Gerade weil unsere inneren Muster durch eine starke Verletzung besonders „gebunden“ und abhängig werden (Konzentration auf Schutz / Heilung), ist dort die Beeinflussung stärker als bei Freude- und Lusthierarchien. Stehen Spaß und Freude ganz oben an der Spitze der Hierarchie, dann sind wir gleichzeitig viel unabhängiger und haben mehr Wahlmöglichkeiten. Daher findet bei Freude- und Lusthierarchien eher ein gegenseitiges „Anstecken“ statt und keine „ungewollte, einengende Beeinflussung“. Dagegen kann bei Schmerzhierarchien mehr „Macht“ ausgeübt werden, weil die innere und damit auch die äußere Abhängigkeit größer ist.

In der Unterhaltungsindustrie, wie z. B. bei Kinofilmen, wählen wir gerne beides. Wir schauen spannende Filme an, die uns ihre Spannungen deswegen vermitteln können, weil wir die Heilungshierarchien bezüglich Schmerzerlebnissen aus dem eigenen Leben kennen (wie z. B. die Lebensbedrohung). Wir „leiden“ gerne mit – vorausgesetzt es gibt am Ende ein Happy End. Auf der anderen Seite lassen wir uns auch gerne von guten Komödien anstecken und lachen herzlich mit.

Wenn wir aber das Leid eines anderen Menschen direkt in unserem Leben miterleben müssen, dann fühlen wir uns nicht mehr so frei, wie bei einem Kinofilm, der lediglich spannend ist und meistens ein Happy End hat. Im Alltag ist das Happy End nicht garantiert. Außerdem fühlen wir uns stärker verpflichtet, unserem Umfeld zu helfen, als bei einem Kinofilm. Und so sind wir abhängiger und stärker beeinflusst, wenn wir im Kontakt mit dem Leid eines anderen Menschen stehen.

Besonders stark wirkt es, wenn wir als Kind miterleben müssen, wie sich unsere Eltern selbst verletzen. Wir machen uns als Kind von unserem Wunsch abhängig, die Eltern dazu zu bringen, sich nicht mehr zu verletzen, sondern im Leben glücklich zu werden. Sind unsere Eltern glücklich, dann können wir als Kind auch glücklicher fühlen (falls das Glück der Eltern nicht auf Kosten des Kindes geht).

> Wir lassen uns durch die Heilungshierarchien anderer Menschen beeinflussen, weil wir selbst in Heilungshierarchien leben.

Um im Alltag mit solchen Beeinflussungen besser umgehen zu können und die verpflichtende Abhängigkeit ein wenig zu lockern, empfehle ich folgenden ersten Schritt:

Erkennen Sie, dass *jeder* Mensch innerhalb von Heilungshierarchien lebt und entsprechende Musterautomatismen (Schutzverhalten) im Verhalten gebildet hat. Zu einem Schutz kann manchmal das Muster der Selbstverletzung (oder der Verletzung anderer) gehören. Denn in bestimmten Situationen muss man eine Selbstverletzung entwickeln, um einen noch viel schlimmeren Schmerz nicht zu spüren. Manche Menschen verletzen sich selbst beispielsweise durch zu viel Alkoholkonsum, um unerlöste emotionale Schmerzen nicht zu fühlen.

> Erkennen Sie:
> Jeder Mensch lebt innerhalb von Heilungshierarchien.

Erkennen Sie als zweiten Schritt, dass sich alle Heilungshierarchien *voneinander unterscheiden*. Jeder Mensch empfindet ein Schmerzerlebnis anders und geht anders damit um. Und jeder braucht einen *anderen* Rahmen, um seinen erlebten Schmerz nachträglich heilen oder sich vor der inneren oder äußeren Wiederholung dieses Schmerzes schützen zu können.

Das bedeutet, dass wir niemals genau wissen können, in welchen Heilungshierarchien ein anderer Mensch lebt. Wir können mit unseren eigenen individuellen Schmerzerfahrungen und den dazugehörigen Heilungshierarchien in uns niemals genauso mitfühlen, wie ein anderer Mensch seine Schmerzerfahrung empfindet, wie er damit umgeht und was er an Unterstützung benötigt.

Jeder Mensch hat ein anderes Schmerzempfinden im Laufe seines Lebens entwickelt und berechnet die Gefahren in der Zukunft anders – seinen eigenen Erfahrungen entsprechend.

Erkennen Sie als dritten Schritt, dass die Heilungshierarchien der Menschen immer *unabhängig* voneinander sind. Und Unabhängigkeit bedeutet: Die Heilungshierarchien der unterschiedlichen Menschen *können* aufeinander reagieren, *müssen* es aber nicht automatisch. Wir müssen uns nicht von der Heilungshierarchie eines anderen Menschen, die wir sowieso nicht vollständig verstehen, anstecken lassen. Wir können auch *unabhängig* davon unsere eigene aktuelle Heilungshierarchie leben.

Ich schlage vor, sich das folgende innere Bild zu machen und als Musterautomatismus anzutrainieren:

Die unterschiedlichen Heilungshierarchien aller Menschen sind voneinander *unabhängig*!

Wenn wir unsere eigenen Heilungshierarchien von den Heilungshierarchien anderer Menschen als *unabhängig* erkennen, dann können wir uns aus vielen Schmerz-Angst-Beeinflussungen befreien! Denn dadurch werden unsere eigenen Heilungshierarchien nicht mehr *automatisch* von den Heilungshierarchien anderer Menschen aktiviert. Wir haben mehr Wahlmöglichkeiten.

Wenn wir das so sehen können, dann entsteht etwas Neues: Wir müssen bei jedem Menschen seine ganz persönliche aktuelle Heilungshierarchie immer wieder neu erforschen. Was ist gerade sein Schmerz? Was braucht er von uns, damit er seinen Schmerz optimal heilen kann? Oder was braucht er, damit er sich optimal vor der Erinnerung an seinen Schmerz schützen kann? Oder damit er die Gefahr, die er zu sehen meint, optimal vermeiden kann? Solange das nicht geklärt ist, können wir auch nicht hilfreich aktiv werden.

Wir müssen uns eingestehen, dass wir den Sinn einer Heilungshierarchie eines anderen Menschen niemals absolut kennen können und auch keinen Einfluss darauf haben (= „weise Ohnmacht"[91]). Wir können niemandem helfen, wenn er uns nicht konkret mitteilt, auf welche Weise er Hilfe braucht. Wir können immer nur *ausprobieren*, ob unsere Hilfe dem anderen Menschen auch wirklich hilft. Aber letztendlich ist der andere immer Chef*in innerhalb seiner Heilungshierarchie, denn nur er

[91] Siehe allererstes Kapitel.

kennt bewusst oder unbewusst seinen Schmerz. Nur er weiß bewusst oder unbewusst, was er benötigt, und kann fühlen, wann es besser wird.

Jede Ärztin und jede Heilpraktikerin ist nur eine Dienerin, die ihre Hilfe anbietet. Aber ob eine Hilfe innerhalb einer bestimmten Heilungshierarchie auch tatsächlich hilft, entscheidet immer der Organismus der/des Geschädigten.

Für mich sind diejenigen Ärzt*innen schon lange nicht mehr glaubwürdig, die die „Sicherheit“ ausstrahlen, genau zu wissen, worum es geht und was nötig ist. Nur diejenigen Ärzt*innen wecken in mir gute Gefühle, die mir ausführlich Fragen stellen, mich in allem ernst nehmen, was ich mitteilen möchte, und mir dann aus ihren Erfahrungen heraus „Empfehlungen“ und „Angebote“ machen, aus denen ich mit Hilfe meines Bauchgefühls stimmig auswählen kann.

Trainingsangebot:

1. Machen Sie sich intensiv bewusst, was genau eine Heilungshierarchie ist. Lesen Sie dazu noch einmal die Kästen auf den Seiten 168 / 169 und lernen sie auswendig.

2. Während Sie mit anderen Menschen in Kontakt sind, sagen Sie sich innerlich still in Gedanken immer wieder:

„Du hast andere Heilungshierarchien als ich. Unsere Heilungshierarchien sind unabhängig voneinander.“

Seien Sie sich bewusst, dass tatsächlich die Erfahrungen mit Schmerz als auch die Wünsche nach Schutz und nach Heilung und dementsprechend die Heilungshierarchien aller Menschen unterschiedlich und unabhängig voneinander sind.

So wie jeder Lebensweg ein anderer ist und sich jedes Gehirn von anderen Gehirnen unterscheidet. Hier kann es keine Gemeinsamkeit geben, kein „Dazugehörigkeitsgefühl“.

Erinnern Sie sich an Ihren Dazugehörigkeits-Maßstab? Und an Ihren Wachstums-Maßstab?[92] Jetzt gibt es noch einen weiteren Maßstab, mit dem Sie sich auseinandersetzen können, wenn Sie es wollen: den Schutz-Heilungs-Maßstab.

Meine Empfehlung: Schreiben Sie sich auf, was die allerschlimmsten Dinge sind, die Sie erleben mussten und vor denen Sie sich heute schützen. Entscheiden Sie selbst, was Sie alles in diese Liste aufnehmen wollen. Wenn dabei Tränen fließen sollten, dann hat sich bereits ein Heilungsprozess in Ihnen gestartet. Gehen Sie so mit den Tränen um, wie ich es im letzten Kapitel empfohlen habe oder wie Sie es für stimmig empfinden.

Je länger Sie sich mit dieser Liste auseinandersetzen, umso mehr Erinnerungen können auftauchen. Wenn Sie sich entschieden haben, die Liste abzuschließen, weil Sie das Wichtigste notiert haben, können Sie als nächstes die Liste noch einmal von vorne durchlesen und dabei nach Gefühl entscheiden: Was könnte nachträglich heilbar sein? Und wobei geht es nicht mehr um Heilung, sondern darum, sich für immer optimal davor zu schützen? Notieren Sie hinter den möglicherweise heilbaren Punkten ein „H" für „Heilung" und hinter den anderen Punkten ein „S" für „Schutz".

Vielleicht gibt es auch Punkte, hinter die beide Buchstaben passen. Dann schreiben Sie „S + H" für beispielsweise „optimalen Schutz, um Heilung erfahren zu können".

Wenn Sie wollen, können Sie nun das Buch mit dem Ziel weiterlesen, in diesen Punkten mit Hilfe der Sichtweisen, Techniken und Übungen, die Sie noch lesen werden, in ein besseres Gleichgewicht zu gelangen.

Ich berichte Ihnen weiter von meinem Training, in der Vorstellung Dinge zu bewegen oder Menschen anzuschauen, während ich ihr Umfeld in einen weißen Raum verwandle[93].

Ich merke eine interessante Weiterentwicklung im direkten Kontakt mit Menschen, wie z. B. beim Einkaufen: Wenn ich aus der Entfernung einen Menschen anschaue und mir vorstelle, er bewegt sich komplett allein in einem weißen Raum, oder wenn ich auf normale Weise mit der

---

[92] Zur Erinnerung siehe Seite 89 ff.

[93] Zur Erinnerung siehe Seite 129 f., 152 f.

Kassiererin rede, mir dabei aber vorstelle, sie säße auf einem Stuhl in einem weißen Raum, dann fühle ich dabei Stress. Es ist aber nicht immer der gleiche Stress, sondern mal ist er stärker, mal weniger stark – je nach Mensch.

Zuerst dachte ich, ich selbst hätte Stress, weil sich durch mein Schauen die Menschen vielleicht belästigt fühlen und ich befürchte, angemotzt zu werden. Aber eigentlich schaute ich immer die Menschen an, wenn sie es nicht bemerkten, also wenn entweder die Entfernung groß genug war oder die Person mir ihren Rücken zugewandt hatte oder wenn der Blickkontakt auf normale Weise geschah, wie bei der Kassiererin.

Fühle ich den Stress der Menschen, die ich beobachte? Fühle ich ihre Heilungshierarchien? Ihre Ängste und ihr Bedürfnisse nach Schutz, die ganz oben in der Hierarchie stehen und von denen sie ihre Verhaltensmuster abhängig gemacht haben?

Auf dem Weg vom Einkauf zurück nach Hause kam mir der Gedanke, dass Menschen ihre Beziehungen zu anderen Menschen oft intensiv von ihren Ängsten und Bedürfnissen (Heilungshierarchien) abhängig machen. Und wenn ich sie sozusagen in meiner Vorstellung „isoliere", kommt diese „Bindungsenergie" zum Vorschein und ich kann sie in Form von Stress wahrnehmen. Nach dem Motto: Wie würde sich dieser Mensch fühlen, wenn er komplett allein wäre? Oder wenn er von mir psychisch nackt ausgezogen und entlarvt werden würde?

... aber vielleicht ist das alles auch nur Spekulation und in meiner Fantasie entstanden – wir wissen es nicht ...

Ich werde später noch weiter darüber berichten.

Was könnte unsere Unabhängigkeit behindern?

Wenn wir die Heilungshierarchien aller Menschen als voneinander unabhängig betrachten wollen, könnten dabei Schwierigkeiten auftauchen. Diese Schwierigkeiten könnten uns genauso in unserem Ziel behindern, unsere eigenen Wünsche zu lenken und mit Beeinflussungen zu tanzen. Folgende acht Schwierigkeiten kann ich an dieser Stelle durch meine eigenen Erfahrungen vorausberechnen:

Schwierigkeit Nr. 1: Objektivität

Hinter dieser Schwierigkeit steckt unser Wunsch dazuzugehören. Weil wir „dazugehören wollen“, könnte es für uns „einsam“ werden, wenn wir erkennen, dass Heilungshierarchien nicht aufeinander reagieren *müssen* und unabhängig voneinander sind. Denn wenn die uns lieben Menschen weiterhin denken oder behaupten, dass es Gefahren und Regeln gibt, die für *alle* Menschen gleichermaßen gelten (scheinbar *objektive* Heilungshierarchien), dann unterscheiden wir uns immer mehr voneinander. Die uns lieben Menschen bleiben bei der Sichtweise „Objektive Heilungshierarchien“, während wir eine neue Sichtweise entwickeln: „Alle Heilungshierarchien sind unabhängig voneinander.“

Wie entstehen objektive Heilungshierarchien? Es gibt Menschen, die davon überzeugt sind, nicht „Chef*in ihres Erlebens“ zu sein. Sie erleben eine Abhängigkeit davon, wie andere Menschen sich ihnen gegenüber verhalten. Beispielsweise leiden sie unter dem abwertenden Verhalten eines anderen Menschen und wollen, dass der andere damit aufhört. Für sie ist (objektiv) klar, dass eine Besserung in ihrem Gefühl nur dann eintreten kann, wenn der andere sein verletzendes Verhalten ändert und freundlich wird. Diese Menschen fühlen sich komplett von dem Verhalten des anderen negativ beeinflusst, fühlen sich von seinem Verhalten *abhängig* und sehen sich selbst als Opfer der Situation. Vor allem denken sie, dass ihre Sichtweise „normal“ und „objektiv“ ist, weil es garantiert jedem Menschen so ergeht.

Die (scheinbar objektive) Heilungshierarchie eines Opfers lautet: Das Opfer ist die/der Leidende und steht damit in der Hierarchie ganz oben – wie der Finger, den wir mit der Nadel verletzt hatten. Damit das Opfer heilen kann, muss sich das Umfeld nach dem Opfer richten, d. h. die Verletzung der/des Täter*in muss aufhören. Nur in so einem Fall könnte das Opfer sich wieder sicher fühlen und die Heilung könnte geschehen. Was dabei ausgeblendet wird, ist die Eigenaktivität: alle möglichen Bemühungen, die Situation kreativ zu verändern oder konstruktiv zu nutzen oder sie selbst zu beenden oder ihr erfolgreich zu entkommen[94].

Bei manchen Menschen erleben wir, dass sie ihr Opferdasein sehr stark in den Mittelpunkt (an die Spitze jeder Aufmerksamkeitsrangfolge) stellen. Jetzt können wir uns erklären, warum dies geschieht: Sie stecken in einer Heilungshierarchie. Ihr Schmerz oder ihre Befürchtung möchte die volle Aufmerksamkeit von allen Anwesenden.

Wenn eine mitfühlende Beobachterin es genauso sieht, dass diese Heilungshierarchie des Opfers für *alle* gilt, allgemein „logisch“ ist und „objektiv korrekt“, dann stürzt sie sich auf den Täter. Sie will das Opfer beschützen und den Täter verändern, ihn bestrafen und ihn der Heilungshierarchie entsprechend in eine untergeordnete Rolle bringen. Dann könnte das Opfer endlich sein Leiden beenden und heilen. Mindestens aber regt die Beobachterin sich über diesen Täter auf, drückt Empörung aus, um dem Opfer Mitgefühl und Anteilnahme zu signalisieren.

Wer es allerdings so sieht, dass alle Heilungshierarchien aller Menschen komplett *unabhängig* voneinander sind, der schaut sich die Heilungshierarchie des Opfers an und kann ihr zustimmen. Für das Opfer ist die Heilungshierarchie notwendig, damit es geschützt ist und heilen kann. Gegenüber dem Täter entsteht aber eine andere innere Haltung. Man kann erkennen: Der Täter steckt ebenso in einer individuellen Heilungshierarchie, die unabhängig von allen anderen Heilungshierarchien besteht. Die Handlung, die sich aus dieser Erkenntnis über den Täter ergibt, wäre: Man erforscht genau, aus welcher Heilungshierarchie

---

[94] Zur Erinnerung siehe die erlernte Hilflosigkeit bei Hunden, Seite 104.

heraus der Täter sein verletzendes Verhalten an den Tag legt. Denn auch er ist verletzt, muss sich schützen und sucht auf irgendeiner tiefen unbewussten Ebene nach Heilung. Seine Suche nach Schutz und Heilung geschieht in einer gewaltvollen Art und Weise, die er in seiner Kindheit kennengelernt und übernommen hat, mit Hilfe gewaltvoller Musterautomatismen.

Dies soll keine „Entschuldigung“ für das Verhalten von Täter*innen sein. Eine Täterin muss trotzdem die Schuld und die Folgen ihres Verhaltens tragen. Dieses Denkmodell hilft aber uns selbst, uns weder in die Heilungshierarchie des Opfers noch in die Heilungshierarchie der Täterin mit hineinziehen zu lassen. Wir lassen uns weniger „beeinflussen“. Wir bleiben *unabhängiger* in unseren Reaktionen und rutschen daher gegenüber der Täterin nicht selbst in eine verurteilende Täter*inrolle. Wir denken stattdessen: Alle Heilungshierarchien aller Menschen sind *unabhängig* voneinander. Und nun muss man schauen, wie man alle Heilungshierarchien optimal bedienen kann. Wie kann man optimal dem Opfer helfen? Und wie kann man optimal der Täterin helfen, damit sie aus ihrem gewaltvollen Schutzverhaltensmuster heraus nicht mehr andere Menschen verletzen muss? Ist überhaupt Hilfe gewünscht? Was können wir diesen Menschen anbieten und für sie tun? Oder müssen wir uns wieder unsere „weise Ohnmacht“ bewusst machen? Müssen wir damit leben, dass wir letztendlich weder dem Opfer noch der Täterin bei deren vollständiger Heilung helfen können? Schließlich ist jeder Chef*in des eigenen Erlebens.

Zusammengefasst: Wenn wir die Heilungshierarchien aller Menschen als *unabhängig* voneinander betrachten, müssen wir davon ausgehen, dass andere Menschen die Sichtweise behalten: Es gibt objektive Heilungshierarchien, nach denen sich selbstverständlich alle Menschen zu richten haben. Wer das nicht tut, ist nicht ganz dicht, nicht normal, muss bewertet, ausgeschlossen oder gar bekämpft werden.

Diese Sichtweise, diese „Generalisierung“, dass es objektive Heilungshierarchien für alle gibt, ist ein Teil einer Heilungshierarchie. Solche Menschen schützen sich vielleicht davor, sich einsam fühlen zu müssen, mit einem eigenen Schmerz konfrontiert zu werden oder einigen dieser Schwierigkeiten zu begegnen, die ich nun im Folgenden aufzähle. Sie haben bestimmte innere Muster noch nicht voneinander unabhängig gemacht. Es ist noch sehr viel miteinander verklumpt und wird dadurch generalisiert und auf alles und jeden übertragen. Auf diese Weise entsteht (scheinbare) „Objektivität".

Schwierigkeit Nr. 2: Schlechtes Gewissen / Schuldgefühle

Wenn wir versuchen, die Heilungshierarchien aller Menschen als voneinander *unabhängig* zu betrachten, könnte in uns ein Widerstand auftauchen. Dieser Widerstand ist möglicherweise ein Botschafter eines anderen Wunsches in uns. Der Wunsch: „Ich will nicht rücksichtslos gegenüber anderen Menschen sein."

Hinter diesem Wunsch steckt ein Musterautomatismus, den wir in unserer Kindheit gebildet haben. Es begann mindestens damit, dass wir gegenüber Erwachsenen, die uns etwas geschenkt haben, „Danke" sagen sollten. Was steckt hinter dieser Anweisung des Dankesagens? Der Wunsch nach Höflichkeit. Und Höflichkeit hat immer ein Gegenüber im Blick: Man soll höflich sein, damit sich *der andere* nicht ausgeschlossen oder verletzt fühlt. Das ist eine Heilungshierarchie. Die Gefahr, dass der andere beleidigt ist, steht ganz oben an erster Stelle der Hierarchie. Und nun muss man sich dementsprechend unterordnen und ein Verhalten ausüben, das ein Beleidigungsgefühl des anderen *verhindert*. Man muss als Kind so tun, als ob man für das, was man geschenkt bekommen hat, tatsächlich dankbar wäre …

Stellen Sie sich vor, jemand schenkt Ihnen etwas und Sie sagen nicht „Danke". Wie würden Sie sich fühlen? Höchstwahrscheinlich rücksichtslos. Gleichzeitig hätten Sie das Gefühl, der andere würde sich damit nicht wohl fühlen oder er würde denken, dass er etwas Falsches geschenkt hat oder dass Sie besonders unhöflich sind usw. Sie merken: Ihr Blick ist auf Ihr Gegenüber konzentriert. Was denkt und fühlt *der andere*? Ist in seinem Denken und Fühlen eventuell ein Ausschluss, eine Distanz, eine Trennung vorhanden? Sie versuchen es *dem anderen* so angenehm wie möglich zu machen, damit sowohl sein Dazugehörigkeitsgefühl (Verbundenheit) als auch letztendlich Ihr Dazugehörigkeitsgefühl bewahrt bleiben.

Daran ist nichts falsch. Es ist eine Heilungshierarchie, bei der Sie das Wohl der anderen an allererste Stelle setzen. Dadurch haben Sie eine permanente „Frage". Sie leben einen permanent aktivierten Musterautomatismus, der da lautet: „Geht es dir wirklich gut?“ oder „Ist für dich alles in Ordnung?“

Erinnern Sie sich an das ältere Ehepaar, das mich nach dem Weg zur Käthe-Paulus-Straße fragte? Ihre Frage eröffnete mir alle Möglichkeiten, sie so zu beeinflussen, wie ich es wollte[95].

Wenn wir also eine Frage an das Umfeld haben („Ist für dich alles in Ordnung?“), dann geben wir dadurch dem Umfeld die Möglichkeit, uns direkt zu beeinflussen. Ich bewerte dies gerade nicht – ich möchte Ihnen diesen logischen Zusammenhang nur bewusst machen, damit Sie in Zukunft gezielt damit tanzen können: „Frage ich gerade nach dem Wohlergehen meines Umfeldes? Will ich mich nach dem Umfeld richten und lasse mich also vom Umfeld beeinflussen? Oder will ich mich eher nach meinem eigenen Wohlergehen richten? Oder nach beidem? Nach wem zuerst?“

Merken Sie, dass diese eben aufgezählten Fragen danach fragen, was Sie *wollen*? Was Ihre *Wünsche* sind? Ich sagte ja bereits, dass all unsere *Wünsche* die Basis für Beeinflussungen bilden. Wenn Sie sich also beispielsweise wünschen, dass es der anderen Person gut geht, dann haben Sie sich für die Beeinflussungen, die von der anderen ausgehen, geöffnet. Und dann müssen/dürfen Sie mit den Folgen leben. Wollen Sie es? Wünschen Sie es? Was wünschen Sie sich? Wenn Sie Ihre Wünsche steuern können, dann tanzen Sie automatisch auch mit den Beeinflussungen Ihres Umfeldes[96].

Fragen Sie sich selbst, was Sie sich gerade wünschen:

a) Sie wünschen sich, dass es Ihrem Umfeld gut geht.

b) Sie wünschen sich, dass es Ihnen selbst gut geht.

c) Sie wünschen sich, dass es allen zusammen gut geht.

Wenn sich einer dieser Wünsche gerade belastend anfühlt, probieren Sie aus, wie es sich anfühlt, wenn Sie sich auf einen der anderen Wünsche konzentrieren.

---

[95] Zur Erinnerung siehe Seite 65 f.

[96] Zur Erinnerung siehe Seite 81.

Machen Sie sich immer wieder neu klar, was Sie sich in jeder Situation *wünschen*, was Sie gerade *wollen*. Erinnern Sie sich: Wie ist Ihr optimaler Dazugehörigkeits-Maßstab? Wie lautet Ihr Wachstums-Maßstab? Wie ist Ihr Schutz-Heilungs-Maßstab? Vergleichen Sie diese drei Maßstäbe mit Ihrem Kontakt zum anderen Menschen. Was fühlen Sie bei diesem Vergleich? Was können Sie für Schlüsse daraus ziehen? Welche Entscheidungen fällen Sie?

Ich biete Ihnen die folgende Lösung an, die ich bezüglich des Problems „Rücksichtslosigkeit" für mich gefunden habe:

Ich kann mich auf mein eigenes Wohlergehen konzentrieren und gleichzeitig rücksichtsvoll sein. Dabei fühle ich mich auch weiterhin mit dem anderen verbunden. Dies geschieht, indem ich die andere Person in ihren Gefühlen immer ernst nehme[97]. Ich habe Mitgefühl mit ihr und wünsche ihr aus ganzem Herzen das Allerbeste – ohne mich dabei automatisch verpflichtet zu fühlen, mich nun um die andere kümmern zu *müssen*. Ich fühle mich nicht in ihre Heilungshierarchie eingebunden, fühle mich von ihr nicht ungewollt beeinflusst. Ich habe immer die Wahl, ob ich der anderen vielleicht doch helfen möchte. Außerdem kann ich mit unabhängigem Gefühl genauer erforschen, ob die andere überhaupt Hilfe möchte und wenn ja: welche?

Mögliche lösende Haltung: „Ich sehe dein Problem, nehme es vollkommen ernst, habe Mitgefühl mit dir und wünsche dir aus ganzem Herzen das Allerbeste! Wenn du Hilfe brauchst, sag mir, wie ich dir helfen kann. Und ich schaue, was ich unter der Berücksichtigung meiner eigenen Situation tun kann und tun will."

Wenn diese Sätze für Sie stimmig sind, dann lernen Sie sie auswendig, so dass Sie sie in jeder Situation innerlich wiederholen können.

---

[97] Mit „ernst nehmen" meine ich, ihr vollständig zu glauben, wie es ihr gerade geht, es also nicht herabzuwürdigen. Ich erkenne ihre aktuelle Situation und ihre Gefühle komplett an. Es heißt *nicht* unbedingt, dass ich mich auch danach richte.

Durch diese Haltung werde ich nicht mehr *automatisch* von dem Leid meines Umfeldes beeinflusst. Ich bin frei, in Ruhe für mich zu entscheiden, wem ich gerade Vorrang geben möchte: der anderen Person mit ihrem Bedürfnis oder mir mit meinem Bedürfnis – oder uns beiden gleichzeitig. Dabei weiß ich: Unsere Heilungshierarchien sind komplett *unabhängig* voneinander. Niemand kann vergleichen, wem es gerade „schlechter" geht oder wessen Bedürfnis gerade „objektiv wichtiger" ist. Denn dafür gibt es keinen objektiven Maßstab. Es gibt nur persönliche, subjektive, individuelle Ansichten, die meistens von eigenen subjektiven Heilungshierarchien beeinflusst sind.

Schwierigkeit Nr. 3: Unnötige Selbstverletzung

Es gibt noch eine Steigerung zu der Schwierigkeit Nr. 2, die ich in diesem Punkt 3 extra ansprechen möchte.

Stellen Sie sich vor, Ihnen ist ein anderer Mensch sehr ans Herz gewachsen. Sie haben diesen Menschen sehr lieb. Vielleicht würden Sie sogar sagen, dass Sie diesen anderen Menschen aus ganzem Herzen lieben. Und nun müssen Sie miterleben, wie dieser Mensch auf einem Stuhl sitzt, eine Nadel in der Hand hat, sich damit bewusst in den Finger sticht und dabei mit schmerzverzerrtem Gesicht „Au!" ruft. Ein paar Stunden später macht dieser Mensch das gleiche wieder. Er sticht sich in den Finger, verzieht sein Gesicht: „Au!" Drei bis vier Mal am Tag. Immer wieder verletzt sich dieser Mensch selbst.

Natürlich wollen Sie wissen, warum er das macht. Sie wollen den Sinn hinter seinem Ziel wissen. Sie wollen die „Heilungshierarchie" dieses Menschen erfahren: Wofür ist das ***gut***, was er macht?

Angenommen dieser Mensch gibt Ihnen keine Erklärung. Dann sieht es aus Ihrer Perspektive so aus, als ob sich der Ihnen ans Herz gewachsene Mensch immer wieder selbst verletzt, obwohl er es eigentlich gar nicht tun müsste. Könnten Sie das aushalten?

Wenn es keinen Sinn gäbe und wir wüssten: „Der andere braucht nur damit aufzuhören, dann müsste er nicht mehr leiden!", dann würden viele von uns alles daran setzen, dem anderen zu erklären, dass er die Nadel zur Seite legen soll, damit er sich nicht mehr selbst zu stechen braucht. Vielleicht würden wir sogar beginnen, den anderen daran zu hindern, sich immer wieder selbst zu verletzen.

Übertragen Sie das auf Ihre Kindheit. Ich bin davon überzeugt, dass fast jedes Kind das Gefühl kennt: „Die Eltern verletzen sich gerade selbst, obwohl es nicht nötig ist." Sei es, indem die Eltern miteinander streiten. Sei es, dass ein Elternteil negative Gedanken über sich selbst hat und sich dadurch klein macht. Sei es, dass ein Elternteil große Angst vor etwas hat, das schon lange vorbei ist. Sei es, dass die Eltern etwas missverstehen und es sich aus diesem Missverständnis heraus schlecht gehen lassen. Als Kind setzen wir alles daran, dass es unseren Eltern besser gehen möge. Was wir in dieser Situation definitiv *nicht* könnten: Unsere Eltern in ihrem Leid allein lassen.

Wir werden enorme Schwierigkeiten haben, die Heilungshierarchie der Eltern von unserer eigenen als „unabhängig" zu erkennen. Wir machen unser Heilgefühl von dem Heilgefühl unserer Eltern abhängig! Wir leiden mit. Und wir tun aus diesem Leidgefühl heraus alles, damit unsere Eltern nicht weiter leiden müssen. Dabei fühlen wir uns abhängig. Wir sind von dem Leid unserer Eltern ***beeinflusst***.

Wenn Sie meine Gedanken nicht auf Ihre Eltern übertragen können, versuchen Sie es auf jenen Menschen zu übertragen, den Sie aus ganzem Herzen lieben. Wenn der andere sich permanent selbst verletzt, fällt es Ihnen sicherlich schwer, Ihre Heilungshierarchien voneinander als unabhängig zu erkennen. Auch hier taucht das „schlechte Gewissen" auf – und zwar in einer extremen Form. Sie könnten den anderen in seinem Leid nicht einfach so allein lassen.

Achtung! Dieses schlechte Gewissen baut auf einem Denkmodell auf, durch das Sie sich selbst *abhängig* halten. Denn Sie denken: „Wenn ich mich unabhängig fühlen würde, dann hätte ich dadurch den anderen *verlassen* und der andere müsste weiter oder schlimmer leiden." Dadurch haben Sie unabsichtlich in sich selbst einen Musterautomatismus aktiviert, der Sie daran hindert, in Ihrem Leben unabhängig zu sein.

Das Denkmodell: „*Wenn ich unabhängig bin, habe ich den anderen verlassen*" ist ein Musterautomatismus, der verhindert, tatsächlich unabhängig im Leben zu sein.

Unabhängigkeit heißt **nicht** *Trennung*, sondern: *mehr Wahlmöglichkeiten!*

Ich möchte daran erinnern, dass die Sichtweise „Unabhängigkeit aller Heilungshierarchien" nicht bedeutet, dass Sie auf den anderen keine Rücksicht mehr nehmen. Es bedeutet, dass durch diese Sichtweise Ihre *Wahlmöglichkeiten erhöht* werden. Sie sind nicht mehr *automatisch* in Ihren Gefühlen abhängig vom Gegenüber.

Sie können mit viel Training die Bewegungen Ihrer einzelnen Fußzehen unabhängig voneinander werden lassen. Sie können sich so trainieren, dass Sie Ihre Zehen einzeln bewegen können. Trotzdem haben Sie weiterhin die Möglichkeit, Ihre Zehen gleichzeitig zu bewegen. Unabhängigkeit heißt *nicht* Trennung! Sondern einzig und allein: *mehr Wahlmöglichkeiten*! Zwei Dinge *können* zwar aufeinander reagieren, *müssen* es aber nicht. Unabhängigkeit.

Denken Sie noch einmal an eine Sanduhr. Wenn der Sand nass und verklumpt ist, dann kann er nicht nach unten rieseln. Wenn aber der Sand trocken ist, dann sind die Sandkörner unabhängig voneinander, können nun durch die dünne Öffnung hindurchrieseln und befinden sich gleichzeitig noch alle *innerhalb* der Sanduhr. Sie sind nicht getrennt voneinander, sie sind nur flexibler und können besser fließen.

Wenn Sie Ihre Heilungshierarchien als „voneinander unabhängig" betrachten, können Sie dem anderen immer noch genauso helfen und zur Verfügung stehen – aber eben nicht mehr „zwanghaft". Sie haben mehr das Gefühl der Wahlfreiheit. Sie fühlen sich nicht mehr unbewusst beeinflusst, sondern entscheiden mit einem freien Gefühl, dem anderen zu helfen – oder ihm dadurch zu helfen, indem Sie ihm jetzt gerade einmal *nicht* helfen.

Ich füge zur Unterstützung hier noch einmal den gleichen Kasten ein, wie bei der vorigen Schwierigkeit Nr. 2:

> Mögliche lösende Haltung: „Ich sehe dein Problem, nehme es vollkommen ernst, habe Mitgefühl mit dir und wünsche dir aus ganzem Herzen das Allerbeste! Wenn du Hilfe brauchst, sag mir, wie ich dir helfen kann. Und ich schaue, was ich unter der Berücksichtigung meiner eigenen Situation tun kann und tun will."

Hier gebe ich Ihnen noch die Auflösung zur Seite 187, wie die Heilungshierarchie des anderen Menschen lautet, der sich drei bis vier Mal am Tag in den Finger sticht: Er holt sich Blut aus dem Finger, um mit diesem Blut seinen Blutzuckerspiegel bestimmen zu können. Denn er muss sich dem Blutzuckerspiegel entsprechend Insulin spritzen. Er ist Diabetiker. Mit so einem Zusammenhang ist die Einordnung dieser Handlung in eine Heilungshierarchie ohne Probleme möglich.

Hinter einem Streit der Eltern könnte die starke Heilungshierarchie auf beiden Seiten stecken, Missverständnisse zu klären und Verständnis vom anderen zu bekommen. Beide Seiten kämpfen darum, dass das Gegenüber Verständnis hat, damit man selbst sein Gefühl, missverstanden zu sein, in ein Gefühl von „Ich werde endlich verstanden" verwandeln kann. **In dem Rahmen von Verständnis kann die Missverständniswunde heilen.** Der Streit besteht aus „Schutz vor dem Missverständnisschmerz". Ein Missverständnis nährt die Gefahr, schmerzvoll ausgeschlossen zu werden. Verständnis bedient den Wunsch, dazugehören zu dürfen.

Aus folgendem schlüssigen Grund eskalieren solche Auseinandersetzungen oft: Wenn man sich vor dem Missverständnis des anderen schützen will, dann konzentriert man sich mit all seinen inneren Mustern auf diesen Schutz vor der Gefahr. Alle inneren Muster werden für diesen konzentrierten Schutz miteinander verkoppelt. Erinnern Sie sich: Wenn eine Gefahr besteht, werden Muster voneinander abhängig gemacht. In diesem Fall dient diese Abhängigkeit dem Schutz vor Missverständnis. Die Verklumpung der Muster führt aber dazu, dass man zu „generalisieren" beginnt und sein Umfeld nicht mehr im Detail wahrnehmen kann. Außerdem fühlt man sich vom Umfeld negativ beeinflusst, was man zu bekämpfen beginnt.

So ein Verhalten wiederum führt dazu, dass der andere sich missverstanden fühlt und sich ebenfalls vor dem Missverständnisschmerz zu schützen beginnt. Denn wenn jemand gegen einen kämpft, gehört man nicht mehr dazu. In dieser Konzentration auf den Schutz macht er seine inneren Muster ebenfalls voneinander abhängig, verklumpt sie miteinander zu einem allumfassenden „Schutzmuster" und sieht dadurch überall im Umfeld „Gefahr". Er kann dadurch sein Umfeld ebenso nicht mehr im Detail wahrnehmen. Er missversteht sein Gegenüber. Ein Teufelskreis. Eskalation.

So eine Eskalation lässt sich vermeiden, wenn einer von beiden sich in der Situation erinnert, wie so eine Eskalation zustande kommt und dass Heilungshierarchien unabhängig voneinander sind. Schon allein diese Erinnerung ist eine Änderung im „Streitautomatismus“.

Schwierigkeit Nr. 4: Angst vor Ausschluss

Das Denkmodell „Wenn ich unabhängig bin, habe ich den anderen verlassen“ kann noch eine andere Wendung nehmen: „Wenn ich unabhängig bin, dann verhalte ich mich anders und freier, so dass der andere sauer wird, mir Vorwürfe macht und mich dann ausschließt.“

Lassen Sie es uns komplett ernst nehmen: Unabhängigkeit bedeutet nicht „Distanz“ oder „anderes Verhalten“, sondern einfach nur „mehr Wahlmöglichkeiten“. Wenn Sie mehr Wahlmöglichkeiten bei der Bewegung mit Ihren Fußzehen haben, dann können Sie auch wieder alle Fußzehen gleichzeitig bewegen. Dieses Mal machen Sie es aber nicht gezwungener Maßen, weil Sie nicht anders können, sondern Sie machen es, weil Sie es *wollen*. Das ist ein ganz *anderes Gefühl* – aber es ist *das gleiche Verhalten*.

Es könnte sein, dass Sie ein bestimmtes anpassendes Verhaltensmuster in Ihrer Familie oder gegenüber einem bestimmten Menschen über viele Jahre eingeübt haben. Sie können sich nur noch auf diese Weise angepasst verhalten. Sie haben keine andere Wahl, weil Sie keine anderen Wahlmöglichkeiten antrainiert haben. Und nun komme ich daher und sage: „Machen Sie sich unabhängig!“, dann könnte es sein, dass Sie Angst bekommen, von Ihrer Familie bestraft und verstoßen zu werden, wenn Sie sich anders verhalten würden.

Dabei sage ich gar nicht, dass Sie sich *im Kontakt mit Ihrer Familie* anders verhalten sollen. Ich sage nur, dass Sie Ihre Wahlmöglichkeiten erhöhen können. Ihre Familie muss davon nichts mitbekommen, denn Sie können sich bei Ihrer Familie immer noch angepasst verhalten. Aber Sie können sich in anderen Situationen mit anderen Menschen auch anders verhalten, weil Sie mehr Wahlmöglichkeiten besitzen. Wenn Sie unabhängig sind, dann können Sie sich trotzdem entscheiden, sich für eine gewisse Zeit wieder wie früher zu verhalten. In dem Fall fühlen Sie sich im Kontakt mit Ihrer Familie nicht mehr dazu „gezwungen“, sich angepasst zu verhalten, sondern Sie wissen: „Ich *will* mich im Kontakt mit meiner Familie angepasst verhalten, weil es hier das beste Gleichgewicht darstellt. In anderen Situationen kann ich mich anders verhalten. Ich bin unabhängig und habe die Wahl."

Schwierigkeit Nr. 5: Projiziertes Potenzial

Dass wir einen geliebten Menschen nicht allein lassen können (Schwierigkeit Nr. 3), gilt nicht nur im Bereich „Leiden", sondern auch im Bereich „Freude". Kennen Sie es, dass Sie bei Ihrem Gegenüber sein geniales Potenzial genau sehen können? Entweder sehen Sie, was alles in ihm steckt und was er alles entfalten könnte, wenn er nur aktiv werden würde. Oder Sie haben etwas Tolles erlebt, das Ihnen selbst geholfen hat, und Sie sind nun davon überzeugt, dass es auch dem anderen helfen wird. Sie sind sich sicher, dass der andere sich freier, gelöster und glücklicher fühlen kann, wenn er das umsetzen würde, was Sie ihm vorschlagen.

Was passiert hier, wenn wir so fühlen? Wir wollen am liebsten den anderen *beeinflussen*!

Stellen Sie sich einmal vor, dass es tatsächlich funktioniert: Der andere nimmt Ihre Vorschläge (als Chef seines Erlebens) dankbar an, setzt sie um, stellt fest, dass es wirklich funktioniert, und wird dadurch glücklich. Wie würden Sie sich fühlen? Sicherlich auch glücklich – und mit dem anderen in diesem gemeinsamen Glücksgefühl verbunden.

Ihr Impuls, den anderen positiv beeinflussen zu wollen, wird durch zwei Wünsche aktiviert:

1. Der Wunsch nach Dazugehörigkeit.
2. Der Wunsch, über sich hinauszuwachsen.

Der Wunsch nach Dazugehörigkeit führt dazu, dass Sie sich nicht nur über sich selbst Gedanken machen, sondern Sie kümmern sich auch um die Menschen, die Ihnen nahe stehen. Sie wollen sie einladen, begeistern, anstecken mit Ihrer Energie. Oder Sie wollen sie heilen, trösten und unterstützen. Wenn Sie solche Impulse nicht so stark haben, könnte es sein, dass Sie sich weniger dazugehörig fühlen. Gemeinsame Ziele zu haben verbindet.

Der Wunsch, über sich hinauszuwachsen, wird sowohl durch die erfolgreiche Potenzialentfaltung als auch durch das erfolgreiche Auflösen eines Leids oder Problems bedient und erfüllt.

Also: Unsere energievollen Hilfsimpulse, unsere Begeisterung für den anderen, unsere Bedürfnisse, andere Menschen möglichst erfolgreich zu unterstützen, sind nichts Unnormales. Sie sind vollkommen in Ordnung. Die Schwierigkeit beginnt erst, wenn die andere Person für all unsere Ideen und Vorschläge gar nicht offen ist und wir gleichzeitig nicht loslassen wollen. Wir wollen nicht loslassen, weil wir sonst das Gefühl von Einsamkeit (Nicht-Dazugehörigkeit) oder das Gefühl von verschwendetem Potenzial (Nicht-Wachstum) hätten. Vielleicht können wir es auch nicht aushalten, weiterhin beobachten zu müssen, wie eine andere Person sich unnötig selbst verletzt, weil sie ihr Potenzial nicht entfaltet. Wir lassen nicht los, weil wir sonst selbst enttäuscht oder sogar sehr geschmerzt fühlen würden.

Wenn wir nicht loslassen können, weil wir sonst sehr enttäuscht oder geschmerzt fühlen müssten, leben wir gerade in einer *eigenen* Heilungshierarchie(!). Wir stellen unsere Vermeidung des Enttäuschungs- oder Schmerzgefühls an die allererste Stelle und wollen (unbewusst) den anderen in unsere Hierarchie mit hineinziehen. Wir stellen nicht den anderen und seine Grenzen an die oberste Stelle. Wir respektieren nicht *seine* Heilungshierarchie, sondern wollen ihn beeinflussen, um ihn *unserer* Heilungshierarchie unterzuordnen.

Vielleicht hilft bei einer Verschlossenheit der anderen Person folgender Kompromiss: Wir behalten unser Begeisterungsgefühl. Allerdings sind wir nicht darüber begeistert, dass wir der anderen erfolgreich helfen konnten, sondern wir sind begeistert, dass wir selbst etwas dazugelernt haben. Wir haben gelernt, dass sich unsere Heilungshierarchien unterscheiden und unabhängig voneinander sind. Dabei können wir die Heilungshierarchie unseres Gegenübers weiter kennenlernen. Vielleicht auch uns selbst und unseren Wunsch, der dahinter steckt. Dieses Kennenlernen verfeinert unsere Gesamtsichtweise. Wir werden klarer in der Sicht auf die andere Person und auf uns selbst. Vielleicht können wir diesen Unterschied zwischen uns beiden begeistert konstruktiv nutzen?

Grundsätzlich können wir genauer erforschen: Was ist das „eigentliche“ Problem des anderen jetzt gerade? Welche Lösung braucht der andere wirklich? In welcher Heilungshierarchie oder auch in welcher Freude- und Lusthierarchie[98] befindet er sich? Es ist eine Chance, von

[98] Zur Erinnerung siehe Seite 175.

unserer eigenen Heilungshierarchie loslassen zu lernen, den anderen nicht mehr beeinflussen zu wollen und dabei den anderen besser kennenzulernen – also umgekehrt uns von ihm beeinflussen zu lassen, indem wir die Frage stellen: „Was beschäftigt dich jetzt gerade wirklich? Welcher Wunsch ist gerade in dir aktiv?“

Noch einmal kurz:

Wenn wir den Wunsch haben, dass ein anderer Mensch leidfrei und glücklich sein soll, ohne dass wir vorher geschaut haben, ob dies auch genau dem aktuellen Wunsch des anderen entspricht, dann leben wir gerade unsere eigene Heilungshierarchie. Wir wollen den anderen beeinflussen, um ihn unserer Heilungshierarchie unterzuordnen.

Lösung: Unsere Heilungshierarchien unterscheiden sich. Wir wissen nicht, was dem anderen guttut, was er noch lernen will und was er genau braucht. Wir kennen seine Rangfolge nicht, seine Hierarchie nicht. Wir wissen nicht, welcher Schmerz / welcher Wunsch bei ihm an oberster Stelle steht und welchen Schutz / welche Heilung er genau braucht. Und er weiß es vielleicht auch nicht.

Erster Schritt wäre, dies gemeinsam herauszubekommen, wenn es die andere Person überhaupt will. Wenn sie als Chef*in ihres Erlebens uns dazu einlädt, können wir gemeinsam erforschen, welche Wünsche und welche damit verbundene Heilungshierarchie bei ihr dahinterstehen. Und natürlich können wir auch gemeinsam erforschen, welche Heilungshierarchie hinter unserem eigenen Verhalten steht.

Erforschen Sie genau, wie die Heilungshierarchie des anderen aufgebaut ist (falls er die Erforschung erlaubt), und erforschen Sie auch Ihre eigene aktuell wirkende Heilungshierarchie. Welcher Wunsch nach Heilung oder Schutz steuert Sie gerade?

Je besser Sie verstehen, umso besser können Sie damit umgehen. Denn Sie haben Ihre Wahlmöglichkeiten erhöht.

Schwierigkeit Nr. 6: Unverarbeiteter Schmerz

Wenn wir zum ersten Mal die Sichtweise einüben (= Musterbildung), dass die Heilungshierarchien aller Menschen unabhängig voneinander sind, dann könnten wir mit schmerzvollen Flashbacks[99] aus unserer Kindheit konfrontiert werden. Aus unserer Zeit, in der unsere Eltern meinten, dass wir inzwischen groß genug seien, manche Dinge besser zu verstehen. Wir erinnern uns an die Zeit, in der wir uns den Erwachsenen und ihren Heilungshierarchien unterordnen mussten. Das geschah allein dadurch, dass die Erwachsenen bestimmte Befürchtungen hatten und wir uns danach richten sollten. In bestimmten Situationen war dies sicherlich sinnvoll, in anderen Situationen weniger. Das Problem dabei war, dass wir uns seltener mit unserer eigenen Heilungshierarchie von den Eltern gewürdigt sahen. Wir hatten das Gefühl von „Ungerechtigkeit". Manche Schmerzen oder Krankheiten oder Leidgefühle oder Wünsche wurden von unseren Eltern nicht so ernst genommen, wie es uns gutgetan hätte. Umgekehrt sollten wir uns aber den Heilungshierarchien der Eltern so unterordnen, dass die Eltern damit zufrieden waren. Und wenn unsere zwei Heilungshierarchien um Vorrang kämpften, gewannen meistens die Eltern.

Auch in unserer heutigen Gesellschaft ist es immer wieder zu beobachten, wie Kinder laut schreiend um Aufmerksamkeit und um Anerkennung ihrer Wünsche oder Schmerzen kämpfen, während die Eltern versuchen, das Kind still zu bekommen, oder es nicht vollständig ernst nehmen und signalisieren: „Stell dich nicht so an!"

Wenn Heilungshierarchien nicht anerkannt werden, kann ein Schmerz nicht wirklich heilen. Es ist, als ob immer wieder die Nadel in den Finger sticht. Besonders wenn ein Kind leidet, weil es von den Eltern mit seinen Wünschen und Schmerzen nicht ernst genommen wird. Schon allein das ist ein Schmerz. Es verletzt den Wunsch des Kindes, so, wie es ist, dazugehören zu dürfen. Das tut sehr weh. Wenn die Eltern diesen Schmerz des Kindes nicht anerkennen, kann er auch nicht heilen. Er erhält keinen Schutz und keinen Rahmen, um vollständig auszuheilen, so dass das Kind im geheilten Zustand wieder das Gefühl haben darf, ganz und gar zur Familie dazuzugehören, so wie es ist. Das Kind verliert das Gefühl, geliebt und anerkannt zu sein. Da dies einen unserer

---

[99] „Flashback" = plötzliches inneres Wiedererleben eines vergangenen Erlebnisses.

Grundwünsche berührt, ist die Nicht-Heilung eines solchen Schmerzes ein grundlegendes Trauma und beeinflusst so lange unser zukünftiges Leben, bis irgendwann einmal dieser Schmerz heilen darf und wir anschließend wieder das tiefe Gefühl leben können, vollständig dazuzugehören – zu wem auch immer.

Sollte dieser Schmerz im Erwachsenen-Dasein noch nicht ausgeheilt sein und man versucht nun die Sichtweise einzuüben, dass alle Heilungshierarchien unabhängig voneinander sind, dann würde das möglicherweise diesen Schmerz wieder an die Oberfläche bringen. Entweder als tatsächliches Schmerzgefühl (Aktivierung eines ungelösten Schmerzmusters) oder als Widerstand gegenüber dieser Sichtweise mit dem Widerspruch: „Nein, so eine Unabhängigkeit kann es gar nicht geben. Schließlich musste ich mich permanent den Heilungshierarchien meiner Eltern unterordnen und war davon nicht unabhängig - sondern absolut abhängig!“

Wenn wir die Unabhängigkeits-Sichtweise üben, können weitere schmerzliche Gefühle auftauchen: „Was habe ich nur durch die bisherige Abhängigkeits-Sichtweise in meinem Leben alles an Freiheiten versäumt!“ Oder: „Was habe ich nur anderen Menschen angetan, nur weil ich davon überzeugt war, dass sie sich meiner Heilungshierarchie unterordnen müssen!“ Wir wurden durch unseren Wunsch nach Anerkennung und Dazugehörigkeit zur/zum „Täter*in“ und können es jetzt nachträglich schmerzlich erkennen.

Solche schmerzlichen Gedanken könnten zur Blockade werden, wenn wir sie nicht nutzen und den Schmerz nicht verarbeiten. Es könnte zu dem Gefühl führen, dass wir es nicht besser verdient haben. Erkennen wir aber das Hochspülen solcher schmerzlichen Gefühle als Chance, dann können wir das Tränen-Yoga einsetzen und die durch Schmerz verklumpten inneren Muster mit Hilfe vieler Tränen voneinander wieder unabhängig machen. Vielleicht auch mit Hilfe der Popin-Methode©, die ich in einem späteren Kapitel beschreiben werde.

Schwierigkeit Nr. 7: Eigene Heilungshierarchie

Diese Schwierigkeit Nr. 7 ist die natürliche Folge der vorigen Schwierigkeit Nr. 6. Sollten wir Schmerzerlebnisse in unserer Vergangenheit nicht verarbeitet haben und werden die dazugehörigen Musterautomatismen durch eine aktuelle Situation wieder aktiviert, dann fühlen wir uns in der

Gegenwart unwohl. Ein unverarbeiteter Schmerz ist in uns getriggert worden. Das führt dazu, dass wir eine Heilungshierarchie leben. Um diesen Schmerz heilen zu können, brauchen wir einen Schutz und einen Rahmen. Im optimalen Fall stellen sich die Menschen in unserem Umfeld für unsere Heilungshierarchie zur Verfügung und helfen uns bedingungslos, damit wir unseren Schmerz heilen können. Wir brauchen die anderen und sind von dem, was sie für uns tun, abhängig.

Selbst wenn kein Schmerz getriggert wurde, wir aber Befürchtungen und Ängste haben, dass dies geschehen könnte, dann brauchen wir die Menschen um uns herum auf eine bestimmte Weise. Sie dürfen sich nicht so verhalten, dass sie unsere Befürchtung und Ängste verstärken. Optimal wäre, dass wir uns möglichst sicher und geborgen fühlen können. Die anderen Menschen müssen verstehen, wo unsere Grenzen sind und wo wir geschützt bleiben wollen.

In beiden Fällen brauchen wir Menschen, die unserer Heilungshierarchie Vorrang geben, uns zur Verfügung stehen und unsere Bedürfnisse erfüllen. Und wenn wir das brauchen, dann wird es uns schwerfallen, die anderen als „von uns unabhängig“ zu betrachten. Wir wünschen uns auf der unbewussten Ebene, dass andere optimal unserer Heilungshierarchie „dienen“. Deswegen versuchen wir sie auch so zu beeinflussen, dass sie sich unserem Wunsch unterordnen und ihn möglichst erfüllen wollen. Manchmal setzen wir sie unter Druck und beeinflussen sie zu Gunsten unserer Heilungshierarchie, weil es für uns leidvoll wichtig ist!

Unsere unerlösten Schmerzerlebnisse und die dazugehörigen Wünsche und Heilungshierarchien hindern uns, Unabhängigkeit zu leben. Wir befinden uns eher in einer Verklumpung von schmerzlich miteinander verknüpften Mustern und haben den starken Wunsch nach Schutz und nach Heilung. In so einem Fall empfehle ich wieder, sich gezielt darum zu kümmern, die inneren Muster voneinander unabhängig zu machen und den damit verknüpften Schmerz zu lösen. Je größer die innere Unabhängigkeit der Musterautomatismen ist, umso leichter ist auch die Unabhängigkeit vom Umfeld.[100] Mit dieser Unabhängigkeit können wir erkennen, dass wir uns den besten Schutz selbst geben können, weil wir uns viel besser verstehen, als andere Menschen das je können. Wir sind Chef*in unseres Erlebens.

---

[100] Techniken dazu finden Sie ab Seite 234.

Schwierigkeit Nr. 8: Der Placebo-Effekt

Was ist der Placebo-Effekt? Ein Placebo ist ein Schein-Arzneimittel, das keinerlei Wirkstoff enthält. Es wird einer Patientin gesagt, dass sie eine wirksame Pille erhält. Sie schluckt aber in Wirklichkeit nur eine Pille, die aus Milchzucker und Stärke besteht. Beide Inhaltsstoffe haben keine heilende Wirkung. Der Placebo-Effekt ist nun der Effekt, dass eine Patientin trotzdem gesund wird. Sie glaubt an die heilende Wirkung der Pille, ohne zu wissen, dass sie nur ein Placebo ist, und scheint dadurch unwissentlich Selbstheilungskräfte zu aktivieren. Denn die Pille kann ja definitiv nicht die Ursache für die Heilung sein.

Hier haben wir ein Beispiel einer besonders positiven „Beeinflussung". Eine Person hat den Wunsch nach Heilung, sie erhält von außen „scheinbar" Hilfe, glaubt an diese Hilfe und heilt sich dadurch selbst. Warum sollte dies eine Schwierigkeit dafür darstellen, die Heilungshierarchien aller Menschen als „voneinander unabhängig" zu erkennen?

Es könnte Folgendes möglich sein: Wir stecken in einem Problem und suchen im Außen nach Hilfe. Dann treffen wir einen Menschen, bei dem wir das Gefühl haben, dass er uns sehr gut versteht. Er gibt uns einen genialen Tipp.

Entweder: Es ist eine kompetente Ärztin, die unser körperliches Problem genau durchschaut und uns das passende Medikament verschreibt. Wir nehmen es ein und merken: Es wirkt. Super! Das körperliche Leiden verschwindet. Die Ärztin hatte Recht!

Oder: Es ist ein kompetenter Berater und Coach, der unser Problem versteht, die Lösung dafür weiß, uns eine geniale Anweisung gibt oder eine Methode anwendet, die tatsächlich unser Problem löst. Es hilft!

Wenn uns so eine „Abhängigkeit von kompetenten Menschen" gut hilft, dann wollen wir sie nicht auflösen. Wir wollen nicht erkennen, dass unsere Heilungshierarchien voneinander *unabhängig* sind und dass diese anderen kompetenten Menschen in Wirklichkeit gar nicht genau wissen können, was uns hilft. Wir wollen das Gefühl haben, dass es auf dieser Welt Menschen gibt, die uns verstehen und die uns gezielt helfen können. Ab und zu klappt es ja auch!

In unserem Erleben stellt so eine Form von Hilfe eine Ursache-Wirkung-Kette dar. Wenn wir die kompetente Person und das Medikament oder die angewendete Methode aus dieser Ursache-Wirkung-Kette herausnehmen, kann sie nicht mehr funktionieren. Wir können scheinbar nur heilen, wenn wir uns von einer wirklich kompetenten Person und dem wirksamen Medikament beeinflussen lassen. In so einem Fall *wollen* wir unbedingt eine Beeinflussung. Denn *diese* Form von Beeinflussung hilft uns!

Stellen wir uns aber nun vor, dass selbst eine kompetente Ärztin, ein Therapeut, eine Heilerin niemals hundertprozentig wissen kann, was uns hilft, weil ja jede Heilungshierarchie individuell ist, dann funktioniert diese Ursache-Wirkung-Kette nicht mehr. Die kompetente Person kann zwar so tun, als wüsste sie, was uns hilft, weiß es aber nicht wirklich. Es kann also auch schief gehen. Unser Zweifel bekommt Raum.

Dadurch nehmen wir uns selbst die heilende Wirkung unseres Glaubens an die kompetente Person und das Medikament weg. Wir heilen nicht mehr selbst, weil wir in unserem Umfeld keine kompetente Person mehr sehen (projizieren) können.

Aus diesem Grund halten wir lieber an dem Menschenbild fest, dass es Menschen gibt, die uns verstehen und genau wissen, was uns als nächstes weiterhilft, damit wir in das nächst bessere Gleichgewicht gelangen. Das Menschenbild, dass unsere Heilungshierarchien voneinander unabhängig sind, passt hier nicht rein und würde unserer Befürchtung nach eher unsere (Selbst-)Heilungsprozesse verringern.

Mein Lösungsangebot für dieses Dilemma:

Werden Sie zu Ihrer eigenen Expertin. Seien Sie selbst der kompetente Mensch, der sich heilen kann – mit Hilfe anderer kompetenter Menschen, deren Heilungshierarchien von Ihren unabhängig sind.

Wie soll das funktionieren? Mit Hilfe unseres Stimmigkeitsgefühls.

Was ist unser Stimmigkeitsgefühl?

Ab Seite 123 bot ich die Sichtweise an, dass wir aus den unterschiedlichsten Musterautomatismen bestehen, die sich während unseres Lebens in uns gebildet haben. Diese Musterautomatismen haben den Wunsch nach Gleichgewicht. Die Muster können also auch wahrnehmen, wann sie in ein Ungleichgewicht geraten und wann sie gerade in ein besseres Gleichgewicht gelangen. Bei einem Ungleichgewicht werden sie aktiver und wünschen ein besseres Gleichgewicht. Bei einer Gleichgewichtserfahrung sind sie kaum noch aktiv. Entspannung und Wohlgefühl ist angesagt.

Ich behaupte nun, dass sich aus dieser Dynamik all unserer Muster unser „Stimmigkeitsgefühl“ zusammensetzt. Je gestresster unsere Muster sind, umso größer ist das Ungleichgewicht, das wir gerade erleben. Je entspannter die Muster sind, umso mehr Gleichgewicht fühlen wir gerade.

Wenn wir also unser eigenes Stimmigkeitsgefühl fragen, was uns heilen könnte und was nicht, dann fragen wir im Grunde unsere Muster, was sie genau brauchen, um unsere Selbstheilungskräfte in Gang zu setzen. Das bedeutet nun:

Wir können im Außen danach suchen, welche „scheinbare“ Situation uns selbst so anregt, dass unser Bauchgefühl positiv reagiert. Egal was für eine Situation es ist. Wenn wir das Gefühl haben, dass etwas „stimmig“ ist, oder wenn wir neugierig etwas ausprobieren wollen, dann gibt es ein Muster in uns, das uns gerade die Botschaft gibt: „Dadurch werde ich zur Heilung angeregt. Das könnte passen!“

Allerdings gibt es bei einigen Menschen ein weiteres Muster, das da lautet: „Ich habe mich schon so oft getäuscht. Erst erschien es mir stimmig – und dann ging es schief! Ich bin unfähig!“ Das ist das Zweifel-Muster, das sich durch viele negative Erfahrungen gebildet hat, in welchen wir etwas überzeugt ausprobierten und anschließend enttäuscht wurden. Dieses Zweifel-Muster ist der Grund, warum wir nach Menschen suchen, die „kompetent“ wirken und deshalb dieses Zweifel-Muster in uns *nicht* auslösen. Diese kompetenten Menschen scheinen aus unserer Perspektive absolut „sicher“ zu sein, was uns hilft. Und wir gehen ein Gleichgewicht zu ihnen ein. Unsere Selbstheilungsmuster werden aktiviert. Das Zweifel-Muster bleibt inaktiv.

Nur zweifelnde Helfer wecken unseren inneren Zweifel wieder.

Wenn wir aber selbst erspüren „sollen“, was uns hilft, dann beginnen wir erst recht zu zweifeln, ob wir das überhaupt können. Denn wir haben bisher schon zu viele schlechte Erfahrungen gesammelt.

Die Lösung könnte hier sein, dieses Zweifel-Muster genauso ernst zu nehmen, denn es repräsentiert eine Gruppe unserer bisherigen Erfahrungen und gehört zu unserem Bauchgefühl dazu. Ich selbst habe erlebt, dass mich mein Zweifel manchmal erfolgreich geschützt hat. Er ist also auch ein intelligenter Teil meines Bauchgefühls. Manchmal aber hat mein Bauchgefühl entgegen meines Zweifels sich trotzdem für eine

Sache entschieden – wodurch ich eine wichtige und gute Erfahrung sammeln konnte. Ich zweifle also nicht mehr an meinem Zweifel. Er gehört genauso dazu und unterstützt mich darin, mir im Außen die Situation zu suchen, die ich für meine Selbstheilung benötige. Ich bin dankbar für mein Zweifelgefühl. Gleichzeitig weiß ich, dass mein Bauchgefühl noch umfassender ist. Manchmal bremst mich mein Zweifel erfolgreich und schützt mich, manchmal ist mein Bauchgefühl trotz Zweifel stärker. Daher betrachte ich meinen Zweifel als eine „Unterabteilung“ meines gesamten Bauchgefühls.

Beispielsweise nutze ich meinen Zweifel auch bei der Arbeit an diesem Buch. Wenn ich einen Abschnitt geschrieben habe, ihn anschließend noch einmal durchlese und dann einen Zweifel oder eine Unruhe fühle, dann weiß ich: „Irgendetwas stimmt hier noch nicht.“ Wenn ich meinen Zweifel genauer erforsche, fällt mir ein Widerspruch in meinem Gedankengang auf oder es kommt die Idee für eine Ergänzung oder eine Verbesserung. Ich feile so lange an einigen Abschnitten oder Kapiteln bis sie sich für mich stimmig anfühlen und sich kein Zweifel mehr meldet. Oder mein Bauchgefühl sagt mir, dass es jetzt keinen Sinn macht, sich um den Zweifel zu kümmern. Dann lasse ich los, schlafe eine Nacht darüber und kann am nächsten Tag noch stimmiger auf den Zweifel reagieren und den unstimmigen Zusammenhang perfekt klären. Einen Tag vorher hätte es keinen Sinn gemacht – mir hätte dazu z. B. ein bestimmter Traum gefehlt.

Allerdings gibt es Menschen, bei denen ist der Zweifel so stark, dass er sich überall dazwischen stellt. Nichts klappt. Man kann sich nicht selbst helfen – und auch niemand anderes kann wirklich helfen. Diese Menschen verlieren oft die Zuversicht. Sie können nicht erkennen, welche starke Kraft da in Ihnen in Wirklichkeit wirkt. Sie können nicht sehen, dass Sie selbst mit Hilfe dieses Zweifels so kraftvoll sind, sich vor jeglichen Veränderungen zu schützen. So ein starker Zweifel ist ein Beweis dafür, wie stark Musterautomatismen in uns wirken können. Und wenn sie intensiv blockieren (schützen!) können, dann können sie auch intensiv Heilung anregen. Heilungshierarchie.

Es ist nur die Frage, welcher kraftvolle Wunsch hinter dem blockierenden, zweifelnden Musterautomatismus steckt. Welche Heilungshierarchie ruft hier kraftvoll nach Aufmerksamkeit? Welcher Schutz ist extrem aktiv? Wenn dieser Wunsch dahinter wieder erinnert werden kann, dann kann auch der Zweck dieses kraftvollen Zweifels vollständig erfüllt werden.[101]

Hinter einem kraftvollen Zweifel steckt ein kraftvoller Musterautomatismus, der von einem kraftvollen Wunsch nach Gleichgewicht gesteuert wird. Welche Heilungshierarchie ruft hier kraftvoll nach Aufmerksamkeit?

Was ist der Sinn dieses Zweifels?

Angenommen wir haben keinen so extrem starken Zweifel, der nach Aufmerksamkeit ruft und in uns die Muster voneinander abhängig macht. Angenommen wir haben nur einen „normalen" Zweifel. Dann lautet mein Lösungsangebot bezüglich des Themas „Placebo-Effekt":

Wir überlegen nicht mehr: Was heilt mich im Außen? Sondern: Was im Außen regt optimal meine Selbstheilungskräfte an? Womit fühle ich mich wohl? Mit wem fühle ich mich wohl? Mit welchem Arzt oder Heilpraktikerin oder Therapeut? Was/wer zieht mich an? Was will ich wirklich einmal ausprobieren? Aus ganzem Herzen? ***Mit welchem Außen heilt sich mein Inneres?***

Wenn sich für uns ein Mensch oder eine Methode oder eine Sache ohne Zweifel stimmig anfühlt, dann sprechen gerade unsere inneren Muster zu uns. Sie sagen mit Hilfe unseres Bauchgefühls: „Dadurch werden wir optimal aktiviert! Probier das!" Der Maßstab für unsere Entscheidung ist unser Bauchgefühl. Wenn wir diese Stimmigkeit zweifellos fühlen, dann wissen wir: Das Außen passt zu unseren Musterautomatismen, die mit unserer Selbstheilung in Verbindung stehen.

Wir können das auch auf unsere innere Heilungshierarchie übertragen, denn unsere Heilungshierarchie weiß genau, was sie braucht. Wir fragen uns: „Wie wünsche ich mir mein Umfeld? Wie genau soll mein Umfeld aussehen, sich verhalten, damit ich das Gefühl habe, innerhalb dieses Rahmens tatsächlich heilen zu können?"

---

[101] Welche Wege es dafür gibt, sich selbst besser zu verstehen, schreibe ich ausführlich ab Seite 250 und ab Seite 390.

Die Antwort auf diese Frage geben unsere kompetenten Muster – also unser Bauchgefühl oder auch unsere Visualisierungen oder unsere inneren Stimmen. Wir sehen uns selbst auch hier weiterhin als „Chef*in unseres Erlebens".

Ein Vergleich: Wie muss Ihr Umfeld beschaffen sein, damit Sie sich sexuell erregt fühlen?

Kein „kompetenter Mensch" kann wissen, wodurch genau Sie in welchem Rahmen zu welchem Zeitpunkt sexuell erregt werden. Nur Sie selbst können es herausfinden – und dann Ihr Umfeld entsprechend gestalten oder das Umfeld suchen, das Ihren aktuellen Vorlieben entspricht. Außerdem sind Ihre Vorlieben wahrscheinlich von Tag zu Tag unterschiedlich.

Fragen Sie sich also: „Wie muss mein Umfeld dieses Mal beschaffen sein, damit es meine Selbstheilungskräfte optimal anregt? Ich fühle es mit meinem Bauchgefühl, anhand meiner Wertung / Begeisterung / Energie. Oder ich muss es ausprobieren. Vielleicht hilft auch genau das, was absolut unscheinbar daherkommt? Oder es hilft das, woran ich *nicht* glaube? Vielleicht ist auch jedes ‚Begeisterungsgefühl' kontraproduktiv, weil es in mir mit dem Muster ‚Enttäuschung' verknüpft ist? …"

Experimentieren Sie, was im Außen zu Ihren Selbstheilungsmustern passt. Folgen Sie Ihrem Zweifel oder folgen Sie Ihrem Bauchgefühl oder Ihren inneren Stimmen oder allem zusammen. Sammeln Sie Erfahrungen, aus denen dann neue Zweifel, Gefühle und Stimmen erwachsen können. Auf diese Weise lernen Sie sich selbst immer mehr kennen und auch steuern. Sie werden Expert*in für sich selbst. Das bedeutet letztendlich: Jede Methode ist legitim, denn jede Methode kann *möglicherweise* helfen, die speziellen Selbstheilungskräfte eines Menschen anzuregen! Ob esoterisch oder wissenschaftlich – es spielt keine Rolle, wovon wir uns so beeinflussen lassen, dass wir heilen können. Entscheidend ist, *dass* wir heilen.

Ich biete Ihnen also das Denkmodell an, dass es in Zukunft nicht mehr darum geht, welche Methode oder welches Arzneimittel von sich aus wirksam ist. Sondern es geht darum, welche Methode oder welches Arzneimittel ***in Kombination*** mit Ihren Mustern und Ihrer aktuellen Heilungshierarchie am besten Ihre Selbstheilungskräfte aktivieren kann oder am besten mit Ihren Selbstheilungskräften kooperiert.

Manche Menschen erleben bei einem bestimmten Medikament die unangenehmen Nebenwirkungen stärker, manche weniger stark, manche gar nicht. Allein daran kann man erkennen, dass Wirkungen sich individuell unterscheiden und immer auch von dem Menschen abhängen, der das Medikament einnimmt.

Welche Anregung von außen passt am besten zu Ihrer persönlichen Heilungshierarchie und zu Ihren Selbstheilungsmustern?

Das optimale ***Zusammenspiel*** zwischen dem Außen und dem Innen ist das beste wirksame Gleichgewicht.

Dieses optimale Zusammenspiel können nur Sie allein ausprobieren und herausfinden. Sie sind Chef*in.

Im Extremfall kann es also sein, dass eine offiziell wirksame wissenschaftlich anerkannte Methode bei Ihnen nicht wirkt, weil es nicht zu Ihren Mustern passt und auch nicht zu Ihrer aktuell vorhandenen Heilungshierarchie. Und dass umgekehrt eine ganz seltsame „esoterische“ Methode bei Ihnen Wunder bewirkt – weil es auf die passenden Muster in Ihnen trifft. Oder Sie finden die zu Ihnen passende Ärztin oder eine andere Person, bei der Sie sich rundherum wohl fühlen und die Ihnen bei vielen Schwierigkeiten weiterhelfen kann. Wie ist es für Sie als Chef*in Ihres Erlebens stimmig?

Ein Beispiel: Ich hatte an meinen Hüften juckende Hautausschläge. Jahrelang hat keine Salbe geholfen. Jede Salbe hat nur das Jucken beruhigt. Aber sobald ich eine Salbe abgesetzt habe, kam nach ein paar Tagen das Jucken zurück. Auch mein Hausarzt konnte mir nicht weiterhelfen (ich hielt ihn in dem Punkt nicht für kompetent). Zu anderen Ärzten zog es mich nicht. Irgendwann erhielt ich von Freunden die Heilasche Agnihotra. Außerdem ging ich während eines Urlaubs in Österreich in eine Apotheke und suchte mir eine Salbe, die ich bisher in Deutschland noch nicht gesehen hatte – also etwas für mich Neues. Die Apothekerin zeigte mir mehrere Möglichkeiten und ich suchte den rückfettenden Balsam aus, mit dem ich mich am besten fühlte (ohne Aluminium). Dann rieb ich die Hautstellen mit diesem Balsam ein, schmierte die Heilasche darüber (obwohl ich an die Wirkung dieser Asche nicht glaube) und klebte ein hautfarbenes Tape darüber. Diesen „Verband“ erneuerte ich morgens und abends. Tatsächlich veränderten sich allmählich meine Hautstellen – und nach ein paar Wochen waren die Ausschläge verschwunden. Was hat jetzt gewirkt? Der neue Balsam? Die Heilasche? Das Tape? Die Klebereste des Tapes? Meine Selbstheilungskräfte? Meine regelmäßige Aufmerksamkeit und Fürsorge? Die Kombination von allem?

Finden Sie es selbst heraus, was Ihnen hilft und auch wer Ihnen mit seiner Art hilft. Es ist Ihre Heilungshierarchie – und jede Heilungshierarchie ist anders. Alle Heilungshierarchien sind unabhängig voneinander.

Übrigens – wenn Sie es so sehen, wie ich es hier beschrieben habe, dann wird dadurch jede ungewollte Beeinflussung einer Werbung für Medikamente unwirksam. Denn Sie denken nun: „Keine Firma kann wissen, welches Mittel mir *wirklich* hilft. Nur ich kann bewusst oder unbewusst spüren, ausprobieren und erleben, welches Mittel zu meinen persönlichen Selbstheilungsmustern und zu meiner Heilungshierarchie passt. Nur ich kann erleben, wie das optimale *Zusammenspiel* aller Aspekte bei mir funktioniert.“

Aus diesem Grund kann ich als Autor dieses Buches nicht voraussehen, welche von mir angebotenen Methoden und welche Denkmodelle Ihnen wirklich helfen – und wobei genau sie helfen. Es hängt davon ab, wie Ihre Muster reagieren und wie Ihre aktuelle Heilungshierarchie beschaffen ist, also welches Ungleichgewicht in Ihnen nach Aufmerksamkeit ruft. Sie sind allein Chef*in Ihres Erlebens.

Reaktionsmöglichkeit auf Arzneimittelwerbung:

„*Nur ich* kann spüren, ausprobieren und erleben, welches Mittel mit meinen individuellen Selbstheilungsmustern und mit meiner aktuellen Heilungshierarchie optimal *zusammenspielt*.“

Zu Risiken und Nebenwirkungen fragen Sie Ihren zu Ihnen passenden Arzt oder die Ihnen sympathische Apothekerin oder eine für Sie stimmige erfahrene Freundin und achten auf das optimale Zusammenspiel mit Ihrem Stimmigkeitsgefühl.

Das waren die acht Schwierigkeiten, die eventuell auftauchen könnten, falls Sie die Heilungshierarchien aller Menschen als „voneinander unabhängig" anerkennen wollen.

Falls eine oder mehrere dieser acht Schwierigkeiten bei Ihnen vorhanden sein sollten, wünsche ich Ihnen aus ganzem Herzen, dass es Ihnen gelingen möge, all diese Schwierigkeiten im Laufe der Zeit zu überwinden. Vielleicht auch mit Hilfe der Methoden, die ich noch im weiteren Verlauf dieses Buches ansprechen werde.

Vielleicht leben Sie aber sowieso schon hauptsächlich in „flachen" Heilungshierarchien (geringe Ungleichgewichte, die nach nur wenig Aufmerksamkeit verlangen). Falls Ihre inneren Anteile schon ziemlich unabhängig voneinander sind und Sie frei entscheiden können, von wem Sie sich beeinflussen lassen wollen, dann können Sie jetzt zumindest besser die Hintergründe nachvollziehen. Sie können nachvollziehen, **aus welchen Schwierigkeiten heraus andere Menschen ihr Umfeld beeinflussen wollen und auch „müssen".** Diese Menschen beeinflussen andere Menschen im Rahmen ihrer eigenen Heilungshierarchie, aus eigenen unerlösten Schmerzerlebnissen heraus. Dabei werden sie von ihren Grundwünschen nach Überleben, Schmerzfreiheit, Schutz, Heilung, Dazugehörigkeit und nach lustvollem Über-sich-Hinauswachsen gesteuert.

Eine Empfehlung: Lesen Sie jetzt das Kapitel „Die überall vorhandenen Heilungshierarchien beeinflussen uns" ab Seite 165 noch einmal. Vielleicht können Sie es aus einem etwas anderen Blickwinkel lesen, nachdem Sie diese acht Schwierigkeiten kennengelernt haben.

Die individuellen Realitäten

Ich habe bisher oft deutlich gemacht, wie stark wir Menschen uns voneinander unterscheiden und wie unterschiedlich unsere jeweiligen subjektiven Realitäten sind. Besonders im vorigen Kapitel hat sich wieder gezeigt, wie wichtig es sein kann, die individuellen Heilungshierarchien als „voneinander unabhängig" zu erkennen, um uns nicht mehr unbewusst beeinflussen zu lassen.

Im Folgenden mache ich die Sichtweise über Unterschiede auf andere Weise noch deutlicher als bisher. Damit biete ich eine weitere Unterstützung für Ihre Musterumbildung bezüglich Ihres Menschenbildes an. Dieses erweiterte Menschenbild kann Sie darin unterstützen, die inneren Muster besser voneinander *unabhängig* zu machen, als auch die unterschiedlichen Heilungshierarchien der Menschen besser als voneinander *unabhängig* zu erkennen. Letztendlich hilft es, uns selbst von den Beeinflussungen unseres Umfeldes als unabhängig zu erkennen, ohne distanziert zu sein. Wir gehören zu allem dazu, sind mit allem verbunden und sind innerhalb dieser Verbundenheit gleichzeitig frei und unabhängig in der Wahl unserer Möglichkeiten.

Meine Frau und ich stehen in der Küche und kochen. Die Dunstabzugshaube rauscht laut. Meine Stieftochter Svenja blättert am Küchentisch in einem Katalog. Dabei murmelt sie eine kurze Bemerkung. Ich wiederhole das, was ich gehört habe: „Echt? Der *Schirm* kostet 50,- Euro?" Meine Frau reagiert sofort: „Ich habe verstanden, dass das *Pferd* 50,- Euro kostet." Svenja korrigiert: „Ich habe ‚*Shirt*' gesagt!"

In meinem bisherigen Leben habe ich immer wieder solche Erfahrungen gemacht: Der andere versteht etwas anderes, als man selbst ausgedrückt hat. Ich schätze mal, dass jeder Mensch schon einige Male Missverständnisse erleben durfte.

Egal, wo wir hinschauen: Überall, wo Menschen miteinander zu tun haben, können wir Missverständnisse entdecken. Bis in die höchsten Ebenen der (scheinbar) klar strukturierten Wissenschaft hinein.

Prof. Dr. Matthias Varga von Kibéd (Habilitation über die Grundlagen der formalen Wahrheits- und Paradoxientheorie) ist der Ansicht, dass wir uns nicht wirklich „verstehen" könnten, sondern dass es immer darum ginge, **das am besten funktionierende Missverständnis miteinander zu finden**.

Der amerikanische Philosoph und Kommunikationswissenschaftler Ernst von Glasersfeld entwickelte zusammen mit dem bekannten österreichischen Biophysiker und Kybernetiker Heinz von Foerster in den 1970er Jahren das Denkmodell: „Radikaler Konstruktivismus". Im Radikalen Konstruktivismus wird davon ausgegangen, dass das Gehirn des Menschen seine Realität ganz und gar (= radikal) selbst konstruiert. Das Gehirn erhält von außen kommende Sinnesreize und konstruiert aus diesen Reizen und aus Gedächtnisinhalten blitzschnell ein eigenes Bild von der aktuellen Realität. Unser Gehirn rechnet sich aus, wie wohl die Realität im Außen gerade sein könnte. Es „lenkt" die von außen kommenden Signale.

Man kann beobachten, dass auch Neurowissenschaftler*innen immer mehr ein dem Radikalen Konstruktivismus entsprechendes Bild vom Gehirn entwickeln.

Meine Frau war beim Kochen gerade in Gedanken bei einer Pferde-Ranch, während ich an das aktuell regnerische Wetter dachte. Und so sortierte jeder von uns die von Svenja kommende Beeinflussung (das Wort „Shirt") in unsere jeweilige momentan aktivierte subjektive Realität ein. Meine Frau hörte „Pferd", während ich „Schirm" hörte. Die laute Dunstabzugshaube machte es möglich, dass wir Svenjas Aussprache nicht klar verstanden. Deshalb konnten wir in diese Lücke etwas interpretieren, was gerade zu unserem momentanen Gehirnzustand passte und gleichzeitig dem Ausdruck von Svenja ähnlich war.

In „Mustern" ausgedrückt: Weil bestimmte Muster im Gehirn aktiv waren (Gedanken), wurden die Signale, die von außen ins Gehirn strömten, diesen aktivierten Mustern zugeordnet und entsprechend gedeutet. Wir kennen das aus unserer Traumwelt: Wenn wir träumen und gleichzeitig ein Geräusch von außen wahrnehmen (Wecker), dann binden wir dieses Geräusch in unseren Traum ein.

Schon der Schweizer Biologe und Pionier der kognitiven Entwicklungspsychologie Jean Piaget (1896 – 1980) hat erklärt, „dass die kognitiven Strukturen, die wir ‚Wissen' nennen, nicht als ‚Kopie der Wirklichkeit' verstanden werden dürfen, sondern vielmehr als Ergebnis der Anpassung."[102] Das Gehirn eines Menschen passt sich an die empfangenen Sinnesreize an (= Musterbildung den Sinnesreizen entsprechend) – so wie eine Pflanze sich selbstständig nach dem Licht ausrichtet. Jedes Gehirn macht selbstständig „sein eigenes Ding" aus der äußeren Realität, indem es sich ***mit seinen aktuellen Möglichkeiten*** an die empfangenen Sinnesreize anpasst (Wunsch nach Gleichgewicht). Fazit: Nicht der Sender einer Botschaft bestimmt deren Bedeutung, sondern immer der Empfänger. Wie ich schon sagte: Der Empfänger ist der „Einfluss-Lenker".

In dem Buch „Wie wir uns erfinden"[103] haben Heinz von Foerster und Ernst von Glasersfeld ein gemeinsames mehrtägiges Gespräch über den Radikalen Konstruktivismus aufgezeichnet. Dabei waren sie radikal und haben am Anfang des Buches geklärt, dass die Bedeutungen dieses Buches die Leser*innen bestimmen. Heinz von Foerster sagt zudem noch wortwörtlich: „Der Hörer und nicht der Sprecher bestimmt die Bedeutung einer Bemerkung..."

Beide Autoren sind sich im Folgenden bewusst, dass sie in ihrem Buch lediglich ihre eigene Geschichte erzählen, ihre eigenen Ansichten, ihre individuelle Realität. Während ich ihr Buch gelesen habe, hat sich mein Gehirn eine eigene Wirklichkeit daraus konstruiert.

Wenn ich das nun alles ernst nehme, dann bedeutet das für mich, dass sogar der Radikale Konstruktivismus, wie ich ihn bisher verstanden habe und über den ich hier schreibe, die Konstruktion meines Gehirns ist. Und selbst dieser Gedanke ist meine persönliche Konstruktion. Und wenn Sie das lesen, macht Ihr Gehirn eine eigene Konstruktion daraus usw. Jeder ist zu jedem Zeitpunkt ein Einfluss-Lenker.

Es könnte schwer sein, sich das praktisch vorzustellen und auf den Alltag zu übertragen. Ich weiß. Je öfter ich aber beobachte, wie wir

---

[102] Ernst von Glasersfeld: *Konstruktion der Wirklichkeit und der Begriff der Objektivität*, in: Heinz von Foerster z.a.: *Einführung in den Konstruktivismus*. München: Piper, 1992, S. 29.
[103] Carl-Auer Verlag 1999/2007.

Menschen uns untereinander missverstehen, umso klarer wird mir, wie „natürlich" das ist und was dahinter steckt. Jeder Mensch lenkt auf seine ganz individuelle Weise im Gehirn die Einflüsse, die von außen in ihn hineinfließen. Jeder Mensch entwickelt aufgrund seiner individuellen Wünsche und Musterbildungen seine ganz eigene Sicht. Oder er hat vielleicht eine ähnliche Sicht, formuliert sie aber anders. Und diese Sicht hängt sogar noch davon ab, worauf sich ein Mensch gerade konzentriert, in welcher Stimmung er sich gerade befindet, welche Gefühle derjenige gerade hat oder welche Erfahrung er vor kurzem gemacht hat. Kurz: **Die aktuelle Realität hängt davon ab, welche Muster im Gehirn gerade aktiviert sind und benutzt werden.**

Das bedeutet, dass eine Lehrerin in der Schule den Stoff, den sie den Schüler*innen vermittelt, vorher zu ihrem ganz eigenen Stoff gemacht hat. Sie hat diesen Unterrichtsstoff aus dem, was sie gelesen und erfahren und gehört hat, in ihrem Gehirn selbst zusammengeschustert. Die Inhalte stimmen mehr oder weniger mit den Sichtweisen anderer Lehrer*innen, mit in Schulbüchern dargestellten Sichtweisen, mit im Internet vorhandenen Sichtweisen etc. überein – aber nie exakt.

Die gleiche Subjektivität gilt für Professor*innen an der Universität. Es gilt für die Prüfungsfragen bei Klausuren, die von einzelnen Menschen individuell zusammengestellt wurden. Es gilt für Tagesschausendungen, die von Journalist*innen kreiert wurden. Es gilt bei Systemaufstellungen für die Deutung von dem, was Stellvertreter*innen fühlen und wie sie es formulieren. Es gilt für alle Buchautor*innen – unabhängig wie „wissenschaftlich" sie ihre Werke verfassen und wie objektiv sie es formulieren. Es gilt für alle Wissenschaftler*innen, Politiker*innen, Eltern und andere (scheinbare) Autoritäten. Es gilt für Statistiken: „Traue keiner Statistik, die du nicht selbst gefälscht hast."[104] Welche Rohdaten wurden zur Erstellung der Statistik genutzt, was war in den Rohdaten, was war ausgeschlossen und mit welchen Sichtweisen und Absichten wurde die Statistik erstellt? Es gilt für alles, was Menschen an „Wahrheiten" erschaffen haben. Jede „Jury" urteilt subjektiv. Jedes Gericht versucht zwar, möglichst objektiv zu urteilen, kann aber immer nur subjektiv an die Sache herangehen. Nicht umsonst besteht das Bundesverfassungsgericht aus zwei mal acht (!) unterschiedlichen Richter*innen, damit so viele „Fach"bereiche wie möglich abgedeckt werden können.

---

[104] Dieser Ausspruch ist seit über 50 Jahren bekannt. Urheber ist unbekannt.

Alles ist hinterfragbar und verbesserbar – und führt letztendlich zu neuen Ergebnissen, die ebenso hinterfragbar und verbesserbar sind. Ich nenne das „natürliches Wachstum".

Dass unsere Realität davon abhängt, welche inneren Muster gerade aktiv sind, bedeutet aber auch noch Folgendes: Ein Mönch, der sich mit Hilfe von Meditationen intensiv in Mitgefühl trainiert und sich permanent in einem inneren Zustand von Mitgefühl befindet, nimmt sein Umfeld viel freundlicher und gelassener wahr, als jemand, der sich in einem ängstlichen und gestressten inneren Zustand befindet. Dies konnte in Versuchen mit Mönchen und in ihren Hirnscans festgestellt werden. So kann man sich die positive Wirkung von regelmäßigen Achtsamkeits-Meditationen erklären.

Auf Seite 69 berichtete ich, dass im Jahr 1996 mein Gehirn die Realität als „Erkenntnis" konstruiert hat, dass „Jedes Element den Wunsch nach Gleichgewicht hat". Dabei ist mir gleichzeitig klar geworden, dass jedes Element einen *anderen* Wunsch nach einem *anderen* Gleichgewicht hat. Es gibt keine absolute Gleichheit.

Wir denken, fühlen und leben alle unterschiedlich. So wie jeder auch anders aussieht. Es gibt keine absolut gleichen Menschen – also auch keine absolut gleichen Wirklichkeitsvorstellungen. Jeder stellt sich die Welt anders vor. Und deswegen reagiert jeder auch anders auf die Welt. Dabei reagiert er in Wirklichkeit nicht direkt auf die Welt, sondern auf seine eigene Vorstellung von der Welt. Das ist meine eigene Vorstellung, dass jeder Mensch auf seine eigene Vorstellung der Welt reagiert. Und Sie machen sich gerade Ihre eigene Vorstellung, wie ich mir meine Vorstellung davon mache, dass sich jeder seine eigene Vorstellung von der Welt macht.

Erst durch die Arbeit an diesem Buch ist mir die Bedeutung des Liedes „Die Gedanken sind frei" besonders klar geworden. Es ist egal, was im Außen passiert: Wir können denken, was wir wollen, und wir können auch fühlen, was wir wollen. Selbst im Gefängnis hindert uns niemand daran, uns die schönsten Gedanken mit den schönsten Gefühlen dazu zu machen. Nur wir selbst können uns daran hindern. Genauso gilt auch umgekehrt: In der schönsten Natur und im angenehmsten Umfeld, ja sogar im Kontakt mit einem „erleuchteten" und äußerst empathischen Menschen kann uns niemand daran hindern, uns die schrecklichsten

Gedanken mit den schrecklichsten Gefühlen dazu zu machen. Die Gedanken sind frei. Nur wir selbst (unsere inneren Muster) können unseren Gedanken Grenzen setzen.

Ich lebte einige Zeit in einer Wohnung im vierten Stock und musste täglich diese ewigen Treppen steigen. Das war ziemlich nervig – bis ich auf die Idee kam, das Treppensteigen mit dem Gefühl der Freude zu verknüpfen. Ab da rannte ich vor Freude die Treppe rauf, nahm immer zwei Stufen gleichzeitig und freute mich so intensiv beim Hinaufsprinten, als ob ich gerade im Lotto oder einen Wettkampf gewonnen hätte. Es war die Energie, die ich von Boris Becker kannte, wenn er damals nach einem gewonnenen Tennisspiel die Faust ballte und laut schrie. Das gab Kraft! Natürlich war ich oben in meiner Wohnung fix und alle – aber emotional total gut drauf. Dieses Freudemuster, das ich damals mit dem Treppensteigen verknüpfte, habe ich heute auch bei kurzen Treppen noch – und ich genieße es immer wieder.

Was finde ich an dieser Wahrheit so erleichternd, dass jede*r seine eigene Wahrheit hat, und betone sie in jedem Buch immer wieder? Die Freiheit und die Unabhängigkeit, die dadurch in mir entsteht. Denn wenn ich es so sehe, dass jede*r seine eigene Wahrheit lebt, dann kann ich jede dogmatische Aussage einer sich behauptenden und machtergreifenden Person für mich immer wieder „relativieren" und kann sehen: Das ist „ihre" Wahrheit und *muss* nicht für alle gelten – auch wenn sie es so formuliert, als wenn es objektiv für alle zu gelten hat. Sie lebt ihre Realität, ihre Heilungshierarchie, in die sie ihr Umfeld einordnen möchte – und ich bin frei von ihrem Einfluss.

Was ist die Folge dieser Sichtweise?

Ich fühle mich von anderen Menschen unabhängig. Ich habe ein freies Gefühl. Ich fühle mich autonom und selbstsicher. Und ich fühle mich nicht mehr „negativ" beeinflusst. Ich ziehe aus allen Einflüssen für mich das heraus, was für mich Sinn macht und was mir persönlich weiterhilft. Ein genialer Tanz mit subjektiven Wahrheiten.

Im Internet bin ich „zufälligerweise" soeben über einen Aphorismus gestolpert, dessen Verfasser unbekannt ist:

„Menschen, die sich in kein Schema pressen lassen, die die Dinge meist anders sehen als die anderen, die sich oft keinen Regeln beugen, die keinen Respekt vor dem Status Quo haben, sind die Menschen die die Menschheit weiterbringen, weil sie es sind, die verändern, erfinden, erforschen, formen, erschaffen, heilen und inspirieren. Dies sind auch die Menschen die nicht nur verrückt genug sind zu denken, sie könnten die Welt verändern, sondern es manchmal auch tun. Wir nennen sie Querdenker, Visionäre, Idealisten und manchmal auch Rebellen. Wir brauchen solche Menschen."[105]

Wie würde möglicherweise der Radikale Konstruktivismus auf diesen Aphorismus reagieren? Ich versuch´s mal:

Es ist sowieso kein Mensch in ein Schema pressbar und *jeder* sieht die Dinge anders als die anderen und *jeder* verändert die Welt, indem er täglich sein inneres Weltbild verändert.

Also sind *wir alle* von Natur aus Querdenker und permanente Innenweltverbesserer! Und wir brauchen einander, um uns gegenseitig durch unsere Unterschiedlichkeit zu bereichern und zu Wachstum anzuregen, zu Bewegungen in immer bessere Gleichgewichte!

Aus dieser Sichtweise heraus kann dieses Buch auch kein „Ratgeber" sein. Denn ich kann Ihnen keinen individuellen auf Sie zugeschneiderten Rat geben. Ich kann nur von mir berichten, von meinen Erfahrungen, Sichtweisen und meinen Quergedanken – und Sie können sich dadurch selbst einen Rat geben. Dieses Buch ist ein „Angebot zum Selbstratgeben".

Ich lade Sie dazu ein, sich selbst in Ihrem Leben als eine*n ganz natürliche*n Querdenker*in zu erkennen und all Ihre Sichtweisen anderen Menschen als „Angebote zum Selbstratgeben" zur Verfügung zu stellen. Ob es dann von Ihrem Gegenüber so verstanden wird, wie Sie es gemeint haben, und was der andere Mensch dann daraus macht, liegt nicht mehr in Ihrer Hand. Wenn Sie zustimmen können, niemanden ohne seine Mithilfe beeinflussen zu können, dann haben Sie eine „weise Ohnmacht". Vielleicht können Sie Ihre Formulierungen ein bisschen optimieren, so wie ich beim Schreiben auch nach den möglichst stimmigsten Formulierungen suche. Aber der andere bleibt immer frei zu entscheiden, wie er sich von Ihnen beeinflussen lässt, wie er Ihre Beeinflussung in sich selbst lenkt. So wie auch Sie immer frei bleiben, wie Sie mit den Beeinflussungen anderer Menschen umgehen und wie Sie sie als „Angebot zum Selbstratgeben" nutzen.

---

[105] Internet: www.aphorismen.de/zitat/51934 - Zugriff am 18.7.2016.

Ich komme noch einmal zurück zu dem Zusammenhang, dass wir ein Signal von außen immer den Mustern zuordnen, die gerade in uns aktiviert sind. Erinnern Sie sich an das Beispiel mit meiner Stieftochter: Ich dachte gerade an das Wetter – sie sprach das Wort „Shirt" aus und mein Gehirn machte „Schirm" daraus.

Wir können solche Missverständnisse gezielt für uns selbst nutzen. Wir können uns bewusst machen, welche Gedankenmuster in uns während des Missverständnisses aktiviert waren. Das Potenzial, das dahinter versteckt liegt: Je klarer wir erkennen, welche Muster wir unbewusst aktivieren, umso klarer können wir damit umgehen und es selbst beeinflussen.

Trainingsangebot:

Konzentrieren Sie sich im Alltag darauf, wo Sie etwas missverstehen. Das erkennen Sie daran, dass Sie von außen korrigiert werden oder der andere Mensch sich zu verteidigen beginnt. Was hat der andere klargestellt und was hatten Sie verkehrt gedacht? Machen Sie sich anschließend bewusst, in welchem Zustand sich Ihr Gehirn *während* des Missverständnisses befunden haben muss. Hatten Sie eine Befürchtung oder Hoffnung oder waren Sie mit Ihren Gedanken bei einem bestimmten Thema?

Das allein genügt. Machen Sie sich nur bewusst, wie der Zustand Ihrer inneren Muster, Ihrer Gedanken, Ihrer Gefühle *während* des Missverständnisses war. Je öfter Sie das machen, umso mehr wird Ihnen bewusst, wo sich etwas wiederholt. In welchem Zustand befinden Sie sich immer wieder? Vielleicht entdecken Sie, dass Sie immer wieder die gleiche Befürchtung haben? Oder immer die gleiche Hoffnung?

Wenn Ihnen ein sich wiederholender Zustand bewusst geworden ist, dann haben Sie herausbekommen, wo Ihre Muster möglicherweise an einem bestimmten Thema „kleben", womit sie verklumpt sind, und können dann die Popin-Methode© anwenden oder auch die Methoden im jetzt folgenden Kapitel – mit dem Ziel, Ihre Muster wieder voneinander unabhängiger zu bekommen.

Ich kenne einen Menschen, der ab und zu Hilfe von mir möchte. Wenn ich ihm dann versuche zu helfen, stelle ich ihm zunächst Fragen, um das Problem genauer kennenzulernen. Dabei beginnt dieser Mensch oft, Stress zu fühlen. Der Stress wird so stark, dass er meine Fragen nicht mehr beantworten kann. Er hat das Gefühl, ich würde ihn entlarven und anschließend bestrafen, wenn ich herausgefunden hätte, wo er sich unschlüssig und widersprüchlich verhalten oder wo er sogar lügen würde.

Ihm wurde klar, dass seine Befürchtung ein Muster war, das er ursprünglich im Kontakt mit seinen Eltern gebildet hatte. In dem Kontext mit seinen Eltern hat dieses Muster einen Sinn. Allerdings wurde die „gestresste Verklumpung“ bis heute noch nicht aufgelöst. Diese verklumpten Muster sind immer noch permanent in ihm aktiv. Und so wird jedes Fragenstellen von anderen Menschen von seinem Gehirn sofort so interpretiert, als ob seine Eltern ihm gerade kontrollierende Fragen stellten und er anschließend eine Strafe erhielte.

Haben wir unser Umfeld missverstanden, dann können wir das als Potenzial zur Selbsterkennung nutzen:

Wir spüren nach, in welchem inneren Zustand wir waren, während wir unser Umfeld missverstanden haben.

Wir beobachten, ob dieser Zustand öfter vorkommt.

Wenn ja, dann können wir uns darauf konzentrieren, die inneren Muster, die für den Zustand verantwortlich sind, voneinander unabhängig zu machen.

Wir reagieren auf die Realität, die wir uns selbst erschaffen

Im vorigen Kapitel habe ich dieses Thema schon angeschnitten. Hier komme ich nun ausführlich dazu: Wir reagieren auf die Realität, die wir uns selbst erschaffen.

Ich sitze an meinem Schreibtisch und schreibe. Auf einmal beginnt alles zu wackeln. Der Schreibtisch, mein Stuhl, die Regale, die Wände. Ein Erdbeben! Ich habe sofort die Bilder vor Augen, die in den Nachrichten gezeigt werden, wenn in einem anderen Land ein Erdbeben die Häuser verwüstet hat. Blitzschnell bin ich aufgesprungen, laufe die Treppe runter – nach draußen ins Freie. Draußen angekommen entdecke ich, dass ein paar Meter weiter Straßenarbeiten begonnen haben und ein Bagger große Metallteile in den Boden rammt. Der Bagger hat die Vibrationen im Haus verursacht. Kein Erdbeben.

Wenn ich das schon vorher gewusst hätte, wäre ich nicht aus dem Haus gerannt. Ich habe zwar die Vibrationen korrekt wahrgenommen, habe daraus aber eine Realität gemacht, die bei näherem Hinsehen nicht korrekt war. Meine Realität „Erdbeben" passte nicht zur äußeren Realität „Straßenarbeiten".

Der Neurobiologe Prof. Dr. Gerald Hüther betont immer wieder in unterschiedlichen Vorträgen und Interviews, dass unser Gehirn ein Problemlösungsinstrument sei. Es sei nicht in erster Linie zum Auswendiglernen oder Befolgen von Anweisungen geschaffen, sondern hauptsächlich zum Lösen von Problemen.

Ich nutze das gleiche Denkmodell wie er und habe diesen Gedanken einmal weitergesponnen. Dazu hole ich ein bisschen weiter aus und wiederhole ein paar Punkte aus den vorigen Kapiteln:

Wir trainieren uns eine Fähigkeit an, wie z. B. neue Tanzschritte. Dabei wiederholen wir das Muster so oft, bis wir einen Musterautomatismus gebildet haben, der von unserer Aufmerksamkeit *unabhängig* ablaufen kann – eben ganz „automatisch“. Das Ergebnis: Wir bewegen uns innerhalb eines Musters, ohne weiter darüber nachdenken zu müssen. Wir *beobachten bewusst*, wie unsere Tanzschritte *automatisch* fließen.

Wie ich bereits schrieb, gehe ich davon aus, dass dies immer so ist. Unser Körper (ich zähle das Gehirn zum Körper dazu) erlernt immer wieder neue Muster oder bildet bisher vorhandene Muster um – unseren aktuellen Wünschen entsprechend. Jede Musterbildung ist das Ergebnis eines Wunsches nach Gleichgewicht. Unser Organismus speichert alle Musterautomatismen, die wir uns antrainiert haben, um etwas besser zu „können“, um laufen zu können, um sprechen zu können, um Autofahren zu können, um mit einer/m Partner*in zu tanzen, um uns unserem Umfeld anzupassen, um uns vor einem unangenehmen Umfeld zu schützen, um Lehrer*innen oder Prüfer*innen so zufriedenzustellen, dass wir von ihnen gute Noten bekommen, um uns von Menschen zurückzuziehen, die uns verletzen, um uns vor langweiligen Aufgaben zu schützen und sie gezielt zu vermeiden, um unsere*n Chef*in zufriedenzustellen, damit wir unseren Job behalten können, um auch uns selbst glücklich zu machen usw.

So gesehen könnten alle erlernten Musterautomatismen in unserem Körper ausnahmslos „Lösungsmuster“ sein. Unser Körper ist ein riesiger Werkzeugkasten voller Lösungsmuster für die unterschiedlichsten Situationen. Es gibt nichts „Falsches“ in unserem Körper. Es gibt nur reine Lösungsmuster, die uns dafür zur Verfügung stehen, unsere Wünsche nach besseren Gleichgewichten zu erfüllen.

Dabei gibt es einige Lösungsmuster, die wir von Natur aus mitbekommen haben: das Schreien bei Schmerzgefühlen (Baby, das Hunger hat), das Weinen, um Schmerz zu verarbeiten, den Totstellreflex bei extremer Panik, das Sich-Verstecken als Schutz bei großer Angst, das Weglaufen und Flüchten, das Atmen, das Schlucken, die Lustgefühle, um unsere Art zu erhalten etc.

Wenn wir unseren Körper als einen riesigen Werkzeugkasten voller Lösungsmuster betrachten, dann geht es bei Problemen nicht mehr darum, unser „Unbewusstes“ zu analysieren oder das Unbewusste zu beeinflussen, um es zu verändern. Denn unser Körper liefert uns ja nur die Lösungsmuster für die aktuelle Situation, die wir wahrzunehmen meinen. Wenn ich ein Erdbeben wahrnehme, werde ich nicht meinen Musterautomatismus zum Zähneputzen starten. Sondern ich starte mein

Fluchtmuster und bringe mich so gut es geht in Sicherheit. Unser Körper meint es also immer gut mit uns.

Aber worum geht es dann? Wenn alles in uns Lösungsmuster sind, woher kommen dann unsere alltäglichen Probleme, Blockaden und Hemmungen? Wer oder was ist schuld daran, wenn wir uns im Kontakt mit fremden Menschen schüchtern fühlen und nicht frei reden können, wenn wir uns nicht konzentrieren können, Angst haben, Stress fühlen oder uns auf eine Weise verhalten, wie wir es eigentlich gar nicht wollen? Wo kommt dieser „negative" Einfluss her? Und wie können wir das erfolgreich ändern?

Um diese Fragen zu beantworten, teile ich unsere Lösungsmuster in zwei Gruppen auf: die Lösungsmuster, die wir zur Herstellung unserer inneren Realität benötigen, und die Lösungsmuster, die auf diese innere Realität reagieren. Stellen Sie sich bitte Folgendes vor:

Wenn wir gelernt haben, auf einem Fahrrad zu fahren, und wenn wir absolut sicher sind, dass wir in diesem Moment auf einem Fahrrad sitzen, dann werden unsere Beine kreisende Tretbewegungen machen und unsere Hände werden versuchen, mit Hilfe des Lenkers die Richtung zu steuern und das Gleichgewicht zu halten.

Wenn wir schwimmen gelernt haben und wir der Überzeugung sind, dass wir uns gerade in einem tiefen See oder einem tiefen Schwimmbecken an einer Stelle befinden, an der wir nicht mehr stehen können, dann machen wir automatisch Schwimmbewegungen.

Wenn wir der Überzeugung sind, dass es draußen regnet, und wir wollen spazieren gehen, dann werden wir einen Schirm nehmen und ihn draußen aufspannen – oder eine Regenjacke anziehen.

Wenn wir der Überzeugung sind, dass ein freundlicher Mensch in Wirklichkeit nur so freundlich tut, aber irgendwann vollkommen ausrasten und uns verletzen wird, dann werden wir uns ihm gegenüber niemals öffnen, sondern uns immer vor ihm schützen.

Wenn wir der Überzeugung sind, dass wir uns gerade in einer Menschengruppe befinden, die uns durch und durch freundlich gesinnt ist, uns in allem unterstützt und auch jeden Fehler als etwas Sinnvolles für jeden Lernprozess sieht, dann fühlen wir uns wohl, frei, offen und können unserer Spontaneität und Kreativität freien Lauf lassen.

Wenn wir der Überzeugung sind, uns in einer kritischen Menschengruppe zu befinden, die auf strenge Weise davon ausgeht, dass es

„Störungen“ gibt, die unbedingt zu vermeiden sind, dann haben wir Stress, Lampenfieber, sind nervös und bremsen uns.

Im Bereich der Hypnose gibt es die Erfahrung, dass einem Menschen suggeriert wird, er würde gleich mit einem heißen Eisen berührt werden, während man ihn in Wirklichkeit mit einem Eiswürfel berührt. Was passiert? Die Körperstelle, die mit dem Eiswürfel in Kontakt kam, entwickelt anschließend Brandblasen.

Anhand dieser Beispiele können wir erkennen, welch große Rolle unsere Überzeugung spielt, in was für einem Umfeld wir uns gerade befinden. An allererster Stelle konstruieren wir in unserem Gehirn blitzschnell eine Realität, die möglichst optimal zum aktuellen Umfeld passt. Und an zweiter Stelle reagieren wir dann auf diese Realität.

Was ist also dafür verantwortlich, was wir aktuell tun? Wie wir reagieren? Was ist dafür verantwortlich, welche antrainierten Verhaltensmuster wir aus unserem „Automatismuskasten“ einsetzen?

Unsere aktuelle Überzeugung, in was für einem Umfeld wir uns gerade befinden. Kurz: unsere Realitätsprojektion.

Hier, bei unserer Realitätsprojektion, müssen wir den Hebel ansetzen, um Veränderungen in unseren Reaktionen auf unser Umfeld zu erreichen.

Als ich mit 22 Jahren aus meinem Elternhaus ausgezogen war und nun meinte, mich endlich frei verhalten zu können, hatte ich noch nicht gelernt, anders auf die Menschen zu schauen. Bei meinen Eltern und Verwandten hatte ich gelernt, dass sie freies und spontanes kindliches Verhalten oft als „störend“ empfanden. Mein angepasstes und gehemmtes („ruhiges“) Verhalten war für die Erwachsenen angenehmer. Genauso dachte ich nach meinem Auszug immer noch: Freies, spontanes und manchmal provozierendes Verhalten stört alle anderen Menschen. Das war meine Realität. Also reagierte ich angepasst.

Unsere aktuelle Vorstellung von der Realität sorgt dafür, dass wir aus unserem Werkzeugkasten automatisch das Lösungsmuster hervorkramen, das uns zur Problemlösung geeignet erscheint. So gesehen sind unsere aktivierten Verhaltensmuster die besten Helfer, die wir überhaupt haben können. Stattdessen ist unsere aktuelle Realitätsprojektion „schuld“ daran, zu welchem Lösungsmuster wir greifen. Wenn wir den Radikalen Konstruktivismus berücksichtigen, den ich im vorigen Kapitel beschrieben habe, dann können wir daraus schließen: **Wir reagieren auf die Realität, die wir in uns selbst erschaffen!**

Und wie können wir das nun konstruktiv nutzen?

Ein hilfreicher Umgang mit uns selbst wäre wahrscheinlich nicht, uns nun zu kritisieren – und vor allem auch nicht, unsere automatischen Reaktionen abzuwerten. Sondern ein Umgang könnte sein, die Ungleichgewichte in unserer Realitätsprojektion zu verbessern. Wir könnten unsere „Missverständnisse" klären und in bessere „Verständnisse" verwandeln. Um zu klären, was genau an unserer Realitätsprojektion unstimmig ist, können wir unsere Realitätsprojektion genauer untersuchen. Dazu drehen wir die Reiz-Reaktionskette zwischen Realitätsprojektion und automatischer Reaktion um: Wenn wir beobachten, *wie* unser Körper und unsere Gefühle reagieren, dann können wir daraus folgern, wie wir unser Umfeld gerade wahrnehmen. Ziehen wir uns vor einem Menschen zurück, dann projizieren wir wohl eine Gefahr in denjenigen. Öffnen wir uns einem Menschen, dann sehen wir in ihm eine Vertrauensperson. Trauen wir uns nicht, etwas zu tun, dann denken wir, dass es schieflaufen wird, wenn wir aktiv werden.

Die deutsche Tennisspielerin Angelique Kerber verlor im Olympiafinale 2016. Als sie im dritten Satz des Spiels zurücklag, rief sie verzweifelt ins Publikum: „Heute ist hier alles gegen mich! Alles!"

An dieser Aussage können wir ablesen, was sie in ihrem Umfeld sah und wie sie ihre Realität gestaltete. Sie gab die Verantwortung für ihre Niederlage auch ihrem Umfeld. Sie reagierte nicht mit: „Jetzt erst recht!" Ob eine Sichtweisenänderung und eine Verantwortungsübernahme sie zu einem Sieg geführt hätte, kann man nur spekulieren.

Indem wir unseren Blick auf uns selbst und auf unser Umfeld verändern, bewirken wir gleichzeitig eine Änderung der Reaktionen unseres Körpers. Je nachdem wie wir eine Situation interpretieren, verlieren wir Energie oder mobilisieren wir Energie. **Wenn wir unsere Wirklichkeit erweitern, verändert sich die Wirkung.**

Zusammengefasst: Wenn wir uns in irgendeinem Bereich unseres Lebens verbessern wollen, dann geht es nicht allein darum, unsere ***Fähigkeiten zu trainieren***, sondern es geht auch immer darum, unsere ***Realitätsprojektion zu trainieren***. Dies tun wir, indem wir unsere aktuelle Sichtweise hinterfragen und eine stimmigere und wirkungsvollere Sichtweise finden. Ein erstes Trainingsangebot bezüglich Missverständnisse habe ich bereits am Ende des vorigen Kapitels beschrieben (S. 214). Weitere Möglichkeiten werden noch folgen.

Viele Lebenshilfemethoden zielen darauf ab, dass wir auf irgendeine Weise unsere „Überzeugungen“ verbessern. Haben wir eine positive Sichtweise, eine positive Überzeugung, dann reagiert unser Körper ganz anders darauf. Nicht umsonst halten Fußballtrainer in der Halbzeitpause gegenüber ihrer Mannschaft feurige Reden. Sie wollen die Sichtweisen ihrer Spieler verändern, damit die Spieler auf einen neuen Blickwinkel, auf eine neue Realitätsprojektion mit ihrer optimalen körperlichen Leistung und mit ihren besten Fähigkeiten reagieren.

Im Viertelfinalspiel der Europa League 2016 war der Fußballverein Borussia Dortmund mit seinem Trainer Thomas Tuchel zu Gast beim FC Liverpool mit seinem Trainer Jürgen Klopp. Zur Halbzeit führte Dortmund mit zwei Toren 1:3. Jürgen Klopp erinnerte seine Mannschaft in der Pause daran, dass der Verein von Liverpool in einem früheren Spiel vor mehreren Jahren einen 0:3-Rückstand in einem Champions-League-Finale umgedreht und letztendlich gewonnen hat. „Dieser Verein kann so was“. Mit dieser Erinnerung an den damaligen Sieg mobilisierte seine Mannschaft nach der Pause die gesamte Energie und gewann letztendlich 4:3 gegen Dortmund.

Ich schreibe genau aus diesem Grund Bücher über die verschiedensten Themen, weil ich unser Menschsein und unsere Realität stimmiger erklären möchte. Mein Ziel ist, dass wir andere Menschen und uns selbst besser verstehen und insgesamt immer stimmiger reagieren können. Dabei konzentriere ich mich darauf, schlüssige Sichtweisen und Denkmodelle zu finden, die wirklich *alles* unter einen Hut bekommen. Denn je stimmiger und allumfassender wir die Welt verstehen, umso stimmiger können wir auch auf diese neue Realitätsprojektion reagieren und umso stimmiger fühlt sich unser Leben an.

> Wir können uns selbst beeinflussen, indem wir unseren Blick auf uns selbst und auf unser Umfeld (unsere Realitätsprojektion) verändern. Dann reagiert unser Körper anders, aktiviert andere Musterautomatismen und wir können uns aus unserer Perspektive insgesamt stimmiger verhalten.

Realität und Vision unabhängig voneinander lassen

Während ich hier sitze und schreibe, reden zwei Männer vor meinem Fenster. Ich kann ihre Worte nicht verstehen, aber das permanente Gebrabbel ihrer tiefen Stimmen nervt irgendwie. Wenn ich mir aber vorstelle, dass diese zwei Männer zu der Gruppe von Menschen gehören, zu denen ich gerne dazugehören würde[106], dann fühlt es sich für mich schon viel besser an. Ich stelle mir vor, dass die Männer sich über Ihre Lösungsprozesse unterhalten und wie zufrieden und ausgeglichen sie sich gerade fühlen. Diese Vision fühlt sich für mich sehr angenehm an. Ihre Stimmen nerven mich nun nicht mehr. Stattdessen erinnert mich das Gespräch der Männer an meine tolle Vision.

Was habe ich gemacht? Ich habe meinen Blick auf mein Umfeld erweitert, ich habe meine Wirklichkeit erweitert und dadurch in mir eine andere Wirkung hervorgerufen. Verknüpfe ich meine schönen Visionen mit dem, was ich aktuell in der Realität erlebe, dann bringe ich meinen Körper dazu, anders und angenehmer zu reagieren. Ich aktiviere andere Reaktionsmuster und damit andere Gefühle in mir.

Es gibt bei dieser Sache etwas Wichtiges zu bedenken. Wenn wir einfach nur die Realität anders sehen wollen, dann wird es höchstwahrscheinlich einen Anteil in uns geben, der lieber „realistisch“ bleibt und sich die Welt nicht „rosarot“ malen will. Vor allem macht es keinen Sinn, die „wirkliche“ Realität auszublenden. Man will doch eigentlich viel genauer hinschauen und genau erkennen können, wie es denn wirklich ist. Wir sind neugierig. Wir sind Forscher*innen. Daher wird es möglicherweise schwierig werden, sich selbst davon zu überzeugen, dass die Welt „anders“ ist, als wir es doch eigentlich gerade wahrnehmen.

Wenn ich meine Aufmerksamkeit auf diese beiden Männer lenke, ist für mich klar, dass sie sich *nicht* über solche Themen, wie ich es mir in meiner schönen Vision vorgestellt habe, unterhalten – so mitten in der Öffentlichkeit und laut vor meinem Fenster. Das würden sie garantiert nicht gewohnt sein. Vor allem keine Männer aus der mir bekannten Nachbarschaft. Das wäre für sie viel zu persönlich. Meine Vision ist also definitiv nicht realistisch.

Aus diesem Grund wende ich einen kleinen Trick an, den ich Ihnen in diesem Buch schon mehrfach zur Verfügung gestellt habe. Der Trick hilft

---

[106] Siehe mein Dazugehörigkeits-Maßstab auf Seite 91 f.

mir, dass mein Körper meine neue und angenehmere Realitätsprojektion besser annimmt und gute Gefühle entwickelt.

Was ist mein Trick?

Ich stelle mir vor, dass die Männer aus meiner tollen Vision komplett *unabhängig* von den „realen Männern“ vor meinem Fenster sind. Ich will nicht die realen Männer mit Hilfe meiner „Visions-Männer“ *ersetzen*, sondern ich stelle mir vor, dass sie parallel existieren. Unabhängig voneinander. Wie in zwei Parallel-Realitäten, die beide gleichzeitig und unabhängig voneinander existieren können. Das führt dazu, dass ich in meinem Erleben zunächst die „realen Männer“ vor meinem Fenster höre, die dann sozusagen eine „Erinnerung“ an die parallel existierenden „Visions-Männer“ auslösen. Und die Erinnerung an meine Visions-Männer löst wiederum in mir gute Gefühle aus. Da sowohl die realen Männer als auch die Visions-Männer gleichzeitig und *unabhängig* voneinander in meinem Erleben vorhanden sind, fühle ich kein „Entweder - oder“ in mir, sondern ein „Sowohl - als auch“. In meinem Inneren stören die realen Männer die Visions-Männer nicht und die Visions-Männer stören die realen Männer nicht.

Ich schlage also vor, dass wir bei der Änderung unserer Realitätsprojektion nicht einfach so unsere bisherige Wahrnehmung „weghaben“ wollen, sondern dass wir einfach nur etwas Neues zu der bisherigen Realität *ergänzen*, etwas *hinzufügen*, unsere *Wahlmöglichkeiten* erhöhen. Beispielsweise durch eine schöne Vision. Diese Vision kann dann gleichzeitig *unabhängig* vom Bisherigen ebenfalls da sein – und in uns eine neue und angenehmere Reaktion im Körper hervorrufen, während das Bisherige auch da sein darf, aber nicht mehr ganz so stark in unserem Fokus liegt.

Erinnern Sie sich an den Kongress, mit dem ich mich unwohl gefühlt hatte?[107] Wenn ich mich an diesen Kongress erinnerte, fühlte ich mich nicht gut. Dachte ich jedoch an meine Vision einer tollen Menschengruppe, ging es mir klasse. Nun kann ich diese beiden Bilder unabhängig und parallel leben. Ich kann an den Kongress denken und parallel dazu an meine Vision – und so geht es mir beim Denken an den Kongress gut.

---

[107] Zur Erinnerung siehe Seite 92 f.

Ich erkläre mir das Phänomen so: Wenn ich meinem Gefühl zwei parallele und unabhängige Dinge gleichzeitig anbiete, entscheidet sich mein Gefühl offensichtlich dafür, das Angenehmere von beiden zu fühlen – das bessere Gleichgewicht zu wählen – ohne dadurch das Unangenehmere auszuschließen. Denn beides existiert ja *unabhängig* voneinander. Sowohl – als auch.

Ich meine mich zu erinnern, dass der Dirigent Herbert von Karajan[108] dem Sinn nach Folgendes berichtet haben soll: Bevor er als Chefdirigent zu den Berliner Philharmonikern kam, war er früher Dirigent eines schlechteren Orchesters. Damit er die schiefen Klänge und Ungenauigkeiten dieses Orchesters aushalten konnte, stellte er sich immer vor, wie die Musik perfekt klingen würde. Seine Visionen halfen ihm dann über die Leidenszeit mit dem unsauber spielenden Orchester hinweg – und trainierten gleichzeitig seine Vorstellungskraft. Diese trainierte Vorstellungskraft verhalf ihm bei den Berliner Philharmonikern zu großer Anerkennung und zu vielen Erfolgen.

Wenn mich beim Essen das Schmatzen eines anderen Menschen stört, verbinde ich dieses Schmatzgeräusch mit der Vision eines wundervollen Buffets, das aus lauter leckeren und gesunden Häppchen besteht, die ich selbst intensiv genieße. Diese Vision existiert in mir unabhängig von dem (störenden) Schmatzgeräusch, das ich aktuell wahrnehme. Die Folge: Das Schmatzgeräusch löst in mir eine Erinnerung an ein schönes Buffet aus, das wiederum meinen Körper mit Genussgefühlen reagieren lässt.

Ich möchte noch einmal betonen, dass ich mich gut bzw. fantastisch fühle, wenn ich an eine wundervolle Vision denke, die parallel und *unabhängig* zur aktuellen Realität besteht. Wenn ich mir aber vorstelle, dass ich in einer Realität lebe, in der sich diese Vision nicht erfüllt, geht es mir nicht so gut. Wenn ich daran denke, dass diese Vision unrealistisch ist und ich sie niemals werde erreichen können, fühle ich mich auch nicht gut. Nur die Vorstellung allein an die Vision fühlt sich gut und kraftvoll an – ohne irgendwelche „Hoffnung" und auch ohne Vergleich mit der aktuellen Realität. Daher empfehle ich, immer eine Vision zu wählen, die *unabhängig* von allem anderen existiert.

---

[108] 1908 – 1989, bedeutendster österreichischer Dirigent des letzten Jahrhunderts.

Übrigens machen wir so etwas bereits täglich, indem wir Filme anschauen. Dabei konzentrieren wir uns auf eine „äußere Vision“ im Fernseher, während unsere Realität *parallel* dazu weiter existiert.

Von einer Klientin[109] weiß ich, dass sie diese Technik erfolgreich für sich selbst anwenden konnte. Sie kam eines Tages nach Hause und entdeckte, dass ihr Mann im Wohnzimmer einiges umgeräumt hatte – ohne es vorher mit ihr besprochen zu haben. Die neue Ordnung war für sie kein Problem. Was ihr wehtat, war das Gefühl der fehlenden Gemeinsamkeit. Sie fühlte sich von ihrem Mann ausgeschlossen, weil er einfach etwas getan hatte, ohne das Gefühl gehabt zu haben, diese Änderung vorher mit ihr gemeinsam besprechen zu wollen und sie an seinen Plänen teilhaben zu lassen. Es fühlte sich für sie distanziert an.

Sie hatte das schon öfter erlebt und kannte sein Verhaltensmuster. Außerdem wusste sie, dass schon seine Eltern selten etwas mit ihm gemeinsam gemacht hatten. Er war als Einzelkind daran gewöhnt, die Dinge „für sich“ zu tun. Trotz dieser Hintergrundinformation tat es ihr immer wieder weh, wenn er sowas machte.

Dieses Mal konnte sie erkennen, dass ein eigener Wunsch hinter ihrem Schmerz steckte. Denn sie selbst war in einer Familie groß geworden, in der man vieles miteinander geteilt und gemeinsam gemacht hat. Deswegen fühlten sich die Aktionen von ihrem Mann immer wie eine kleine „Trennung“ und „Distanz“ an.

Sie nahm das innere Bild von dem Verhalten ihres Mannes und das innere Bild von ihrer Vision, Dinge gemeinsam zu besprechen und zu entscheiden, ließ sie parallel nebeneinander bestehen und sagte sich, dass sie *unabhängig* voneinander wären. Nicht „entweder – oder“, sondern „sowohl – als auch“. Die beiden Bilder durften gleichzeitig und unabhängig voneinander bestehen.

Diese Vorstellung löste ein viel angenehmeres Gefühl in ihr aus und sie fühlte sich sofort erleichtert und wesentlich wohler. Dies befähigte sie dazu, mit einem sehr gelassenen Gefühl mit ihrem Mann darüber zu reden – ohne ihm aus einem Schmerz heraus (mit verklumpten inneren Mustern) Vorwürfe machen zu müssen. Begeistert berichtete sie mir davon.

---

[109] Sie hat mir erlaubt, an dieser Stelle darüber zu berichten, ohne ihren Namen zu nennen.

Ich behaupte: Ein seelisches Schmerzgefühl entsteht nur, wenn zwei Dinge durch die folgende Überzeugung miteinander verknüpft sind: „Solange die Gegenwart so schmerzvoll ist, kann/darf ich das Schöne nicht leben und daher nicht fühlen." Entweder – oder.

Das folgende Überzeugungsmuster blockiert:

„Solange die Gegenwart schmerzvoll ist, kann/darf ich das Schöne nicht leben und daher nicht fühlen."

Wenn wir aber unsere schöne Vision von der aktuellen Gegenwart *unabhängig* machen, dürfen wir das Schöne fühlen. Durch die unabhängige schöne Vision kann sich der seelische Schmerz im Kontakt mit der aktuellen Realität verringern – wenn nicht sogar vollständig auflösen. Gleichzeitig können wir frei entscheiden, ob wir an der Erfüllung dieser Vision arbeiten wollen. Wenn ja, dann können wir uns viel gelassener und innerlich unabhängiger darum kümmern, wie wir unsere Vision zur Realität werden lassen. Der „Kampf" gegen die aktuelle unangenehme Realität wird geringer oder löst sich komplett auf.

Falls Ihnen keine Vision einfällt, an die Sie parallel und unabhängig zur aktuellen Realität denken können, dann analysieren Sie Ihr unangenehmes Gefühl, das auf die aktuelle Realität reagiert. Fragen Sie sich: Warum ist mir das gerade unangenehm? Wie müsste es sein, damit ich mich gut fühle? Wenn die aktuelle unangenehme Situation komplett weg wäre, was wäre stattdessen da? Auf diese Weise können Sie Ihr unangenehmes Gefühl oder gar Ihren aktuellen Schmerz konstruktiv nutzen. Sie können sich klar machen, was Ihre eigentliche Vision ist, was Ihnen gut tun würde, was Ihr Wunsch hinter Ihrem Schmerz ist, was Sie eigentlich gerade *wirklich* wollen.

Die Tennisspielerin Angelique Kerber hätte sich beispielsweise auf ihre Vision konzentrieren können, ein Finale zu gewinnen – *unabhängig* davon, dass sie gerade am Verlieren ist. Mit dieser Vision hätte sie niemals geschimpft – und vielleicht sogar Kraftreserven aus sich herausgelockt, die durch den aktuellen Frust nicht mehr abrufbar waren.

Um die Wirkung von motivierenden Visionen beizubehalten, betrachten Sie diese Visionen immer von Ihrem aktuell „bremsenden“ Umfeld als *unabhängig*.

Denn Ihr Umfeld hat diese Visionen nicht und kann die entsprechende Motivation nicht fühlen und nicht unterstützen.

Der Realität neue, zieldienliche Namen geben

Es gibt noch eine zweite Technik, die ich Ihnen anbiete, damit Sie Ihre aktuelle Realitätsprojektion umgestalten können, um angenehmere und energievolle Muster in Ihrem Körper anzuregen.

Erinnern Sie sich an den Film mit Kevin Costner „Der mit dem Wolf tanzt“? Weil ein Offizier in der Wildnis lebt und es schafft, einen Wolf zu zähmen und sich mit ihm anzufreunden, erhält er von den Indianern den Namen „Dances with Wolves“ („Tanzt mit Wölfen“).

Indianer zeigen immer wieder so schön, wie sie anderen Menschen Namen geben können, die mit irgendwelchen Zuständen oder Ereignissen verknüpft sind.

„Der mit dem Wolf tanzt“

„Steht mit einer Faust“

„Lächelt viel“

„Schöner Tag“ etc.

In unseren Workshops „Freie Systemische Aufstellungen“ geben wir öfter Stellvertretern einen „Zweck-Namen“, wie z. B.:

„Das, was eine Verbindung zwischen A und B erschafft“

„Das, was hilft, damit C sich beschützt fühlt und sich öffnen kann“

„Das lösende Element“

„Das, was den nächsten Schritt zeigt“

Es ist immer wieder spannend, wie sich Stellvertreter mit so einer Bezeichnung verhalten und was sie für hilfreiche Impulse für die Aufstellung bringen.

Wir können das wunderbar auf unseren Alltag übertragen, indem wir mit Hilfe einer neuen Namensgebung unsere Realität umgestalten.

Ich habe in Köln und in Karlsruhe die Empathie-Schule NeuroSonanz® eröffnet. Die Räumlichkeiten, in denen wir unsere Veranstaltungen geben, habe ich für mich innerlich in Gedanken wie folgt genannt: „Das, was mich ein glücklicher Empathie-Coach sein lässt."

Diese Namensgebung begeistert mich sehr und gibt mir viel Energie und Freude an dem, was ich tue. Wenn sich manchmal unangenehme Situationen mit Teilnehmer*innen entwickeln, kann ich meine Namensgebung *unabhängig* von der aktuellen Realität weiterhin sehr genießen. Jedes Mal, wenn ich mich in diesen Räumlichkeiten aufhalte und an meine Namensgebung denke, reagiert mein Körper auf diese „Realität" mit wundervollen und energievollen Gefühlen! Das allein ist schon ein schönes Erleben und ich genieße es.

Eine Bedeutungsgebung kann unerwünschte Nebenwirkungen haben. Ich habe einmal meinem Schreibtischstuhl die Bedeutung gegeben: „Das, was meinen Körper fit und gesund macht." Anschließend bekam ich auf meinem Schreibtischstuhl vermehrt Rückenschmerzen, schlimmer als vorher. Was musste ich tun? Ich musste öfter aufstehen und mich mehr bewegen – und wurde durch diese Bewegungen letztendlich ein wenig fitter. Gewünscht hätte ich mir, dass ich allein durch das Sitzen auf einem solchen Stuhl und durch meine Bedeutungsgebung fitter werden würde. Denn schließlich kann unser Gehirn ja richtige Wunder vollbringen. Allerdings hat sich mein Körper entschieden, anders auf diese Bedeutungsgebung zu reagieren. Letztendlich finde ich die Reaktion meines Körpers auch schlüssiger als das, was ich mir gewünscht hatte.

Sie können, wenn Sie es so wollen, Ihre Bedeutungsgebung mit einem Ziel verknüpfen. Schauen Sie sich Ihren Wachstums-Maßstab[110] an, greifen Sie ein dort formuliertes Ziel heraus und geben Sie Dingen oder Menschen um sich herum die Bedeutung: „Das, was mich darin unterstützt, das Ziel XYZ zu erreichen."

Folgende weitere Bedeutungsgebungen biete ich Ihnen als Beispiele an, um sich im Alltag insgesamt wohler zu fühlen:

- Herd in der Küche, Geschirr: „Das, was mich mein Essen intensiv genießen lässt."

---

[110] Zur Erinnerung siehe Seite 90 f.

- Auto: „Das, was mich unterstützt, sicher an mein Ziel zu gelangen."
- Partnerin: „Die mich geliebt fühlen lässt – unabhängig davon, wie sie sich verhält."
- Partner: „Der mich geliebt fühlen lässt – unabhängig davon, wie er sich verhält."
- Computer: „Der mich erfolgreich sein lässt."
- Sessel: „Der mich vollkommen entspannen lässt."
- Beeinflussungen: „Das, mit dem ich unabhängig wundervolle Beeinflussungstänze tanze."
- Bett: „Das meine Selbstheilung optimal aktiviert."
- Kissen: „Das mich tief und gut schlafen lässt" etc.

Gehen Sie davon aus, dass Sie sich die Bedeutungsgebung wie bei jeder Musterbildung „antrainieren". Das bedeutet: Sagen Sie sich über mehrere Tage und Wochen immer wieder, was der Gegenstand oder der Mensch für eine Bedeutung für Sie hat. So wie Sie eine Vokabel oder Personennamen auswendig lernen. Dadurch bildet sich allmählich ein neues Muster in Ihnen. Erst wenn Sie erleben, dass dieses Muster auch unabhängig von Ihrer Aufmerksamkeit funktioniert, brauchen Sie es nicht mehr zu trainieren. Diese Unabhängigkeit erkennen Sie daran, dass Sie erleben, dass diese Bedeutung immer in Ihnen präsent ist, sobald Sie diesen Gegenstand oder diesen Menschen sehen. So wie Sie sich im Kontakt mit einem Menschen automatisch an seinen Namen erinnern.

Ich habe erlebt, dass ich die ersten Tage begeistert eine neue Bedeutung genieße und dann allmählich ein Rückfall in alte Denkmuster geschieht. Ich musste mich dann ein bisschen anstrengen, wieder an die neue Bedeutung zu denken, die dann auch wieder schöne Gefühle in mir auslöst. Also ganz ohne Anstrengung ging es bei mir nicht. Vielleicht ist es bei Ihnen ähnlich. Vielleicht aber auch nicht.

Wenn Zweifel auftauchen, dann können Sie reagieren mit der inneren Haltung: „Auch der Zweifel gehört dazu." Und dann trainieren Sie Ihre Bedeutungsgebung *unabhängig* vom Zweifel weiter. Mit dem Zweifel können Sie so umgehen, wie ich es im nächsten Kapitel beschreibe: mit Hilfe der Popin-Methode©.

Oder Sie integrieren den Zweifel und fragen sich, was er Ihnen mitteilen möchte und welcher Sinn dahinter steckt. Angenommen der Zweifel hätte eine Stimme, was würde er sagen? Kommunizieren Sie mit sich selbst, mit diesem Zweifel-Muster[111]. Kommen Sie dadurch aber auf keinen grünen Zweig, dann können Sie den Zweifel weiter bestehen lassen und unabhängig davon mit Ihrer Bedeutungsgebung weiter machen. Vielleicht gibt es sogar ein Element in Ihrer Umgebung, dem Sie den Namen geben: „Das, was meinem Zweifel das gibt, was er benötigt."

Natürlich können Sie Bedeutungsgebungen wieder verändern und neue Bedeutungen geben – oder auch weitere, zusätzliche Bedeutungen, die unabhängig voneinander existieren – parallel zueinander. So wie ein Tisch im Englischen „table", im Italienischen „tavolo" und im Spanischen „mesa" heißt – gleichzeitig und parallel zueinander. Ihrer Kreativität sind keine Grenzen gesetzt.

Sie können Ihren Dazugehörigkeits-Maßstab und Ihren Wachstums-Maßstab nutzen und Ihrem Umfeld Bedeutungen aus diesen Maßstäben heraus geben. Wenn Sie diese Bedeutungen neu lernen, festigen Sie dabei gleichzeitig Ihre Maßstäbe in Ihrer Erinnerung – als positiv wirkende Musterautomatismen.

Durch die neuen Bedeutungsgebungen trainieren Sie sich eine ganz eigene Sprache an: Ihre persönliche unabhängige „Energie-Sprache" (nennen Sie diese Sprache so, wie es für *Sie* stimmig ist und wie es Ihnen die meiste Kraft, Energie und Freude gibt).

Ich wiederhole: Diese Bedeutungsgebungen als auch das Verknüpfen der Realität mit wundervollen Visionen hat einzig und allein den Zweck, dass wir mit einem neuen und erweiterten Blick auf unsere aktuelle Realität schauen, um im Körper angenehmere Reaktionen hervorzurufen. Das ist so, als ob wir ein Placebo einnehmen. Bei einem Placebo leben wir in einer Realität, als ob wir ein wirkungsvolles Medikament eingenommen hätten, und aktivieren dadurch in unserem Körper einen entsprechend heilenden Musterautomatismus. Genauso aktivieren wir durch unsere erweiterte Realitätsgestaltung einen Musterautomatismus in unserem Körper. Wir gestalten unsere Realität so, dass unser Körper positiv darauf reagiert. Denn wir reagieren immer auf die Realität, die wir uns selbst erschaffen.

---

[111] Zur Kommunikation mit uns selbst siehe ausführlich ab Seite 250.

Die *Unabhängigkeit* zwischen Realität und Vision als auch die *Unabhängigkeit* zwischen der realen Bedeutung (z. B. „Computer") und Ihrer persönlichen Bedeutung (z. B. „Der mich erfolgreich sein lässt") kann man durch eine weitere Übung unterstützen:

Stellen Sie sich die aktuelle Realität als auch Ihre Vision in Form von zwei Symbolen vor. Oder stellen Sie sich den realen Gegenstand mit der aktuellen Bedeutung als auch Ihre neue Bedeutung für diesen Gegenstand in Form von zwei Symbolen vor. Wenn Sie diese beiden Symbole vor Ihrem inneren Auge haben, dann lassen Sie diese Symbole sich frei durch den Raum bewegen – unabhängig voneinander, in unterschiedliche Richtungen, als ob Sie Ihre Hände frei und unabhängig voneinander bewegen würden.

Sie müssen dies nicht in der Fantasie durchführen. Geben Sie Ihrer einen Hand die Bedeutung für die Realität und der anderen Hand die Bedeutung für Ihre Vision. Stellen Sie sich richtig fest vor, was die eine Hand bedeutet und was die andere Hand bedeutet. Verknüpfen Sie also Ihre inneren Muster mit den Händen. Und nun bewegen Sie beide Hände in voneinander unabhängigen Bewegungen durch die Luft. Beobachten Sie dabei Ihre Hände und sagen Sie sich selbst: „Beides ist innerhalb der allumfassenden Verbundenheit *unabhängig* voneinander."

Falls dies nicht gelingen sollte, weil die Symbole in Ihrer Vorstellung irgendwie aneinander kleben oder sich nur schwerfällig bewegen lassen, könnte das auf einen unverarbeiteten Schmerz hinweisen. Die Erklärung, wie man mit so einem Schmerz umgehen kann, integriere ich in die Beschreibung der Popin-Methode© im nächsten Kapitel.

Je mehr Sie ein inneres Muster (eine Fähigkeit) bilden, eigene wundervolle Visionen zu entwickeln als auch innerhalb der Realität verschiedenen Dingen oder Menschen eine wundervolle Bedeutung zu geben, umso besser können Sie mit Beeinflussungen tanzen. Sie können Beeinflussungen Ihren Wünschen entsprechend positiv gestalten, wundervolle Visionen neben eine Beeinflussung stellen oder der Beeinflussung einen wundervollen Namen geben. So wie ich die Carglas-Werbung für meine Zwecke umgeformt habe.

Carglas-Werbung: „Die mich daran erinnert, die beste Werkstatt für mich zu suchen und zu finden."

Auf diese Weise können Beeinflussungen als positive Wachstumsenergie wirken. Wir sind Chef*in unseres Erlebens. Genauso können wir negative Wirkungen in uns (innere Blockaden, Hindernisse, Ängste, „falsche“ Verhaltensweisen), die wir z. B. als „Saboteur“ empfinden, entsprechend umgestalten.

Zunächst einmal können wir den inneren Saboteur als „weises Muster“ umtaufen. Denn dieses weise Muster weist uns darauf hin, dass in unserer Realitätsprojektion etwas versteckt ist, wodurch dieses weise Muster als „Schutz“ innerhalb einer Heilungshierarchie aktiviert wird. Alle Muster sind ja in Wirklichkeit Lösungsmuster innerhalb unseres riesigen Lösungswerkzeugkastens. Es kommt eben darauf an, welche Lösungsmuster wir durch unsere Realitätsprojektion aktivieren. Und der Saboteur bzw. das weise Muster zeigt uns: „Schau mal – deine Realitätsprojektion aktiviert *mich!* Da stimmt möglicherweise etwas in deiner Realitätsprojektion nicht. Du vermutest irgendetwas oder irgendjemanden in deinem Umfeld, so dass ich aktiviert werde.“

Ohne diese Realitätsprojektion genauer analysieren zu müssen, denken wir uns nun eine Vision aus, durch die unser Sabot… - sorry, unser „weises Muster“ *nicht mehr* aktiviert wird. Wie müsste unser Umfeld sein, so dass das „weise Muster“ pausieren darf? Diese Vision malen wir uns aus und erlauben ihr, *unabhängig* und *parallel* zur aktuellen Realität existieren zu dürfen. Vision und Realität dürfen gleichzeitig, parallel und unabhängig voneinander wirken.

… und nun schauen wir, was für eine Wirkung das auf uns hat …

Eine weitere Möglichkeit, mit dem inneren Saboteur umzugehen, finden Sie auf Seite 247.

Was ist näher an der Realität dran?

Es gibt sehr viele Situationen, in denen wir nicht erkennen können, was in einem anderen Menschen vorgeht und wie er sich in naher Zukunft verhalten wird. Oft füllen wir die Lücke mit Befürchtungen, mit einer negativen Realitätsprojektion, die in uns schützende Verhaltensmuster aktiviert. Wir befürchten, dass der andere etwas vergisst, dass er nicht achtsam sein wird, dass er Fehler macht, dass er negativ über uns denkt, dass er von uns genervt ist, dass er böse Absichten uns gegenüber hat usw. Es zeigen sich die schmerzvollen Verklumpungen unserer inneren Muster.

In solchen Fällen können wir nun auch wie folgt reagieren: Wir überlegen uns, wie es denn im optimalen Fall verlaufen könnte. Wir stellen uns vor, wie es wäre, wenn der andere im optimalen Fall alles bedenkt und berücksichtigt oder positiv auf uns zu sprechen ist. Wir malen uns nicht nur den „Worst Case“ (schlimmsten Fall) aus, sondern zusätzlich auch noch den „Best Case“ (besten Fall). Und zwar nicht als Ersatz für unsere Befürchtungen, sondern als positive Ergänzung. Unsere Befürchtungen dürfen parallel und unabhängig weiter existieren. Gleichzeitig darf auch die Vision in uns existieren, wie es denn perfekt oder besonders schön wäre. Ganz unabhängig voneinander.

Anschließend beobachten wir,

- ✓ wie unser Gefühl auf beide parallel existierenden Visionen reagiert.
- ✓ wie sich letztendlich am Ende alles gestaltet.

Welche Vision war näher an der Realität dran? Und hat vielleicht sogar unser Gefühl letztendlich „gewusst“, wie es ausgehen wird? Vielleicht hat ja unser Gefühl auf einige Teile des Worst Case und auf einige Teile des Best Case reagiert und uns dadurch gezeigt, was höchstwahrscheinlich wirklich passieren wird? Als „Vorahnung“?

Experimentieren Sie.

Die Popin-Methode©: Unabhängigkeit in Verbundenheit

Im letzten Kapitel haben wir uns in einer Art „Vorstufe“ bereits intensiv an die Popin-Methode© angenähert. Nun ist es soweit: Ich stelle Ihnen die Methode endlich vor. Zunächst wiederhole ich die wichtigsten Punkte.

Meine **PolyPatt-Theorie** (PolyPattern = VielMuster) lautet:

Wir repräsentieren unser Umfeld mit Hilfe von vielen verschiedenen Mustern in uns selbst und bilden auf diese Weise eine individuelle Realität. Auf diese Realitätsbildung reagieren wir. Wir erreichen unsere Unabhängigkeit von unserem Umfeld dadurch, indem wir unsere inneren Muster voneinander unabhängiger machen. Je unabhängiger unsere inneren Muster agieren, umso unabhängiger können sich unsere Realitätsprojektion und unsere Reaktionen gestalten. Dementsprechend reagieren wir unabhängiger auf unser Umfeld.

Dabei verhindert das Denkmodell: „*Wenn ich unabhängig bin, habe ich den anderen verlassen*“ oft, dass wir tatsächlich unabhängig im Leben werden. In Wirklichkeit aber heißt Unabhängigkeit **nicht** *Trennung*, sondern: *mehr Wahlmöglichkeiten.*

Alles bleibt innerhalb eines größeren Zusammenhangs miteinander verbunden, so wie die Fußzehen mit dem Fuß verbunden sind. Gleichzeitig können wir trainieren, die Fußzehen unabhängig voneinander zu bewegen. Trotz Verbundenheit können wir uns innerhalb der Verbundenheit eine Unabhängigkeit antrainieren – indem wir unsere Wahlmöglichkeiten erhöhen. Das bedeutet: Die Teile eines größeren Ganzen können gleichzeitig und unabhängig voneinander verschiedenen Zielen / Wünschen folgen. Sie können aber auch wieder gemeinsam dem gleichen Wunsch folgen. Alles ist möglich.

Je mehr Pixel ein Bild hat, umso klarer kann es abgebildet werden. Je mehr innere Muster unabhängig voneinander agieren, umso flexibler sind diese Muster und können besser zusammenarbeiten und die Realität in uns abbilden. Wenn wir unsere inneren Muster in viel mehr „Pixel" einteilen, sie also voneinander unabhängiger machen, dann können diese lebendigen Muster sich leichter ihren stimmigen Platz suchen.

Die Popin-Methode© [112] kann Sie darin unterstützen, Ihre inneren Muster unabhängiger voneinander zu machen. Ich habe die Methode in zwei Versionen aufgeteilt: einmal für visuell Veranlagte und einmal für auditiv oder kinästhetisch Veranlagte. Denn Menschen sind unterschiedlich veranlagt. Einige visualisieren mehr, andere arbeiten mehr mit Worten und Klängen und wieder andere gehen mehr über ihr Gefühl. Ich empfehle den auditiv/kinästhetisch Veranlagten, sich vorher trotzdem die Version für die visuell Veranlagten durchzulesen, um die Hintergründe für die spätere eigene Übung klarer zu bekommen.

Bitte betrachten Sie die Popin-Methode© als ein „Werkzeug" und nicht als eine „Wirkung", die auf jeden Fall funktioniert. Wenn Sie einen Schraubenzieher nehmen, dann hilft er nur, wenn er zu Ihrem Ziel passt und wenn Sie ihn stimmig anwenden. Auch die Popin-Methode© kann Ihnen nur dienen, wenn sie zu Ihrem aktuellen Ziel und zu Ihren Mustern passt und wenn Sie die Methode für sich stimmig anwenden. Nicht die Methode wirkt, nicht der Schraubenzieher dreht, sondern Sie drehen und wirken selbst! Mit Hilfe des Werkzeugs.

Manchmal können Sie noch keine Schraube drehen, weil noch kein Loch in der harten Wand vorgebohrt wurde. Also sollten Sie als erstes nicht schrauben, sondern bohren. So könnte es manchmal sein, dass es noch nicht sinnvoll ist, die Popin-Methode© anzuwenden, wenn vorher noch ein anderer Wunsch in Ihnen erfüllt werden möchte. Vielleicht fühlen Sie es, wenn bei Beginn der Anwendung der Popin-Methode© ein kleiner Widerstand auftaucht und Ihnen bewusst wird, was Ihnen vorher wichtiger oder lieber wäre.

Natürlich sind die im Folgenden aufgeführten Schritte *Angebote*, es so zu machen, und natürlich können Sie auch die Schritte ändern oder überspringen oder neue hinzufügen etc. Bleiben Sie kreativ. Das Folgende ist eine flexible, änderbare Gebrauchsanweisung.

---

[112] Popin = **Po**ly-**P**attern-**In**dependence = Viel-Muster-Unabhängigkeit.

Popin-Methode© für visuell Veranlagte

1. Schritt:

Erinnern Sie sich an die Heilungshierarchie. Besteht eine Verletzung, dann wollen wir uns als Erstes schützen, damit nicht noch weitere ähnliche Verletzungen folgen. Alle Muster ordnen sich der Suche nach dem optimalen Schutz unter. Deswegen empfehle ich, sich zuerst um den optimalen Schutz zu kümmern, falls Sie sich gerade einem Problemthema zuwenden möchten. Haben Sie für die nächste Zeit Ruhe? Oder könnten Sie von jemandem gestört werden? Möchten Sie Ihr aktuelles Umfeld so gestalten, dass Sie in der nächsten Zeit niemand stören kann? Wollen Sie sich einen Wecker stellen, falls Sie die Zeit vergessen sollten? Was wäre äußerlich alles nötig, um sich optimal geschützt zu fühlen? Wollen Sie die Übung vielleicht mit jemandem zusammen machen, dem Sie vertrauen?

Falls im Außen alles so ist, dass Sie sich geschützt fühlen, dann wäre die nächste Frage, ob und wie Sie sich *innerlich* schützen wollen. Wenn es nicht notwendig ist, können Sie nun mit Schritt 2 weitermachen. Falls Sie aber einen inneren Schutz wünschen, dann fühlen Sie nach, was Ihnen guttun würde. Eine visualisierte Ampel, die auf Rot springt, sobald Sie sich selbst überfordern? Einen imaginären Raum, in dem Sie vollkommen geschützt sind? Oder einen wundervollen Ort in der Natur, an dem Sie sich vollkommen wohl fühlen? Oder Sie stellen sich einen zuverlässigen, kraftvollen und verständnisvollen Wächter oder eine einfühlsame Fee vor – je nachdem was Sie in Ihrer Fantasie benötigen. Geben Sie sich einen Moment Zeit, um in Ihrer Vorstellung das zu finden, was Ihnen vollständigen Schutz bietet, um einen Schritt in Richtung „innere Heilung“ (besseres Gleichgewicht) gehen zu können.

2. Schritt:

Wenn Sie aktuell ein Problem mit etwas haben, dann stellen Sie sich die Problemsituation oder Ihr Problemgefühl oder generell "das Problematische" als ein Symbol in Ihrer Fantasie vor. Haben Sie beispielsweise in irgendeiner Situation ein unangenehmes Gefühl oder fühlen Sie sich nicht wohl, wenn Sie sich an eine unangenehme Situation erinnern, oder mögen Sie Ihr eigenes Verhalten nicht, dann stellen Sie sich ein Symbol für dieses Gefühl oder für die Situation oder das Verhalten vor.

Wenn Sie sich ein Symbol vorstellen können, dann machen Sie sich noch einmal besonders bewusst, wofür genau dieses Symbol steht. Vielleicht sagen Sie sich selbst laut: „Dieses Symbol steht für ...“. Verknüpfen Sie auf diese Weise das Thema mit dem Symbol noch intensiver. Machen Sie es voneinander **abhängig**, damit die Visualisierung intensiv auf das Thema zurückwirken kann.

3. Schritt:

Überlegen Sie sich, wie für Sie der gelöste Zustand wäre. Wenn das Problem gelöst wäre, wie wäre es dann? Wie wäre dann die Situation? Wie würden Sie sich selbst fühlen oder verhalten? Wie wäre "das Gelöste"? Stellen Sie sich auch dafür ein Symbol in Ihrer Fantasie vor.

Wenn Sie sich ein Symbol vorstellen können, dann machen Sie sich auch hier besonders bewusst, wofür genau dieses Symbol steht. Sagen Sie sich selbst laut: „Dieses Symbol steht für ...“. Verknüpfen Sie auf diese Weise das Thema mit dem Symbol noch intensiver.

Es funktioniert auch, wenn Sie für die Problemsituation kein Symbol, sondern ein Bild haben und auch für die Lösungssituation ein Bild. Stellen Sie sich beide Bilder nebeneinander gleichzeitig in Ihrer Fantasie vor und machen sich noch einmal besonders bewusst, welches Bild für welches Thema steht.

4. Schritt:

Nun lassen Sie in Ihrer Fantasie beide Symbole / beide Bilder sich unabhängig voneinander bewegen. Wichtig dabei ist, dass Sie es nicht mit "Zwang" versuchen. Wenn sich in Ihrer Fantasie etwas nicht umsetzen lässt, dann ist das ein wichtiges Zeichen Ihrer unbewussten Muster, das man ernst nehmen und nutzen kann.

Beobachten Sie nun, ob sich die Symbole / Bilder frei, locker und unabhängig voneinander bewegen lassen. Funktioniert es? Wenn ja, dann gehen Sie direkt zum 7. Schritt.

Wenn die Bewegungen aber etwas schwerfällig oder gar nicht möglich sind oder Ihnen irgendetwas daran unstimmig erscheint, dann machen Sie folgenden fünften Schritt:

Erklärung vorweg: Ich gehe davon aus, dass Schwerfälligkeit ein Zeichen für eine Verkoppelung von Mustern, für eine innere Abhängigkeit ist. Durch ein Schmerzerlebnis oder eine Gefahrensituation oder Abwertungen anderer Menschen haben sich in Ihnen Anteile miteinander verkoppelt und sich bisher noch nicht wieder voneinander gelöst, obwohl die Situation (möglicherweise) bereits vorbei ist.

5. Schritt:
Nehmen Sie ein weiteres Symbol für die "Ursache dieser Schwerfälligkeit" oder für die "Ursache des unverarbeiteten Schmerzes" in Ihr aktuelles Fantasiebild mit auf. Welche Form und welche Farbe hat die Ursache? Wo möchten Sie dieses Symbol positionieren?

6. Schritt:
Anschließend lassen Sie den gesamten Schmerz oder die gesamte Schwerfälligkeit aus den ersten beiden Symbolen / Bildern hin zur Ursache fließen. Machen Sie das so lange, bis sich der Fluss ganz von selbst beendet.

Falls das nicht funktioniert, im Folgenden einige Alternativen:

Alternative 1: Stellen Sie sich anstelle der "Ursache" ein Symbol vor, das die Bedeutung hat: "Das, wo der Schmerz / die Schwerfälligkeit *eigentlich* hingehört." Und lassen Sie aus den ersten beiden Symbolen / Bildern den gesamten Schmerz oder die gesamte Schwerfälligkeit hin zu diesem dritten Symbol fließen.

Alternative 2: Stellen Sie sich das "Universum" vor - oder die "Quelle allen Lebens" - oder "Gott". Und nun lassen Sie den Schmerz / die Schwerfälligkeit dorthin fließen, bis der Fluss von selbst endet.

Alternative 3: Stellen Sie sich vor, wie der Schmerz / die Schwerfälligkeit in Form einer schwarzen Flüssigkeit oder schwarzer Tropfen nach unten fallen. Fühlen Sie sich voller Mitgefühl in diese Tropfen ein und weinen Sie mit Ihnen mit, falls Ihnen beim Einfühlen die Tränen kommen (= Tränen-Yoga[113]). Verarbeiten Sie auf diese Weise den Schmerz direkt. Während des Tränen-Yogas könnten Sie erleben, dass diese schwarze Flüssigkeit sich langsam aufhellt und irgendwann bunt mit herumfliegen kann und sich leicht bewegen lässt.

Alternative 4: Stellen Sie sich ein Symbol für "Das, wohin der Schmerz wirklich fließen will" vor. Probieren Sie, ob der Schmerz vollständig aus den ersten beiden Symbolen / Bildern dorthin fließen kann.

---

[113] Zum Thema Schmerzverarbeitung und dem Tränen-Yoga siehe Seite 160 f.

Alternative 5: Wenn der Schmerz keine flüssige Form hat, dann ziehen Sie den Schmerz aus den Symbolen heraus, beobachten, welche Form er annimmt und beerdigen ihn liebevoll auf einem Friedhof oder dort, wo er beerdigt werden möchte.

Alternative 6: Nehmen Sie die Anteile, die schwerfällig oder dunkel oder miteinander verklumpt bleiben, liebevoll in Ihren Arm und fragen Sie sie, was sie brauchen oder wohin sie möchten. Was ist die Botschaft dahinter, dass sich der Schmerz nicht von den Symbolen unabhängig machen lässt?

Alternative 7: Seien Sie selbst kreativ oder fühlen Sie nach, was Ihnen helfen könnte, die Symbole / Bilder locker, frei und unabhängig zu bekommen. Vielleicht ist es ja auch kein Schmerz, der für die Abhängigkeit sorgt, sondern etwas anderes? Erforschen Sie sich selbst.

Alternative 8: Manchmal könnte es anstelle eines Schmerzes auch ein *Wunsch* eines anderen Menschen sein, den Sie übernommen haben und der Sie in gewisser Weise bindet. Was passiert, wenn Sie diesen Wunsch aus den Symbolen herausziehen und dem Menschen zurückgeben, der den Wunsch eigentlich hat?

Alternative 9: Manchmal könnte ein *eigener* Wunsch bei dem von Ihnen aktuell ausgewählten Thema eine Rolle spielen. Wenn Sie versuchen, die Symbole voneinander unabhängig zu machen, könnte es sein, dass Ihnen dieser Wunsch bewusst wird. Er will Ihre Unabhängigkeit noch verhindern. Dann können Sie diesen Wunsch als weiteres Symbol dazustellen und ausprobieren, ob nun eine Unabhängigkeit zwischen allen Symbolen möglich ist.

Symbolisieren Sie grundsätzlich alles, was scheinbar störend wirkt, nehmen es mit zum Gesamtbild dazu und lassen es von allem unabhängig werden, so dass es flexibel seinen „richtigen“ Platz einnehmen kann. Suchen Sie immer nach einer Neusortierung ohne gezielten Ausschluss. Nur wenn ein Element von selbst aus Ihrer Fantasie verschwindet oder sich in das „Ganze“ von selbst auflöst, lassen Sie dies geschehen.

7. Schritt:

Können sich die Symbole / Bilder frei voneinander bewegen, dann stellen Sie sich vor, wie die Symbole sich in kleine oder noch kleinere Kügelchen aufteilen, die ebenfalls frei und fröhlich durcheinander fliegen.

Gedankenhilfe: Wir wissen, dass jegliche Materie aus Atomen besteht - also aus "freien Kügelchen". Stellen Sie sich bei den Symbolen genau diese Ebene vor und stellen Sie sich vor, dass diese kleinen Kügelchen sich unabhängig und frei voneinander bewegen können - wie ein kleiner fröhlicher chaotischer Kügelchenhaufen.

Der Sinn dahinter: Wir machen nicht nur die Symbole voneinander unabhängig, sondern wir machen auch jedes Symbol innerhalb von sich selbst unabhängig, indem wir uns vorstellen, wie seine Anteile frei und unabhängig voneinander durcheinander fliegen können. Gerne können sich auch die kleinen Anteile aller Symbole frei miteinander vermischen und sich wieder voneinander trennen etc. Hauptsache: Unabhängigkeit in den Bewegungen der Mini-Kügelchen.

Diese Unabhängigkeit bedeutet auch, dass wir jederzeit die Wahl haben, diese Kügelchen sich wieder zur ursprünglichen Form zurückbilden zu lassen – und auch wieder frei fliegen zu lassen. Beides. Mehr Wahlmöglichkeiten.

Wenn noch etwas zusammenklumpt und sich nicht frei, fröhlich und locker bewegen lässt, verfahren Sie damit, wie ab Schritt 5.

8. Schritt:

Schauen Sie nun wieder auf Ihre Problemsituation und vergleichen Sie: Fühlen Sie sich noch genauso wie vor dieser Übung? Oder hat sich etwas verändert?

Und nun beobachten Sie noch, ob sich im Alltag etwas verändert hat.

Falls sich im Alltag Ihr Problem ansatzweise wieder zeigt, dann richten Sie im Alltag kurz Ihre Aufmerksamkeit auf Ihre Fantasie und konzentrieren sich auf das Bild der unabhängigen fröhlichen Kügelchen. Wie geht es Ihnen, wenn sich Ihr Problemgefühl in kleine fröhliche Kügelchen aufteilt und frei und unabhängig durcheinander fliegt?

Ich betone noch einmal: Wenn Sie die Symbole sich voneinander unabhängig bewegen lassen und wenn Sie die Symbole in kleine Kügelchen aufteilen und frei und fröhlich durcheinander fliegen lassen, hat das nichts mit "Trennung" oder "Distanz" zu tun. Es hat nur mit **Unabhängigkeit** und mit *mehr Wahlmöglichkeiten* zu tun.

Ihre Anteile bleiben immer *innerhalb* der Verbundenheit Ihres Wesens. Die Anteile gehen Ihnen nicht verloren. Es geht also grundsätzlich bei Problemen nicht darum, irgendwelche Anteile oder Symbole abzuwerten, sie zu verdammen, sie zum Verschwinden zu bringen oder sich davon zu trennen. Es geht nur um zusätzliche Unabhängigkeit. Die Anteile können sich einfach nur unabhängiger voneinander bewegen und deswegen sich besser sortieren und besser fließen. Und sie können sich auch wieder zur ursprünglichen Form zusammenfinden. Falls es scheinbar „störende" Anteile geben sollte, nehmen Sie sie einfach mit dazu und machen Sie ebenfalls unabhängig.

Unabhängigkeit in Verbundenheit.

Popin-Methode© für auditiv/kinästhetisch Veranlagte

1. Schritt:

Auch hier geht es zunächst um die aktuell aktivierte Heilungshierarchie. Was benötigen Sie gerade für einen Schutz? Haben Sie für die nächste Zeit Ruhe? Möchten Sie Ihr aktuelles Umfeld so gestalten, dass niemand Sie in der nächsten Zeit stören kann? Wollen Sie sich einen Wecker stellen, falls Sie die Zeit vergessen? Was wäre äußerlich alles nötig, um sich geschützt zu fühlen? Wollen Sie die Übung vielleicht mit jemandem zusammen machen, dem Sie vertrauen?

2. Schritt:

Wenn Sie aktuell ein Problem mit etwas haben, dann finden Sie einen Begriff für dieses Problem. Haben Sie beispielsweise in irgendeiner Situation ein unangenehmes Gefühl oder fühlen Sie sich nicht wohl, wenn Sie sich an eine unangenehme Situation erinnern, oder mögen Sie Ihr eigenes Verhalten nicht, dann finden Sie einen Begriff für dieses Gefühl oder für die Situation oder das Verhalten.

Schreiben Sie diesen Begriff in Großbuchstaben auf ein Blatt Papier. Anschließend schneiden Sie diesen Begriff mit einer Schere aus und legen ihn auf Ihren Tisch. (Die Großbuchstaben sind wichtig, weil sie später in Schritt 7 auch noch einzeln ausgeschnitten werden sollen.) Machen Sie sich besonders bewusst, dass dieser Begriff jetzt für Ihr Thema steht. Hauchen Sie sozusagen dem Zettel das „Thema" ein, so wie in der Bibel aufgeschrieben Gott Adam das Leben eingehaucht hat.

Das ist dafür gut, dass Ihre inneren Muster sich optimal mit dem Zettel verbinden und sich damit identifizieren. Oder machen Sie es sich auf eine Weise bewusst, die für Sie noch stimmiger ist.

3. Schritt:

Überlegen Sie sich, wie für Sie der gelöste Zustand wäre. Wenn das Problem gelöst wäre, wie wäre es dann? Wie wäre dann die Situation? Wie würden Sie sich selbst fühlen oder verhalten? Wie wäre "das Gelöste"? Finden Sie auch dafür einen Begriff, den Sie aufschreiben, ausschneiden und auf Ihren Tisch legen.

Machen Sie sich ebenso besonders bewusst, dass dieser Begriff jetzt für Ihr Thema steht. Hauchen Sie dem Zettel das „Thema" ein.

Es geht auch, wenn Sie für die Problemsituation und für die Lösungssituation einen kurzen Satz aus sehr wenigen Begriffen haben. Schreiben Sie die Sätze in Großbuchstaben, schneiden Sie beide Sätze aus und legen Sie sie auf Ihren Tisch.

4. Schritt:

Beobachten Sie, wie Sie sich mit den Begriffen / Sätzen fühlen, wenn Sie sie lesen. Nun berühren Sie mit der einen Hand den einen Begriff / Satz und mit der anderen Hand den anderen Begriff / Satz und schieben beide gleichzeitig auf Ihrem Tisch umher – in ganz unabhängigen Bewegungen voneinander. „Üben" Sie dabei auch unabhängige Bewegungen Ihrer beiden Hände, falls es nicht so gut funktioniert. Probieren Sie aus, wie es sich anfühlt, wenn die eine sich langsam und die andere sich schneller bewegt – und umgekehrt. Oder wie es sich anfühlt, wenn die eine Hand sich horizontal und die andere sich gleichzeitig vertikal bewegt. Oder machen Sie mit beiden eher chaotische und unkoordinierte Bewegungen. Vielleicht stoßen sie auch mal zusammen und trennen sich anschließend wieder.

Können Sie ein spielerisches Gefühl entwickeln? Spaß und Freude beim Herumschieben der Zettel empfinden? Wie in der Kindheit, wenn man mit kleinen Autos gespielt hat? Wenn diese Gefühle möglich sind und Sie sich damit gut fühlen, dann gehen Sie direkt zum 7. Schritt.

Wenn Sie sich dabei aber nicht ganz so wohl fühlen oder in Ihnen Abwehrgefühle oder Widersprüche auftauchen (egal welche Widersprüche), dann machen Sie folgenden fünften Schritt:

Erklärung vorweg: Ich gehe davon aus, dass unangenehme Gefühle und emotionale Widersprüche ein Zeichen für eine Verkoppelung von Mustern, also für eine innere *Abhängigkeit* ist. Durch ein Schmerzerlebnis oder eine Gefahrensituation oder durch Abwertungen anderer Menschen haben sich in Ihnen Anteile miteinander verkoppelt und sich bisher noch nicht wieder voneinander gelöst.

5. Schritt:

Schreiben Sie auf ein neues Din A4 Blatt die Worte: "Ursache für das Unwohlgefühl" oder "Ursache des unverarbeiteten Schmerzes" - ohne es auszuschneiden. Legen Sie das Blatt als Ganzes irgendwo an den Rand Ihres Tisches (wenn der Rand für Sie stimmig ist).

6. Schritt:

Nun schreiben Sie auf ein nächstes Blatt in Großbuchstaben den Begriff „Schmerz“ oder „Unwohlgefühl“ und schneiden diesen Begriff aus. Legen Sie diesen Schmerz-Begriff auf den Begriff, der für Ihr Problem steht, oben drauf. Fühlen Sie, wie es sich anfühlt, wenn diese beiden Begriffe aufeinander liegen. Entweder fühlen Sie es durch reines Anschauen der beiden Zettel – oder indem Sie einen Finger drauflegen und sich „einfühlen“. Haben Sie sich intensiv eingefühlt, dann fassen Sie den Begriff „Schmerz“ (oder „Unwohlgefühl“) an und ziehen ihn nun langsam vom Problem-Begriff weg. Fühlen Sie, wie sich die beiden Begriffe trennen (Schmerz löst sich vom Problem) und unabhängig voneinander werden.

Anschließend legen Sie nun den Schmerzbegriff auf den Lösungs-Begriff. Fühlen Sie, wie es sich anfühlt, wenn diese beiden Begriffe aufeinander liegen. Dann fassen Sie den Schmerzbegriff an und ziehen ihn langsam vom Lösungs-Begriff weg. Fühlen Sie, wie sich die beiden Begriffe trennen (Schmerz löst sich von der Lösung) und unabhängig voneinander werden.

Zum Schluss legen Sie den Schmerzbegriff auf das Din A4 Blatt, das Sie mit „Ursache“ beschriftet haben. Dort gehört es hin. Wenn der Schmerzbegriff dort auf seiner Ursache liegt, wie fühlt sich das für alle Begriffe an? Und wie fühlt es sich für Sie insgesamt an?

Falls bei diesen Ritualen berührende, lösende Tränen aufsteigen, dann empfehle ich, sie intensiv fließen zu lassen[114].

Falls dieser fünfte Schritt nicht so gut funktioniert oder sich (nach den Tränen) nicht gut anfühlt, biete ich Ihnen im Folgenden einige Alternativen dazu an:

Alternative 1: Schreiben Sie auf das Din A4 Blatt anstelle der "Ursache" folgenden Begriff: "Das, wo der Schmerz / das Unwohlgefühl *eigentlich* hingehört." Machen Sie die Rituale, wie im 6. Schritt beschrieben, und legen am Schluss den Schmerzbegriff auf dieses neu beschriftete Din A4 Blatt.

Alternative 2: Schreiben Sie auf das Din A4 Blatt anstelle der „Ursache“ den Begriff: "Universum" - oder die "Quelle allen Lebens" - oder "Gott".

Alternative 3: Nehmen Sie den Zettel mit dem Schmerzbegriff wie ein Baby in den Arm (Sie können auch den Zettel auf eine Puppe legen und dann diese Puppe wie ein Baby in den Arm nehmen, damit es sich griffiger anfühlt). Fragen Sie den Schmerz (die Puppe), was er braucht oder wohin er möchte. Was antwortet er in Ihrer Fantasie?

Alternative 4: Manchmal könnte es der Wunsch eines anderen Menschen sein, den Sie übernommen haben und der Sie bindet. Was passiert, wenn Sie diesen Wunsch auf einen neuen Zettel schreiben („fremder Wunsch“), ihn ausschneiden und damit das Ritual durchführen, das in Schritt 6 mit dem Schmerzbegriff beschrieben wurde?

Alternative 5: Manchmal könnte ein *eigener* Wunsch bei dem von Ihnen ausgewählten Thema eine Rolle spielen. Wenn Sie versuchen, die Zettel unabhängig zu machen, könnte es sein, dass Ihnen dieser Wunsch bewusst wird. Er will Ihre Unabhängigkeit noch verhindern. Dann können Sie für diesen Wunsch einen Begriff wählen, auf einen Zettel schreiben und mit auf den Tisch legen. Probieren Sie aus, ob nun eine Unabhängigkeit zwischen allen Begriffen möglich ist.

Alternative 6: Seien Sie selbst kreativ oder fühlen Sie nach, was Ihnen helfen könnte, sich mit den freien Bewegungen des Problem-Begriffs und des Lösungs-Begriffs auf Ihrem Tisch wohl zu fühlen. Erforschen Sie sich selbst.

---

[114] Zur Erinnerung zum Thema Schmerzverarbeitung und dem Tränen-Yoga siehe Seite 160 f.

7. Schritt:

Fühlen sich die unabhängigen Bewegungen mit dem Problem-Begriff und dem Lösungs-Begriff gut an, dann nehmen Sie als nächstes wieder Ihre Schere zur Hand und schneiden die Zettel genau zwischen den Buchstaben durch – so dass Sie am Schluss nur noch kleine Zettel mit einzelnen Buchstaben vor sich liegen haben. Mischen Sie diese kleinen Zettel frei durcheinander und beobachten Sie dabei, wie Sie sich damit fühlen. Können Sie diese Zettel mit einem fröhlichen Gefühl durcheinander bewegen? Sie können dieses Puzzle auch gerne dazu verwenden, um die Begriffe noch einmal zusammenzulegen – oder um neue Begriffe aus den Buchstaben zu legen – und dann wieder alle Buchstaben frei und unabhängig durcheinander zu mischen. Beobachten Sie dabei immer, wie Sie sich fühlen.

Wenn sich irgendwo noch etwas unangenehm anfühlt, dann verfahren Sie damit, wie ab Schritt 5. Gibt es Beispielsweise einen Buchstaben, der sich noch unwohl anfühlt, dann legen Sie dort noch einmal den Schmerz-Zettel drauf, beobachten Ihr Gefühl, ziehen dann den Schmerz-Zettel ganz langsam davon weg und legen ihn dorthin, wo er eigentlich hingehört, oder nehmen ihn noch einmal liebevoll in den Arm und geben ihm, was er braucht. Anschließend beobachten Sie, ob Sie sich nun besser fühlen.

8. Schritt:

Erinnern Sie sich wieder an Ihre Problemsituation und vergleichen Sie: Fühlen Sie sich noch genauso wie vor dieser Übung? Oder hat sich etwas in Ihrem Gefühl bezüglich des Problems verändert?

Und nun beobachten Sie noch, ob sich im Alltag etwas verändert hat.

Falls sich im Alltag Ihr Problem ansatzweise wieder zeigt, dann probieren Sie, ob es Ihnen hilft, die einzelnen Zettel mit den unabhängigen Buchstaben in einer kleinen Dose in der Tasche bei sich zu tragen und diese Dose im Alltag zu berühren oder kurz zu schütteln mit dem Gedanken an „Unabhängigkeit in Verbundenheit“.

Was Sie bei der Popin-Methode© machen: Dadurch, dass Sie den Schmerz dorthin bringen, wo er "eigentlich" hingehört, oder dass Sie den Schmerz durch einen Tränenprozess direkt verarbeiten, geben Sie Ihren inneren Anteilen die Freiheit, sich wieder unabhängig zu machen. Damit können sie sich bei Gelegenheit selbstständig neu sortieren und der aktuellen Gegenwart besser und stimmiger anpassen (= bessere Ordnung, besseres Gleichgewicht). "Falsche Realitäts-Projektionen", die durch unverarbeiteten Schmerz entstehen, verringern sich dadurch. Man wird klarer, unabhängiger und fröhlicher.

Es kann sehr gut sein, dass es nicht genügt, die Popin-Methode© ein einziges Mal durchzuführen. Möglicherweise brauchen einige Muster mehrere Wiederholungen, um sich neu bilden oder umbilden zu können. Erinnern Sie sich: Manche Muster ändern sich blitzschnell, andere brauchen mehrere Wochen. Außerdem kann es sein, dass die Muster zeitverzögert reagieren. Ich habe dafür ein konkretes Beispiel: Kennen Sie es, dass Sie nachts eine Mücke schwirren hören, ohne dass eine Mücke im Raum ist? Das Gehirn projiziert eine Mücke, eine akustische Halluzination. Ich hatte die Nächte davor mit einer echten Mücke zu tun. Kurz bevor ich einschlief, sirrte sie immer an meinem Ohr vorbei und machte mich dadurch wieder hellwach – bis ich sie durch Licht im Flur und offener Tür aus dem Zimmer locken konnte. Durch diese Erlebnisse hatte sich mein Gehirn an die Mücke gewöhnt.

Man kann eine halluzinierte Mücke daran erkennen, dass man sich die Ohren zuhält oder Ohropax in die Ohren steckt und die Mücke immer noch hört. Ich führte die Popin-Methode© durch – mit einem Symbol für „Raum mit Mücke“ und einem Symbol für „Raum ohne Mücke“. Es klappte nicht. Ich machte es noch zwei Mal, aber ich hörte das Sirren der Mücke immer noch – trotz Ohropax. Dann gab ich auf und dachte an anderes. Zehn Minuten später registrierte ich „zufällig“, dass ich das Sirren der Mücke nicht mehr halluzinierte. Es war nichts mehr zu hören. Das „Loslassen“ und das „Abwarten“ nach dem Durchführen der Popin-Methode© können also auch eine Rolle spielen.

Experimentieren Sie selbst damit, was für Sie stimmig ist und wie es zu Ihren Mustern passt, wie das optimale *Zusammenspiel* zwischen dieser Methode und Ihren inneren Mustern funktioniert[115].

Vorschläge für Themen, die Sie mit Hilfe der Popin-Methode© bearbeiten können:

---

[115] Zur Erinnerung an den Placebo-Effekt siehe Seite 202 ff.

- Wenn Sie einen inneren Saboteur haben, der immer wieder zweifelt oder mitteilt, dass Sie es doch nicht schaffen etc., dann können Sie ein Symbol für diesen „Saboteur“ wählen und ein Symbol für den „Ermutiger“. Vielleicht sogar ein Symbol für die „innere Sicherheit“ oder „innere Klarheit“. Machen Sie die Symbole - wie in der Popin-Methode© beschrieben - voneinander unabhängig.
- Wenn Sie sich innerhalb Ihrer Familie unabhängiger fühlen wollen, dann wählen Sie ein Symbol für „Ich in Unabhängigkeit“ und ein Symbol für „Ich in Familie“. Machen Sie beides voneinander unabhängig.
- Wenn Sie sich generell offener fühlen und mehr Nähe zu anderen Menschen herstellen wollen, dann wählen Sie ein Symbol für „tiefe Nähe“ und/oder ein Symbol für „große Offenheit“ und ein Symbol für „optimaler Schutz“. Machen Sie alles voneinander unabhängig.

Als Nebenwirkung dieser Popin-Methode© könnten Sie eventuell drei Dinge erleben:

1. Einiges in Ihrem Leben fühlt sich besser an und klappt auch besser. Das liegt möglicherweise daran, dass jetzt Ihre inneren Muster flexibler geworden sind und sich neu und besser sortieren können.
2. Je öfter Sie die Popin-Methode© durchführen, umso leichter und spontaner setzen Sie sie ein, sobald Sie ein Ungleichgewicht im Alltag fühlen. Auf diese Weise stellen Sie schneller wieder eine Unabhängigkeit her, die Sie möglicherweise gerade durch eine Beeinflussung verloren hatten. Bei mir geht es oft schon super schnell. Ich benenne innerlich das Problem und die Lösung – und schon fliegen sie in vielen unabhängigen Kügelchen in meiner Fantasie durcheinander und ich fühle mich besser. Wenn es mal nicht so schnell geht, ist eine Verklumpung durch Schmerz oder durch einen Wunsch da, der noch nach seinem richtigen Platz sucht, und mir wird bewusst, was gerade noch unstimmig ist.
3. Manches in Ihrem Leben funktioniert für kurze Zeit nicht mehr ganz so gut. Sie kommen bei bestimmten Fähigkeiten leichter durcheinander. Das liegt möglicherweise daran, dass an der früheren Musterverkoppelung bestimmte Fähigkeiten (Muster) verknüpft waren, die nun ebenso „unabhängiger“ sind. Ein bisher gewohnter Musterautomatismus kann nicht mehr ganz so flüssig ablaufen wie vorher. Geben Sie sich selbst ein oder zwei Wochen Zeit, üben Sie dabei

diese Fähigkeiten regelmäßig weiter und diese Fähigkeiten arrangieren sich mit der Neuordnung in Ihrem Gehirn. So kenne ich es von mir. Beispiel: das Schreiben am Computer. Nachdem ich die Popin-Methode© auf bestimmte Themen angewendet hatte, merkte ich, wie ich beim Schreiben auf der Tastatur vermehrt Fehler machte und Buchstaben vertauschte. Nach einigen Tagen, in denen ich immer weiter schrieb und dadurch meine Fähigkeit des Schreibens auch weiter ausübte, hat sich das wieder gelegt. Ich vermute, dass sich mein Schreibmusterautomatismus umgebildet und mit meiner Neuordnung im Gehirn neu vernetzt hat.

Übrigens – was die Aussprache der Popin-Methode© betrifft: Es spielt keine Rolle, ob Sie die Methode „Poopin“ oder „Poppin“ aussprechen. Beides kann parallel und *unabhängig* voneinander möglich sein. Ich sage „Poppin-Methode“.

Unabhängigkeit mit Hilfe des Körpers

Es gibt in der Traumatherapie, Psychotherapie und im Lebenscoaching bereits viele Methoden, die damit arbeiten, innere Muster voneinander unabhängiger zu machen. Meistens sind die Anwender dieser Methoden sich (noch) nicht bewusst, dass es sich hierbei um „innere Unabhängigkeit“ handeln könnte, was sie durch die Methoden erreichen. Meistens denkt man, dass man die Verknüpfungen alter Muster unterbricht und sie dann neu verknüpft. Manchmal wird dabei auch gedacht, dass das alte Muster „verschwindet“, denn es wurde nun effektiv „umgebildet“. Bei so einem Denkmodell entsteht in dem Moment eine kleine Krise, wenn derjenige erlebt, dass sein altes Muster in einem bestimmten Zusammenhang oder im Kontakt mit einem bestimmten Menschen wieder da ist und immer noch funktioniert. Die Schlussfolgerung ist meistens: „Die Methode hat nicht funktioniert.“ Man zieht nicht den Schluss daraus: „Ach ja – es haben sich meine Wahlmöglichkeiten erhöht und das alte Verhaltensmuster beherrsche ich auch immer noch. Denn meine unabhängigen Muster können sich auch wieder für die alte Fähigkeit zusammenfinden – abhängig davon, welche Realität ich gerade erschaffe/erlebe.“

Ich lade zu dem Denkmodell ein, dass wir sowohl durch die Popin-Methode© als auch durch Psychotherapie, Hypnose, Neurofeedback, Biofeedback, Akupunktur und körperliche Methoden, wie Massage,

EFT[116], EMDR[117], Yoga, hnc[118], Arbeit mit dem inneren Team, therapeutisches Theaterspiel, Systemaufstellungen, Tanzen usw. letztendlich immer ***die innere Unabhängigkeit fördern***. Wir erhöhen unsere Wahlmöglichkeiten in unserem Körper und lassen die inneren miteinander verklumpten Muster flexibler werden. Deswegen fühlt sich das Ergebnis nach dem Anwenden solcher Methoden meistens besser und leichter an. Nur wenn ein Schmerz getriggert und nicht geklärt wurde, fühlt es sich hinterher schwerer und unangenehmer an.

Ich biete folgende Idee an: Bevor Sie eine der eben aufgezählten Methoden oder auch andere Methoden anwenden, fragen Sie sich, welches innere Muster Sie unabhängiger machen wollen, welche Erinnerung, welche Gefühle, welches Verhalten. Dann konzentrieren Sie sich auf dieses Muster mit Ihrer Aufmerksamkeit. Auf diese Weise aktivieren Sie es. Und während Sie sich darauf konzentrieren, bewegen Sie Ihre Augen in unterschiedlichste Richtungen oder lassen sich massieren oder machen Yoga oder führen eine Systemaufstellung durch oder tanzen zu Musik mit wilden oder sanften Körperbewegungen durch Ihr Wohnzimmer – oder Sie wählen eine andere Methode.

Wenn Schmerz oder ungute Gefühle auftauchen: Lassen Sie den Schmerz oder die Gefühle dorthin fließen, wo sie eigentlich hingehören. Oder verarbeiten Sie es, indem Sie Ihre Tränen fließen lassen.

Welche Methode für wen gut funktioniert und die innere Unabhängigkeit optimal fördert, muss natürlich von jedem wieder selbst erforscht werden. Mit welchen Methoden will und kann man gut umgehen und welche passen am besten zur eigenen Heilungshierarchie und zu den inneren Selbstheilungsmustern?

Wodurch wird der Umgang mit den eigenen Wünschen und dadurch der Tanz mit den äußeren Beeinflussungen optimal gefördert, so dass er immer wieder neu gelingen kann?

Probieren Sie es aus.

---

[116] EFT steht für *Emotional Freedom Techniques* = eine Klopf-Akupressur.

[117] EMDR steht für *Eye Movement Desensitization and Reprocessing*, was auf Deutsch „Desensibilisierung und Verarbeitung durch Augenbewegung“ bedeutet.

[118] hnc = human neuro cybrainetics.

Wie kommunizieren wir mit uns selbst?

Im letzten Kapitel beim Durchführen der Popin-Methode© ging es immer wieder darum, sich selbst etwas zu fragen und zu beobachten, welche Antwort man von sich selbst erhält. Solche Vorschläge kamen von mir schon öfter im Buch vor: sich selbst fragen. Manche Menschen können das problemlos tun und eine Antwort bekommen. Es gibt aber auch Menschen, die nicht einfach so mit sich selbst kommunizieren können, weil sie nicht wissen, wie es geht, oder weil ihnen nichts einfällt. Deswegen möchte ich mich in diesem Kapitel ganz ausführlich mit der Kommunikation mit sich selbst auseinandersetzen – sozusagen für „Erstklässler". Dadurch können Sie lernen, tiefen Kontakt zu ihren inneren Mustern herzustellen und mit ihnen so umzugehen, dass Sie sich immer weniger von außen „unbewusst" beeinflusst fühlen.

Ich habe festgestellt: Je besser ein Mensch mit sich selbst kommunizieren kann, umso besser kann er sich auch gegenüber dem Umfeld ausdrücken. Auch hier wieder: Unsere inneren Muster bestimmen unser Verhältnis zur Außenwelt. Können wir unsere Muster unabhängiger voneinander machen, dann fühlen wir uns auch im Kontakt mit unserem Umfeld unabhängiger. Können wir mit unseren eigenen Wünschen besser umgehen, dann können wir mit den Beeinflussungen aus dem Umfeld besser tanzen. Beherrschen wir die Bewegungen unseres Körpers, dann beherrschen wir, was unser Körper zusammen mit dem Umfeld tun kann.

Die Kommunikation mit uns selbst unterstützt unseren Umgang mit unseren Wünschen, die ebenso ein Teil von uns selbst sind. Wie können wir nun diese Selbst-Kommunikation verbessern und vertiefen?

Zu Beginn beantworten Sie kurz die folgenden beiden Fragen:

1. Was haben Sie gestern zum Mittag gegessen?
2. Was haben Sie morgen für Termine geplant? Also: Was wollen Sie morgen tun oder mit wem treffen Sie sich oder wohin gehen Sie?

Ich gehe einmal davon aus, dass sich jeder irgendwie erinnern kann. Als ich mich selbst fragte, was ich gestern gegessen habe, fiel es mir nicht sofort ein. Ich musste mir erst einmal klar machen, was gestern für ein Tag war (Mittwoch) und was ich gestern so gemacht habe – und in dem Zusammenhang fiel mir wieder ein, dass ich mit Jacqueline in der Sonne auf dem Balkon saß und Ihre Kochkünste genießen durfte: Ravioli mit einer leckeren Lachs-Tomatensauce.[119]

Wenn ich an morgen denke, muss ich mir auch erst kurz klarmachen, welcher Tag es ist (Freitag), dann fällt mir wieder ein, dass ich vormittags eine Telefonberatung gebe, und ansonsten stelle ich mir vor, wie ich wieder den restlichen Tag am Buch arbeite.

In den letzten zwei Absätzen habe ich u. a. vier Begriffe benutzt, die ich einmal besonders hervorheben möchte:

- erinnern
- einfallen
- an etwas denken
- sich etwas vorstellen

Diese vier Punkte sind für die meisten Menschen ganz selbstverständlich: Wir erinnern uns an etwas. Uns fällt etwas ein. Wir denken an etwas. Wir stellen uns etwas vor.

Das ist die Kommunikation mit uns selbst. Nichts anderes. Bei allen vier Punkten suchen wir nicht im Außen, sondern wir gehen in uns, wir gehen nach innen, wir nehmen Kontakt zu unseren Mustern auf. Allerdings gibt es dabei Unterschiede. Der eine nutzt innere Bilder, der andere eher innere Worte oder Klänge, ein Dritter geht mehr über das Gefühl, ein Vierter nutzt alle Kanäle gleichermaßen. Wir sind unterschiedlich veranlagt: visuell, auditiv und/oder kinästhetisch.

Was wir ebenso alle erleben: Eine Erinnerung oder eine Vorstellung klappt mal besser mal schlechter. Mal können wir uns nicht erinnern, mal geht es sehr gut und die Erinnerung ist klar oder die Vorstellung ist deutlich. Das ist aber ein anderes Thema. Die Tatsache, dass es mal besser mal schlechter klappt, hat nichts damit zu tun, dass wir *grundsätzlich* die Fähigkeit haben, uns zu erinnern, Einfälle zu erleben, an etwas zu denken oder uns etwas vorzustellen. Die Tatsache, dass es

[119] Während meiner Arbeit an diesem Buch unterstützt sie mich diesbezüglich ganz vorzüglich! Danke dir, Jacqueline!

mal besser mal schlechter klappt, hat damit zu tun, dass uns unsere Muster im Körper *bereits ein Feedback geben*. Sie zeigen uns, woran wir uns erinnern können und woran nicht. Sie zeigen uns, was wir uns vorstellen können und was nicht. Die Qualität einer Erinnerung, eines Einfalls, eines Gedankens oder einer Vorstellung *ist* bereits eine Antwort unserer Muster an uns. Es ist nur leider eine Antwort, die wir oft nicht verstehen. Wir verstehen nicht, warum wir uns gerade nicht erinnern können oder warum die Vorstellung so schwerfällt. Und hier stehen wir an einem Punkt, an dem wir entweder aufgeben, weil wir etwas nicht verstehen, oder an dem wir aktiv werden können, uns selbst zu erforschen und besser verstehen zu lernen.

Nur – kaum jemand weiß, wie wir uns selbst erforschen können. Ich kenne einige Menschen, die an diesem Punkt resignieren und sich selbst die Antwort geben: „Keine Ahnung!" oder „Weiß nicht!" oder „Zu anstrengend!" – und dann hören sie auf, weiter in sich selbst zu suchen. Diese Antwort „Keine Ahnung!" beendet meistens den Suchprozess, weil es bereits eine Antwort ist. Eine Antwort, die beschreibt, dass man gerade keine Antwort erhält. Mit diesem Zustand gibt man sich zufrieden, obwohl man damit unzufrieden ist. Aber man hat das Gefühl, es wird nichts Besseres kommen.

Das ist ein bestimmter Musterautomatismus, der in der Kindheit eingeübt wurde. Erwachsene haben uns eine Frage gestellt – in der Erwartung, eine bestimmte Antwort zu erhalten. Wenn wir eine falsche Antwort oder schweigend gar keine Antwort gaben, reagierten die Erwachsenen mit Ungeduld oder mit Ärger oder mit Unverständnis oder mit emotionalem Druck. So ein Verhalten von Erwachsenen war für uns eine Bedrohung und löste ein Stressgefühl aus. Je öfter wir das erlebt haben, umso stärker hat sich das Muster gebildet: Frage – Suche nach Antwort – Stress – Rückzug (Schutz). Ergebnis: Weil man seine Energie in das Muster „Schutz" steckt, ist sie nicht mehr frei, nach einer Antwort zu suchen. Die inneren Muster sind konzentriert (verklumpt) und damit beschäftigt, den Schutz aufrecht zu erhalten. Eine Heilungshierarchie wirkt: Das Ziel, sich zu schützen, steht ganz oben. Alle Muster werden diesem Ziel untergeordnet.

Die Suche der inneren Muster nach einer Antwort ist in so einem Zustand kaum noch möglich. Demnach könnte die Botschaft hinter einem schlechten Zugang zu sich selbst lauten: „Wollen wir zu bestimmten

Mustern (Erinnerungen, Kreativität, Intuition) Kontakt aufnehmen und es klappt nicht (keine Erinnerung, keine Idee, keine Ahnung), dann könnte sich zusätzlich ein Schutzmuster aktiviert haben – Stress – Verklumpung der Muster – kein Fluss – keine Antwort."

Oder die Antwort „Keine Ahnung!" ist direkt ein Schutzautomatismus, den man in seiner Kindheit eingeübt hat, weil man dadurch die druckvolle Erwartung der Erwachsenen beenden konnte.

So einen abhängigen Schutzautomatismus kann man mit Hilfe der Popin-Methode© (oder anderen Methoden) unabhängig machen. Oder man kann einen neuen Musterautomatismus antrainieren, der unabhängig von dem bisherigen Muster abläuft. Mit Hilfe dieses Kapitels möchte ich zu einer entsprechenden Änderung oder Neubildung anregen und Möglichkeiten zur Verfügung stellen, wie man sich selbst genauer erforscht, indem man mit sich selbst kommuniziert.

Das Denkmodell aus dem Kapitel *Wir reagieren auf die Realität, die wir uns selbst erschaffen* lässt sich genauso auf die Kommunikation mit uns selbst übertragen. Zusammen mit dem Denkmodell, dass jedes Element den Wunsch nach Gleichgewicht hat, kann ich uns Menschen nun wie folgt beschreiben:

Wenn wir eine Frage an uns selbst stellen, erschaffen wir in unserer gegenwärtigen Realität eine Art „Ungleichgewicht". Auf dieses Ungleichgewicht reagieren unsere inneren Muster mit dem Wunsch nach einem Gleichgewicht. Sie suchen im inneren Werkzeugkasten nach einem entsprechenden Lösungsmuster – und wenn sie es gefunden haben, wird dieses Lösungsmuster aktiviert und damit an die Oberfläche gebracht. An der Oberfläche können wir dann unsere Aufmerksamkeit darauf lenken. Auf diese Weise wird uns eine Erinnerung bewusst, uns „fällt etwas ein" oder uns kommt eine innere Vorstellung.

Auch wenn wir nachdenken und nach einer neuen Lösung suchen, passiert das Gleiche: Die inneren Muster fügen sich (durch den Wunsch nach einem neuen Gleichgewicht angetrieben) zu einem neuen Lösungsmuster (neues, besseres Gleichgewicht) zusammen. Auf diese Weise sind wir kreativ. Je unabhängiger und freier die inneren Muster agieren dürfen, umso kreativer und einfallsreicher sind wir.

Als ich Sie fragte, was Sie gestern zum Mittag gegessen haben, haben Sie diese Frage übernommen. Sie haben für sich selbst die Realität erschaffen: „Da ist ein Ungleichgewicht, das ein Gleichgewicht wünscht, nämlich die Antwort auf die Frage nach dem Mittagessen von gestern.“ Ihre Musterautomatismen haben mit der Suche nach einem Gleichgewicht reagiert, die entsprechenden Lösungsmuster aktiviert und Ihnen ist die Antwort „eingefallen“.

Während der Arbeit an diesem Buch komme ich ab und zu an den Punkt, an dem ich nicht weiterweiß oder kein Gefühl mehr habe. Mein Schreib-Gefühl hat sich beendet. Dann frage ich mich: „Was sollte ich stimmigerweise als nächstes schreiben?“ Oder ich frage mich: „Wie kann ich am klarsten und einfachsten diesen Zusammenhang erklären?“ Oder ich frage: „Was ist als nächstes dran?“

Dann lasse ich los und beobachte, wie meine inneren Muster, mein Gefühl, meine Gedanken darauf reagieren. Ich warte ab, lasse alles offen, lasse alles fließen, mache vielleicht sogar etwas anderes oder setze mich entspannt in den Sessel. Ich warte, bis ich plötzlich ein Gefühl spüren kann, das ich mit den Worten beschreibe: „Das ist es!“ Diese Energie lässt mich weiterschreiben und ich formuliere, was mir „eingefallen“ ist, was mein Körper an die „Oberfläche“ gebracht hat.

Wenn ich aber keine Idee habe, dann verändere ich manchmal die Frage oder formuliere sie noch präziser oder ich warte noch länger. Das kann mehrere Stunden oder Tage dauern. Manchmal muss ich erst im Außen etwas erleben, das mich dann auf eine neue Idee bringt. Oder ich muss einen inneren Schmerz in ein besseres Gleichgewicht bringen, ein Thema lösen und Anteile in mir unabhängig machen – anschließend habe ich neue Ideen und kann weiterschreiben.

Das Tempo, wie schnell eine Antwort an die Oberfläche kommt, kann ich inzwischen besser beeinflussen[120]. Das hängt vom Grad meiner Entspannung ab. Je entspannter ich bin, umso unabhängiger sind meine Muster und umso freier können sie eine Antwort finden. Wenn ich unter Druck stehe, dann habe ich Stress und der Stress bindet meine Muster, macht sie voneinander abhängig, verklumpt sie und ich erhalte seltener die stimmigen Antworten. Wenn ich aber besonders entspannt bin, kann ich zur Unterstützung auch noch die Frage ändern und schauen, ob ich mit anderen Fragen eine schnellere Reaktion meiner Muster erreiche. Allerdings hänge ich manchmal an der Frage: „Welche Frage wäre jetzt die bessere Frage?“

---

[120] Siehe dazu ausführlich ab Seite 390.

Wenn ich darauf keine sofortige Reaktion in meinen Gedanken / in meinem Gefühl erlebe, dann lasse ich los und warte (noch mehr Entspannung). Meine bisherige Erfahrung ist immer: Irgendwann geht es weiter. Oft erst am nächsten Morgen, wenn ich eine Runde tief und fest geschlafen habe (besonders viel Entspannung).

> Mit einer Frage erschaffen wir in unserer gegenwärtigen Realität ein Ungleichgewicht. Auf dieses Ungleichgewicht reagieren unsere Muster im Körper mit einer Bewegung in ein besseres Gleichgewicht.
>
> Dabei ist eine Nicht-Reaktion ebenso eine Antwort unserer Muster, die wir genauer erforschen können – durch weitere Fragen.

Wir sehen, dass es bei der Kommunikation mit uns selbst mehrere Abschnitte gibt:

1. Sich selbst Fragen stellen (ein Ungleichgewicht erschaffen)
2. Sich selbst den Raum und die Zeit für eine Reaktion der Muster im Körper geben
3. Die Reaktion der Muster bewusst wahrnehmen können
4. Einen Zusammenhang herstellen können, d. h. die Reaktion der Muster „verstehen" und als „Antwort" auf die Frage nutzen (Gleichgewicht erreicht)

Diesen vier Punkten widme ich mich im Folgenden ausführlich. Selbstverständlich kann ich auch bei diesen Themen nur darüber schreiben, wie ich es selbst am stimmigsten empfinde. Jeder geht anders mit sich selbst um. Schauen Sie, welche Beschreibungen für Sie stimmig sind und was Sie hilfreich unterstützt.

Sich selbst Fragen stellen

Das Stellen einer Frage ist das Herstellen eines Ungleichgewichts innerhalb unserer Realität. Wenn unsere inneren Muster merken, dass da ein Ungleichgewicht ist, dann reagieren sie mit einem Wunsch nach einem Gleichgewicht. Sie machen sich auf die Suche und schenken uns dann im optimalen Fall eine hilfreiche Antwort.

Auf welche Weise kann man Fragen stellen?

Entweder einfach nur in Gedanken oder schriftlich oder laut aussprechend. Wenn ich mich selbst analysiere, funktioniert für mich die schriftliche Form am besten. Ich habe die Frage aufgeschrieben und muss sie mir nicht mehr merken. Sie steht jetzt fixiert vor mir und ich kann mich in Ruhe um die Antwort kümmern, ohne noch die Sorge zu haben, diese Frage zu vergessen. Ich kann nach dem Aufschreiben besser entspannen und meine inneren Muster frei lassen.

Wenn es sich aber nur um eine kleine Entscheidungsfrage handelt, mache ich es oft in Gedanken. Inzwischen denke ich manchmal die Kurz-Frage: „Gefühl?" – und mein Gefühl antwortet mir in Form meiner inneren Stimme auf die aktuelle Entscheidungsfrage. Diese Kurz-Frage ist die Abkürzung von „Mein liebes Gefühl, was hast du dazu zu sagen? Was rätst du mir?" – und dann reagiere ich darauf, als ob mir jemand im Außen diese Frage gestellt hätte. Ich gebe mir selbst eine Antwort (= meine innere Stimme), die ich oft als klar und im Nachhinein auch als stimmig empfinde.

Selten rede ich laut mit mir selbst. Wenn ich eine Frage laut ausspreche, liegt es meistens daran, dass ein Mensch anwesend ist und diese Frage hören soll. Es könnte aber trotzdem für einige von Ihnen von Vorteil sein, laut mit sich selbst zu reden, weil dadurch die Frage noch einmal auf andere Weise über die Ohren zurück in den Körper gelangt (auditiv). Probieren Sie aus, was am besten funktioniert.

Als nächstes stellt sich die Frage, *welche* Fragen wir uns selbst stellen können. Die allererste Frage, die Sie sich immer selbst stellen können, lautet: „Welche Frage will ich mir selbst stellen?"

Wenn ich auf eine solche Frage nicht sofort eine Antwort in mir spüre oder mir nicht selbst aktiv antworten kann, dann aktiviere ich mich so ähnlich, wie bei der Frage nach dem Mittagessen gestern. Zunächst musste ich mir den Wochentag klarmachen: Mittwoch.

So ist es auch, wenn ich mich frage, welche Frage ich mir selbst stellen möchte. Zunächst mache ich mir dann klar, was für ein Problem ich im Moment eigentlich habe oder was für ein Ziel ich verfolge. Was möchte ich erreichen? (Im Folgenden können Sie an die Stelle des Begriffs „Problem" unabhängig davon auch immer den Begriff „Ziel" setzen.) Also lautet die nächste Frage an mich:

„Was für ein Problem habe ich denn gerade genau?"

Und dann schreibe ich auf, was genau mein Problem ist. Es ist wie in einer Arzt-Praxis. Die Ärztin fragt mich als erstes, warum ich zu ihr gekommen bin. Und dann erzähle ich, was mein Problem ist.

Wenn ich mein Problem schriftlich auf den Punkt gebracht habe, kann ich mich wieder fragen: „Welche Frage möchte ich mir auf mein Problem bezogen als nächstes stellen?"

Und da gibt es natürlich mehrere Möglichkeiten:

„Wie löse ich mein Problem am besten?"

„Was brauche ich, um das Problem zu lösen?"

„Warum ist dieses Problem überhaupt da?"

„Was hat dazu geführt, dass ich jetzt gerade dieses Problem habe?"

„Was wäre der nächste Schritt für mich, um mich der Lösung des Problems annähern zu können?"

„Wie wäre eigentlich der gelöste Zustand? Wie wünsche ich es mir?"

Vielleicht haben Sie bemerkt, dass es in dieser Auflistung zwei Kategorien von Fragen gibt. In der einen Kategorie können wir die Fragen versammeln, die sich auf eine ***Lösung*** konzentrieren. In der anderen Kategorie befinden sich die Fragen, die auf das ***Problem*** und seine ***Ursache*** schauen. In der Psychotherapie nennt man das „lösungsorientiert" und „problemorientiert". Leider muss ich feststellen, dass immer wieder die Tendenz besteht, die „Problemorientierung" zu verdammen, weil sie ja nicht in Richtung Lösung führen würde. Viele meinen, dass eine Problemorientierung nur zu einer Festigung des Problemmusters führen würde. Deshalb stellen sie nur Fragen, die in die Kategorie „Lösungsorientierung" einzuordnen sind. Die Problemorientierung wird ausgeschlossen.

In meinen Workshops durfte ich jedoch feststellen, dass von den aktiven Teilnehmer*innen immer wieder das Interesse ausgeht, die Ursache ihres Problems zu erforschen. Auch ich selbst kenne von mir, dass ich gerne nach der Ursache forsche. Aus diesem Grund bin ich auf die Idee gekommen, zusätzlich zu den beiden Begriffen „lösungsorientiert" und „problemorientiert" den Begriff **„forschungsorientiert"** zu nutzen. Ich finde, dass der Begriff „Forschungsorientierung" mehr würdigt, warum man sich auf das Problem konzentriert. Man möchte es genauer *erforschen*. Denn die Forschungsergebnisse könnten beeinflussen, auf welche Weise man die Lösung in der Zukunft angehen will. Das

Forschen nach Ursachen ist im Grunde ein Forschen nach den aktuellen Bestandteilen eines Problems, ein Forschen danach, wie genau das Problemmuster aussieht, in dem man gerade steckt. Ohne meine Forschungsorientierung könnte ich nicht so ein Buch schreiben.

Ich möchte es mit einem Flugzeugabsturz vergleichen. Nachdem ein Flugzeug verunglückt ist, sucht man nach der „Blackbox", in der die Daten vor dem Unglück aufgezeichnet wurden. Aus der Erforschung und Auswertung dieser Daten erhofft man sich, Rückschlüsse auf die Ursache des Unglücks ziehen zu können, um in Zukunft solche Ursachen erfolgreich vermeiden und die Flugzeuge sicherer machen zu können. Problemorientierung kann also eine sinnvolle Forschungsorientierung sein, solange ihr Zweck ist, die Zukunft mit Hilfe der Forschungsergebnisse besser gestalten zu können. Wenn sich jemand allerdings nur auf sein Problem konzentriert, um immer wieder darüber zu klagen und nicht daraus zu lernen, stellt sich die Frage: Welcher Wunsch steckt hinter dem Klagen?

Sollten Ihnen diese Beschreibungen von mir nicht geholfen haben und Sie haben Schwierigkeiten damit, sich selbst Fragen zu stellen, dann schlage ich vor, mit diesem Thema die Popin-Methode© durchzuführen. Vielleicht wählen Sie als Problemthema „Mir keine Fragen stellen können" und als Lösungsthema „Mir klare Fragen stellen können". Oder Sie wählen als Problemthema „Stress, wenn man mir Fragen stellt" und als Lösungsthema „Mir entspannt von anderen Fragen stellen lassen". Und dann machen Sie diese beiden Muster so voneinander unabhängig, wie ich es im vorigen Kapitel in mehreren Schritten beschrieben habe. Wenn Sie wollen, können Sie anschließend diesen Abschnitt über das „Sich selbst Fragen stellen" noch einmal lesen und beobachten, ob sich in Ihrem Gefühl etwas verändert hat.

Haben wir gelernt, uns selbst gezielt Fragen zu stellen, dann können wir das auch auf unsere Kommunikation mit anderen Personen übertragen. Wir können der anderen gezielter Fragen stellen, um genauer herauszubekommen, was die andere gerade gemeint hat oder was sie eigentlich wirklich will. Das Fragenstellen ist das beste Werkzeug, um die Realitätsprojektion einer anderen Person oder ihre aktuell aktivierte Heilungshierarchie besser zu erforschen.

Sich Raum (und Schutz) geben

Die Aussage „Sich Raum und Zeit für etwas geben“ erlebe ich im Alltag öfter in unterschiedlichen Zusammenhängen. Dabei bin ich davon überzeugt, dass viele Menschen wissen, was mit „Zeit“ gemeint ist. Aber was mit „Raum“ gemeint sein könnte, ist oft gar nicht so klar. Deswegen möchte ich hier eine Interpretation anbieten und gleichzeitig einen wichtigen Vorschlag machen:

Aus dem Kapitel über die Heilungshierarchien wissen wir, wie wichtig es ist, geschützt zu sein, um heilen zu können. Wenn eine Wunde ungeschützt ist und immer wieder neu berührt und aufgebrochen wird, kann sie nicht heilen. Je öfter und länger die Wunde offen ist, umso größer ist die Chance, dass sie „chronisch“ wird, also dauerhaft existiert. „Chronisch“ heißt: Wir haben einen Musterautomatismus gebildet, der selbstständig die Wunde immer wieder aufreißt – unabhängig davon, ob die Wunde noch vom Umfeld berührt wird oder nicht.

Wenn wir aber von Anfang an optimal vor einer erneuten Verwundung geschützt sind, kann unsere Wunde in Ruhe heilen. Auf keinen Fall gilt nur allein „Die Zeit heilt alle Wunden.“ Es gilt: „Der optimale Schutz und die Zeit heilen Wunden.“

Ein Schweizer Wissenschaftler*innenteam um Isabelle Mansuy stellte anhand von Mäuseversuchen fest, dass nach einer Traumatisierung eine besonders angepasste stressarme Umgebung dazu führt, dass sich ein Trauma allmählich heilt und nicht mehr an die Nachkommen weitervererbt wird [121]. Übertragen auf uns Menschen bedeutet es, dass ein Umfeld, das unsere inneren Ungleichgewichte so gut wie gar nicht mehr triggert, ein sehr heilendes Umfeld sein kann. Ein stressfreies Umfeld unterstützt uns, allmählich heilen zu können. Kein Wunder, dass wir so oft darum kämpfen, gesehen und verstanden zu werden. Auch das Bedürfnis nach Ruhe ist auf diese Weise verständlich. Denn je besser wir von anderen Menschen verstanden oder in Ruhe gelassen werden, umso weniger Stress fühlen wir – und umso besser können unsere inneren Wunden allmählich heilen. Heilungshierarchien.

Dies kann ich auch mit Hilfe unserer inneren Muster erklären: Je stressfreier unsere Umgebung ist, umso weniger müssen wir uns schüt-

---

[121] Internet: www.spektrum.de/news/trauma-vererbung-kann-verhindert-werden/1414373 - Zugriff am 5.7.2016.

zen. Wir können entspannen – und durch die Entspannung müssen unsere Muster sich nicht mehr so stark auf den Schutz konzentrieren, sich nicht mehr verklumpen und nicht mehr abhängig voneinander machen. Sie sind freier und unabhängiger und können sich leichter um den Heilungsprozess kümmern.

Ich habe bei der Verarbeitung meiner ungelösten Schmerzerlebnisse die Erfahrung gemacht, wie wichtig es für mich war, nicht gestört zu werden. Wenn ich das Gefühl hatte, jemand könnte an die Tür klopfen oder einfach in den Raum treten, konnte ich mich nicht tief in mein Thema fallen lassen und auch meinen Tränen keinen Raum geben. Genauso erlebe ich es, wenn ich mir selbst Fragen stelle, die eine Antwort aus tieferen Musterschichten erfordert. Dann brauche ich die Möglichkeit, wie in einer Meditation tief in mich hineinzufühlen. Dabei ist es wichtig, mein Umfeld ausblenden zu können. Das geht am besten, wenn ich sicher bin, in keiner Weise gestört zu werden. So ein geschützter Rahmen und das Konzentrieren auf sich selbst ist gleichzeitig bereits das Eintauchen in eine entspannte Trance. Auf diese Weise können wir mit tieferen Schichten in uns Kontakt aufnehmen.

Deswegen schlage ich vor, sich immer gut darum zu kümmern, äußerlich als auch innerlich geschützt zu sein – beides gleichzeitig. Für eine optimale Entspannung. Wie könnte ein innerer Schutz aussehen?

Wenn Sie in der Fähigkeit des Visualisierens fortgeschritten sind, können Sie sich beispielsweise vorstellen, wie es sich anfühlt, innerlich von allem abgeschottet und optimal geschützt zu sein. Sie können visualisieren, innerlich in einen Raum zu gehen, der jeglichen Kontakt zum Umfeld unterbindet, und hinter sich die visualisierte Tür des Raums fest zu schließen. Sie können sich vorstellen, dass der Raum alle Informationen von draußen so filtert, dass keine unnötige Störung bis in Ihr Gehirn vordringt. Nur wenn wirklich Gefahr für den Körper droht, soll der innere Raum die Informationen von außen hineinlassen, damit Sie reagieren können.

Innerhalb dieses Raums können Sie endlich entspannen. Sie können sich beispielsweise vorstellen, dass sich dort „Geräte“ befinden, durch welche die Antworten Ihrer inneren Muster auf die Frage, die Sie sich gestellt hatten, sichtbar, hörbar oder fühlbar werden.

Übertragen auf die Kommunikation mit anderen Menschen: Hat uns jemand eine Frage gestellt, auf die wir nicht spontan reagieren können, dann geht es darum, uns selbst Raum zu geben. Dies gelingt, indem wir uns zuerst darum kümmern, unserem Gegenüber eine Grenze zu setzen (= symbolisch eine Tür schließen). Wir informieren ihn darüber, wie wir unseren Rahmen brauchen, um Zugang zu einer Antwort zu erhalten. Wir gestalten unser Umfeld und setzen Grenzen, damit wir in eine Mini-Entspannung einsteigen können. Beispiele:

„Warte mal kurz."

„Ich brauche einen Moment, um zu antworten."

„Ich möchte mal in mich hineinfühlen. Moment."

„Spontan habe ich darauf keine Antwort, aber ich fühle nochmal nach. Moment bitte."

„Im Moment habe ich keinen Raum für eine Antwort. Bitte hab Verständnis dafür."

„Darüber möchte ich erst einmal eine Nacht schlafen."

„Wenn du mir nicht einen Moment Raum gibst, kann ich nicht entspannt nachfühlen und nicht authentisch reagieren."

Sollten Sie Schwierigkeiten haben, einem anderen Menschen Grenzen zu setzen oder sich selbst so zu schützen, dass Sie optimal entspannen können, dann empfehle ich wieder, die Popin-Methode© durchzuführen: Vielleicht wählen Sie als Problemthema „Keine Grenzen setzen können" und als Lösungsthema „Frei und klar Grenzen setzen". Und dann machen Sie diese beiden Muster – wie beschrieben – voneinander unabhängig. Anschließend können Sie diesen Abschnitt über das Thema „Sich Raum (und Schutz) geben" noch einmal lesen und beobachten, ob sich in Ihrem Gefühl etwas verändert hat.

Sich Zeit geben

Wir kennen es alle, wie es sich anfühlt, unter Zeitdruck zu stehen. Dieser Zeitdruck entsteht, wenn wir etwas geplant haben und meinen, es nur innerhalb einer bestimmten Zeit erledigen zu können. Oder wir wissen, dass ein Termin kurz bevorsteht und wir haben noch nicht alles fertig, was wir vorher fertigstellen wollten. Oder wir haben das Gefühl, dass wir noch so viel machen wollen, so dass für anderes keine Zeit mehr übrig ist. Meistens hängen wir an dem Bild oder dem Gefühl, „mehr Zeit" zu benötigen, um alles das umsetzen zu können, was wir uns noch vorgenommen hatten oder was noch „nötig" ist.

Ich habe es geschafft, mir mit Hilfe der Popin-Methode© ein Gefühl der Gelassenheit zu geben, das ich so noch nicht kannte. Seitdem habe ich den Eindruck, dass es gar nicht immer um die „Zeit“ an sich geht, die wir nicht haben. Sondern es geht um ein bestimmtes Gefühl, das wir uns selbst erschaffen. Es geht um ein Ich-habe-keine-Zeit-Muster in uns selbst, das in einer Situation aktiviert wird.

Seitdem ich dieses neue Gelassenheitsmuster kenne, wählt mein Organismus viel öfter dieses Muster aus, anstatt sich für das Zeitdruckmuster zu entscheiden. Ich erkläre es Ihnen etwas ausführlicher:

Sie erinnern sich bestimmt noch an die Versuchspersonen vom Hypnotherapeuten Milton H. Erickson[122]. Ich erzählte, wie es Menschen möglich war, einen Zeitablauf zu erleben, der sich im Vergleich zu der Echtzeit wesentlich schneller abspielte. Beispielsweise konnte ein Gitarrenspieler innerhalb von ca. 30 Sekunden in seinem Geiste an seiner Gitarre üben, während sein Erleben war, er hätte 30 Minuten intensiv geübt. Wie hatte Erickson seine Klient*innen trainiert? Es gab mehrere Möglichkeiten. Eine möchte ich Ihnen vorstellen:

Er ließ während einer Hypnose-Sitzung ein normales Metronom[123] gleichmäßig schlagen, versetzte seine Klient*innen in eine entspannte Trance und gab Ihnen die Anweisung, dass sie erleben würden, wie das Metronom immer langsamer und langsamer schlagen würde.

Die Logik dahinter: Wenn wir einen Elefanten in seinen Bewegungen beobachten, dann haben wir den Eindruck, er bewegt sich wie in Zeitlupe. Während wir bei einer Fliege gar nicht hinterherkommen, so schnell ändert sie ihre Richtung. Aus der Sicht der Fliege bewegen wir Menschen uns bestimmt wie Elefanten. Wer sehr schnell lebt, erlebt sein Umfeld eher in langsamen Bewegungen. Wer sehr langsam lebt, erlebt sein Umfeld eher in schnellen Bewegungen. Für den Elefanten laufen wir Menschen bestimmt ziemlich flink durch die Gegend.

Wenn man also ein Metronom immer langsamer schlagend erleben möchte, muss man selbst dazu ein immer schnelleres Erleben entwickeln. Das klappt aber nicht, wenn man sich gezielt vorstellt, ein schnelles Erleben zu haben oder Dinge schnell zu erledigen. Denn was ma-

[122] Zur Erinnerung siehe Seite 118 ff.

[123] Metronom = Gerät, das in einem bestimmten einstellbaren gleichmäßigem Tempo schlägt (ein klickendes Geräusch von sich gibt), wird in der Musik verwendet, um gleichmäßig spielen zu lernen.

chen wir dabei? Wir beobachten in unserer Vorstellung einen „schnellen Anteil“ von uns. Wir *sind* aber nicht dieser schnelle Anteil, sondern wir sind in dem Moment langsame Beobachter*innen. Das ist so, als ob wir eine Fliege beobachten. Um aber direkt zur schnellen Fliege zu werden, müssen wir unser gesamtes Umfeld als „immer langsamer“ erleben. Wir selbst bleiben in einem „normalen“ Zeitgefühl, erleben aber im Vergleich zu uns selbst unser Umfeld wie einen langsamen Elefanten.

Wenn wir das auf unsere alltäglichen Probleme übertragen, auf unser Zeitdruckgefühl im Alltag („O Gott – ich habe keine Zeit!“), dann wird klar, auf welche Weise dieses Problemgefühl entsteht. Denn wenn wir uns vorstellen, dass wir „keine Zeit“ haben, dann stellen wir uns im Grunde vor, dass die Zeit um uns herum *rasend schnell* vergeht. Durch diese Vorstellung werden wir in unserem Erleben langsamer und es entsteht das Gefühl: „Ich schaffe es nicht!“

Entwickeln wir aber ein Gefühl, dass die Zeit um uns herum immer langsamer vergeht, dann entwickeln wir auf der anderen Seite das Gefühl, ganz viel Zeit für uns zu haben.

Das ist der Grund, warum Erickson seinen Klient*innen suggerierte, das Metronom als „immer langsamer“ zu erleben. Dadurch mussten die Klient*innen auf der unbewussten Ebene in ihren gesamten Verhaltensmustern allmählich immer schneller werden, um den Effekt erleben zu können, dass das Metronom immer langsamer wurde. Allerdings merkten sie nicht, dass sie selbst schneller wurden. Für sie blieb ihr Zeitgefühl „normal“. Sie konzentrierten sich nur darauf, das Umfeld als „immer langsamer“ zu erleben.

Was habe ich nun mit Hilfe der Popin-Methode© gemacht? Ich habe mich entspannt und mir ein Symbol für die „normale“ Zeit vorgestellt, die um mich herum abläuft. Dieses Symbol war ein großer blauer Ball. Dann habe ich mir ein Symbol für die Zeit vorgestellt, die ich selbst erlebe, die sich in meinem Gefühl abspielt, in meiner individuellen Realität. Dieses Symbol war ein großer roter Ball. Beide Bälle stellte ich mir nebeneinander vor.

Anschließend probierte ich in meiner Fantasie, die beiden Bälle unabhängig voneinander durch den Raum zu bewegen. Das klappte gut. Dann unterteilte ich die Bälle in mehrere kleine Bälle, so dass ich viele blaue Bällchen als auch rote Bällchen durch die Luft fliegen sah. Das fühlte sich gut an. Eine Weile beobachtete ich die vielen blauen und roten Bälle, wie sie unabhängig voneinander frei und fröhlich durch die Luft flogen, sich miteinander vermischten oder sich wieder in farblichen Gruppen ordneten, so dass die blauen Bälle gemeinsam flogen und die roten Bälle gemeinsam flogen. Anschließend flogen sie wieder durcheinander in unterschiedliche Richtungen – ohne gegeneinander zu stoßen. Rauf – runter – rechts – links – nah – fern ...

Dann stellte ich mir vor, wie die blauen Bälle (die „normale“ Zeit im Außen) in ihren Bewegungen immer langsamer wurden, während die roten Bälle, die mein eigenes Zeiterleben repräsentieren, ihre normalen Bewegungen weiter ausführten. Die blauen Bälle wurden immer langsamer, als ob jemand den Ablauf eines Films immer mehr in Richtung Zeitlupe runterdrehen würde oder als ob eine Spieluhr immer langsamer wird, weil ihr langsam die Energie ausgeht. Die roten Bälle bewegten sich unabhängig davon immer gleich schnell und vollkommen normal. In meiner Fantasie sah ich die sich normal bewegenden roten Bälle und die immer langsamer werdenden blauen Bälle. Es war faszinierend, die Bewegungen der blauen Bälle immer langsamer zu erleben, immer langsamer, bis die Zeitlupe so extrem war, dass sich die blauen Bälle kaum noch bewegten, während die roten Bälle weiterhin normal herumtanzten. Ich musste genau hinschauen, um erkennen zu können, dass sich bei den blauen Bällen nur ganz langsam etwas veränderte. Allmählich registrierte ich ein Gefühl in mir – ein Gefühl, das ich so in Worte fassen würde: „Ich habe alle Zeit der Welt. Wenn die Zeit um mich herum so langsam abläuft, wie sich die blauen Bälle bewegen, dann habe ich mit den roten Bällen genügend Zeit, alles zu erledigen, was ich erledigen möchte. Genial!“

So lernte ich dieses neue Gefühl kennen. Das Gefühl, alle Zeit der Welt zu haben. Ein wundervolles Gelassenheitsgefühl.

Nachdem ich diese innere Vorstellung beendet hatte, blieb dieses Gefühl. Und wenn es mir mal verloren geht, kann ich mir wieder die langsamen blauen Bälle vorstellen und mich mit den sich „normal“ bewegenden roten Bällen identifizieren – und schon ist mein Gelassenheitsgefühl wieder da.

Auch wenn ich in der Realität kaum Zeit habe und unter Zeitdruck stehe, ist in jeder Sekunde ganz kurz Zeit, mir diese Fantasie der blauen und roten Bälle wieder zu vergegenwärtigen – und schon fühle ich mich gelassener, während ich in der Realität weiterhin aktiv bleibe – aber ohne Zeitdruckgefühl, sondern mit gelassener Freude und Energie.

Nun übertragen wir das noch auf die Kommunikation mit uns selbst: Haben wir uns eine Frage gestellt, dann können wir uns anschließend entspannt mit einem Gelassenheitsgefühl vorstellen, das unsere inneren Muster in ihrer ganz eigenen Zeit so auf die Frage reagieren werden, wie es für sie gerade passt. Entweder reagieren sie wie eine Fliege und uns kommt sehr plötzlich eine Antwort. Oder sie reagieren wie ein Elefant und brauchen einige Tage und Nächte, um eine Antwort zu geben. Oder sie reagieren „normal". Alles gehört dazu. Jede zeitliche Reaktion. Und wir beobachten, welche Zeit unsere inneren Muster benötigen, um auf unsere Frage stimmig zu reagieren.

Wenn wir auf diese Weise gelassen mit uns selbst kommunizieren können, dann fällt es uns auch leichter, auf Fragen von anderen Menschen mit mehr Gelassenheit zu reagieren. Wir haben das Gefühl, für das Beantworten der Frage des anderen „alle Zeit der Welt" zu haben – und können auf diese Weise innerhalb unserer besonderen individuellen Zeit nach einer Antwort suchen (oder auf eine Antwort in uns warten), die für uns wirklich stimmig ist. Andere Menschen können uns nicht mehr „beeinflussen" und uns unter Zeitdruck setzen. Denn wir können uns einfach vorstellen, dass der andere uns in extrem starker Zeitlupe unter Zeitdruck zu setzen versucht.

Hinweis:

Diese beiden Möglichkeiten, sich selbst Raum zu geben (durch einen großen äußeren und inneren Schutz) als auch sich selbst Zeit zu geben (durch die eben vorgeschlagene Visualisierung) können uns darin unterstützen, tief in eine entspannte Trance zu gehen. Eine Trance ist eine besonders tiefe Entspannung und Konzentration. Haben wir viel Raum und viel Zeit, dann können wir uns viel besser konzentrieren. In einer solchen entspannten Konzentration sind unsere inneren Muster unabhängiger und wir können noch besser Kontakt zu ihnen bekommen. Probieren Sie es aus – mehrfach. Denn je öfter Sie es probieren, umso mehr trainieren Sie sich darin und bilden ein entsprechendes neues hilfreiches Muster, eine Fähigkeit (mehr dazu ab Seite 390).

Reaktionen im Körper wahrnehmen

Allmählich dürften Sie sich an das Denkmodell gewöhnt haben, dass Sie und Ihr Erleben aus vielen verschiedenen Musterautomatismen bestehen, die alle den Wunsch nach Gleichgewicht haben. Wenn Sie eine Frage an sich selbst gestellt und damit ein Ungleichgewicht erschaffen haben, könnten *alle* Musterautomatismen in Ihnen reagieren – auch diejenigen, die auf den ersten Blick gar nicht zur Frage passen.

Ich lade Sie dazu ein, die Beobachtung von sich selbst extrem zu erweitern und zunächst einmal die Haltung einzunehmen: „Alles, was jetzt nach meiner Frage passiert, gehört dazu und könnte eine Antwort meines Organismus auf meine Frage darstellen."

Aus meiner Erfahrung heraus weiß ich, dass nicht jeder Mensch sich sofort vorstellen kann, was ich mit „alles" meine. Daher möchte ich im Folgenden ein paar Punkte zur Anregung ausführen. In dieser Auflistung kommen wieder Fragen vor und ich lade dazu ein, sich für die Reaktion auf diese Fragen Raum und Zeit zu nehmen.

Wie könnten Ihre inneren Muster reagieren?

- Beobachten Sie, ob Sie auf Ihre Frage ganz spontan selbst eine Antwort aussprechen.
- Beobachten Sie, was Sie spontan zu Ihrer Frage denken. Wie bewerten Sie Ihre Frage oder was denken Sie, nachdem Sie die Frage gestellt haben? Dabei können es auch Gedanken sein, die auf den ersten Blick überhaupt nicht zur Frage passen.
- Beobachten Sie, was Sie nach dieser Frage fühlen oder wie Sie sich fühlen. Wie würden Sie Ihr Gefühl in Worte fassen?
- Wenn Sie nichts fühlen, dann können Sie sich selbst darin unterstützen, indem Sie sich entscheiden, ganz besonders ehrlich zu reagieren. Wenn Sie ganz ehrlich und offen wären, was würden Sie als Reaktion auf Ihre Frage *wirklich* fühlen?
- Wenn Ihr Körper Ihnen eine Antwort auf die Frage geben würde, in welchem Körperbereich würde diese Antwort auftauchen? Wenn Sie diesen Körperbereich fragen, was er Ihnen mitteilen möchte, was würde er sagen?
- Was für innere Bilder kommen Ihnen nach Ihrer Frage? Welche Fantasien oder Vorstellungen oder Erinnerungen?
- Hören Sie eine innere Stimme, die auf Ihre Frage reagiert?

- Beobachten Sie, ob Sie vielleicht irgendetwas nach dem Stellen Ihrer Frage tun wollen. Haben Sie einen Impuls, aktiv zu werden? Auch wenn dieser Impuls scheinbar nichts mit Ihrer Frage zu tun hat – vielleicht gehört er doch irgendwie zur Frage. Oder: Was *würden* Sie am liebsten tun? Ganz ehrlich? Wenn Sie beispielsweise Lustlosigkeit fühlen, dann lassen Sie es zu und pausieren Sie. Vielleicht ist dies ein Hinweis auf einen Zustand, den Sie einnehmen sollen, damit Ihnen die Antwort am besten bewusst werden kann.
- Werden Sie nach Ihrer Frage vielleicht auch müde? Wollen Sie einschlafen? Wenn Sie Zeit haben, dann schlafen Sie ruhig und beobachten, ob Sie etwas träumen. Vielleicht führen die Entspannung und der Traum dazu, dass Ihre Muster sich besser sortieren und Sie nach dem Aufwachen eine Antwort auf Ihre Frage wissen.
- Vielleicht erleben Sie auch, dass Sie einen Fehler noch einmal machen oder dass sich ein Ungleichgewicht nach Ihrer Frage wiederholt oder vielleicht sogar noch verschlimmert. Das könnte ein Hinweis darauf sein, dass das Ungleichgewicht noch mehr erforscht werden möchte.

Sie können zusätzlich Ihre inneren Lösungsmuster aktivieren, indem Sie die Antwort Ihrer Frage nach außen projizieren – durch folgende Fragen an sich selbst:

- „Wenn jemand anderes mir diese Frage stellen würde, was würde ich ihm antworten?"
- „Wenn ich jemand anderem diese Frage stellen würde, wie würde er auf meine Frage reagieren?" Stellen Sie sich dabei unterschiedliche Menschen vor. Menschen, die Sie kennen, die Sie (noch) nicht kennen etc.
- „Angenommen ich würde meine Frage einem sehr weisen Menschen stellen, was würde er antworten?"

Wichtig ist, dass wir in einer Energielosigkeit oder in einer Krise nie vorausfühlen können, wann genau die Krise vorbei ist. Etwas Ähnliches erlebe ich auch beim Fragenstellen an mich selbst. Ich kann nie vorausfühlen, wann genau die Antwort auftaucht. Ich weiß es immer erst in dem Moment, in dem mir die Antwort klar wird.

Manchmal kann mir eine Antwort nicht klar werden, weil vorher noch eine andere Antwort zu einer Frage auftauchen soll, die ich mir früher gestellt hatte. Dann geht es erst um ein anderes Thema. Und irgendwann später erhalte ich meine Antwort zu der aktuellen Frage.

Je ehrlicher Ihr Kontakt zu sich selbst ist, je tiefer Sie Ihre Reaktionen in sich selbst wahrnehmen können, je besser Sie Ihre Gefühle auf den Punkt bringen, umso authentischer wird auch Ihre Kommunikation im Kontakt mit Ihrem Umfeld.

Sollten Sie Schwierigkeiten haben, Reaktionen in Ihnen als Antworten auf Ihre Selbst-Fragen wahrnehmen zu können, dann führen Sie wieder die Popin-Methode© durch, wenn es für Sie stimmig ist: Vielleicht wählen Sie als Problemthema „Keine Reaktionen wahrnehmen können“ und als Lösungsthema „Alle Reaktionen wahrnehmen“. Und dann machen Sie diese beiden Muster so voneinander unabhängig, wie ich es im vorigen Kapitel beschrieben habe. Anschließend können Sie diesen Abschnitt „Reaktion im Körper wahrnehmen“ noch einmal lesen und beobachten, ob sich in Ihrem Gefühl etwas verändert hat.

Zusammenhänge herstellen

Ich fragte mich bei der Arbeit am letzten Abschnitt (den Sie gerade gelesen haben), was ich noch an „Reaktionen im Körper“ aufschreiben sollte. An was habe ich bisher noch nicht gedacht? Dann gab ich mir nach dieser Frage Zeit, setzte mich entspannt in den Sessel und ließ meine Gedanken schweifen. Sofort war ich beim gestrigen Fußballkrimi *Deutschland - Italien* während der Fußball-Europameisterschaft. Ich dachte an Mesut Özil, der seinen Elfmeter nicht verwandeln konnte. Einen Tag vorher hatte ich im Internet einen Bericht über ihn gelesen. Er hatte bereits im Spiel davor gegen die Slowakei einen Elfmeter verschossen und wurde gefragt, ob er wieder antreten wolle, falls ein Elfmeter gegen Italien geschossen werden müsse. Er antwortete im Interview mit der *Frankfurter Allgemeinen Zeitung*: „Ich werde jetzt trotzdem weiter Elfmeter schießen. Ich bin kein Typ, der aufgibt. Auch Ronaldo und Messi verschießen mal einen Elfmeter.“ Kurz danach im Spiel gegen Italien verschoss er seinen nächsten Elfmeter.

Als ich mich fragte, was dieser Gedankengang mit der mir gestellten Frage zu tun hatte, fiel mir ein: Es kommt manchmal vor, dass ich mich frage, warum etwas schiefgelaufen ist. Die Antwort auf diese Frage ist, dass ich diesen Fehler unabsichtlich noch einmal wiederhole. Bei der Wiederholung wird mir dann klar, was zu diesem Fehler geführt hatte. Mein Körper hatte auf meine Frage forschungsorientiert reagiert: *Wiederholung des Ungleichgewichts, um es besser kennenzulernen*. Ein sehr wichtiger Punkt, den ich dann in den vorigen Abschnitt am Ende der Auflistung noch einfügen konnte.

Wie oft müssen wir Probleme wiederholen, bis wir endlich kapiert haben, was zu diesen Problemen geführt hat?! Hier ist unser Körper sehr zuverlässig. Er bringt immer wieder unser Fehlmuster zum Vorschein, bis wir es genau verstanden haben und es dadurch in Zukunft gezielt vermeiden können. Eine Wiederholung eines Fehlmusters kann eine Reaktion unseres Körpers auf unsere Frage sein, warum wir das Problem erleben mussten. Es könnte also sein, dass Mesut Özil zum zweiten Mal hintereinander einen Elfmeter verschossen hat, um besser zu lernen, was zu seinem Fehler geführt hat. Der Sinn seiner Fehler: ein Lernprozess.

Eine andere Möglichkeit ist, dass Sie sich eine Frage stellen und Sie dann selbst auf diese Frage mit einer Wertung reagieren: „Eigentlich eine blöde Frage!“ oder „Was mache ich hier nur mit mir? Mir selbst Fragen stellen?!? Bin ich noch bei Trost?!“ oder „Darauf finde ich sowieso keine Antwort.“ Hier könnte es sein, dass genau diese Wertung, die nun aus Ihnen herausplatzt, die allererste Antwort Ihrer inneren Muster auf Ihre Frage darstellt.

Um Zusammenhänge zwischen Ihrer Frage und der Reaktionen Ihrer inneren Muster zu finden, können Sie sich eine weitere Frage stellen: „Wie passt das, was ich jetzt gerade mit mir selbst erlebe, zu meiner Frage?“ Und dann beobachten Sie, ob Ihnen zu dieser neuen Frage etwas einfällt. Sie können sich erneut Raum und Zeit geben, sich entspannen, damit Ihre inneren Muster freier agieren können, die Reaktionen Ihres Körpers / Ihrer inneren Muster beobachten und sich anschließend fragen, wie diese Reaktionen zu Ihrer Frage passen. Das kann so lange weitergehen, bis Sie einen Zusammenhang gefunden haben.

Was ist ein Zusammenhang? Eine Erklärung, ein Gedanke, ein Bild, wo Sie selbst (= alle Ihre inneren Muster, die zusammen „Sie“ ergeben) sagen: „Das passt!“

Es gibt keine objektiven Antworten, die für alle gelten. Es gibt nur individuelle Antworten für Sie persönlich. Es muss *für Sie* passen, was Sie erkennen. Für niemand anderen. Es muss sich allein *für Sie* stimmig anfühlen. Sie sind Chef*in Ihres Erlebens. Es gibt keine*n andere*n Chef*in Ihres Erlebens neben oder über Ihnen, die/der die Richtigkeit Ihres Zusammenhangs bestätigen kann. Es kann nur andere Menschen geben, die es vielleicht ähnlich sehen wie Sie. Mehr nicht.

Wenn ich beim Schreiben dieses Buches permanent andere Menschen gefragt hätte, ob sie es genauso sehen wie ich, dann wäre ich in Teufels Küche gekommen. Ich folge allein meinem eigenen Stimmigkeitsgefühl und schreibe das auf, was für mich allein schlüssig ist. Ob ich damit auch den „Nerv“ anderer Menschen treffe, wird sich zeigen. Das entscheiden die Leser*innen selbst.

Finden Sie die Zusammenhänge, die für Sie schlüssig und stimmig sind. Wie können Sie noch weitere Zusammenhänge zwischen Ihrer Frage an sich selbst und Ihren körperlichen Musterreaktionen finden?

- Stellen Sie sich die Frage auch bei „unmöglichen“ Reaktionen Ihres Körpers: „Angenommen es passt irgendwie zusammen. Wie könnte es zusammenpassen?“
- Finden Sie eine Ähnlichkeit zwischen Frage und Reaktion.
- Finden Sie einen Rahmen, in den beides hineinpasst.
- Finden Sie einen roten Faden.
- Wenn Sie eine körperliche Reaktion als Antwort auf Ihre Frage beobachten und wissen noch nicht, wie es zusammenpassen könnte, dann wiederholen Sie diese körperliche Reaktion so lange, bis Sie einen Zusammenhang gefunden haben.
- Wenn Sie nach einigen Wiederholungen keinen Zusammenhang finden, können Sie es auch Ihren inneren Mustern überlassen, Ihnen irgendwann einen Zusammenhang zu präsentieren. Beauftragen Sie Ihre inneren Muster: „Zeigt mir bitte irgendwann den Zusammenhang zwischen meiner Frage und eurer Reaktion.“ Und dann überlassen Sie es Ihren Mustern, ob und wann sie Ihnen den Zusammenhang bewusst machen.
- Erschaffen Sie selbst einen Zusammenhang. „Erfinden“ Sie ihn. Es spielt keine Rolle, ob Sie einen Zusammenhang „entdecken“ oder „erfinden“. In meinem Denkmodell ist beides das gleiche: Unsere inneren Muster sortieren sich so, dass wir fühlen können, dass es nun passt. Ob diese Muster sich mit Hilfe unserer Aufmerksamkeit sortiert

haben (mit Hilfe unserer Kreativität) oder ob sie sich ohne unsere Aufmerksamkeit sortiert haben und sich uns dann anschließend gezeigt haben (durch einen „intuitiven Einfall", eine plötzliche „Bewusstwerdung"), macht keinen Unterschied. In beiden Fällen bilden unsere inneren Muster einen Zusammenhang, bei dem wir das Gefühl haben, dass es passt.

Nun wissen Sie, wie ich mir meine „innere Stimme" erkläre, die ich am Anfang des Buches erwähnt habe. Sie entsteht dadurch, dass meine inneren Muster reagieren, weil sie sich ein besseres Gleichgewicht wünschen. Sie haben sich zu einer stimmigen Antwort neu zusammengefunden. Dabei spielt es keine Rolle, ob die Muster von meiner Aufmerksamkeit begleitet wurden und ich deshalb das Gefühl hatte, mir die Antwort selbst kreativ gegeben zu haben, oder ob meine Aufmerksamkeit auf etwas anderes gerichtet war und meine Muster sich *unbewusst* neu sortiert haben.

Wenn wir noch einmal auf unsere Kommunikation mit anderen Menschen schauen, so können wir erkennen, dass wir eigentlich permanent Zusammenhänge finden. Nämlich wenn wir das Gefühl haben, den anderen „verstanden" zu haben. In dem Fall haben wir einen inneren Zusammenhang erschaffen, bei dem wir selbst das Gefühl haben: „Passt." Ob aber dieser Zusammenhang tatsächlich dem Zusammenhang in der anderen Person entspricht, wage ich zu bezweifeln. Denn jede*r hat andere innere Muster, die anders zusammenpassen.

Wollen wir wirklich empathisch sein und unser Gegenüber verstehen lernen, dann stellen wir zumindest unsere inneren Zusammenhänge in Frage, wiederholen laut in unseren eigenen Worten, was wir verstanden zu haben meinen und fragen unser Gegenüber: „Ich habe verstanden, dass du .... Hast du es so gemeint?"

Nach dieser Frage geben wir der anderen Person Raum und Zeit, beobachten ihre Reaktion und schauen, ob wir zwischen ihrer Reaktion und unserer Frage einen Zusammenhang entdecken. Wie passt ihre Reaktion zu unserer Frage? Anschließend können wir wieder nachfragen und erforschen, ob wir nun besser verstanden haben. Eine permanente Forschungsspirale in Richtung „Immer-besser-verstehen".

Sich selbst beauftragen und Wünsche aktivieren

Vor einiger Zeit, während ich mich so ausführlich mit der Hypnotherapie von Milton H. Erickson auseinandersetzte, kam mir der Gedanke: „Wenn das Fragenstellen funktioniert, dann müsste man auch anders Ungleichgewichte für die inneren Muster zur Verfügung stellen können, auf die sie dann mit der Bildung eines Gleichgewichts reagieren. Nämlich in Form von *Anweisungen*."

Gesagt – getan. Ich probierte es an mir selbst aus. Anstatt mir Fragen zu stellen, gab ich mir Anweisungen und beobachtete, wie anschließend meine inneren Muster reagierten. Ich beobachtete, wie ich mich nach einer Anweisung fühlte oder welche Impulse auftauchten. Ergebnis: Unter bestimmten Umständen geht es tatsächlich!

Diese „bestimmten Umstände", die ich für mich selbst herausgefunden habe, sind: Ich muss mich in einer flachen Heilungshierarchie befinden. Eine „flache" Heilungshierarchie ist vorhanden, wenn momentan kein extrem starker Heilungs- oder Schutzwunsch in mir die Oberhand hat. Gibt es gerade einen starken Heilungs- oder Schutzwunsch, also habe ich ein bestimmtes „Thema" oder stecke ich chronisch in einer Verletzung drin, dann hat der Heilungs- oder Schutzwunsch aufgrund der Hierarchie Vorrang vor meiner Anweisung an mich selbst. Meine Anweisung wird von meinen Mustern nicht umgesetzt. Sie sind nicht frei und unabhängig, sondern sie sind momentan an die aktivierte Heilungshierarchie gebunden.

Nur wenn in so einem Fall meine Anweisung dem Schutz oder der Heilung ganz direkt *dient*, so dass die Heilungshierarchie berücksichtigt bleibt, fällt die Anweisung auf fruchtbaren Boden.

Wenn ich gerade nur flache Heilungshierarchien lebe, also wenn kein besonderer Heilungs- oder Schutzwunsch die starke Oberhand hat und ich richtig tief entspannen und durchatmen kann, dann sind meine inneren Muster unabhängiger und können frei auf meine Anweisungen reagieren. Manchmal gebe ich mir zunächst ganz viel Raum (äußeren und inneren Schutz) und ganz viel Zeit, damit ich mich entspannt und in Ruhe tief auf mich selbst konzentrieren kann. Anschließend gebe ich meinen Mustern eine Anweisung.

Beispiele für Anweisungen an meine inneren Muster:

„Lasst mich jetzt ganz fröhlich fühlen!"

„Lasst mich voller Freude und Energie joggen gehen."

„Lasst mich die lange Autofahrt mit viel Ausgeglichenheit und guten Gefühlen erleben."

„Lasst mich von dieser Beeinflussung von außen ganz unabhängig reagieren."

„Macht mir bewusst, warum XYZ gerade noch nicht funktioniert."

„Macht mir bewusst, was ich zu meinem aktuellen Ziel wissen sollte."

„Macht mir bewusst, was jetzt gerade hinter diesem aktuellen Problem steckt."

„Macht mir bewusst, welcher Wunsch tief in mir gerade mein Verhalten steuert."

„Aktiviert meine Selbstheilungskraft so, dass es mir allmählich wieder besser geht."

„Lasst meine Energie so fließen, dass es mich optimal bei meinem Muskelaufbau unterstützt."

„Macht mir bewusst, auf welche Beeinflussung von außen ich gerade reagiere."

„Macht mir bewusst, welcher Wunsch tief in mir drin mich gerade auf diese Beeinflussung von außen reagieren lässt."

Diese Anweisungen (und viele andere) gebe ich meinen Mustern entweder nur ein einziges Mal und beobachte die Reaktionen in meinem Körper. Oder ich wiederhole sie, bis sie zu einem Denkmuster geworden sind, das in der entsprechenden Situation automatisch und unabhängig abläuft. Experimentieren Sie mit sich selbst und beobachten Sie, wie Ihre inneren Muster auf Ihre Anweisungen reagieren und wie es Ihnen guttut.

Wie gesagt: Wenn es nicht klappt, dann vermute ich, dass noch irgendwo eine Abhängigkeit den Fluss blockiert, eine Verkiumpung der inneren Muster, die (immer noch) einer Heilungshierarchie zur Verfügung stehen. Um diese Abhängigkeit in eine Unabhängigkeit zu transformieren und die Reaktionen im Körper wieder mehr in einen entspannten Fluss zu bekommen, können Sie die Popin-Methode© verwenden.

Oder Sie geben Ihren Mustern die forschungsorientierte Anweisung: „Macht mir bewusst, welche Heilungshierarchie mich gerade bindet.

Wovor will ich mich schützen? Wofür benötige ich gerade die meiste Energie?“

Abgesehen von den erfüllenden Reaktionen meiner Muster erlebe ich ab und zu noch etwas ganz anderes: Meine innere Stimme meldet sich nach einer Anweisung, widerspricht mir und sagt: „Ich will aber vorher erst noch XYZ erledigen.“ Hier teilen mir die inneren Muster mit, woran sie hängen, welches Ziel gerade verfolgt wird, weil es noch nicht erreicht wurde.

Aktuelles Beispiel:

Meine Anweisung an mich selbst: „Lass mich mit Freude und Energie die Arbeit am nächsten Kapitel beginnen!“

Reaktion meiner inneren Stimme: „Ich bin aber mit *diesem* Kapitel hier noch nicht fertig. Da ist noch etwas zu tun.“

Es wirken also nicht nur Heilungshierarchien eventuell bremsend, sondern es könnte sein, dass einige Muster in uns im Moment noch mit etwas anderem „beschäftigt“ sind. Für mich ist das Geniale an dieser Antwort von meiner inneren Stimme, dass mir nun bewusst geworden ist, woran ich noch hänge und warum ich keine freie und freudvolle Energie für das Neue fühlen kann. Nun kann ich mich konzentriert voller Energie um das kümmern, das noch erledigt werden möchte.

Das zauberhafte NeuroSonanz®-Modell: Neun Basismuster

Im Jahr 2014 habe ich ein Modell für die Empathie-Schule NeuroSonanz® entwickelt. Ich behaupte, dass sich mit diesem Modell fast alle Alltagssituationen darstellen lassen - genauso wie sich mit Hilfe der drei Grundfarben Rot, Grün und Blau fast das gesamte Farbspektrum herstellen lässt. Sie werden erleben, dass Sie vieles, was ich bisher im Buch beschrieben habe, in diesem Modell wiederentdecken – und vielleicht noch mehr.

Das NeuroSonanz®-Modell besteht im Grunde aus vier Elementen. Werden diese Elemente jeweils mit Schmerz kombiniert und werten wir diese Kombinationen als eigenständige Elemente, dann erhalten wir ein Modell aus insgesamt acht Elementen. Das entsprechende Schaubild dazu finden Sie auf der nächsten Seite. Später kommt noch ein neuntes Element dazu.

Alle Muster in uns wollen sich mehr oder weniger stark in bessere Gleichgewichte bewegen und befinden sich in entsprechenden „Prozessen“. Mit diesem Modell lassen sich nicht nur Alltagssituationen darstellen, sondern auch fast alle unsere inneren Prozesse. Deswegen gebe ich diesem Modell den Zusatz: „Neun Basismuster“.

Ich werde im Folgenden das NeuroSonanz®-Modell ausführlich erklären. Wer noch mehr Informationen dazu lesen und auch dazugehörige farbliche Grafiken anschauen möchte, findet alles im Internet auf www.NeuroSonanz.com – dort im Archiv (eine ältere Version des Modells). Oder auch hier (Videos, Beschreibungen etc.):

www.in-resonanz.net/Olaf-Jacobsen_NeuroSonanz-Modell.html

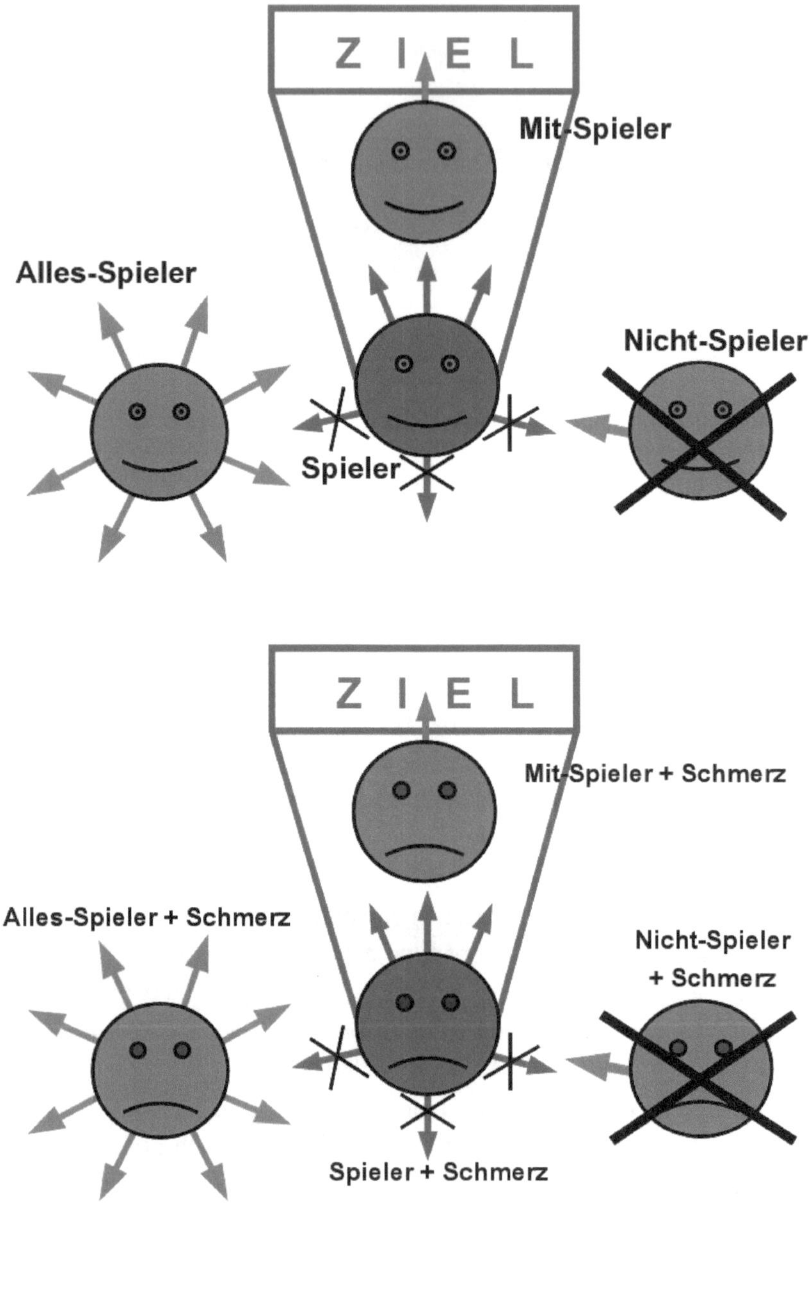

Abbildung 1 NeuroSonanz®-Modell: Neun Basismuster

Wofür ist das „NeuroSonanz®-Modell: Neun Basismuster“ gut?

- Sie können es als eine „Bild-Sprache“ einsetzen, um mit Ihren inneren Mustern zu kommunizieren. Damit erhalten Sie leichter Antworten von Ihren Mustern und lernen sich selbst besser zu verstehen (Kommunikation im Inneren).
- Sie können damit im Gespräch mit anderen Menschen Ihre inneren Zustände erläutern (Kommunikation im Außen).
- Sie können sich damit schneller in angenehme emotionale Zustände bringen (gute Gefühle, bessere Stimmung).
- Sie können es als Werkzeug einsetzen, um sich besser in Ihr Umfeld hineinzuversetzen und es nachzuvollziehen (Empathie).
- Sie können es als „Alarmanlage“ einsetzen, um schneller ungewollte und unbewusste Beeinflussungen aufzudecken.
- Sie können es als Schutzschild einsetzen, um sich vor den Folgen ungewollter Beeinflussungen besser zu schützen.

... und noch vieles mehr.

In uns Menschen gibt es vier grundlegende Musterautomatismen, mit deren Hilfe wir uns in bessere Gleichgewichte bewegen. Diese Muster hängen mit unseren Basiswünschen zusammen, die ich in diesem Buch bereits erwähnt habe. Allerdings hilft nicht jedes Muster bei jedem Wunsch. Wir müssen von Situation zu Situation flexibel wählen, welches Muster gerade sinnvoll ist.

Die vier Muster lauten:

- Ein eigenes Ziel erreichen wollen und es auch erreichen. Über sich hinauswachsen.
- Sich dem Umfeld anpassen. Den Zielen des Umfeldes zur Verfügung stehen. Dazugehören.
- Sich abgrenzen und keinem anderen Ziel zur Verfügung stehen. Nicht mitmachen, sich schützen, sich Raum nehmen.
- Zustimmen, etwas als dazugehörig anerkennen. Sich heilen, integrieren, vervollständigen.

Diese vier Muster können wir den vier Elementen aus dem Modell zuordnen (obere Hälfte vom Schaubild):

Spieler: „Ich folge meinem Ziel.“
Mit-Spieler: „Ich stehe dir zur Verfügung.“
Nicht-Spieler: „Ich mache nicht mit.“
Alles-Spieler: „... und auch *das* gehört dazu.“

Ich habe den Begriff „Spieler“ verwendet, weil mich erstens dieser Begriff an das fröhliche Spielen von Kindern und vielen Erwachsenen erinnert und weil ich zweitens nach einem Begriff gesucht habe, der einprägsam ist und zum Modell passt. Das Ergebnis dieser Suche ist der Begriff „Spieler“. In diesen Begriff ist (zurzeit noch) sowohl die weibliche als auch die männliche Form integriert.

Die anderen vier mit Schmerz kombinierten Muster (untere Hälfte vom Schaubild) kommen dadurch zustande, dass ein Mensch in seiner Kindheit zu diesen ersten vier Mustern *gezwungen* wird. So ein Zwang entsteht in Situationen, in denen ein Kind gerade *nicht* den Wunsch hat, das entsprechende Muster von sich aus zu leben. Aber Eltern oder andere Erwachsene empfinden es als angemessen und bringen das Kind gegen seinen Wunsch dazu, das entsprechende Muster zu leben. Oder sie kontrollieren es, dass das Kind das entsprechende Muster konzentriert und gewissenhaft durchführt. Dabei benutzen sie die Mittel: unangenehme Folgen, strenges Verhalten, schmerzvolle Strafe oder leidvoller Ausdruck („Mir geht es schlecht, wenn du das nicht machst“ – „Das ist aber schade!“ = Opfer = Ungleichgewicht). Je öfter ein Kind so einen Zwang erleben muss, umso weniger kann es solche Situationen im Nachhinein heilen und umso mehr bildet sich daraus ein schmerzvoller Musterautomatismus.

Spieler + Schmerz: „Ich soll ein Ziel verfolgen.“
Mit-Spieler + Schmerz: „Ich soll zur Verfügung stehen.“
Nicht-Spieler + Schmerz: „Ich darf nicht mitmachen.“
Alles-Spieler + Schmerz: „Ich soll *das* auch als dazugehörig anerkennen.“

(Der Begriff „soll“ kann auch durch „muss“ ausgetauscht werden.)

Wenn wir es schaffen, die vier mit Schmerz kombinierten Muster vom Schmerz wieder unabhängig zu machen, dann sind die vier gelösten („normalen“) Muster frei, locker und auch im schnellen Wechsel unabhängig voneinander lebbar.

Unser Alltag ist durchmischt von allen acht Basismustern. Welches Basismuster aktiviert ist, hängt sowohl von uns selbst als auch von der jeweiligen Situation ab. Mal folgen wir gerne unserem Ziel, mal zwingen wir uns dazu, mal machen wir gerne mit, mal fühlen wir uns zum Mitmachen gezwungen, mal machen wir lieber nicht mit und mal fühlen wir uns ausgeschlossen, mal können wir offen und frei zustimmen und mal zwingen wir uns, etwas zu integrieren, wollen es aber eigentlich gar nicht.

Ich kann mir vorstellen, dass Sie sehr viel mit all diesen Situationen anfangen können. Jeder von Ihnen ist garantiert in der Lage, entsprechende Beispielsituationen dafür zu erzählen, wenn er nicht sogar sein gesamtes Leben dadurch beschreiben kann.

Trainingsangebot:

Lernen Sie die obere Hälfte des Schaubilds „NeuroSonanz-Modell: Neun Basismuster" auswendig (inklusive Beschriftung). Schauen Sie es genau an und zeichnen es auf ein Blatt Papier, ohne weiter auf das Schaubild zu schauen. Wiederholen Sie diesen Prozess, während Sie den zeitlichen Abstand zwischen Anschauen und Zeichnen immer mehr vergrößern.

Ziel: Die vier lächelnden Elemente des Schaubilds auswendig korrekt zeichnen können, ohne vorher nachzusehen.

Wenn Sie das Schaubild des NeuroSonanz-Modells auf Seite 276 anschauen, dann ist es wichtig zu wissen, dass bildlich zwar Beziehungen untereinander hergestellt sind (durch die Pfeile und Positionen zueinander), dass diese acht Basismuster in Wirklichkeit aber so unterschiedlich sind, wie Getränke unterschiedlich sind: Kaffee, Tee, Milch, Alkohol etc. Jedes Getränk ist anders und hat eine andere Wirkung. So ist es mit den Basismustern: Jedes Muster ist anders und hat eine andere Wirkung. Es gibt keine Widersprüche und keine Unlogik zwischen den Mustern, so wie es keine Widersprüche zwischen Getränken gibt. Es gibt nur Unterschiede und Wahlmöglichkeiten.

Im Folgenden steigen wir tiefer in das NeuroSonanz-Modell ein, indem ich mich ausführlicher den einzelnen Basismustern zuwende.

Spieler: Ich folge meinem Ziel

Das Basismuster „Spieler“ leben wir, wenn wir ein eigenes Ziel verfolgen. Es ist dasjenige Basismuster, das uns vollständig darin unterstützt, „Chef*in unseres Erlebens“ zu sein.

Den Begriff „Ziel“ nutze ich in diesem Zusammenhang als Sammelbegriff für alles, wonach ein Mensch *strebt* – egal ob aktiv oder passiv, ob bewusst oder unbewusst: Sehnsüchte, Visionen, Wünsche, Bedürfnisse und auch Gewohnheiten, Verhaltensmuster, Moralvorstellungen, Regeln, innere Realitäten, Denkweisen, die wir aufrecht erhalten wollen etc.

Was bei dem Schaubild auf Seite 276 als allererstes ins Auge sticht, ist folgender Zusammenhang: Wenn wir ein Ziel verfolgen, gibt es immer Dinge, die zum Ziel dazugehören (Schaubild: Pfeile nach oben in Richtung Ziel), und Dinge, die nicht dazugehören (Schaubild: durchgestrichene Pfeile zur Seite und nach unten, vom Ziel weg). Das ist vollkommen normal und natürlich.

Wenn ich mich ans Klavier setze und kein Ziel habe, dann gehören alle Tasten dazu. Egal welche Taste ich drücke: jede Taste ist in Ordnung, ist „richtig“. Wenn ich aber eine Mozart-Sonate spielen will (Ziel verfolgen), dann gibt es plötzlich Tasten, die ich zu einem bestimmten Zeitpunkt drücken muss, und Tasten, die nicht gedrückt werden dürfen. Es gibt nun falsche und richtige Tasten. Beim Spielen kann ich jetzt „Fehler“ machen. Bestimmte Richtungen sind ausgeschlossen, andere Richtungen gehören dazu. So entstehen auf ganz natürliche Weise Wertungen und Fehler. Verfolgen wir bestimmte Ziele, dann haben wir auch dazugehörige Wertungen. Wir sagen: „Das gehört zu meinem Ziel dazu – und das gehört nicht dazu.“ Ohne Ziel: keine Wertungen. Mit Ziel: zum Ziel passende Wertungen, mögliche Fehler.

Es gibt Menschen, die sagen: „Es gibt keine Fehler.“ Sie wollen Wertungen grundsätzlich auflösen. Sie halten Wertungen für etwas Unangenehmes. Manchmal sagen sie zu einem anderen Menschen: „Du wertest ja schon wieder!“ Dann kann man antworten: „Ja, du gerade auch.“

Aus dem Kreislauf der Wertungen kommen wir nicht heraus, solange wir Ziele verfolgen. Auch das Ziel, kein Ziel zu haben, ist eins und führt zu Wertungen[124]. Aber wir können erkennen, dass Wertungen und Fehler oft mit Schmerz verknüpft sind. „Eigentlich" will man nicht die Wertungen und Fehler verschwinden lassen, sondern den damit verknüpften Schmerz. Stellen Sie sich eine Welt mit lauter liebevollen, achtungsvollen, konstruktiven Wertungen vor. Eine Welt, in der Fehler sein dürfen. Das würde sich doch ganz anders anfühlen, als das, was wir in unserer gegenwärtigen Gesellschaft meistens leben, oder? Ich lade also dazu ein, Wertungen als etwas Natürliches anzuerkennen und stattdessen daran zu arbeiten, den verknüpften Schmerz von den Wertungen unabhängig zu machen[125].

Wir können diesen natürlichen Zusammenhang zwischen Ziel und Wertung als Unterstützung für eine Analyse verwenden: Wertet jemand etwas, dann muss bei der Person immer ein bewusstes oder auch unbewusstes Ziel dahinterstecken. Je genauer wir ihre Wertung anschauen, was für sie alles dazugehört und was nicht, umso klarer können wir daraus ihr Ziel folgern.

Wertungen passieren oft „automatisch" – auch uns selbst. Oft vergessen wir, warum wir einen bestimmten Musterautomatismus leben. Wenn wir merken, dass wir selbst in einem bestimmten Moment „automatisch" werten, dann können wir das nun genauer erforschen. Wir können unsere inneren Muster fragen, was für ein Zielmuster gerade in uns aktiv ist. Auf diese Weise können wir zu unserem aktuell aktivierten Ziel-Musterautomatismus wieder bewussten Kontakt aufnehmen und ihn verändern, wenn es uns notwendig erscheint.

Wir können uns auch bewusst machen, welche innere „Realität" hinter unserer Wertung und unserer Aktion steckt. Am leichtesten bekommen wir dazu wieder Kontakt, wenn wir unsere inneren Muster fragen: „Was wäre denn, wenn ich diese Wertung oder diese Handlungen *nicht* leben würde?" oder „Wer wäre ich ohne diese Wertung oder Handlung?" Dann kommt meistens ein Gefühl oder eine Antwort, die uns klar macht, was uns fehlen würde und warum. So wird unser eigentliches Ziel wieder

[124] Zur Erinnerung siehe die Aussagen von Lama Ole Nydahl Seite 39 / 43.

[125] In meinem Buch *Meine Eltern sind schuld* zeige ich, wie man das Ziel erreicht, Fehler vom Schmerz unabhängig zu machen.

bewusst. Anschließend können wir entscheiden, dieses Ziel weiterhin zu verfolgen oder es zu verändern.

Wertungen und Ziele gehören immer zusammen. Ohne Ziel keine Wertung – und ohne Wertung kein Ziel.

Das bedeutet aber auch: Wenn wir die Wertung eines Menschen übernehmen, dann übernehmen wir auch das entsprechende Ziel, selbst wenn das Ziel unbewusst ist. Lassen wir uns also durch die Wertungen eines anderen Menschen beeinflussen, dann überträgt sich auch sein Ziel auf uns. Und umgekehrt: Übernehmen wir vollständig das Ziel eines anderen Menschen, dann übertragen sich auch alle zum Ziel gehörigen Wertungen auf uns.

Beispiel: In meiner Kindheit wollten meine Eltern, dass wir nach Hause kommen bevor es dunkel wird. Die Wertung: im Dunkeln draußen sein ist nicht gut. Das Ziel der Eltern: uns vor Menschen schützen, die uns im Dunkeln angreifen und verletzen würden.

Ich kann mich nicht mehr erinnern, ob mir meine Eltern damals genau erklärt haben, warum ich bei Dämmerung nach Hause kommen soll. Aber ich bekam Angst vor der Dunkelheit. Wo kam diese Angst her? Nur von der Wertung der Eltern? Nein – eine reine Wertung vermittelt nicht automatisch Angst. Meine Angst kam dadurch, dass ich zusammen mit der Wertung auch unbewusst das Ziel meiner Eltern übernommen hatte und es nun fühlen konnte. Mit dem Ziel meiner Eltern war die Angst verknüpft, im Dunkeln verletzt zu werden. Dunkelheit ist gefährlich. Durch diese Befürchtung lebten meine Eltern eine Heilungshierarchie, in der der Schutz vor Verletzungen ganz oben stand. Ich musste mich dieser Hierarchie unterordnen und übernahm die dazugehörige Wertung.

Lassen wir uns von der Wertung eines anderen Menschen beeinflussen, dann übernehmen wir gleichzeitig das dazugehörige Zielmuster.

Übernehmen wir das Ziel eines Menschen, dann übernehmen wir gleichzeitig alle dazugehörigen Wertungen.

Anderes Beispiel: Ein Mensch wertet es ab, dass in Deutschland Ausländer integriert werden. Er ist dagegen, ohne dass er sein Ziel dabei formuliert. Wenn er seine Wertung mitteilt („Ausländer integrieren ist nicht gut"), dann vermittelt sich gleichzeitig auf der unbewussten Ebene sein Ziel. In diesem Fall ist sein Ziel seine innere Realität, aus der heraus er handelt. Seine innere Realität lautet: „Ausländer stören uns in unserer Ruhe und in unserem gesellschaftlichen Gleichgewicht, in dem wir uns befinden und an das wir uns gewöhnt haben. Ihre Anwesenheit führt zu ungewollten Ungleichgewichten."

Wer sich also dieser Wertung („Ausländer integrieren ist nicht gut") gefühlsmäßig zur Verfügung stellt und sie übernimmt, der entwickelt gleichzeitig ein Störgefühl gegenüber Ausländern an sich. Er schließt Ausländer nicht liebevoll aus, sondern er entwickelt aus diesem Störgefühl heraus die innere Realität, dass Ausländer uns in unserer Ruhe und in unserem gesellschaftlichen Gleichgewicht stören. Die Wertung und das Ziel (die innere Realität) sind übernommen worden.

Leichter ist dieser Zusammenhang in der Kindheit zu entdecken: Ich durfte mit einem bestimmten Kind nicht spielen. Zuerst habe ich diese Grenze nicht verstanden. Ich habe mich aber irgendwann danach gerichtet und diese Wertung von meinen Eltern übernommen („Dieses Kind gehört nicht dazu"). Dabei entwickelte ich dann auch ein negatives Gefühl gegenüber dem entsprechenden Kind. Ich mochte denjenigen nicht mehr.

Bei Kindern kann man besonders gut beobachten, wie sie von den Wertungen der Eltern beeinflusst werden, ohne die Ziele der Eltern bewusst zu kennen oder zu verstehen. Die Kinder übernehmen die Wertungen und beginnen in anderen Zusammenhängen, wie z. B. in der Schule, plötzlich Ziele zu verfolgen und innere Realitäten zu leben, die den Zielen und Realitäten der Eltern entsprechen.

Ziele und Wertungen gehören untrennbar zusammen.

Schauen wir uns den Erfolg von Donald Trump in den USA an[126]. Bei ihm können wir diesen Zusammenhang erkennen: **Je klarer und abgrenzender die Wertungen, umso klarer das Ziel – unabhängig davon, welches Ziel es ist.** Während ich an diesem Buch arbeite, hat Trump es

[126] Ich schreibe dies gerade Ende Juni 2016.

geschafft, sich zum Präsidentschaftskandidaten der Republikaner aufzuschwingen. Er tritt in seinem Wahlkampf stark abwertend auf. Durch seine klaren Wertungen vermittelt er indirekt klare Ziele – und die Menschen, die nach Orientierung suchen, haben wohl teilweise das Gefühl, durch seine Abwertungen eine „besonders klare Orientierung" zu erhalten. Einige sind sich wahrscheinlich nicht bewusst, welche subjektiven Ziele letztendlich Donald Trump verfolgt. Höchstwahrscheinlich steckt eine besonders starke Heilungshierarchie dahinter, die auch andere Amerikaner haben und in Donald Trump wiederentdecken und sich durch ihn repräsentiert fühlen.

Diejenigen, die sich weniger von seinen Wertungen „beeinflussen" lassen, können klarer wahrnehmen, welche persönlichen Ziele (Heilungshierarchie: Schutz vor Schmerz, tiefe Ängste) hinter Trumps Wertungen stecken (behaupte ich), und machen sich von ihm unabhängig. Sie ahnen: Seine Hierarchie wird auch alle seine Entscheidungen in der Rolle eines amerikanischen Präsidenten bestimmen.

Ein konkret formuliertes Ziel von ihm ist beispielsweise: Muslime ausschließen. Dieses Ziel enthält eine kraftvolle Ausschlussdynamik. Diese Ausschlussdynamik können wir auch in seinen Veranstaltungen erleben, in denen er unangenehme Menschen konkret „rausschickt" (was ich bisher noch bei keinem anderen Politiker so erlebt habe).

Wer sich von seinen Wertungen beeinflussen lässt[127] – sowohl positiv als auch negativ, rutscht in diese kraftvolle Ausschlussdynamik, die sich zu einer destruktiven Gewaltspirale entwickeln kann. Entweder wollen die von Trump Beeinflussten ebenso Muslime ausschließen oder sie wollen Trump ausschließen. Das ist bereits wahrzunehmen, weil bei Trumps Veranstaltungen verstärkt Prügeleien ausbrechen. Die Menschen, die sich von seinen Wertungen positiv oder negativ beeinflussen lassen und sich nicht davon unabhängig fühlen können, wollen sich gegenseitig kraftvoll ausschließen. Ein Ausschluss ist für eine besonders starke Heilungshierarchie sehr wichtig, denn dadurch steht man mit seinem Schmerz im Mittelpunkt und schließt alles aus, was einem gefährlich werden könnte (extremes Schutzverhalten).

So einem Einfluss können wir entkommen, wenn wir hinter solchen Abwertungen die persönlichen Ziele und den damit verknüpften Schmerz

---

[127] Dieses Thema behandle ich ausführlich beim „Mit-Spieler" ab Seite 287.

des Wertenden erkennen und für uns entscheiden, nicht zu solchen Zielen dazuzugehören[128]. Dann haben wir die nötige Unabhängigkeit und können auf den Wertenden mit Ausgeglichenheit und Mitgefühl reagieren.

Eine passende Übung dazu könnte die Übung von Seite 152 sein: um einen Menschen herum einen weißen Hintergrund projizieren. Stelle ich mir z. B. Donald Trump allein in einem weißen Raum vor, dann wirkt er auf mich plötzlich kleiner und hilflos, denn es ist niemand mehr da, den er bekämpfen kann. Und ohne Kampf scheint ihm eine gewisse Stärke zu fehlen - zumindest in meiner Fantasie.

Wir lassen uns von einer fremden Wertung nicht beeinflussen durch:

a) die Sichtweise, dass hinter jeder scheinbar objektiven und verallgemeinernden Wertung immer ein subjektives, individuelles Ziel eines Einzelnen steckt.

b) die Entscheidung, zu diesem Ziel nicht dazuzugehören und davon *unabhängig* zu sein.

Befinden wir uns im gelösten Zustand des Basismusters „Spieler“, dann folgen wir voller Freude unserem Ziel und sind uns bewusst, dass wir gleichzeitig das ausschließen, was zu unserem Ziel nicht dazugehört. Wir schließen es auf „natürliche“ Weise aus. Freundlich. So wie ich beim Gründen eines Frauenchores klar, freundlich und „natürlich“ Männer als „nicht zum Frauenchor dazugehörig“ einordne. Dazu gehört es, auf klare und freundliche Weise Grenzen zu setzen.

Wer es schwer hat, klare Grenzen zu setzen, der wird es auch schwer haben, sein Ziel konsequent zu verfolgen. Wer es schwer hat, auf achtsame Weise Grenzen zu setzen, dessen Weg zum Ziel ist mit „emotionalen Leichen“ gepflastert. Er hinterlässt Menschen, die sich von ihm schmerzvoll ausgeschlossen und negativ behandelt fühlen. Ob derjenige das Erreichen seines Ziels aus ganzem Herzen und mit frei fließenden Glücksgefühlen genießen kann, ist fraglich.

---

[128] Dieses Thema behandle ich ausführlich beim „Nicht-Spieler“ ab Seite 298.

Oft registrieren wir das nicht: Ist unser Verfolgen eines Ziels mit Schmerz verknüpft, dann sind es auch unsere Wertungen. Ein Zielmuster ist mit Schmerz kombiniert, z. B. wenn wir uns zwingen, ein Ziel zu verfolgen, oder wenn wir mit Verlustangst besonders extrem an einem bestimmten Ziel festhalten. In dem Fall werten wir so, dass andere Menschen sich dabei verletzt und ausgeschlossen fühlen.

Umgekehrt: Erleben wir es, von einem anderen Menschen unfreundlich und auf schmerzvolle Weise (ab)gewertet zu werden (vgl. Seite 305, Punkt 5), dann wissen wir nun: Das hat nichts mit uns zu tun. Hier ist das Ziel dieses Menschen in seinem Erleben mit Schmerz verknüpft. Er lebt eine starke Heilungshierarchie und stellt den Schutz und die Verteidigung seines Ziels an die oberste Stelle.

Wir reagieren unabhängiger, wenn wir erkennen, dass die schmerzvolle Abwertung eines anderen Menschen durch seinen eigenen Schmerz entsteht. Seine inneren Zielmuster sind mit schmerzhaften Erlebnissen verklumpt. Er lebt eine stark aktivierte Heilungshierarchie und kämpft um Schutz für sein Ziel.

Wir fühlen zwar in Resonanz zum anderen das Schmerzhafte (= Empathie, resonierende Empfindung), wir nehmen es aber nicht mehr persönlich und nehmen es ihm auch nicht übel. Wir haben **Mitgefühl**.

Im folgenden Beispiel zeige ich, dass sich im Alltag ein versteckter Zusammenhang aufdecken lässt, wenn wir genau hinschauen: Stellen Sie sich vor, Sie leben mit einem Menschen zusammen, der keinerlei Wertungen ausspricht. Trotzdem verhält sich dieser Mensch so, als ob er bestimmte Dinge gerne macht und andere Dinge meidet. Dies ist eine indirekte Wertung. Wenn wir im Kontakt mit ihm nicht bewusst merken, dass seine Vermeidung auf schmerzlichen Erfahrungen und Angst aufbaut, dann werden wir möglicherweise allmählich ein ähnliches Vermeidungsverhalten entwickeln. Denn innere Muster in uns wollen aus Loyalität den anderen nicht mit seinen Befürchtungen konfrontieren. Sind wir ein empathischer Mensch (vgl. „Mit-Spieler“), dann lassen wir uns auf unbewusster Ebene von den emotionalen Grenzen anderer Menschen beeinflussen und bremsen uns selbst – aus Rücksicht.

Die mögliche Lösung dafür habe ich bereits ab Seite 184 (- 190) erwähnt und im Kasten auf Seite 285.

Abschließend möchte ich einen weiteren Aspekt des Basismusters „Spieler“ ergänzen: Im gelösten Zustand kann ein Spieler freundlich und geduldig diejenigen in sein Ziel einweisen, die ihn beim Erreichen seines Ziels unterstützen: die sogenannten „Mit-Spieler“. Er kann ihnen mit guten Gefühlen so lange zeigen, wie sie am besten helfen können, bis sie es begriffen haben und hilfreich umsetzen können.

Ist das Basismuster „Spieler“ aber mit Schmerz verknüpft, dann geht man mit Mit-Spielern eher ungeduldig und streng um und wertet sie ab, wenn sie sich falsch verhalten oder wenn sie etwas nicht begreifen, obwohl man es ihnen schon so oft gesagt hat.

Kann man den Schmerz von diesem Basismuster beispielsweise mit der Popin-Methode© unabhängig werden lassen oder lösen, dann ist wieder ein guter und freier Kontakt zu Mit-Spielern möglich.

Auf welche Weise Sie als Spieler Ihr Ziel verfolgen, können Sie im Kapitel *Klare Vision für den inneren Chef* ab Seite 58 erinnern.

Mit-Spieler: Ich stehe zur Verfügung

Das Basismuster „Mit-Spieler“ leben wir, wenn wir für ein fremdes Ziel zur Verfügung stehen. Wir unterstützen eine andere Person, damit sie ihr Ziel erreichen kann. Oder wir unterstützen eine Gruppe, um das Gruppenziel zu erreichen. Unser eigenes Ziel dabei ist, dem anderen optimal bei seiner Zielerreichung zu helfen. Als „Chef*in unseres Erlebens“ haben wir uns entschieden, jemand anderem zur Verfügung zu stehen. Wir haben das Ziel, beim anderen „mitzumachen“. Deswegen ist auf dem Schaubild auf Seite 276 zu sehen, dass sich der Mit-Spieler *innerhalb* des Zielbereichs eines anderen Spielers befindet und sich zum „Ziel des Spielers“ ausgerichtet hat (Pfeil nach oben).[129]

---

[129] Wenn Sie auf das Schaubild schauen, dann wird dort das Symbol „Spieler“, das im vorigen Abschnitt für unser eigenes Basismuster stand, nun zum Symbol eines „anderen“ Spielers. *(Fortsetzung dieses Textes nächste Seite unten)*

Um mitmachen zu können, müssen wir uns vom anderen beeinflussen lassen. Wir müssen sein Ziel genau kennenlernen, um optimal helfen zu können. Das ist wie bei einer Ärztin, die sich ihrer Patientin vollkommen zur Verfügung stellen sollte, um das Leiden der Patientin genau kennenzulernen und sie für die Heilung zu unterstützen.

Das bedeutet (Achtung!): Wir müssen uns so intensiv wie möglich vom anderen *beeinflussen lassen*, damit wir optimal für die Zielerreichung dienlich sein können. Wir müssen uns unserem Umfeld *anpassen*, uns unserem Umfeld *hingeben*. Im gelösten Zustand (ohne Schmerz) *wollen* wir das auch! Denn wir wollen gerne optimal helfen.

Das ist nun also das Basismuster, in welchem die Beeinflussungen ihren Platz haben, Sinn machen und sogar Voraussetzung sind, um dieses Basismuster leben zu können. Wir können nur helfen, wenn wir wissen, wobei wir helfen sollen. Um das zu wissen, müssen wir uns vom „Spieler" vollkommen beeinflussen lassen, von ihm lernen, uns von ihm unterrichten lassen, ihn und sein Ziel *wahrnehmen*, genau *beobachten* und uns ihm und seinem Wunsch anpassen. Hier machen wir uns auf natürliche Weise vom Umfeld abhängig.

Wenn wir zwar mitmachen möchten, uns aber gleichzeitig gegen Beeinflussungen wehren, dann haben wir in dieser Situation unseren Job verfehlt. Hier sind viele Konflikte vorprogrammiert. Denn der Spieler spürt instinktiv, dass wir als Helfer gerade nicht „richtig" helfen. Wir haben noch nicht verstanden, worum es wirklich geht, oder wir wollen nicht bei allem mitmachen. Wir haben uns bezüglich des Ziels noch nicht genügend beeinflussen lassen oder uns nicht gut genug angepasst. Entweder möchte uns der Spieler korrigieren oder er möchte uns ausschließen, wenn wir ihm nicht geeignet erscheinen.

Ein ähnlicher Konflikt entsteht, wenn wir jemandem helfen wollen und aus eigener Erfahrung heraus genau zu wissen meinen, was ihm helfen würde. Wir wollen ihm unbedingt zeigen, was gut für ihn wäre. Dabei stellen wir uns ihm nicht wirklich zur Verfügung und passen uns nicht an. Wir beobachten nicht, ob es der andere *wirklich* braucht, sondern wir verfolgen ein eigenes Ziel. Wir leben unsere eigene Heilungshierarchie,

---

Sind wir Mit-Spieler, dann stehen wir einem anderen Spieler zur Verfügung. Bitte in diesem Fall nicht missverstehen und es so deuten, dass wir uns selbst (unserer eigenen Spieler-Rolle) zur Verfügung stehen. So kann man das Schaubild zwar auch deuten, es ist aber momentan nicht so gemeint.

die wir dem anderen überstülpen. Dabei steht der andere uns zur Verfügung – und nicht wir ihm. So eine Vertauschung entsteht meistens, wenn wir das Leid des anderen oder sein Ungleichgewicht nicht aushalten können und es sofort mit unseren eigenen Mitteln lösen wollen.

Wenn wir wirklich optimal, hilfreich und einfühlsam einen anderen Menschen unterstützen wollen, müssen wir in der Lage sein, uns für den nötigen Zeitraum vollkommen von ihm beeinflussen zu lassen und uns ihm und seinen Bedürfnissen hinzugeben und anzupassen.

Das Basismuster „Mit-Spieler" leben wir auch, während wir ein eigenes Ziel erreichen wollen. Denn es gibt folgende Logik: *Je genauer man etwas kennenlernt, umso besser kann man es verändern.* Wenn ich das Ziel habe, ein neues Handy gut bedienen zu können, muss ich mich dafür der Gebrauchsanweisung zur Verfügung stellen, mich von ihr beeinflussen lassen und mich mit meinem Verhalten dem anpassen, was darin steht. Durch mein Anpassen (mein Lesen der Gebrauchsanweisung und dabei Anpassung meines Gehirns an den Inhalt) lerne ich, mein Ziel zu erreichen und das Handy zu bedienen.

Auch wenn wir den Wunsch haben, in unserem Umfeld etwas zu verändern, führt das zunächst dazu, dass wir das Basismuster „Mit-Spieler" aktivieren. Denn um etwas erfolgreich verändern zu können, müssen wir genauer hinschauen, wie es denn eigentlich zusammengesetzt ist, woraus es besteht, wie es beschaffen ist. Wir müssen es genauer kennenlernen. Und dieser Kennenlernprozess erfordert zunächst ein inneres Anpassen, ein Sich-zur-Verfügung-Stellen.

Wissenschaftler machen nichts anderes: Sie erforschen die Natur, lernen sie immer genauer kennen, um sie letztendlich verändern zu können und für uns Menschen nutzbar zu machen.

All unsere Sinnesorgane sind dazu da, dass wir unser Umfeld wahrnehmen können (= vom Umfeld beeinflusst werden). Wir nehmen es wahr, um es genauer kennenzulernen (= innerlich das Umfeld im Gehirn nachbilden, innerlich „zum Umfeld werden"). Anschließend gehen wir mit den Informationen so um, dass wir uns effektiv schützen oder das Umfeld gezielt nutzen.

Letztendlich ist dies eine „Verschachtelung" der beiden Basismuster Spieler und Mit-Spieler: Wenn wir Spieler sind, kommt es vor, dass wir Fragen an unser Umfeld haben. Wir wollen dazulernen, um unser Ziel zu erreichen. Bei Fragen ans Umfeld kann uns unser Umfeld beeinflussen.

Entscheidend ist, dass wir währenddessen im Kontakt mit unserem Basismuster Spieler bleiben. Wir sind auf der obersten Ebene Spieler, und innerhalb des Spielerseins werden wir zum Mit-Spieler, weil wir Informationen vom Umfeld benötigen. Dabei kontrollieren wir als Spieler immer, ob die Informationen uns für unser Ziel unterstützen oder eher nicht.

Je flexibler ein Lebewesen innerlich ist, umso besser kann es sich dem Umfeld anpassen und es intensiv kennenlernen. Im Gehirn bilden wir unser Umfeld nach. Wir werden sozusagen im Gehirn zum Umfeld, denn unser Gehirn ist unser flexibelstes Organ. Es ist genau dafür gedacht, sich beeinflussen zu lassen und sich so gut wie möglich an das Umfeld anzupassen. Auch unser Trommelfell schwingt mit dem Schall mit, den es empfängt, und „wird" sozusagen zu den Schwingungen, die im Ohr eintreffen. Diese Anpassung an das Umfeld erreicht bei den Systemischen Aufstellungen[130] einen Höhepunkt. Hier erleben wir, dass Stellvertreter*innen, die sich in eine Rolle einfühlen, für die Dauer der Aufstellung sozusagen „zu einem anderen Menschen werden". Sie können mit Hilfe ihres Gefühls systemische Zusammenhänge wahrnehmen, die sie „normalerweise" gar nicht wissen können.

Ich übertrage es auf unseren Alltag: Es gibt Situationen, in denen wir uns einer anderen Person anpassen, uns ihr zur Verfügung stellen, uns von ihr beeinflussen lassen. Dabei fühlen wir uns bewusst oder unbewusst in die andere ein. Wir nähern uns ihr innerlich an. In solchen Momenten können wir mit Hilfe unseres Körpergefühls gewisse Zusammenhänge im System der anderen Person wahrnehmen, die wir normalerweise gar nicht wissen können[131].

Die Fähigkeiten „Sich-beeinflussen-lassen" und „Sich-anpassen" sind die wichtigsten Voraussetzungen für unseren Lernprozess und dafür, andere Menschen optimal zu unterstützen.

---

[130] Siehe ausführlich ab Seite 366.

[131] Dieses Phänomen nenne ich „resonierende Empfindungen" und erkläre es ab Seite 356 ausführlich.

Die schmerzliche Seite dieses Basismusters entsteht, wenn wir uns von unserem Umfeld dazu gezwungen fühlen, uns anpassen zu müssen. Fast alle Menschen haben dies in ihrer Kindheit entweder im Kontakt mit den Eltern oder mit anderen Erwachsenen (Betreuer*innen, Lehrer*innen etc.) erfahren. Nicht wir haben uns unserem Umfeld angepasst, wie es uns gepasst hat, sondern unser Umfeld hat dafür gesorgt, dass wir uns angepasst haben, auch wenn es uns nicht gepasst hat.

So haben es die meisten erlebt. Aber in Wirklichkeit war es anders: Wir waren und sind immer Chef*in unseres Erlebens. Um überleben zu können, haben wir damals als Chef*in das für uns zu diesem Zeitpunkt beste Gleichgewicht gewählt und uns als kleines Kind dem Wunsch unserer Eltern, dass wir uns anpassen sollen, angepasst. Gleichzeitig haben wir uns dem Wunsch unserer Eltern angepasst, nicht wieder zurück in eine Chef*inrolle zu rutschen. Wir durften nicht „Chef*in unseres Erlebens" bleiben, sondern mussten unseren Eltern das Gefühl geben, dass sie jederzeit über uns bestimmen können. Nur so haben sich unsere Eltern „sicher" fühlen können, alles „in der Hand" zu haben und zu „kontrollieren". Denn nur, wenn unsere Eltern alles kontrollieren, hatten sie das Gefühl, uns effektiv beschützen und den Alltag mit uns bewältigen zu können. An diesen Zusammenhang haben wir uns angepasst, weil unsere inneren Muster (wir als Chef*in) entschieden haben: „Das ist momentan das für uns beste Gleichgewicht."

Leider ist dadurch etwas passiert, das Sie wahrscheinlich zu diesem Buch hat greifen lassen: Sie bekamen das Gefühl, auf negative Weise von außen beeinflussbar zu sein und aus dieser Nummer nicht mehr herauszukommen. Durch die innere Verknüpfung Ihres Basismusters „Mit-Spieler" mit dem (scheinbaren) Zwang von außen, zur Verfügung zu stehen und sich anpassen zu müssen, wurde dieses Basismuster für Sie unangenehm. Beeinflussung wurde unangenehm. Anpassung wurde unangenehm. Mit-Spieler + Schmerz.

Erinnern Sie sich, dass Beeinflussungen und Anpassungen uns dienen, optimal unser Umfeld wahrzunehmen und dazuzulernen? Entwickeln wir also eine Abwehr gegen Beeinflussungen und Anpassungen, dann kann es dazu führen, dass wir unsere Wahrnehmung als auch unseren Lernprozess blockieren und nicht weiter entfalten. Auch unsere empathischen Fähigkeiten nutzen wir seltener und entfalten sie kaum noch. Allerdings passieren diese Einschränkungen nur in den Bereichen, die mit den unangenehmen Erfahrungen verknüpft sind. Denn unsere Musterbildung (Lernprozess) wird ja nicht grundsätzlich schlechter. Das Aufbauen eines Abwehrmusters und das Blockieren von Wahrnehmung und Lernen ist schließlich ebenso eine Musterbildung. Man lernt eine Abwehr gegen das Lernen – und man lernt, wie man die Abwehr gegen das Lernen optimieren kann.

Der gelöste Zustand des Basismusters Mit-Spieler liest sich so: Wir lassen uns frei beeinflussen, passen uns frei an und wissen gleichzeitig: „Ich bin unabhängig." Unabhängigkeit bedeutet, dass wir die *Fähigkeit* haben, aus der Rolle des „Mit-Spielers" in eine andere Rolle zu wechseln, nicht weiter zur Verfügung zu stehen und die Beeinflussung und unsere Anpassung zu beenden. Ob wir die Mit-Spieler-Rolle auch zu jedem Zeitpunkt verlassen *wollen*, müssen wir immer wieder als Chef*in unseres Erlebens von Situation zu Situation neu abwägen. Was wäre das für uns beste Gleichgewicht?

Es geht nicht darum, sich nie wieder anpassen zu müssen und sich nie wieder beeinflussen zu lassen, sondern es geht darum, mit Beeinflussungen frei tanzen zu können – und zwar als „führende*r" Tänzer*in, als Chef*in.

Vielleicht hilft Ihnen die Popin-Methode© dabei, wieder mehr Unabhängigkeit in Ihr Erleben zu bringen. Mein Vorschlag ist, bei Anwendung der Popin-Methode© Symbole für folgende Aspekte zu wählen:

- das freie Chef*insein für das eigene Erleben
- unabhängig sich beeinflussen und sich anpassen können
- das Umfeld, das beeinflussen möchte und sich Anpassung wünscht
- die eigene Abwehr gegen äußere Beeinflussung und eigene Anpassung

Lassen Sie in Ihrer Fantasie alle vier Aspekte sich voneinander unabhängig bewegen und machen Sie sie ebenso innerhalb von sich selbst unabhängig – durch Einteilen in kleinere Teilchen.

Übrigens ist Ihre Abwehr gegen Beeinflussung und gegen Anpassung wahrscheinlich ein sinnvolles Schutzmuster. Sie haben sich davor geschützt, in Ihrer Autonomie angegriffen zu werden, in Ihrem Chef*insein. Denn Sie *müssen* Chef*in sein dürfen, um sich selbst steuern und damit auch sich selbst schützen zu können. Jeder „Zwang" des Umfeldes ist ein Angriff auf die eigene Selbstständigkeit, für sein eigenes Überleben zu sorgen, sich um sein Dazugehören zu kümmern als auch sein Über-sich-Hinauswachsen begeistert zu genießen.

Ich selbst konzentriere mich auf das Denkmodell, dass ich *immer* der Chef meines Erlebens bin, dass ich das auch bei jeder Beeinflussung und bei jeder Anpassung bleibe und dass deshalb meine Autonomie sowieso unantastbar ist. Auf diese Weise kann ich mit jedem Umfeld so umgehen, wie es für mich (und meine inneren Muster) stimmig ist – auch wenn man mich zwingen möchte und von mir eine Anpassung erwartet.

Stellen Sie sich eine Person vor, die vergisst, Chef*in ihres Erlebens zu sein. Wenn sie denkt, von ihrem Umfeld abhängig zu sein, ungewollt beeinflusst zu werden und sich selbst aufgeben und anpassen zu *müssen*, dann entsteht ein Problem. Diese Person wehrt sich gegen Beeinflussungen und Anpassungen und fühlt sich dadurch eingeengt und unselbstständig. Sie sieht die Verantwortung für ihr Erleben im Außen. Deshalb wertet sie jeden, der sie auch nur ansatzweise zu etwas zwingen möchte. Sie projiziert in Wunschäußerungen „Erwartungsdruck" und sucht nach einem Umfeld, das sie „frei lässt" und möglichst *keine* Wünsche an sie hat.

Auch dieser Zustand ist eine Chef*in-Entscheidung der inneren Muster, die aufgrund ihrer Verklumpung mit ungelösten Schmerzerfahrungen zurzeit keinen anderen Ausweg kennen, als diese Form der Realität zu konstruieren und darauf zu reagieren.

Es gibt Menschen, die sich selbst als hochsensibel oder hochsensitiv oder sogar überempfindlich einstufen, sich aber gleichzeitig darüber beklagen. Ich glaube, dass hier genau der gleiche Effekt zu Tage tritt: Diese Menschen haben es wundervoll gelernt, sich zur Verfügung zu stellen, sich beeinflussen zu lassen und sich anzupassen. Das Basismuster „Mit-Spieler" ist besonders gut entwickelt. Sie haben ein hochsensibles Wahrnehmungsmuster ausgebildet. Doch sie beklagen sich, weil sie sich innerhalb dieser Fähigkeit nicht „unabhängig" fühlen. Sie sind zu so einer besonderen Musterbildung gezwungen worden und fühlen sich von ihrer Fähigkeit aktuell immer noch „beherrscht". Sie haben den Kontakt zu ihrem Chef*insein verloren.

Lösung wäre nicht, diese Hochsensibilität zu verringern, sondern sie noch mehr auszubauen und ***zusätzlich*** auch noch auf den Umgang mit sich selbst zu übertragen. Sollten Sie sich zu den hochsensitiven Menschen zählen, dann empfehle ich Ihnen, zusätzlich eine Hochsensibilität *für Ihre eigene Unabhängigkeit* zu entwickeln, also dafür, dass Sie Chef*in Ihres eigenen Erlebens sind. Ich empfehle, zusätzlich zu der Fähigkeit der Hochsensitivität auch noch die Fähigkeit zu lernen, mit Einflüssen *frei zu tanzen*[132]. Wenn Sie das können, dann ist Ihre Begabung keine Last mehr für Sie, sondern kann Sie beflügeln.

Ich übertrage das Verhältnis zwischen Spieler und Mit-Spieler auf einige Situationen unseres Alltags:

Wenn eine Schülerin das eigene Ziel hat, etwas Bestimmtes zu lernen, ist es dann nicht logisch, dass die Schülerin ihr Basismuster „Spieler“ aktiviert und die Lehrerin ihr Basismuster „Mit-Spieler“? So steht die Schülerin in ihrer vollen Kraft und die Lehrerin steht der Schülerin für ihre Musterbildung zur Verfügung – möglichst optimal. Die Lehrerin hat die Aufgabe, sich dem Ziel der Schülerin anzupassen.

In dem Schülerin-Lehrerin-Verhältnis ist also auf der obersten Ebene die Rollenverteilung optimal: Schülerin = Spieler, Lehrerin = Mit-Spieler.

Auf der darunter angeordneten Ebene mischen sich natürlich die Rollen. Denn wenn die Schülerin etwas von der Lehrerin lernen will, wird sie sich phasenweise den Erklärungen der Lehrerin zur Verfügung stellen und sich ihnen innerlich anpassen, um sie verstehen und verinnerlichen zu können. Allerdings muss die Lehrerin mit ihren Erklärungen den aktuellen Fragen der Schülerin zur Verfügung stehen. Wenn die Lehrerin etwas erklärt, wofür die Schülerin noch gar nicht offen ist oder was die Schülerin nicht interessiert, dann läuft etwas schief.

Wenn Schüler*innen von den Lehrer*innen nicht als „Spieler“ anerkannt werden und die Lehrer*innen ihr eigenes Basismuster „Mit-Spieler“ eher blockieren, dann kann ich gut nachvollziehen, dass Schüler*innen ihr Interesse oder ihre Begeisterung am Lernen verlieren. Sie können ihre Spieler-Rolle nicht genießen und haben Schwierigkeiten, über sich hinauszuwachsen. Eher wächst in dieser Konstellation die Lehrerin über sich hinaus (leider auch nur selten).

Ich erinnere mich daran, dass im Musikstudium mein Dirigierlehrer von mir mehr „Führung“ wollte. Als angehender Dirigent sollte ich ihn besser führen. Doch ich spürte sofort: Wie soll ich das Gefühl für diese Führung entwickeln, wenn er innerhalb dieses Lehrer-Schüler-Settings

---

[132] Wie das genau geht, lernen Sie gerade Schritt für Schritt in diesem Buch.

selbst die Führung hat? Als ich dann als Chorleiter vor meinem eigenen Chor stand, war für mich deutlich zu erkennen: Hier, innerhalb dieses Settings, kann ich sofort klar führen und weiß, was ich will, was ich tun möchte und wie ich es tun möchte. Ich konnte mein Basismuster „Spieler" vor meinem eigenen Chor besser aktivieren als vor meinem Dirigierlehrer. Im Kontakt mit meinem Dirigierlehrer lebte ich eher das Basismuster „Mit-Spieler" und passte mich ihm an. Ich wollte ja von ihm lernen. Allerdings „musste" ich *so* von ihm lernen, wie er es wollte. Nicht ich steckte die Ziele, sondern er. Also war ich letztendlich in der Unterrichtssituation immer „Mit-Spieler" und nicht „Spieler".

Auch den folgenden Widerspruch, den ich bereits am Anfang des Buches erklärte, können wir mit diesem Modell verdeutlichen[133]. Wenn ein Mensch A zum Menschen B sagt: „Sei doch mal selbstständig!", dann sagt das Mensch A aus dem aktivierten Basismuster „Spieler" heraus. Sein Gegenüber hat beim Zuhören das Basismuster „Mit-Spieler" aktiviert. Bleibt Mensch B in diesem Basismuster und versucht als „Mit-Spieler" so aktiv zu sein, wie es ihm Mensch A vorgeschlagen hat, also wie ein „Spieler" aktiv sein könnte, dann ist das ein Widerspruch in sich: Ein Mit-Spieler *versucht* innerhalb seiner Mit-Spieler-Rolle ein Spieler zu sein. Die Spieler-Rolle klappt nur, wenn Mensch B sein Basismuster „Mit-Spieler" deaktiviert und stattdessen sein Basismuster „Spieler" aktiviert. Dazu muss er aus dem Einflussbereich von Mensch A rausgehen. Als „Spieler" ist er sofort in der selbstständigen Rolle und verfolgt selbstständig *eigene* Ziele, anstatt sich als „Mit-Spieler" den Zielen eines anderen anzupassen.

Genauso können wir es auf die Hypnose-Sitzung von Alexander Hartmann[134] übertragen: Alexander hat als Hypnotiseur die Rolle des Spielers und sein Klient die Rolle des Mit-Spielers. Und nun gibt ihm Alexander die Anweisung, er solle versuchen, seinen fest ausgestreckten Arm zu beugen, nur um zu merken, dass es nicht geht. Dann geht es tatsächlich nicht, solange der Klient sein Mit-Spieler-Basismuster aktiviert hat. Wechselt der Klient aber in die Rolle des Spielers und verfolgt als „Chef" das konkrete Ziel, seinen Arm zu beugen, dann würde er sofort seinen Arm beugen können.

---

[133] Zur Erinnerung siehe Seite 14 f.

[134] Zur Erinnerung siehe Seite 132.

Wenn ein Mensch in seinem Leben gewohnt ist, immer wieder sein Basismuster „Mit-Spieler“ zu aktivieren, dann passt er sich in irgendeinem Bereich innerlich seinem Umfeld an. *Versucht* er nun mit Hilfe dieses Mit-Spieler-Musters, ein „Spieler“ zu sein und seinem eigenen Ziel zu folgen, dann wirkt das unecht oder nicht authentisch. Wir merken, dass hier etwas nicht stimmt. Meistens kann sich so ein Mensch gegenüber seinem Umfeld nicht „durchsetzen“. Da er hauptsächlich sein Basis-Muster „Mit-Spieler“ lebt, fällt es anderen Menschen leicht, im Kontakt mit demjenigen ihr eigenes Basismuster „Spieler“ zu aktivieren und sofort die Führung zu übernehmen. Während der „Mit-Spieler“ hilflos und verzweifelt darüber ist, dass ihm niemand zuhört.

Es wirkt nur authentisch, wenn jemand wirklich sein Basismuster „Spieler“ aktiviert, seinem eigenen Ziel folgt und aus diesem Muster heraus aktiv wird. Dann wirkt es „echt“, was er tut, und nicht „künstlich gemacht.“ Andere Menschen haben dann nur noch die Wahl, ob sie als „Mit-Spieler“ mitmachen oder als „Nicht-Spieler“ nicht mitmachen.

Wenn wir manchmal oder öfter nicht wissen, was wir wollen, dann könnte es daran liegen, dass wir in irgendeinem Teil unseres Lebens noch die Mit-Spieler-Rolle leben und uns deswegen den Zugang zur Spieler-Rolle versperren. Deshalb fällt uns nicht ein, was wir „eigentlich“ wollen, was unser Ziel / unser Wunsch ist.

Jede Prüfungssituation befindet sich in einem ähnlichen Konflikt: Der Prüfling hat „eigentlich“ das Ziel selbst in der Hand. Sein Ziel ist: Er möchte die Prüfung bestehen und danach eine Erlaubnis oder ein Zertifikat erhalten. Im optimalen Fall stehen die Prüfer*innen dem Ziel des Prüflings zur Verfügung.

Doch in vielen Prüfungen ist es genau umgekehrt: Die Prüfer*innen leben das aktivierte Basismuster „Spieler“, genießen es oft sogar, und der Prüfling ist aus seinem Basismuster „Mit-Spieler“ heraus aktiv. So entsteht Lampenfieber. Lampenfieber ist ein Interessenskonflikt dieser beiden Basismuster. Es ist logisch, wenn ein Prüfling aufgeregt ist, sobald er innerhalb des Basismusters „Mit-Spieler“ nun wie ein „Spieler“ wirken soll. Dazu müsste er die Rollen vertauschen und sich als „Spieler“ *über* die Prüfer*innen stellen – und die Prüfer*innen müssten sich dem Ziel des Prüflings anpassen und sich ihm zur Verfügung stellen, also ihr Basismuster „Mit-Spieler“ aktivieren. Doch das werden die meisten Prüfer*innen nicht tun. Deswegen fühlt sich für jeden Prüfling die Prüfung wie eine Auseinandersetzung oder eine Anmaßung an, die man sich selbst eigentlich nicht erlauben will – und deswegen ist man nervös.

Eine optimale Prüfung müsste sich für den Prüfling so anfühlen, dass er mit Freude sein Basismuster „Spieler“ aktiviert und während der Prüfung alles aktiv lebt, was er in der Zeit zuvor als Mit-Spieler gelernt hat. Die Prüfer*innen sind als „Mit-Spieler“ in der Rolle, den Prüfling in seinem Ziel optimal zu unterstützen. Sie passen sich an, stehen dem Prüfling mit all ihrem Wissen zur Verfügung und geben ein wohlmeinendes Feedback, was der Prüfling möglicherweise noch verbessern könnte, um sein Ziel noch besser zu erreichen. Anschließend wird gemeinsam geklärt, ob es dem Ziel des Prüflings dienlicher ist, noch eine Weile zu üben und später die Prüfung zu wiederholen (Prüfung noch nicht bestanden), oder ob es dem Ziel dienlicher ist, jetzt im Alltag mit dem Erlernten aktiv zu werden (Prüfung bestanden).

Ich kenne viele Therapeut*innen, die sich gegenüber ihren Klient*innen wie ein „Spieler“ verhalten und nicht wie ein „Mit-Spieler“, wie es ein Helfer eigentlich tun müsste. Sie „führen“ die Klient*innen zu ihrer Lösung. Nicht immer ist das die Lösung, die ein*e Klient*in letztendlich wirklich möchte und die wirklich hilft.

Ein letzter Gedanke zu diesem Thema:

Wenn ein Mensch verzweifelt fragt: „Was soll ich nur machen?“, dann kann man daraus folgern, dass er gerade sein Basismuster „Mit-Spieler+Schmerz“ aktiviert hat. Er befindet sich tendenziell in der sich anpassenden „Opferrolle“ und weiß nicht, was er tun „soll“. Er hat sich einem imaginären Chef*in(Spieler) angepasst und wartet auf Anweisungen. Fragt er sich aber: „Was will ich jetzt machen?“, dann hat derjenige sein Basismuster „Spieler“ aktiviert und sucht gerade nach seinem Ziel. Das fühlt sich anders an.

Das Gleiche gilt, wenn wir uns fragen, wie wir uns fühlen. Wie fühlen wir uns zu einem bestimmten Thema oder einer bestimmten Aufgabe? Durch diese Frage haben wir eine beobachtende Mit-Spieler-Rolle und schauen tendenziell, wie unser Gefühl auf etwas „reagiert“. Wir könnten in dieser Haltung von Stimmungen unseres Umfeldes beeinflusst werden, durch die wir uns dann gebremst fühlen. Wenn wir uns aber fragen, wie wir uns fühlen *wollen*, dann sind wir mehr in der Spieler-Rolle. Erinnern Sie sich an mein Treppensteigen (S. 212), das ich mit intensiven Freudegefühlen verknüpfte. Auf diese Weise können wir in vielen (nicht in allen) Situationen unser Gefühl selbst bestimmen. Wir entscheiden, wie wir uns bei einer bestimmten Tätigkeit fühlen wollen, und verknüpfen dieses Gefühl an das, was wir tun. Oder wir machen uns Visionen oder Gedanken, die in uns dieses Gefühl aktivieren. Natürlich sind wir dann nicht mehr in der Mit-Spieler-Rolle. Wir nehmen also etwas weniger unser Umfeld wahr, stehen nicht mehr so intensiv zur Verfügung, sondern konzentrieren uns auf uns selbst und unser eigenes Ziel. Wer stark auf seine eigenen Ziele konzentriert ist und intensiv daran festhält, reagiert weniger einfühlsam auf sein Umfeld. Beides hat also Vor- und Nachteile – abhängig von unseren aktuellen Wünschen. Wichtig ist zu wissen: Wir haben die Wahl, wann wir lieber die Spieler-Rolle und wann wir die Mit-Spieler-Rolle einnehmen.

Nicht-Spieler: Ich mache nicht mit

Das Besondere an dem Basismuster „Nicht-Spieler" ist, dass es sowohl von uns selbst als auch von unserem Umfeld in uns aktiviert werden kann.

Aktivierung von uns selbst:

Wenn wir uns entscheiden, bei dem Ziel eines anderen Menschen nicht (weiter) mitzumachen, dann haben wir in dem Moment selbst dieses Basismuster „Nicht-Spieler" aktiviert. Das entspricht der Aussage: „Ich stehe nicht mehr zur Verfügung." Wir haben uns selbst absichtlich aus dem Einflussfeld des anderen herausbewegt und befinden uns außerhalb seines Zielbereichs. Aus der Sicht des „Spielers" gehört der „Nicht-Spieler" ***nicht*** mehr dazu. Deswegen ist im Schaubild (S. 276) das entsprechende Nicht-Spieler-Element durchgestrichen. Wenn das Ziel des anderen belastend war, dann ist die Entscheidung, nicht mehr zur Verfügung zu stehen, erleichternd. Macht man nicht mehr mit, dann ist man gleichzeitig die Belastung los.

Das muss nicht nur für fremde Ziele gelten, sondern wir können dieses Basismuster ebenso für uns selbst einsetzen. Wenn wir das Gefühl haben, dass uns unser eigenes Ziel mehr belastet als dass es uns Freude macht, dann können wir entscheiden, dieses Ziel loszulassen. Dazu aktivieren wir unser Basismuster „Nicht-Spieler" und sagen uns selbst: „Dieses Ziel verfolge ich *nicht* weiter."

Aktivierung vom Umfeld:

Stehen wir jemandem für sein Ziel zur Verfügung (wir sind „Mit-Spieler"), dann kann es vorkommen, dass der andere sich entscheidet, ohne unsere Hilfe weiterzumachen. Er schließt uns aus, indem er uns mitteilt, dass wir ab sofort nicht mehr mitspielen. Oder wir fragen jemanden, ob wir bei seinem Ziel mitmachen dürfen, und er sagt „Nein". Wenn wir besonders gerne mitgemacht hätten und nicht loslassen können, dann tut uns so ein Ausschluss weh. Wir spüren einen natürlichen Verlustschmerz.

Verfolgen wir ein eigenes Ziel („Spieler"), dann kann es vorkommen, dass wir aus Versehen einen Fehler machen, durch den das Ziel in weite Ferne rückt. Oder wir können aus einem anderen Grund, der in unserem Umfeld liegt, das Ziel nicht mehr erreichen (Beispiel: Wir haben den Zug verpasst). Wir *müssen* von unserem Ziel loslassen. Dadurch werden wir aufgrund der Regeln/Gesetze in unserem Umfeld zum „Nicht-Spieler". Ich habe gerade gestern erlebt, dass es der deutschen Fußballnationalmannschaft im Spiel gegen Frankreich so ergangen ist: Sie haben im Halbfinale der Europameisterschaft (2016) unabsichtlich verloren und können nun aufgrund der vorgegebenen Regeln nicht mehr im Finale um den Titel des Europameisters spielen. Das Ziel muss mit Verlustgefühlen aufgegeben werden. Basismuster: „Nicht-Spieler + Schmerz".

Das sind alles Momente, in denen dieses Basismuster „Nicht-Spieler" in uns aktiviert wird. Entweder von uns selbst oder von unserem Umfeld oder im Zusammenspiel mit unserem Umfeld.

Viele Menschen denken dabei automatisch an *schmerzvolle* Ausschlusserfahrungen. Das liegt daran, dass wir erstens nicht vermeiden können, mit Ausschlusserlebnissen konfrontiert zu werden. Wir haben keinen Einfluss darauf, dass unser Umfeld uns nicht mitmachen lässt oder dass wir selbst einen Fehler begehen, durch den wir nicht mehr mitmachen können. Das sind Situationen wie „Naturkatastrophen", die einfach passieren, mit denen wir leben und die wir verarbeiten müssen. Zweitens verletzen Ausschlusserfahrungen unseren Wunsch nach Dazugehörigkeit, unseren Wunsch, über uns hinauszuwachsen, als auch unseren Wunsch nach Heilung. Das tut weh.

Allerdings erleben wir *mindestens* genauso viele „normale" Situationen. Sie sind uns nur seltener bewusst. In unserer aktuellen Gesellschaft verarbeiten wir selten die schmerzhaften Situationen vollständig und der

Schmerz bleibt damit verkoppelt (verklumpt). Deswegen sind in unserer Erinnerung mehr schmerzhafte Ausschlusserfahrungen abrufbar als die normalen Ausschlusssituationen.

Ich zähle ein paar normale Situationen auf, in denen das Basismuster „Nicht-Spieler" aktiviert wird:

Geburt: Ein Baby ist monatelang im Bauch der Mutter gewesen. Durch die Geburt gelangt es nach draußen und trennt sich von der Mutter. Die Mutter kann nun das Baby nicht weiter im Bauch austragen, als auch das Baby kann nicht weiter im Bauch der Mutter versorgt werden. Beide sind bezogen auf das gemeinsame körperliche Wachstum zum „Nicht-Spieler" geworden. Jede Geburt ist ein natürlicher „Ausschluss". Auch umgekehrt: Jeder Ausschluss kann als „eine Geburt einer neuen Wachstumsphase" umgedeutet werden.

Bahnhof: Ich steige aus dem Zug aus und fahre nun nicht weiter mit.

Frauenchor: Als Mann gehöre ich nicht dazu.

Männertoilette: Eine Frau gehört dort nicht rein.

Behindertenparkplatz: Alle Nicht-Behinderten erleben bei der Parkplatzsuche im Kontakt mit einem Behindertenparkplatz das Basismuster „Nicht-Spieler". Man darf dort nicht parken.

Pensionierung: Hat ein Arbeitnehmer das Pensionsalter erreicht, dann geht er in Rente und macht sozusagen bei der Firma „nicht mehr weiter mit".

Unternehmen: Jede Kündigung und jede Entlassung in einer Firma ist ein Ausschluss (oder eine Geburt?).

Missverständnisse: Wenn mir jemand mitteilt, wie er mich verstanden hat, und ich merke, dass er sich geirrt hat, dann sage ich ihm, dass er mich missverstanden hat. Er hat einen Fehler gemacht. Seine Sichtweise gehört aus meiner Perspektive gerade nicht dazu.

Veranstaltung: Darf man an einer Veranstaltung nur teilnehmen, wenn man eine Karte besitzt oder sich angemeldet hat, dann sind all diejenigen von der Veranstaltung ausgeschlossen, die keine Karte besitzen oder sich nicht angemeldet haben. Nicht-Spieler.

Schutz: Wenn mir etwas nicht gefällt oder ich an etwas kein Interesse habe, dann kann ich entscheiden, dabei nicht mitzumachen. Vielleicht schütze ich mich auch erfolgreich vor etwas. Kann ich mich gut schützen, dann fühle ich mich mit dem Schutz wohl. „Nein heißt nein", wie es jetzt im Sexualstrafrecht steht. Wenn dann der andere das „Nein“ auch vollständig respektiert, ist alles gut.

Ausscheidung: Jede körperliche Ausscheidung auf dem WC ist ein natürlicher Ausschluss von etwas, das wir nicht mehr brauchen.

Fernseher: Wenn ich mich für einen Film entscheide, sind alle anderen Filme in dem Moment ausgeschlossen.

Entscheidung: Jede Entscheidung *für* etwas ist immer gleichzeitig eine Entscheidung *gegen* alles andere. Ein ganz „normaler“ und in vielen Situationen auch schmerzfreier Zusammenhang. In jeder Sekunde entscheidet sich unser Organismus, dass wir unsere Aufmerksamkeit auf eine bestimmte Sache lenken. Alles andere wird in dem Moment aus dem bewussten Bereich ausgeschlossen.

Jede Situation, in der man sich auf eine Sache konzentriert und bei der andere Sachen ausgeschlossen sind, erzeugt im Bereich des Ausgeschlossenen lauter „Nicht-Spieler“. Ausschluss wird in unserer Kommunikation sehr oft mit dem Wort „nicht“ versehen und deutlich gemacht. Aus dieser Perspektive hat also das Wort „nicht“ eine große Rolle bei Ausschluss und auch bei „Geburten“: Durch das Wort „nicht“ wird eine Grenze gesetzt, ein Unterschied gemacht. Es werden innerlich neue Muster gebildet, neue innere Formen *geboren* – neue In-FORM-ationen. So gesehen kann der Ausschluss sehr hilfreich sein:

Erleben wir einen Ausschluss von jemandem, dann lernen wir seine emotionale Form und sein Ziel besser kennen. Wir erfahren, was für ihn dazugehört und was nicht und ob sein Ziel mit einem Schmerz verknüpft ist. Wir haben eine neue In-Form-ation über ihn. Musterbildung.

Stoßen wir mit unserem Körper gegen ein Hindernis, dann fühlen wir, dass unser Weg dort nicht weitergeht. Wir lernen die materielle Grenze im Außen besser kennen und haben eine neue In-Form-ation.

Eine Fliege stößt sich an Fensterscheiben, weil sie die Scheiben nicht wahrnehmen kann. Durch wiederholtes Stoßen lernt sie die Scheibe kennen, erhält In-Form-ationen, kann auf ihr landen und an ihr hochkrabbeln. So lernen wir durch unser Verhalten und durch das Beobachten der Grenzen, die uns von außen gesetzt werden, welche Grenzen (Formen) in unserem Umfeld aktuell vorhanden sind. Wir „erforschen“ unser Umfeld und bilden dazu innere Muster.

Leben wir innerhalb eines bestimmten Gleichgewichts und machen dann eine Ungleichgewichtserfahrung, dann können wir das aktuelle Gleichgewicht gerade nicht weiterleben. Wir erhalten stattdessen eine neue Information über unseren Weg.

Stellen Sie sich vor, Sie haben mehr Klarheit, was gerade geht und was gerade nicht geht, was dazugehört und was nicht, und Sie haben durch Ausschlusserfahrungen neue Erkenntnisse über Ihr Umfeld gewonnen. Dann ist es logisch, dass Sie leichter und mit mehr Klarheit von Zielen oder Konzepten loslassen oder sie verändern und dann etwas Neues versuchen, oder? Je besser wir unterscheiden können, wo etwas funktioniert und wo etwas ausgeschlossen ist, umso besser und leichter können wir auch etwas aufgeben oder verändern. Wir können besser loslassen und uns von etwas lösen.

Wer in seinem Gehirn den Ausschluss (oder auch das Fehlermachen) sehr stark mit schmerzhaften Erfahrungen verknüpft hat, der hat es möglicherweise schwer, auf die oben beschriebene Weise dazuzulernen und mehr Klarheit zu erhalten. Er versucht tendenziell, den Ausschluss, Grenzen und das Fehler-Machen zu vermeiden (Ausschluss von Ausschluss). In Wirklichkeit vermeidet er den damit verknüpften Schmerz. Das „Bestrafen von Fehlern“ bei Kindern kann also zu einem Lernverhalten führen, das kaum noch Freude macht.

Dieses Basismuster „Nicht-Spieler“ ist von den vier Basismustern das einzige, zu dem wir *wirklich* gezwungen werden können. Beim Basismuster „Spieler“ kann uns keiner so beeinflussen, dass wir *automatisch* ein Ziel verfolgen. Auch kann uns keiner so beeinflussen, dass wir *automatisch* mitmachen („Mit-Spieler“). Und keiner kann uns so beeinflussen, dass wir *automatisch* alles als dazugehörig anerkennen („Alles-Spieler“).

Aber man kann uns aus einer Gemeinschaft ausschließen. Man kann uns körperlich angreifen und unser Leben bedrohen (uns vom Leben ausschließen). Man kann uns überall dort bremsen, wo wir Ziele verfolgen, für die wir unser Umfeld brauchen. Verweigert unser Umfeld das Mitmachen, dann können wir unser Ziel nicht erreichen und werden *automatisch* zum Nicht-Spieler. Darauf haben wir keinen Einfluss. Wir haben keine Chance. Wir sind ohnmächtig. Hier sind wir *kein* Chef. Wir können nicht bestimmen, ob unser Umfeld uns zum Nicht-Spieler macht.

Es ist wie bei einer körperlichen Verletzung oder bei einer Naturkatastrophe: Wir können nicht beeinflussen, wann das Hochwasser kommt oder wann der Damm bricht.

Weil wir in solchen Situationen nicht Chef*in sein können, kann das Umfeld dieses Basismuster für sich nutzen, um uns gezielt zu beeinflussen. Nur mit Hilfe dieser äußeren Aktivierung unsers Basismusters „Nicht-Spieler“ können wir vom Umfeld zu allen anderen Basismustern „überredet“ (nach unserem Gefühl: „gezwungen“) werden – durch Androhung von Ausschluss oder durch tatsächlichen Ausschluss:

„Wenn du das ***Ziel*** nicht erreichst, gehörst du nicht mehr zu uns!“

„Wenn du nicht ***mitmachst***, verletze ich dich!“

„Wenn du mich nicht ***integrierst***, bin ich beleidigt!“

Hinter diesem Zusammenhang steckt allerdings auch eine große Chance. Wenn wir lernen, optimal mit unserem inneren Basismuster „Nicht-Spieler“ umzugehen, dann können wir mit Drohungen und schmerzvollen Beeinflussungen besser umgehen, sie für uns angenehmer gestalten oder ihnen entkommen. Wir sind zwar nicht Chef*in darüber, was uns im Außen begegnet, aber wir sind Chef*in darüber, wie wir darauf reagieren. Wenn unser Basismuster „Nicht-Spieler“ aktiviert ist, können wir immer noch entscheiden, wie wir anschließend damit umgehen. Im optimalen Fall haben wir gelernt, positiv damit umzugehen oder schnell in ein anderes Basismuster zu wechseln. Entweder wir können der Nicht-Spieler-Rolle zustimmen oder wir wechseln selbstständig vom Nicht-Spieler zum Spieler oder zum Mit-Spieler oder zum Alles-Spieler. Wenn uns das gelingt, dann haben wir kaum noch Angst vor der Aktivierung unseres Basismusters Nicht-Spieler. Drohungen und Zwang von außen verlieren ihre Wirkung auf uns. Äußere Beeinflussungen können uns kaum noch unter Druck setzen. Wir werden davon unabhängig, weil wir unsere Wahlmöglichkeiten erhöhen.

Um den Umgang mit der Nicht-Spieler-Rolle gut zu beherrschen, müssen wir lernen, mit schmerzhaften Situationen umzugehen. Denn durch unsere Wünsche nach Sicherheit, Dazugehörigkeit, Heilung und Über-sich-Hinauswachsen sind wir verletzbar. Wenn wir Wünsche nach besseren Gleichgewichten haben, fühlt sich jedes Ungleichgewicht unangenehm an. Das ist Natur. Normalität. Anders könnten wir das Leben nicht bewältigen. Dafür brauchen wir ein Warnsystem, das unsere Aufmerksamkeit auf das Ungleichgewicht lenkt. Dieses Warnsystem ist der Schmerz. Und der Schmerz wird durch das Basismuster „Nicht-Spieler“ ausgelöst. Genau das führt ja auch zu neuen Musterbildungen (In-Form-ationen). Wir erfahren als Nicht-Spieler, wo es nicht mehr weitergeht, wo Verlust passiert, wo Grenzen sind, wo Gefahren bestehen.

Unsere Aufgabe als Mensch besteht *nicht* darin, das Basismuster „Nicht-Spieler“ endgültig vom Schmerz zu befreien. Sondern unsere Aufgabe ist es, mit dem Schmerz, der innerhalb dieses Basismusters immer wieder ausgelöst wird, effektiv umzugehen.

Wenn wir mit dem Schmerz des Basismusters „Nicht-Spieler“ gut umgehen können, dann können wir auch gut mit schmerzvollen Beeinflussungen wie z. B. (Be-)Drohungen und Zwang umgehen.

Im Folgenden liste ich Möglichkeiten auf, die wir bereits verwenden (Pkt. 3: leider) oder die wir verwenden können, wenn es sich für uns stimmig anfühlt. Es sind keine „Empfehlungen“ von mir, sondern lediglich Umgangsmöglichkeiten. Entscheiden Sie selbst (!), was für Sie stimmig ist.

1. Selbstausschluss

Wir können absichtlich selbst unser Basismuster „Nicht-Spieler“ aktivieren – und zwar permanent. Dann kann es niemand mehr von außen aktivieren. Wenn wir uns selbst ausschließen, müssen wir nicht mehr den Schmerz erleiden, ausgeschlossen zu werden, und keiner kann uns damit drohen. Das ist ein effektives Schutzverhaltensmuster, das viele traumatisierte Menschen unbewusst und erfolgreich anwenden. Sie schützen sich, indem sie sich komplett zurückhalten und aus allem rausziehen. Und wenn wir *absichtlich* das Ziel verfolgen, Nicht-Spieler zu sein, dann sind wir in gewisser Weise wieder ein „Spieler“, denn wir haben als „Spieler“ das Ziel vor Augen, „Nicht-Spieler“ zu sein. So sind wir indirekt wieder der „Chef*inunseres Erlebens“.

2. Vorausberechnen

Wir können uns trainieren, besser vorauszuberechnen, wo unser Umfeld eine Grenze hat. Wir stellen uns darauf ein und lassen schneller von unserem Ziel los. Dann schmerzt der Ausschluss des Umfeldes kaum noch. *Hier* macht es Sinn, von „Anhaftungen" loszulassen[135]. Denn wenn wir ausgeschlossen werden, gleichzeitig noch an unserem Ziel anhaften und unbedingt „Spieler" oder „Mit-Spieler" bleiben wollen (obwohl es nicht mehr geht), verlängern wir auf diese Weise unser Leid. Haben wir aber gut loslassen können, dann bleiben wir ohne Leid in der Nicht-Spieler-Rolle. Sowohl unser Umfeld als auch wir selbst stimmen der Grenze und damit unserer Nicht-Spieler-Rolle zu. Gleichzeitig nutzen wir diese Erfahrung, um unser Umfeld besser kennenzulernen und neue Muster in uns zu bilden, neue In-Form-ationen. Dadurch können wir in Zukunft die nächsten Grenzen vielleicht noch besser vorausberechnen und noch leichter damit umgehen.

3. Eine Hand wäscht die andere

Droht uns ein anderer Mensch, er würde uns ausschließen, wenn wir ihm keinen Gefallen tun, dann drohen einige von uns dem Gegenüber ebenso die „Nicht-Spieler-Rolle" an. Wir kennen es aus Spielfilmen (nehmen Sie das Beispiel bitte nur „symbolisch"): Ein Gangster droht damit, unsere Familie umzubringen, wenn wir für ihn nicht das tun, was er möchte. Umgekehrt können wir genauso drohen, dass wir seine Familie umbringen, wenn er unsere Familie umbringt. Patt. Das nennt man „Wettrüsten" (Spieler gegen Spieler). Oder auch: für sich selbst einstehen, für seine Wünsche und Ziele kämpfen etc. Hieraus können sich Kriege mit vielen Verlusten entfalten. In diesem Fall wechseln wir aus der Rolle des Nicht-Spielers wieder in die Rolle des Spielers, weil wir das Ziel verfolgen, dem anderen zu drohen und ihn (oder seine Familie) zum Nicht-Spieler zu machen.

4. Zur Erpressbarkeit stehen

Wir stehen klar zu unseren Wünschen und stimmen damit unserer Beeinflussbarkeit (besser: Erpressbarkeit) zu. Wie meine ich das? Wenn ein Gangster mir droht, meine Familie umzubringen, ich habe kein Gegenmittel und weiß, dass er es tatsächlich tun wird, dann hilft es mir nicht, dass ich erstens nach dem Tod meiner Familie den Verlust gut verarbeiten kann. Zweitens hilft es mir nicht, besser von der Anhaftung an meine Familie loszulassen zu können. Beides würde ich nicht wollen. Mir ist klar: Ich will meine Familie schützen! Das ist *mein Wunsch!* Dazu

[135] Zur Erinnerung siehe Seite 42.

stehe ich! Also entscheide ich mich, dem Gangster seinen Willen zu erfüllen, um meine Familie zu schützen – und ich stehe dazu. Es ist wie bei einem Schachspiel, bei dem der Gegner einen Zug getan hat, auf den ich reagieren *muss*, wenn ich einen Verlust vermeiden möchte. *Aufgrund meiner eigenen Wünsche* „bleibt mir nichts anderes übrig" – und ich hadere nicht damit! Das ist das Nadelöhr, durch das ich durch muss. Ich stehe zu meinen Wünschen und ich stimme meinem Schicksal zu. In diesem Fall wechsle ich von der Nicht-Spieler-Rolle voller Überzeugung in die Mit-Spieler-Rolle, ohne unter der Mit-Spieler-Rolle zu leiden.

5. Resonierende Empfindung

Wenn uns eine andere Person (sie ist der „Spieler") durch strenges Verhalten, mit bösem Blick und lautem, hartem Tonfall ausschließt oder das, was wir getan haben, negativ bewertet und ausschließt, dann tut uns das auf ganz natürliche Weise weh. Warum? Wenn wir ihr zuhören, stehen wir ihr in gewisser Weise "zur Verfügung", haben also "resonierende Empfindungen". Das bedeutet: Der Stress, den wir fühlen, ist der Stress der anderen, den sie gerade fühlt. Wäre die andere nicht im Stress, dann könnte sie uns viel offener und liebevoller („natürlicher") ausschließen. Ihr strenges Verhalten ist ein Zeichen für eine "Kriegs-Trance" (abgestelltes Mitgefühl für das Umfeld). Sie agiert aus einem nicht verarbeiteten emotionalen Schmerz heraus. Wenn wir so einen Schmerz in uns fühlen, dann denken wir oft, wir wären jetzt „beleidigt" oder wir wären „verletzt" oder wir müssten uns „aufregen" oder „empören". Doch in Wirklichkeit sind diese Gefühle Resonanz-Schmerzen. Wir fühlen empathisch mit der anderen.

Mit Hilfe der Popin-Methode© lässt sich ein solcher Resonanz-Schmerz ganz leicht dorthin schicken, wohin er „eigentlich" gehört – nämlich zur anderen Person. Die dazugehörige Aussage lautet: „Ich bin bereits von dir ausgeschlossen und entscheide, auch bei dem Fühlen *deines* Schmerzes nicht mehr mitzumachen."

Im Weiteren können wir ausprobieren, ob die Übung von Seite 222 hilft: Wir stellen uns vor, wie es sich anfühlt, wenn diese Person sehr freundlich wäre. Diese Vision lassen wir *unabhängig* von der aktuellen Realität gleichzeitig bestehen und erlauben uns, sie zu genießen.

Dazu können wir uns wieder erinnern, dass die andere Person aus einer starken Heilungshierarchie heraus handelt und unsere eigene

Heilungshierarchie von ihrer unabhängig ist. Wir *müssen* uns nicht von der anderen anstecken lassen, sondern haben die Wahl.

In allen Fällen haben wir neue Informationen über unser Umfeld erhalten, dazugelernt und neue innere Muster gebildet.

6. Eine Schmerzerfahrung entsteht

In folgenden beiden Situationen kann die Nicht-Spieler-Rolle besonders wehtun: Wir hängen stark an einem Ziel (Wunsch), in das wir unser ganzes Herzblut hineinstecken und von dem wir nicht loslassen wollen. Werden wir nun vom Umfeld in die Nicht-Spieler-Rolle katapultiert, dann fühlen wir einen intensiven Verlustschmerz. Wir wehren uns noch dagegen und kämpfen. Vielleicht schimpfen wir sogar gegen andere - besonders gegen diejenigen, die uns unser Ziel "vermiesen" oder die für die Grenze / Blockade verantwortlich sind, die wir jetzt erleben. Dies alles ist von unserem Verlustschmerz begleitet. Je stärker wir daran hängen, umso stärker ist der Schmerz.

Schauen wir uns eine andere Situation an, in der ein Ausschluss sogar unser Leben bedroht. Wir werden beinahe von unserem Leben ausgeschlossen (Lebensgefahr). Dann fühlen wir genauso Schmerz, vielleicht sogar einen Schock. Eine Seite in uns schützt sich intensiv, damit wir am Leben bleiben können. Der Schock sorgt dafür, dass der Blutdruck möglichst optimal erhalten bleibt, damit Gehirn und Herz genügend Blutzufuhr haben. Gleichzeitig entsteht eine Heilungshierarchie in uns, die sich auf diese erlebte Bedrohung konzentriert und dafür die inneren Muster voneinander abhängig macht (verklumpt).

Solange wir in diesem Schock (Schutzmuster) bleiben oder solange wir weiter innerlich am Ziel festhalten und uns gegen alles wehren, was mit dieser Nicht-Spieler-Rolle zu tun hat, bleiben unsere Muster entsprechend verklumpt. Selbst wenn die Situation vorbei ist, wir sie aber nicht verarbeitet haben, bleibt die Verklumpung der Muster bestehen. Diese Verklumpung kann in einer späteren Ausschluss-Situation dazu führen, dass dieser unverarbeitete Verlustschmerz oder Schock wieder aktiviert wird. Es könnte sein, dass durch einen eventuell liebevollen Ausschluss eines anderen Menschen in uns die Erinnerung an den früheren schmerzvollen Ausschluss getriggert wird. Und nun stecken wir durch den Ausschluss ausgelöst in einer eigenen Kriegs-Trance, fühlen unseren unverarbeiteten Schmerz, wehren uns und kämpfen wieder genau wie früher – obwohl es aktuell vielleicht gar nicht nötige wäre.

In beiden Fällen, bei einem frischen Verlusterlebnis oder wenn ein alter unverarbeiteter Verlust getriggert wurde, können wir den Verlust nachträglich verarbeiten, wie ich es im folgenden Punkt 7 ausführe.

7. Verarbeitung einer Schmerzerfahrung

Fühlen wir einen Verlustschmerz, dann sind wir traurig. Wer wütend ist, wehrt sich gegen den Verlust und hat ihn noch nicht vollständig in sein Herz gelassen. Unter der Wut steckt die Trauer. Wenn wir uns tief entspannen, dann müssen wir über den Verlust weinen. Und das ist gut so – denn durch das Weinen lassen wir auf der emotionalen Ebene los und verarbeiten den Schmerz. Weinen wir nicht, dann hält etwas in uns noch an dem Kontakt zu diesem Ziel fest. Eine Heilungshierarchie bleibt aktiviert, konzentriert unsere Muster auf diese Hierarchie und steuert damit unsere Gefühle und unser Verhalten.

Das Weinen, das Tränen-Yoga können wir auch auf den Verlust eines Menschen übertragen - wenn wir einen Verwandten oder einen guten Freund durch Tod oder endgültigen Abschied verlieren. Durch das Fließenlassen des Schmerzes lässt ein Anteil in uns von dem Wunsch nach der Beziehung, nach dem Kontakt mit diesem Menschen los, der nie wieder möglich sein wird.

Haben wir diesen Verlust nicht vollständig betrauert, dann hält ein Anteil in uns noch fest. Ein „Musterautomatismus" im Kontakt mit diesem Menschen hat sich noch nicht unabhängig gemacht. Er ist immer noch mit diesem Menschen verknüpft und möchte sich fortsetzen. Deswegen sucht unser innerer Anteil danach, den gewohnten Kontakt auf ähnliche Weise mit anderen Menschen fortsetzen zu können. Wir suchen ähnliche Menschen, werden aber immer wieder enttäuscht, weil wir nach einer Weile erfahren, dass die anderen Menschen unseren Verlust nicht ersetzen können.

Haben wir den Verlust aber vollständig betrauert und unseren Verlustschmerz vollständig verarbeitet, dann können alle mit der vergangenen Beziehung verknüpften Muster sich frei und unabhängig (ohne Schmerz) auf neue Beziehungen und Kontakte konzentrieren.

Auch einen Schock oder ein Trauma können wir verarbeiten. Wir können die damit verknüpften inneren Muster wieder unabhängiger machen, wenn wir die Tränen fließen lassen oder wenn wir die Muster mit Hilfe der Popin-Methode© oder anderer Methoden (EMDR, EFT und weitere Traumatherapien[136]) von der Schmerzverklumpung befreien. Dabei kann es wichtig sein, sich nicht weiter in einem verletzenden Umfeld aufzuhalten, sondern sich ein verständnisvolles und liebevolles Umfeld zu suchen. In so einem Rahmen kann man tief in den Verarbeitungsprozess einsteigen und allmählich die Schmerzerlebnisse verarbeiten, in Tränen verflüssigen und dadurch integrieren. Der an die entsprechenden inneren Muster verknüpfte Schmerz wird gelöst und man kann wieder frei und unabhängig agieren.

Ein Heilungsprozess muss nicht unbedingt von einem positiven Umfeld abhängen. Es genügt, wenn man das verletzende Umfeld verlässt, damit die Verletzung nicht mehr wiederholt wird, und sich zurückzieht. Mit Hilfe eigener Erkenntnisse und neuer Sichtweisen gibt man sich selbst einen positiven Rahmen, in dem sich die erlebten Grenzen Schritt für Schritt weiterentwickeln, verarbeiten, verflüssigen und dadurch vollständig integrieren lassen.

Wenn wir uns dafür geöffnet haben, schmerzliche Erlebnisse vollständig zu verarbeiten, dann haben wir immer weniger Angst vor einer Wiederholung. Durch eine Verarbeitung haben wir effektiv daraus gelernt und können uns besser schützen. Keine schwächende Angst kann mehr aktiviert werden[137]. Wir reagieren auf bestimmte Drohungen vom Umfeld selbstsicherer und klarer. Wenn uns unser Umfeld ausschließt, nehmen wir die „Nicht-Spieler"-Rolle gelassen an – ohne darunter zu leiden.

Wenn ein Verlust nicht so groß ist, können wir vielleicht eine Vision nutzen und uns ausmalen, wie es wäre, wenn dieses Ziel sich später erfüllt. Oder wir können uns zeitlos auf die schöne Vision konzentrieren und sie genießen. Wir sind uns bewusst, dass wir sie immer in uns selbst erleben dürfen – ohne dass sie sich im Außen erfüllen muss.

8. Sich selbst fragen

Wir können mit uns selbst kommunizieren und unsere inneren Muster fragen, ob es noch eine weitere Möglichkeit gibt, gut mit der Nicht-Spieler-Rolle umzugehen. Was empfehlen unsere inneren Muster?

---

[136] Zur Erinnerung siehe Seite 248.

[137] Zur Erinnerung siehe das Thema über Schmerzverarbeitung ab Seite 160 f.

Wir sehen also: Dieses Basismuster „Nicht-Spieler“ ist für unsere Schmerzerfahrungen zuständig. Es ist unsere „Schmerz- und Problemfabrik“. Denn jeder Schmerz geschieht durch eine Form von Ausschluss (= Nicht-Spieler). Es entsteht kein Schmerz allein durch das Ausüben der anderen Basismuster. Nicht durch das reine Erreichen eines Ziels (Spieler), nicht durch das erfolgreiche Helfen (Mit-Spieler), sondern immer nur durch den Verlust von etwas: nicht mehr mitmachen dürfen, nicht mehr mitmachen können (aufgrund eigener Fehler), bedroht sein (Ausschluss vom Leben), zu einem der anderen Basismuster durch Androhung von Ausschluss gezwungen werden etc.

Wenn wir solche Ausschluss-Situationen vollständig und gesund verarbeiten, lösen sie im Nachhinein beim Erinnern keinen Schmerz mehr aus. Wir konnten sie in Klarheit und Erfahrungen und schmerzfreie Informationen (innere Muster) transformieren.

Schaffen wir die Verarbeitung nicht, dann machen es uns unsere starken Heilungshierarchien schwer, anderen Menschen einfühlsam zur Verfügung zu stehen (= Mit-Spieler). Erlebt nämlich ein anderer Mensch einen Schmerz, den wir aus unserem eigenen Erleben kennen und den wir noch nicht verarbeitet haben, dann sind wir plötzlich mit uns selbst beschäftigt. Wir müssen uns vor diesem Schmerzgefühl schützen und sind nicht frei, Mitgefühl für den anderen zu haben. Im schlimmsten Fall wehren wir uns zusätzlich noch gegen den Schmerz des anderen und kämpfen gegen ihn.

Ich gebe einen kleinen abschließenden Überblick. In einem gelösten Zustand mit einem unabhängigen Basismuster „Nicht-Spieler“ (lächelndes Symbol) können wir wie folgt fühlen und wie folgt handeln:

- Wir wissen, dass die Rolle des Nicht-Spielers zum Leben dazugehört und können ihr zustimmen, wenn sie von außen aktiviert wird. Wir erhalten dadurch In-Form-ationen (wir bilden innerlich neue Muster, neue Formen).
- Wollen wir eine Grenze setzen, dann aktivieren wir das Basismuster Nicht-Spieler selbst. Wir machen nicht mehr mit. Wir stehen nicht mehr zur Verfügung. Dies setzen wir liebevoll und achtsam um.
- Wenn wir in der Rolle des Nicht-Spielers Schmerzen fühlen, dann wissen wir, dass wir entweder a) eine resonierende Empfindung zu den unverarbeiteten Schmerzen der anderen Person haben oder

dass wir b) einen eigenen unverarbeiteten Schmerz getriggert bekommen haben – oder beides gleichzeitig.

a) Haben wir schmerzvolle resonierende Empfindungen zur anderen, dann können wir in diesem Punkt zusätzlich liebevoll entscheiden, auch in dieser Resonanz nicht mehr mitzumachen. Wir können uns z. B. auf eine angenehme unabhängige Vision konzentrieren oder Mitgefühl für die andere Person entwickeln und ihr Heilung wünschen.

b) Wurde in uns ein unverarbeiteter Schmerz getriggert, dann wechseln wir in die Rolle des „Spielers" und konzentrieren uns nun auf unser Ziel, unseren aktivierten unverarbeiteten Schmerz nachträglich vollständig zu verarbeiten.

- Manchmal können wir einen bevorstehenden Ausschluss einer anderen Person vorausspüren und im Voraus zustimmen. Dann ist der Ausschluss nicht mehr so überraschend. Im Gegenteil: Wir freuen uns, dass wir richtig vorausgefühlt haben. Das bedeutet nämlich, dass wir empathisch in Resonanz wahrnehmen können, welche Tendenzen (Formen) in unserem Umfeld vorhanden sind.
- Wir wissen, dass wir unabhängig vom Ausschluss mit allem verbunden sind und auch weiterhin resonierende Empfindungen in uns wahrnehmen können. Wir sind ALL-EIN (mit allem eins).
- Wir wissen, dass wir gerade die Rolle der/des "Ausgeschlossenen" spielen und können dieser Rolle mit ganzem Herzen liebevoll zustimmen („... und auch das gehört dazu"). Als Ausgeschlossene*r sehen wir uns auch weiterhin als ein Teil des Ganzen und *gehören* auf einer höheren Ebene mit dieser Rolle *dazu*. Wir sagen uns: „Niemand anderes kann in dieser Situation so gut die Rolle der/des Ausgeschlossenen übernehmen, wie ich. Gleichzeitig kann im Moment auch nur ich die mit diesem Ausschluss verknüpften In-Form-ationen erhalten."

Alles-Spieler: Alles gehört dazu

Wenn wir das Basismuster „Alles-Spieler" in uns aktivieren, dann begeben wir uns auf eine Meta-Ebene. Von dort aus integrieren wir alles, was es gibt und was passiert. Das ist die Ebene des reinen „Seins". Auf der Seins-Ebene gehört alles, was existiert, dazu, denn es „ist".

Vorsicht: Die Aussage „Alles gehört dazu“ könnte missverstanden werden. Wenn wir das klare Ziel vor Augen haben, dass *alles* dazugehören soll, entsteht eine Wertung[138]. Denn wenn jemand anderes sagt: „Ich schließe aber xyz aus!“, könnte es uns dazu verführen zu entgegnen: „Dann hast du aber diese integrierende Meta-Ebene verlassen. Jetzt sagst du *nicht*, dass wirklich *alles* dazugehört!“ In diesem Moment verfolgen wir das *Ziel*, dass alles dazugehören soll in dem Sinne, dass *nichts ausgeschlossen werden darf*. „Wenn alles dazugehört, darf nichts ausgeschlossen werden.“ Diese Schlussfolgerung führt zu der eben erwähnten Wertung und zu einer Polarisierung. In Wirklichkeit ist das ein Missverständnis, denn das Basismuster „Alles-Spieler“ geht noch weit darüber hinaus. Der Ausschluss gehört nämlich auch dazu. Eben „alles“.

Ich schlage vor, die Aussage „Alles gehört dazu“ immer mit der Aussage: „... und auch *das* gehört dazu“ zu verknüpfen. Durch diese zweite Aussage wird der Fluss innerhalb dieses Basismusters deutlicher. Warum?

Weil wir auf alles, was JETZT gerade passiert, reagieren können mit der Aussage: „... und auch *das* gehört dazu.“ Wobei wir mit *„das“* genau das meinen, was wir JETZT gerade erleben und was JETZT gerade passiert. Egal, was es ist.

Wenn nun jemand sagt: „Ich schließe aber xyz aus!“, dann kann man auf diesen Ausschluss reagieren mit: „... und auch das gehört dazu, dass du xyz ausschließt.“

„Ich will aber nicht, dass das auch dazugehört!“

„Ja, verstehe, ... und auch das gehört dazu, dass du das nicht willst.“

„Du nervst mich!“

„... und auch das gehört dazu, dass ich dich nerve.“

„Kannst du mit dem Quatsch nicht mal aufhören?“

„... und auch das gehört dazu, dass du meins als Quatsch wertest und dir wünschst, dass ich damit aufhöre – und es gehört auch dazu, dass ich mich als Chef*in meines Erlebens dazu entscheide, jetzt tatsächlich damit aufzuhören.“ ☺

Egal, was jetzt gerade passiert – wir können auf alles reagieren mit der Aussage: „... und auch das gehört dazu.“

---

[138] Mit jedem Ziel ist eine Wertung verbunden - siehe „Spieler“ ab Seite 280.

Und wenn wir einmal nicht so reagieren können, dann gehört auch das dazu.

Bei diesem Basismuster geht es nicht darum, eine generell integrierende Haltung einzunehmen. Es geht darum, auf alles, was in der Gegenwart passiert, zu reagieren mit „… und auch *das* gehört dazu." Und wenn man einmal nicht so reagieren möchte, sondern lieber will, dass etwas *nicht* dazugehört, dann kann man wieder sagen: „Es gehört *auch* dazu, dass ich jetzt *nicht* will, dass das dazugehört."

Das dazu passende Schaubild finden Sie unten in Abbildung 2. Aus der Perspektive des Alles-Spielers ist die Darstellung des „NeuroSonanz-Modells: Neun Basismuster" auf diese Weise stimmiger. Doch weil man aus der Sicht der anderen Basismuster den Alles-Spieler manchmal ausschließt und er (scheinbar) nicht immer dazugehört, habe ich als Grundschaubild die Abbildung 1 (S. 276) gewählt.

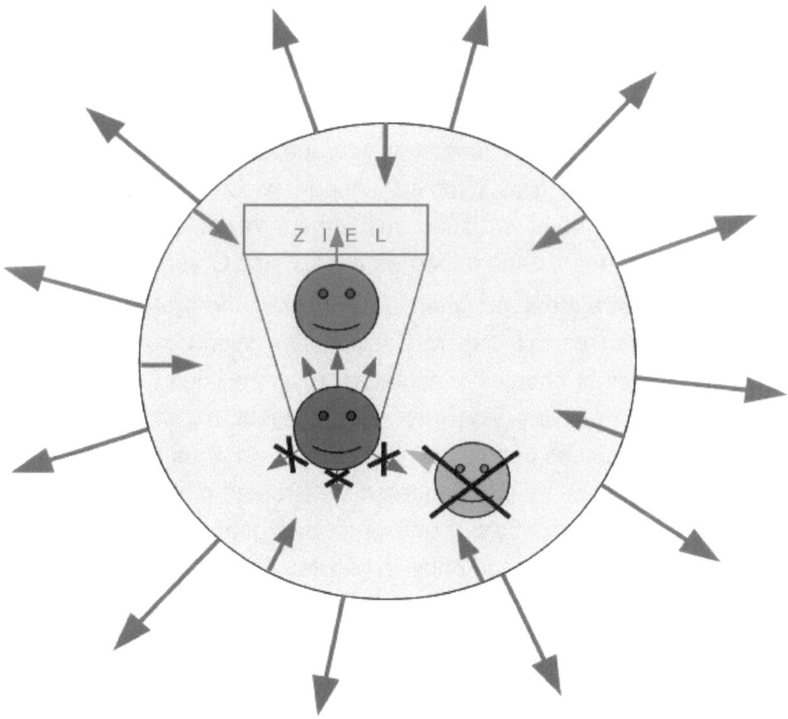

Abbildung 2: NeuroSonanz®-Modell: Neun Basismuster – „Alles gehört dazu"

Aus der Perspektive des Alles-Spielers gilt: Alles gehört dazu, auch dass man Ziele verfolgt und dadurch andere Dinge ausschließt (Spieler), dass man sich dem Ziel von jemand anderem zur Verfügung stellt (Mit-Spieler), dass man nicht mitmacht oder nicht mitmachen darf (Nicht-Spieler) und dass alle diese Situationen mit Schmerz kombiniert sein können. Selbst das gehört dazu – zum Sein.

In Abbildung 2 können wir sehen, dass das Basismuster „Alles-Spieler" alles enthält. Die anderen Basismuster sind in dieses Basismuster vollständig integriert. Die Pfeile in jede Richtung sollen symbolisieren, dass jede Richtung dazugehört – und zwar nicht nur nach außen, sondern auch nach innen. Was in dieser Abbildung noch fehlt, sind die mit Schmerz kombinierten Basismuster. Bitte denken Sie sich diese noch hinzu, denn auch die gehören zum Sein dazu.

Im Folgenden möchte ich ein paar Zusammenhänge aufzählen, die man aus diesem Basismuster herleiten kann. Meine Aufzählung ist garantiert unvollständig – aber das gehört ja auch dazu.

1. Zustimmung

Bisher habe ich im Buch immer wieder davon gesprochen, dass wir einem Zusammenhang „zustimmen" können, wie z. B. dem Ohnmachtsgefühl. Wenn wir einer Situation zustimmen, in der wir sowieso keine Macht haben können, dann haben wir eine „weise Ohnmacht".

Wer sich gefragt hat, wie man eine Zustimmung praktisch umsetzen kann, der erfährt es mit diesem Basismuster. Wenn man einer Sache oder einem Gefühl oder einer Situation zustimmt, dann kann man das tun, indem man auf das, was man gerade erlebt, mit der Aussage reagiert: „...und auch das gehört jetzt dazu." Und wenn man gerade nicht so reagieren kann, weil es einen inneren Widerstand gibt, dann kann man mindestens reagieren mit: „... und auch das gehört dazu, dass ich es *nicht* als dazugehörig anerkennen möchte. Es gehört dazu, dass ich *nicht* zustimme!" Das ist eine Zustimmung zur eigenen Nicht-Zustimmung und zum eigenen Widerstand.

2. Fluss

Meine Erfahrung mit diesem Basismuster „Alles-Spieler" ist, dass ich mich dadurch immer wieder in Fluss bringe. Wenn ich an einer Stelle hängen bleibe, dann bringt die Aussage: „... und auch das gehört jetzt dazu, dass ich hängen bleibe“ mich wieder einen Schritt weiter. Etwas entspannt sich in mir. Und wenn sich mal keine Entspannung ergibt, dann gehört auch das dazu.

Im Grunde ist dieser Satz kein Werkzeug, um sich selbst wieder in Fluss zu bringen, sondern ein Werkzeug, sich den sowieso überall vorhandenen Fluss wieder bewusst zu machen. Das einzige, was hier „negativ“ passieren kann, ist, dass man den Fluss wieder vergisst. Doch auch wenn man ihn vergessen hat, ist der permanente Wandel weiterhin permanent. ... und auch das Vergessen gehört dazu.

3. Meta-Ebene

Als Organisator von Freien Systemischen Aufstellungen werde ich manchmal von Teilnehmer*innen gebeten, ihre Aufstellung zu leiten oder Hilfsimpulse zu ihrer Aufstellung zu geben. Dabei kommt es ab und zu vor, dass ich nicht mehr weiterweiß. Es entwickelt sich ein Gefühl der Hilflosigkeit. Wenn ich dann die Haltung einnehme: „Vielleicht gehört ja diese Hilflosigkeit auch zum Thema der Aufstellung?“ und ich stelle eine Stellvertreterin als Hilflosigkeit mit hinein, dann bewegt sich plötzlich wieder etwas. Oder die beobachtende Gruppe wird unruhig und ich sage mir: „Was wäre, wenn diese Unruhe jetzt auch dazugehört?“ Und schon komme ich mit dieser Haltung auf neue Ideen.

Auch bei der Arbeit an diesem Buch komme ich ab und zu an Punkte, an denen ich nicht weiterweiß und dann bestimmte Gefühle in mir auftauchen, wie z. B. Widerstand oder Lustlosigkeit oder Traurigkeit. Wenn ich mich in solchen Momenten frage: „Was wäre, wenn das auch zu dem Thema, an dem ich gerade arbeite, dazugehört?“, dann kommen mir oft neue Einfälle und es fließt weiter.

4. Selbstintegration und neue Erkenntnisse

Es gibt Momente in unserem Leben, da werden wir von anderen Menschen ausgeschlossen. Unser Wunsch nach Dazugehörigkeit wird verletzt. Wir fühlen einen Schmerz und denken, dass wir jetzt nicht mehr dazugehören. Wenn wir aber sagen, dass auch dieses Gefühl dazugehört und dass wir in der Rolle des Ausgeschlossenen dazugehören, dann können wir weiter überlegen: „Wenn dieser Ausschluss jetzt dazugehört, was hat es dann zu bedeuten? Was zeigt es? Welche In-Formation erhalte ich dadurch?“

Ich erinnere: Mit In-Form-ation ist die innere Formenbildung gemeint. Welches Muster bildet sich in uns durch diesen Ausschluss? Was lernen wir gerade dazu? Eine Antwort könnte sein, dass unser Gegenüber ein Verhaltensmuster lebt, durch das man sich ausgeschlossen *fühlt*. Wir *sind* gar nicht ausgeschlossen, sondern wir *fühlen* uns im Kontakt mit unserem Gegenüber nur ausgeschlossen. Unser Ausschlussgefühl ist eine resonierende Empfindung zu den Verhaltensmustern unseres Gegenübers.

Machen wir der anderen Person Vorwürfe dafür, dass sie uns (scheinbar) ausschließt, dann befinden wir uns im Kampf, in der Kriegs-Trance. Alle inneren Muster sind zum Kampf verklumpt und konzentrieren sich darauf. In solchen Zuständen bekommen wir keinen Zugang zur Meta-Ebene und können nicht reflektieren. Falls es uns wieder einfallen sollte, können wir uns fragen: „Was wäre, wenn auch meine Vorwürfe und dieser Kampf dazugehören?" Und wir beobachten, wie unsere inneren Muster auf diese Frage reagieren.

Letztendlich gibt es die Möglichkeit, auf den Ausschluss einer anderen Person wie folgt zu reagieren: „Wenn dein Ausschluss dazugehört, dann gehört auch meine Dazugehörigkeit dazu." Wir lassen parallel und unabhängig zur Vision des Ausschlusses der anderen gleichzeitig unsere Vision bestehen, dass wir unabhängig von ihrem Ausschluss auf anderer Ebene dazugehören.

5. Unabhängigkeit

Dieses Basismuster „Alles-Spieler" unterstützt die innere Unabhängigkeit, denn niemand kann uns daran hindern, dass wir auf jedes Geschehnis und jedes Gefühl in der Gegenwart reagieren mit: „... und auch das gehört jetzt dazu." Selbst wenn jemand uns erfolgreich hindern könnte, können wir auch dann wieder reagieren mit: „... und auch dieses Hindernis gehört jetzt dazu."

Wie war das? Die Gedanken sind frei! Und unabhängig!

6. Popin-Methode©

Wenn Sie die Popin-Methode© ausprobieren und Sie kommen an bestimmte Punkte, an denen es mit der Methode nicht weitergeht, dann können Sie sich fragen: „... wenn das auch dazugehört, was wollen mir meine inneren Muster damit sagen?" Und sollten Sie keine Antwort in sich fühlen oder keine Reaktion in sich wahrnehmen, dann können Sie die Haltung einnehmen: „... und auch das gehört jetzt dazu.“ Anschließend beobachten Sie, was Sie als nächstes machen wollen. Und vielleicht gehört dann auch das dazu ...

Immer, wenn in Ihrem Leben etwas *nicht* so funktioniert, wie es funktionieren sollte (= *Nicht*-Spieler), können Sie sich fragen: „Wenn das auch dazugehört, dass es *nicht* funktioniert, wie fühle ich mich dann damit? Wird etwas Neues geboren? Erkenne ich vielleicht etwas Neues durch diese Haltung und durch dieses Zustimmen? Erhalte ich eine neue In-Form-ation?“

7. Chef*in des eigenen Erlebens

Der Alles-Spieler unterstützt Ihr Gefühl, Chef*in Ihres Erlebens zu sein. Denn sie können auf alles reagieren mit dem Satz: „... und auch das gehört jetzt **zu meinem Chef*insein** dazu.“ Selbst wenn etwas passiert, das Sie ohnmächtig fühlen lässt und durch das Sie das Gefühl haben, nicht mehr Chef*in Ihres Erlebens zu sein, dann können Sie mit diesem Satz reagieren: „... und auch das gehört zu meinem Chef*insein dazu.“ Mit diesem Satz kann Ihnen niemand mehr Ihre Chef*inrolle für Ihr eigenes Erleben nehmen. Selbst jemand, der Sie ausgeschlossen hat und dadurch schmerzvoll Ihr Basismuster „Nicht-Spieler“ aktiviert hat. Sie können immer darauf reagieren mit: „... und auch das gehört jetzt zu meinem Chef*in sein dazu.“

8. Maßstab für unser Umfeld

Wir können den „Alles-Spieler“ als Maßstab einsetzen und unser Umfeld daran messen. Wo hat ein Mensch vergessen, dass auf der Seins-Ebene alles dazugehört? Dass er zu allem, was passiert, sagen kann, dass es auch dazugehört? Wo schließt jemand etwas aus, ohne seinen Ausschluss bewusst als dazugehörig anzuerkennen? Ohne sich des Flusses bewusst zu bleiben? Wo kämpft er? Wo leidet er? Und welches Ziel steckt bei ihm dahinter? Auf welches Ziel konzentriert er sich gerade, so dass er entscheidet, dass bestimmte Dinge *nicht* dazugehören sollen?

Mit Hilfe dieses Maßstabes kann ich viel schneller andere Menschen einschätzen. Wenn ich mich auf mein Basismuster Alles-Spieler konzentriere, kann ich klarer spüren, wo jemand für sein aktuelles Ziel etwas Bestimmtes ausschließt, sonst aber offen dafür ist. Und ich kann spüren, wo jemand grundsätzlich etwas ausschließt, weil es ihn letztendlich „bedroht“ (Heilungshierarchie) und weil er in diesem Zusammenhang nicht sein Basismuster „Alles-Spieler“ aktiviert.

Ich nehme also wahr, wo jemand „flexibel und bewusst ausschließt“ und wo jemand „verklumpt und schmerzvoll ausschließt“ – während ich selbst die Haltung habe, dass beides dazugehört. Auf diese Weise kann ich Verständnis und Empathie für mein Umfeld entwickeln.

9. Unterstützung in Freundlichkeit und Selbstheilung

Mit Hilfe des Basismusters „Alles-Spieler“ komme ich schneller aus einer Kriegs-Trance heraus, ich kann aus einem Kampf aussteigen, ich kann schneller reagieren mit: „O.k. ... und auch das gehört jetzt dazu.“ Dadurch lebe ich ein liebevolleres Leben, kann mein freundliches Mitgefühl genießen, mich von meinem Umfeld unabhängig fühlen und kann dieses Basismuster auch für meine Selbstheilung verwenden. Es lindert den inneren Stress enorm und schenkt Raum für viel mehr Entspannung! Stressfreiheit als auch Entspannung sind für Heilungsprozesse sehr förderlich. Denn die inneren Muster sind unabhängiger und können die Heilung besser unterstützen.

Sollte ich mal nicht aus einer Kriegs-Trance herauskommen, dann kann ich reagieren mit: „... und auch das gehört dazu.“

10. Umgang mit leidenden Menschen

Wenn eine Person im Gespräch mit uns über ihr Leid klagt (ohne dabei konkret um Hilfe zu bitten), dann können wir wie folgt reagieren:

a) Wir machen ihr klar, dass das, worunter sie leidet, doch auch dazugehören könnte. Wenn sie zustimmen kann, müsste sie nicht mehr so leiden.

b) Wir machen uns selbst klar, dass ihr Leiden dazugehört. Wir äußern Verständnis für sie und stimmen ihr zu, wie schlimm das alles ist.

c) Wir machen uns selbst klar, dass es genauso dazugehört, dem anderen in keiner Weise helfen zu können – weder durch Erklärungen noch durch Verständnis und Mitgefühl. So, wie es jetzt ist, gehört es dazu und wir können nichts ändern (= weise Ohnmacht).

11. Auflösung jeglicher Polarität

Mit Hilfe des Basismusters „Alles-Spieler“ können wir jegliche Polarität auflösen: Sagt jemand, dass die „Polarität“ ein Gegenpol zur „Einheit“ sei, dann können wir mit dem Denkmodell reagieren: „Die Polarität gehört zur allumfassenden Einheit dazu. Sie ist ein Teil der Einheit.“

Sagt jemand, dass der Hass ein Gegenpol zur Liebe sei, dann können wir reagieren mit: „Der Hass gehört zur allumfassenden Liebe dazu. Er ist ein schmerzhafter Teil der Liebe.“

Sagt jemand, dass das Böse ein Gegenpol zum Guten sei, dann können wir reagieren mit: „Das Böse gehört zum allumfassenden Guten dazu. Es ist ein schmerzhafter Teil des Guten.“

Sagt jemand, dass die Distanz ein Gegenpol zur Nähe sei, dann können wir reagieren mit: „Die Distanz gehört zur allumfassenden Nähe dazu. Sie ist ein (schmerzhafter)Teil der Nähe.“

Schauen Sie auf Schaubild 2 auf Seite 313. Hier sehen Sie, dass der Nicht-Spieler sich *innerhalb* des Alles-Spielers befindet. Alles, was schmerzlich ausgeschlossen wird oder durch den Nicht-Spieler als „Form“ erlebt wird (Polarität), gehört zum Ganzen (Einheit) dazu.

12. ICH BIN

In vielen spirituellen Schriften wird von der „Kraft des ICH BIN“ geredet. Oft fand ich die Erklärungen nicht klar genug und teilweise zu blumig ausgelegt. Ich habe mir nun mit Hilfe meines Modells selbst eine Erklärung dafür gegeben, wie es gemeint sein könnte: Wenn ich mich auf die Ebene des reinen Seins konzentriere, auf das ICH BIN, wo es nur noch darum geht, dass ich existiere, dass ich bin, dann verschwinden alle Wertungen, die zuvor noch da waren, als ich Ziele verfolgte und mich auf die Ebene meiner Wünsche konzentrierte. Schaue ich ganz allein nur auf die Ebene der reinen Existenz, dann gibt es dort keine Wertungen. Denn es gibt nichts, was *nicht* dazugehört. Alles, was IST, gehört zur Existenzebene dazu. Ganz logisch. Alles, was existiert, was passiert, was IST, gehört dazu. Wertfrei.

Nur eines gehört nicht mehr dazu: die Wertung. Hier geht also die Haltung „... und auch das gehört dazu“ über das „ICH BIN“ hinaus und entlarvt: Wenn man den Zustand des „ICH BIN“ erreichen möchte, ist das genauso ein Ziel, das zu Wertungen führt, indem es Wertungen ausschließt. Ja ... und auch das gehört dazu.

Die mit Schmerz verknüpfte Seite des Alles-Spielers ist alles das, was ich bisher beschrieben habe, nur mit dem unangenehmen Gefühl verknüpft: „Ich *soll/muss* das alles so machen, wie hier beschrieben wurde. Eigentlich will ich das gar nicht …"   … und auch das gehört dazu.

An dieser Stelle kann ich wieder berichten, was sich inzwischen bei meinem Training getan hat, Menschen einzeln mit einem weißen Hintergrund oder innerhalb eines weißen Raumes zu projizieren[139]. Inzwischen habe ich nicht mehr das Gefühl, diese Menschen dadurch zu „isolieren", denn ich gebe diesem weißen Raum eine ganz bestimmte Bedeutung. Der weiße Raum ist die Offenheit zu allen Möglichkeiten hin. Er ist das Symbol für: „Alles gehört dazu." Und er ist gleichzeitig das Symbol für: „Tiefe Verbundenheit mit allem." Ich stelle mir in meiner Fantasie vor, dass jeder einzelne Mensch durch den weißen Raum ***Kontakt zu allen Möglichkeiten hat und mit allem in Verbindung steht***. Ob er selbst auch in der Lage ist, alle Möglichkeiten zu nutzen, weiß ich nicht. Das spielt bei dieser Vorstellung aber auch keine Rolle.

Der Effekt ist, dass ich ein sehr wohlwollendes Gefühl habe, wenn ich einen Menschen betrachte – *unabhängig* davon, wie er sich gerade verhält und *unabhängig* davon, welches Basismuster in mir aktiviert ist.

Ich weiß nicht, ob dieser Effekt bei jedem anderen Menschen, der sich solche Vorstellungen macht, genauso auftritt. Ich glaube: bei manchen ja, bei manchen nicht. Warum ich das glaube, werde ich gleich beim neunten Basismuster ausführen. Das hat mit unseren unterschiedlichen Realitäten zu tun, die durch unsere individuellen Ungleichgewichtserfahrungen im Leben entstanden sind.

Vielleicht finden Sie eine besser funktionierende Visualisierung für sich selbst, die Sie unabhängig von der Realität parallel in sich bestehen lassen können und die letztendlich ein wohlwollendes Gefühl in Ihnen gegenüber anderen Menschen bewirkt.

Falls Sie sich im Stress befinden und ihn unbedingt loswerden wollen, können Sie einen ersten Schritt in Richtung Entspannung gehen, wenn Sie die Haltung einnehmen: „… und auch der Stress gehört jetzt dazu." Dann verringert sich in dem Moment zumindest der Kampf um Stressfreiheit. - Probieren Sie aus, was für Sie stimmig wirkt.

---

[139] Zur Erinnerung siehe Seite 129 f., 152 f., 179 f.

Das neunte Basismuster: Der Beobachter

Ich komme zu einem weiteren Basismuster, auf das ich ganz am Anfang hingewiesen hatte. Dieses neunte Basismuster passt nicht in die bildliche Darstellung des NeuroSonanz-Modells hinein. Wir aktivieren es, während wir das NeuroSonanz-Modell anschauen (und nicht nur da). Es ist unsere Aufmerksamkeit, unser Bewusstsein, unser Beobachten, unsere Achtsamkeit, unser Gewahrsein[140]. Wenn ich unsere Aufmerksamkeit als Symbol bildlich darstellen und in das Schaubild einfügen würde, dann entstünde ein Widerspruch: Wir würden mit unserer Aufmerksamkeit auf das Symbol für Aufmerksamkeit schauen. Weil ich das verwirrend finde, sage ich einfach nur: *Während* wir unser Umfeld oder dieses Buch oder das NeuroSonanz-Modell oder uns selbst beobachten, haben wir das neunte Basismuster aktiviert – unsere Aufmerksamkeit, oder auch: der „Beobachter".

Dadurch wird das NeuroSonanz-Modell dreidimensional: Zu dem Modell gehören die aufgezeichneten acht Basismuster, die im Schaubild auf Seite 276 abgebildet sind, und gleichzeitig wir selbst mit unserer Aufmerksamkeit. Wir beobachten das Modell und lenken unsere Aufmerksamkeit nacheinander auf verschiedene Punkte des Modells.

Ich behaupte, dass das Beobachten nicht mit Schmerz verknüpft werden kann. Der reine Beobachter ist neutral und beobachtet einfach nur, auch den Schmerz. Das ist immer so. Deswegen gibt es nur *eine* Version dieses Basismusters – und keine mit Schmerz verknüpfte.

Ich erinnere daran, dass ich unsere „Aufmerksamkeit" mit unserem „Bewusstsein" gleichsetze. Für mich ist es dasselbe. Das, worauf wir unsere Aufmerksamkeit lenken, was wir beobachten, ist uns in der Sekunde bewusst. Alles andere ist in dem Moment unbewusst – egal, wie kurz es unbewusst ist.[141]

Wenn ich von dem Denkmodell ausgehe, dass unser Universum aus der Grunddynamik „Jedes Element hat den Wunsch nach Gleichgewicht" besteht, was ist dann die „Aufmerksamkeit"?

---

[140] Ich unterscheide nicht zwischen den Begriffen Aufmerksamkeit, Bewusstsein, Gewahrsein, Achtsamkeit, Beobachten. Für mich stellt alles im Kern das gleiche Muster in uns dar. Diese Begriffe werden im Sprachgebrauch oft mit anderen Mustern verknüpft und werden deshalb unterschiedlich verwendet. Z. B. wird Achtsamkeit mit Mitgefühl oder Akzeptanz verknüpft, Bewusstsein mit Bescheidwissen etc.

[141] Zur Erinnerung siehe Seite 135 ff.

Ein Erklärungsversuch[142]: Wenn Wünsche gleich sind, bilden sie zusammen **einen** Wunsch. Hier brauchen sie keine gegenseitige Aufmerksamkeit aufeinander, denn im Gleichgewicht verschwindet jede Wahrnehmung.[143] Unterscheiden sie sich aber voneinander, dann spüren beide Wünsche im Kontakt miteinander ein Ungleichgewicht. Wie spüren die Wünsche es? Durch die Beobachtung von sich selbst – während sie gleichzeitig mit allem verbunden sind. Sie sind selbst-referentiell[144] und gleichzeitig ein Teil vom Ganzen, in Resonanz mit dem Umfeld.

Befindet sich ein Wunsch in einem Umfeld, das dem Wunsch eher entspricht (Gleichgewicht), dann ist der Wunsch zufriedener (kleiner). Befindet sich ein Wunsch in einem Umfeld, das dem Wunsch eher widerspricht (Ungleichgewicht), dann ist der Wunsch unzufriedener (größer). Ein Ungleichgewicht führt immer zu einer Verstärkung des Wunsches nach Gleichgewicht. Der Wunsch wird unzufriedener und damit größer, stärker, kraftvoller. Je unzufriedener er ist, umso stärker drängt er in Richtung Wunscherfüllung.

Wenn sich ein Wunsch wegen eines Ungleichgewichts verstärkt, dann verstärkt sich damit seine Anziehung gegenüber ähnlichen Wünschen. Ähnliche Wünsche verbinden sich miteinander. Es entsteht eine Konzentration, eine Verklumpung, eine Musterbildung. Aus diesem Prozess ergibt sich Materie – behaupte ich. Materie ist eine Verklumpung von ähnlichen Wünschen nach Gleichgewicht, die sich dort entwickelt, wo das Ungleichgewicht im Raum gerade am größten ist. Wie ein Strudel im Fluss oder ein Tornado oder ein schwarzes Loch im Weltall oder ein Sternensystem, das um einen Mittelpunkt kreist, oder Elektronen, die um einen Mittelpunkt kreisen – und die auch in sich selbst um einen Mittelpunkt kreisen (Spin) etc.

Was ist dabei nun die „Aufmerksamkeit“? Die Aufmerksamkeit ist genau diese Verklumpung, diese Konzentration, die sich bildet, weil ein Ungleichgewicht vorhanden ist. Ziel der Konzentration ist immer, in ein besseres Gleichgewicht zu gelangen.

---

[142] Wenn Sie der folgenden Beschreibung nicht folgen können, dann stellen Sie sich vor, dass „Wünsche“ Männchen sind, die sich in ihrer Größe verändern können. Vielleicht können Sie dann das Abstrakte in etwas Vorstellbares verwandeln.

[143] Zur Erinnerung siehe Seite 74.

[144] selbstreferentiell = auf sich selbst bezogen.

Dieser Zusammenhang ist leichter zu erklären, wenn ich die „Aufmerksamkeit" aus der Perspektive von uns Menschen erkläre. Denn wir verwenden den Begriff „Aufmerksamkeit" meistens in Bezug auf uns Menschen. Wir verwenden ihn so gut wie gar nicht in Bezug auf Materie, Teilchen, Steinen etc.

Wenn wir als Mensch ein Ungleichgewicht (im Extremfall einen Schmerz) spüren, dann wird in uns ein Wunsch nach Gleichgewicht **stärker**. Es entsteht eine Heilungshierarchie. Die Muster in uns, die sich von dem Ungleichgewicht angesprochen fühlen, **konzentrieren** sich, verklumpen sich, vernetzen sich, machen sich voneinander abhängig, um gemeinsam ein besseres Gleichgewicht zu erreichen. Diese Konzentration der Muster ist unsere „Aufmerksamkeit". „Wir" (unsere Muster) „konzentrieren" uns auf etwas – auf das aktuelle Ungleichgewicht, mit dem wir in Kontakt gekommen sind. Dabei ist unser Ziel, genau in diesem Punkt ein besseres Gleichgewicht zu erreichen. Wir „kreisen" mit unserer Aufmerksamkeit um dieses Ungleichgewicht.

Wenn sich unsere inneren Muster konzentrieren und dadurch unsere Aufmerksamkeit auf einen bestimmten Punkt lenken, können wir zu diesem Punkt innerlich besser in Resonanz gehen. Weil wir den Wunsch nach einem besseren Gleichgewicht haben, versuchen wir in unserem Gehirn, an diesem besonderen Punkt durch weitere Aktivierungen und Ausrichtungen von noch mehr Mustern ein möglichst gutes Gleichgewicht zu den hereinkommenden Signalen herzustellen. Ist uns das gelungen, dann haben wir das Gefühl von „Stimmigkeit" und „Erkennen". Unser Gefühl von „Erkennen" entspricht diesem Gleichgewicht. Das ist die innere Resonanz zu dem, auf das wir unsere Aufmerksamkeit konzentriert haben.

Wenn wir etwas aber nicht so gut erkennen können, erhöhen wir die Aufmerksamkeit (konzentrieren mehr Muster), um ein besseres Erkennen zu erreichen. Vielleicht verändern wir den Fokus, richten unsere Aufmerksamkeit von einem Wahrnehmungsorgan (Auge) auf das andere (Ohr) oder richten die Aufmerksamkeit auf die Bewegung unseres Körpers. Haben wir unseren Körper bewegt, dann bringt uns ein neuer Blickwinkel vielleicht mehr Klarheit. Mit Hilfe unserer Aufmerksamkeit suchen wir nach Gleichgewicht, nach Resonanz, nach „Erkennen" oder nach „Kennenlernen", was wir noch nicht kennen.

In meinem Denkmodell gehe ich davon aus, dass wir „Aufmerksamkeit“ oder auch „Bewusstsein“ nicht verorten können. Es gibt keinen Bereich im Gehirn oder in unserem übrigen Körper, in dem das Bewusstsein zu Hause ist, wo wir es lokalisieren könnten. Bewusstsein ist als „Konzentration von Mustern“ ein „Phänomen“. So wie die plötzliche Ansammlung vieler Menschen auf einem Platz ein Phänomen ist (das durch Veranstaltungsorganisationen oder soziale Netzwerke entstanden sein kann) oder wie ein „Strudel“ oder eine Kreisbewegung um ein Zentrum Phänomene sind. Kon-Zentr-ationen.

Was in uns entscheidet, worauf wir unsere Aufmerksamkeit konzentrieren? Alle Muster gemeinsam. Unser gesamtes Netzwerk. Es ist wie eine permanente demokratische Abstimmung unseres gesamten Netzwerks, worauf wir uns konzentrieren, wohin Energie geschickt wird und welche Musterbildung dadurch unterstützt wird. Mit „demokratischer Abstimmung“ meine ich: Alle Muster – jedes mit seinen eigenen Möglichkeiten – schauen gemeinsam, wo jetzt gerade das größte Ungleichgewicht ist, wo der stärkste Wunsch nach einem besseren Gleichgewicht herrscht. Das erhält Vorrang und dort wird die Aufmerksamkeit konzentriert.

Bisher haben viele Menschen bei den Begriffen „Aufmerksamkeit, Beobachter, Bewusstsein, Gewahrsein, Achtsamkeit“ meistens das Gefühl von Passivität. Damit meine ich: Wir (= unsere inneren Muster) lenken zwar aktiv die Richtung unserer Aufmerksamkeit, wir lenken aktiv, was wir genau beobachten, worauf wir achten. Aber die Beobachtung an sich sehen wir meistens als einen passiven Prozess: Die Informationen von außen fließen in uns ein – und dann sind sie in uns drin und werden irgendwie im Gehirn so verarbeitet, dass wir dann bewusst mit ihnen umgehen können. Wir denken oft, dass unser Gehirn zuerst von den äußeren Informationen bewegt wird, so wie der Wind über ein Feld weht und die Pflanzen bewegt.

Der Radikale Konstruktivismus, die Neurobiologie, die Philosophie und auch jetzt mein Denkmodell sagen etwas anderes: Wir sind auf der biologischen Ebene beim Wahrnehmen ***aktiv***. Ohne diese Aktivität in unserem Körper würden wir nichts wahrnehmen können. Dr. Gunther Schmidt empfiehlt, den Begriff „Wahrnehmung“ in „Wahrgebung“ zu ändern. Ich möchte dazu ein Bild kreieren, das diesen Zusammenhang verdeutlichen soll. Auch wenn der folgende Vergleich in sich ein wenig widersprüchlich ist, dient er doch dafür, sich die Aktivität unserer Neurone beim Wahrnehmungsprozess bildlich vorzustellen:

Wenn wir in einem Konzert oder in der Kirche einem Chor zuhören, dann stellen wir uns bisher meistens vor: der Chor singt und wir sind unabhängig vom Chor und genießen (meistens) als Außenstehender den Klang dieser wundervollen Stimmen, die gemeinsam in Resonanz Musik machen. Bei diesem Bild sind wir passiv. Höchstens die Gedanken, die wir uns über diese Musik machen, sind aktiv. Der Wahrgebungsprozess unserer Muster funktioniert aber anders:

Stellen Sie sich vor, der Chor singt einen einzigen Akkord und hält ihn ganz lange aus. Es gibt vier unterschiedliche Töne, die jeweils vom Sopran, vom Alt, vom Tenor und vom Bass gesungen werden. Um nun diesen Akkord wahrzunehmen, stellen wir uns selbst ***aktiv*** in den Chor – zuerst in den Sopran. Dann versuchen wir, den Ton, den die Sopranistinnen gerade singen, ebenfalls mitzusingen. Um den Ton zu finden, beginnen wir selbst, aktiv einen Ton zu singen. Anschließend gehen wir aktiv mit unserer Stimme rauf und runter, um zu fühlen, in welche Richtung unser Wunsch nach Gleichgewicht mit dem Sopran stärker oder schwächer wird. Wird der Wunsch stärker, werden wir also unzufriedener, dann wird das Ungleichgewicht im Vergleich zu vorher gerade größer und wir sind in die falsche Richtung unterwegs. Wird unser Wunsch geringer, also zufriedener, dann sind wir auf dem richtigen Weg. Wenn wir einen Punkt erreicht haben, wo wir uns sehr zufrieden fühlen (***Stimmigkeit***) und wir bewegen uns noch ein bisschen weiter und werden wieder unzufriedener, dann können wir uns wieder zu dem Punkt der Stimmigkeit zurückbewegen und wissen: Wir haben die Resonanz zum Sopran gefunden. Wir singen nun den gleichen Ton, der in unserem direkten Umfeld schwingt. Dadurch haben wir eine Gleichgewichtserfahrung, eine Resonanz, eine Stimmigkeit. Nun gehen wir davon aus, dass wir unser direktes Umfeld, auf das wir uns konzentriert haben, stimmig wahrnehmen. Der Maßstab in diesem gesamten Prozess ist unser Wunsch nach Gleichgewicht, unsere innere Unzufriedenheit oder Zufriedenheit.

Als nächstes stellen wir uns in den Alt und suchen ebenso danach, welchen Ton der Alt singt. Wir machen genau den gleichen aktiven Prozess, indem wir selbst singen und so lange unsere eigene Stimmlage verändern, bis wir die beste Resonanz gefunden haben. In dem Moment gehen wir davon aus, dass wir nun auch den Alt stimmig wahrgenommen haben – ohne es wirklich endgültig zu „wissen“. Wir können es nicht wissen, weil wir „nur“ von unserem subjektiven Stimmigkeitsgefühl ausgehen – von unserem individuellen Wunsch nach Gleichgewicht und unserer individuellen Resonanz-Erfahrung.

Dann stellen wir uns in den Tenor und suchen hier ebenso unser Gleichgewicht zu diesem Umfeld. Und letztendlich stellen wir uns noch in den Bass und machen das Gleiche. Hinterher verknüpfen wir diese vier Resonanz-Erfahrungen in uns selbst zu einem Akkord aus vier Tönen und genießen diesen Effekt, den wir jetzt „Chorklang“ nennen.

Das ist unsere „aktive Beobachtung“, wie sie in unserem Gehirn blitzschnell abläuft. Unser Gehirn sucht aktiv danach, zu jedem Signal, das wir über unsere Wahrnehmungsorgane empfangen, ein möglichst optimales Gleichgewicht einzugehen. Dabei gilt: **Je mehr wir uns auf eine einzige Sache konzentrieren, umso einfacher ist es, zu dieser einzigen Sache ein Gleichgewicht einzugehen.** Würden wir uns vor den Chor stellen und versuchen, alle vier Töne gleichzeitig nachzusingen, hätten wir wesentlich mehr Schwierigkeiten, als wenn wir uns nacheinander immer nur auf eine Stimme konzentrieren und dann alle Erfahrungen anschließend zusammensetzen.

Das ist meiner Ansicht nach der Grund, warum uns die Natur eine Form von Aufmerksamkeit mitgegeben hat, die sich auf einen einzigen Punkt konzentrieren kann. Denn das ist eine Art „Gleichgewicht“. Auf diese Weise lässt sich *sehr präzise* ein Gleichgewicht zu unserem aktuellen Umfeld aufbauen. Die Effizienz ist so am höchsten.

Damit eine Gleichgewichtserfahrung nicht sofort wieder verloren geht, sobald wir uns auf den nächstfolgenden Punkt konzentrieren, passiert eine Musterbildung. Wir stehen im Sopran, experimentieren, bis wir die Resonanz gefunden haben, und diese Erfahrung wird durch eine blitzschnellen Musterbildung und eines Musterautomatismus festgehalten (Automatismus = es wiederholt sich für eine Zeit, ohne dass es weiterer Aufmerksamkeit bedarf, wie ein Strudel im Fluss). Während wir im Alt stehen, bleibt die Resonanzerfahrung im Kontakt mit dem Sopran als Muster in uns bestehen. Auf diese Weise können wir am Ende dieses blitzschnellen Prozesses alle vier Klangmuster in uns zusammenfügen und den gesamten Chorklang genießen.

Ich mache etwas Ähnliches bei der Arbeit an diesem Buch: Die Themen, die ich anspreche, sind zum großen Teil bestimmt schon wissenschaftlich oder philosophisch durchdacht und auf andere Weise formuliert worden. Doch anstatt es mir anzulesen und es dann nachzuvollziehen, nehme ich meine Formel „Jedes Element hat den Wunsch nach Gleichgewicht“, erforsche mit ihrer Hilfe *mein* Leben und *meine* Gefühle intensiv und fasse meine Erkenntnisse selbst in Worte. Dabei suche ich nach meinem eigenen Stimmigkeitsgefühl und bin wesentlich aktiver, als wenn ich es lese, innerlich nachvollziehe und auswendig lerne. Durch die eigene Suche ist meine Musterbildung stärker, dadurch auch nachhaltiger und macht mir mehr Freude[145].

Außerdem kann es dabei vorkommen, dass ich Themenbereiche erwische, die in unserer Gesellschaft so noch nicht gedacht wurden, oder dass ich bestimmte Zusammenhänge noch exakter auf den Punkt bringe, als es bisher üblich war. Natürlich ist auch das Umgekehrte möglich und sogar sehr wahrscheinlich: Andere Menschen haben bestimmte Zusammenhänge noch stimmiger durchschaut und klarer formuliert als ich. Das gehört auch dazu.

Die Beschreibung meines Prozesses könnte für Sie einen Tipp darstellen: Wenn Sie etwas, was ich geschrieben habe, nur schwer nachvollziehen können, dann haben Sie die Möglichkeit, mit sich selbst zu kommunizieren. Sie können sich fragen:

1. Wie erlebe ich selbst diesen Zusammenhang, den Olaf gerade beschrieben hat?
2. Wie würde ich diesen Zusammenhang selbst in Worte fassen und erklären?
3. Jetzt, da ich meine stimmige Erklärung gefunden habe, kann ich sie als nächstes mit Olafs Erklärung vergleichen. Kann ich dadurch besser nachvollziehen, was Olaf ausdrücken wollte? Oder erkenne ich vielleicht auch Widersprüche oder Lücken in Olafs Sichtweise, die man ergänzen könnte?

Mit dieser Eigenaktivität können Sie manche Zusammenhänge für sich selbst klarer bekommen. Nicht nur hier beim Lesen, sondern auch im Alltag. Wo können Sie durch eigene Überlegungen oder eigene For-

[145] Dies könnte das Denkmodell bestätigen, dass unser Gehirn zum Lösen von Problemen geeigneter ist als zum Auswendiglernen.

schungsaktivitäten Ihre eigene Musterbildung mehr anregen? Anstatt das Umfeld (scheinbar) „passiv“ in sich aufzunehmen?

Schauen wir kleine Kinder an, dann können wir wahrnehmen, wie natürlich diese Eigenaktivität ist. Schon Babys greifen nach allem, was ihnen in die Quere kommt. Dabei sind sie scheinbar ziellos aktiv, lernen jedoch alles kennen, stellen innere Gleichgewichte her und bilden entsprechende Muster. Ihr Ziel ist, aktiv zu forschen, alles kennenzulernen und Muster zu bilden. Auf dieser Musterbildung können sie aufbauen, weitere Erfahrungen sammeln und neue passende Muster bilden. Je mehr Muster sie gebildet haben, umso gezielter können sie auswählen, wo sie im Kontakt mit dem aktuellen Umfeld *noch keine* Muster gebildet haben. Sie registrieren, wo noch etwas unbekannt ist und demnach ein Ungleichgewicht darstellt. Darauf werden sie dann wieder aufmerksam und verstärken dort ihre Musterbildung.

Es gibt Forschungen, bei denen man Babys aus Lautsprechern immer wieder das Wort „La-Li-La … La-Li-La … La-Li-La“ vorgespielt hat. Zuerst haben sie darauf geachtet, später dann nicht mehr und haben ihre Aufmerksamkeit auf Spielzeug gelenkt. Dann hat man im Lautsprecher das Wort geändert und ihnen „La-La-Li“ vorgespielt. In dem Moment haben sie wieder aufmerksam in Richtung Lautsprecher geschaut. Sie haben ihre Aufmerksamkeit auf dieses neue Ungleichgewicht *konzentriert*. Eine neue Musterbildung hat begonnen[146].

Als Erwachsener haben wir diese Eigenaktivität bei unserem sozialen Verhalten meistens gebremst (durch die Anpassung an den Wunsch unserer Eltern, dass sie nicht alle unsere Abenteuer begleiten müssen). Innerlich jedoch sind unsere Neurone im Gehirn immer noch auf die gleiche Weise aktiv, um etwas zu beobachten und um ein „Erkennen“ zu erreichen. Unsere Neurone suchen blitzschnell danach, mit den Signalen, die von unseren Wahrnehmungsorganen ins Gehirn weitergeleitet wurden, in Resonanz zu gehen. Sie wollen ein Gleichgewicht herstellen, um ein Gesamtbild vom aktuellen Umfeld zu erschaffen, bei dem wir das Gefühl von Stimmigkeit haben (wie bei dem Beispiel mit dem Chor). Dabei werden alle bereits bestehenden Musterautomatismen aktiviert, die dazu benötigt werden. Und dort, wo es schwer ist, sofortige Stimmigkeit zu erreichen, weil noch keine Musterautomatismen vorhanden sind,

---

[146] Aus einem Vortrag vom Neurobiologen Manfred Spitzer.

wird eine neue Musterbildung angeregt. Das fühlt sich erst einmal verwirrend an, denn es wird eine Suche nach einem neuen Gleichgewicht gestartet. Die Muster konzentrieren sich. Unsere Aufmerksamkeit wird gelenkt. Neue Muster werden gebildet. Ist das Gleichgewicht erreicht, dann ist wieder Klarheit da (Klarheit = vorhandene Musterautomatismen, die schnell aktiviert werden können).

„Beobachtung“ ist ein aktives Verhalten unserer Neurone im Gehirn. Und hinter diesem aktiven Verhalten steckt (meinem Denkmodell nach) der überall vorhandene Wunsch nach Gleichgewicht, aus dem sich das Universum so entwickelt hat, wie es sich jetzt entwickelt hat. Je länger und intensiver wir unsere Aufmerksamkeit auf eine Sache konzentrieren, umso länger und intensiver findet dort eine Musterbildung statt. Wir lernen und prägen durch Aufmerksamkeit unser Gedächtnis. Es besteht aus gebildeten Musterautomatismen.

Wenn wir jetzt mit diesem Hintergrundwissen auf unsere Realitätsbildung schauen, dann können wir den folgenden Prozess in Mini-Schritten zusammenfassen:

1. Wir (unser Organismus) erfahren ein Ungleichgewicht in uns selbst.
2. Wir beginnen die Suche nach einem besseren Gleichgewicht.
3. Haben wir ein Gleichgewicht (eine ***Stimmigkeit***) gefunden, dann haben wir dazu gleichzeitig innerlich ein Muster gebildet. Dieses Muster ist das „Lösungsmuster“ zu der Ungleichgewichtserfahrung (siehe Punkt 1).
4. Alle Lösungsmuster dienen uns in Zukunft, um ähnliche Ungleichgewichtserfahrungen sofort in ein Gleichgewicht zu transformieren.

Fazit: **Unsere gegenwärtige Realität ist das Ergebnis all unserer bisher gefundenen „Lösungen“**[147].

Ich schaue mit dieser Erkenntnis auf andere Menschen und ihr Verhalten und sehe: „Ihre aktuelle Realität ist das Ergebnis all ihrer bisher erlebten Ungleichgewichte und der dazu gefundenen Lösungsmuster“. Damit hat sich meine Wirklichkeit wieder einen Schritt erweitert und ich kann mich noch unabhängiger von anderen Menschen fühlen.

Auch auf mich selbst kann ich das anwenden: Meine aktuelle Realität ist das Ergebnis all meiner bisher erlebten Ungleichgewichte und der

---

[147] Wir bestehen aus einem Werkzeugkasten voller Lösungsmuster. Zur Erinnerung siehe Seite 217 ff.

Lösungsmuster, die ich dazu gebildet habe. Wenn ich also etwas beobachte, dann sehe ich in Wirklichkeit **alle gerade aktivierten Lösungsmuster meines Organismus, die durch ein Ungleichgewicht angeregt blitzschnell eine Stimmigkeit herstellen**. Erst wenn sich keine Stimmigkeit einstellt, sondern ein stärkeres Ungleichgewicht zu fühlen ist, macht sich mein Organismus (= ich = meine konzentrierten inneren Muster = meine Aufmerksamkeit) auf die Suche nach einem neuen und besser funktionierenden Lösungsmuster.

So wird noch deutlicher, wie stark sich die Realitäten von uns Menschen unterscheiden *müssen*. Denn jeder hat andere Ungleichgewichte in seinem Leben erlebt und andere Lösungen dafür gefunden, die er anschließend immer wieder verwendet (Musterautomatismen). Und es macht deutlich, dass eine Realitätsumbildung viel Zeit braucht – mit Hilfe vieler neuer Ungleichgewichte und neuer Lösungen dafür.

Zusammengefasst: Was passiert in mir, wenn ich etwas beobachte? Wenn mein Basismuster „Beobachter" aktiviert ist?

- Eine Beobachtung kann grundsätzlich nur stattfinden, wenn ich im Kontakt mit äußeren *Ungleichgewichten* stehe. Denn im Gleichgewicht verschwindet die Wahrnehmung.[148]
- Ungleichgewichte aktivieren in mir die Suche nach einem besseren Gleichgewicht.
- Diese Suche aktiviert in mir die bisher vorhandenen Lösungsmuster, die durch ähnliche Ungleichgewichte in der Vergangenheit gebildet wurden.
- Die aktivierten Lösungsmuster schließen sich zusammen (Konzentration, Verklumpung, Vernetzung) und erschaffen in mir eine Realitätsabbildung.
- Wenn ich mit Hilfe dieser Realitätsabbildung in ein Gleichgewicht gelange, eine *Stimmigkeit* fühle, dann ist der Suchprozess an dieser Stelle beendet. Gleichgewicht erreicht. Ich „erkenne" etwas.
- Wenn sich diese Realitätsabbildung „unstimmig" anfühlt, ist noch ein Ungleichgewicht vorhanden, das durch die aktuell aktivierten Lösungsmuster nicht gelöst werden konnte.

---

[148] Zur Erinnerung siehe Seite 74.

- Die Suche nach einem Gleichgewicht setzt sich fort durch eine Umbildung bisheriger Lösungsmuster oder durch eine Neubildung von Mustern oder beides.
- Ist ein Gleichgewicht erreicht, dann existiert ein neues Muster, eine „Erfahrung". Nun ist Entspannung angesagt, in der die (durch diese Erfahrung veränderten) Lösungsmuster sich wieder voneinander unabhängiger machen, um sich bei den nächsten Ungleichgewichten wieder neu formieren (verklumpen, konzentrieren) zu können.

Wie hilft uns diese Erkenntnis über unseren Beobachtungsprozess im praktischen Leben weiter?

Sie zeigt uns, wie wir unsere Wünsche lenken können. Wie wir unser Basismuster „Spieler" aktivieren und Chef*in unseres Erlebens sind. Wie wir bestimmen, welches Ziel wir verfolgen.

Wir können eine ganz einfache Regel daraus herleiten:

Wenn wir vorwärts kommen wollen, dann gelingt dies am Besten, wenn wir ein Ungleichgewicht erschaffen, auf das sich unsere Aufmerksamkeit automatisch konzentriert.

Stellen Sie sich bitte vor, Sie stehen im Wohnzimmer fest auf beiden Beinen. Und jetzt möchten Sie in den Flur gehen. Was tun Sie als erstes? Einige würden jetzt sagen: „Ich gehe natürlich los – direkt in den Flur."

Ja – aber haben Sie schon einmal beobachtet, *wie* Sie losgehen? Was tun Sie, um losgehen zu können?

„Naja – ich mache einfach den ersten Schritt."

Und *wie* machen Sie den ersten Schritt? Sie stehen fest auf beiden Beinen. Was tun Sie als erstes, um überhaupt einen Schritt machen zu können? Haben Sie das schon einmal beobachtet?

„Ich hebe meinen Fuß und stelle ihn ein Stückchen weiter vorne wieder ab." Was müssen Sie tun, um Ihren Fuß ein Stückchen weiter vorne wieder abstellen zu können? Denn wenn Sie fest mit beiden Beinen auf einer Stelle stehen und dann einfach einen Fuß heben, dann kippen Sie um – in die Richtung, in die der eine Fuß Sie nun nicht mehr hält, weil Sie ihn ja hochgehoben haben.

Um Ihren Fuß heben zu können ohne dabei umzukippen, müssen Sie zunächst Ihr gesamtes Gewicht auf den anderen Fuß verlagern. Dann können Sie den Fuß heben, ohne aus dem Gleichgewicht zu geraten. Wie kommen Sie aber vorwärts? Nach vorne?

Sie müssen an einer ganz bestimmten Stelle loslassen. Wenn Sie fest auf beiden Beinen stehen, dann halten Ihre Bein- und Fußmuskeln die ganze Zeit ein Gleichgewicht gegenüber der Erdanziehungskraft. Sie müssen Ihre Muskeln an der Stelle entspannen, wo Sie im Moment noch verhindern, nach vorne zu kippen. Sie müssen es also zulassen, dass Ihr Körper nach vorne zu kippen beginnt. Wenn er leicht nach vorne gekippt ist, fangen Sie ihn mit dem angehobenen Fuß wieder auf, indem Sie ihn ein Stückchen weiter vorne absetzen. So machen Sie einen Schritt.

Sie können also nur einen Schritt tun, wenn Sie es zulassen, dass Ihr Körper ganz kurz nach vorne *in ein Ungleichgewicht* gerät. Das Zulassen oder sogar das gezielte Herstellen eines Ungleichgewichtes versetzt Sie in die Lage, sich zu bewegen.

Bewegung ist: Sie erschaffen ein Ungleichgewicht, beobachten es, reagieren darauf und fangen sich dadurch selbst wieder auf (= neues Gleichgewicht).

Und das ist immer so. Nur durch ein kleines oder größeres Ungleichgewicht kommen Sie in eine neue Bewegung. Ungleichgewichte können sein: Wünsche, Ziele, Pläne, Fragen, Anweisungen, Bedürfnisse, unangenehme Gefühle, Krisen, Änderungen von Musterautomatismen etc.

Wie war das? Wir reagieren auf die Realität, die wir uns selbst erschaffen? Diese Regel können wir auch hier anwenden: Erschaffen wir in unserer Realität ein ganz bestimmtes Ungleichgewicht, dann erschaffen wir dadurch in uns selbst auch gleichzeitig einen Wunsch nach einem Gleichgewicht (Heilungshierarchie). Dadurch steuern wir unsere Aufmerksamkeit, die sowohl uns selbst als auch die Beeinflussungen von außen so sortiert, dass wir möglichst schnell ein Gleichgewicht erreichen. - Diesen Zusammenhang Schritt für Schritt formuliert:

- Wir gestalten unsere Realität und stellen in ihr ein Ungleichgewicht her.
- Wir reagieren auf diese Ungleichgewichts-Realität mit einem Wunsch nach einem Gleichgewicht.
- Dieser Wunsch aktiviert die nötigen Musterautomatismen in uns, wie z. B. das Basismuster „Beobachter“ und das Basismuster „Spieler“ (Wir verfolgen ein Ziel).

- Sowohl das Basismuster „Beobachter“ als auch das Basismuster „Spieler“ sortieren die inneren Muster und die Beeinflussungen von außen. Wir schauen aufmerksam, was zu unserem Ziel dazugehört und was nicht. Was hilft uns und was nicht?

Im Achtsamkeitstraining wird genau dieses Phänomen verwendet. Man empfiehlt den Menschen, die „alltäglichen Bewegungen“ (Musterautomatismen) *bewusster* auszuführen, z. B. langsamer zu gehen und die Füße dabei ganz *bewusst* abzurollen.

Für mich ist in diesem Zusammenhang der Ausdruck „*bewusst* abrollen“ fehl am Platz. Diese Anweisung ist nicht effektiv genug. Man kann einen Musterautomatismus bewusst beobachten, ohne dass sich etwas ändert. Während der Beobachtung passiert zwar generell eine neue Musterbildung, aber die kann von dem beobachteten Musterautomatismus unabhängig ablaufen. Man „lernt“ sozusagen, wie automatisch und unverändert ein anderes Muster abläuft (Musterbildung über einen bestehenden Musterautomatismus). Diese Form von Aufmerksamkeitslenkung ist für mich „anstrengend“, also nicht effizient genug.

Die Lösung wäre hier die Konzentration auf das Herstellen eines Ungleichgewichts. In Wirklichkeit ist das bei den Achtsamkeitstrainings so beabsichtigt – oft nur ungeschickt formuliert. Das langsamere Gehen und das langsamere Abrollen der Fußballen sind eigentlich *Änderungen*. Es ist eine Musterbildung für ein *neues* Verhalten. Und die Anweisung zu einer neuen Musterbildung erfordert automatisch wieder mehr Aufmerksamkeit, mehr Bewusstheit. Die stimmige Frage wäre also nicht: „Wie mache ich eine Sache mit mehr Aufmerksamkeit?“, sondern: „**Wie erschaffe ich ein Ungleichgewicht, *so dass* ich automatisch mehr Aufmerksamkeit drauf lenke?**“ Ein kleiner aber feiner Unterschied. Man erschafft ein Ungleichgewicht durch den Wunsch, ein neues Muster zu bilden, z. B. den Fuß *anders* als bisher abzurollen. Oder man erschafft ein Ungleichgewicht, indem man sich selbst die Frage stellt: „Wie mache ich es eigentlich gerade genau?“ –Diese Frage ist bereits eine Änderung im Verhalten. **Machen Sie also eine Sache anders als bisher – auf komplett neue Weise! Und Sie sind als Reaktion darauf automatisch aufmerksam, bewusst, achtsam!**

Leider werden manchmal durch solche Ziele wie beim Achtsamkeitstraining die „Musterautomatismen“ negativ bewertet und in den Bereich geschoben, der nicht dazugehören soll. Ich empfehle, sie als dazugehörig und wertvoll anzuerkennen. Und ich schlage vor, das Achtsamkeitstraining darauf zu konzentrieren, hauptsächlich diejenigen Musterautomatismen zu ändern, mit denen man sich in einem Ungleichgewicht befindet. Diejenigen Musterautomatismen, mit denen man zufrieden ist, kann man einfach genießen, so wie sie sind. Man kann sie so laufen lassen, wie sie laufen, und dabei in aller Ruhe auch mal an andere Dinge denken – bis wieder ein Ungleichgewicht auftaucht und die Aufmerksamkeit konzentriert.

Wollen Sie also etwas in Ihrem Leben ändern, in Ihren Musterautomatismen, dann suchen Sie nach dem Punkt, wo Sie ein kleines oder größeres Ungleichgewicht herstellen können. Es sollte ein Ungleichgewicht sein, das Ihre Aufmerksamkeit fesselt und Sie dann automatisch zu dieser gewünschten Änderung veranlasst.

Es gibt auch den umgekehrten Fall. Es könnte sein, dass Sie ein schmerzliches Ungleichgewicht erlebt haben und es bis heute nicht verarbeiten konnten. Dieses Ungleichgewicht ist immer noch in Ihrer Realitätsprojektion aktiv. Ihr Basismuster „Nicht-Spieler + Schmerz“ ist aktiviert. Das ist ein permanentes Ungleichgewicht und lässt Sie ständig mit einem Wunsch nach Gleichgewicht reagieren. Es könnte sein, dass Sie dadurch ein Schutzverhalten automatisiert haben, eine Heilungshierarchie, die aber nicht zur endgültigen Heilung führt.

In diesem Fall macht es Sinn, in Ihrer Realitätsprojektion kein zusätzliches Ungleichgewicht zu erschaffen, sondern ein Gleichgewicht herzustellen. Beispielsweise mit Hilfe der Popin-Methode©, indem Sie den Schmerz herausziehen und dorthin schicken, wo er hingehört. Oder indem Sie den erlebten Schmerz nachträglich vollkommen verarbeiten und dadurch ihre miteinander verklumpten inneren Muster wieder unabhängig voneinander machen. Oder Sie geben einen Wunsch auf, an dem Sie bisher noch anhaften, und sagen sich: „Es gehört auch dazu, dass dieser Wunsch *nicht* erfüllt wird.“

Zusammengefasst:

Wenn Sie Ihre Aufmerksamkeit gezielt zu etwas hinlenken wollen, dann können Sie ein inneres Ungleichgewicht erschaffen, um Ihre Aufmerksamkeit entsprechend zu konzentrieren.

Wenn Sie aber das Gefühl haben, dass sich Ihre Aufmerksamkeit zu stark und zu oft ablenken lässt oder sich immer wieder auf etwas Bestimmtes konzentriert (z. B. durch unbegründete Ängste), dann können Sie erforschen, welches Ungleichgewichtsmuster Ihre Aufmerksamkeit steuert, und können durch das Herstellen von Unabhängigkeit ein neues Gleichgewicht herstellen. Oder Sie stellen durch das vollständige Aufgeben (und Verabschieden?) eines Wunsches ein neues Gleichgewicht her.

Dieses Basismuster „Beobachter“ ist eine Möglichkeit, uns immer wieder daran zu erinnern: Unabhängig davon, ob wir Spieler, Mit-Spieler, Nicht-Spieler oder Alles-Spieler sind, sind wir doch immer ein Beobachter im Ungleichgewicht. Wir sind ein Beobachter, der beim Beobachten nach dem bestmöglichen Gleichgewicht sucht. Deswegen findet bei jedem Beobachtungsprozess eine Musterbildung statt.

Solange wir etwas beobachten,
werden wir auch davon beeinflusst.

Es gibt keine Beobachtung *ohne* Wunsch nach Gleichgewicht. Denn wenn es keinen Wunsch gäbe, würde es bedeuten, dass ein absolutes Gleichgewicht besteht – und im absoluten Gleichgewicht verschwindet die Wahrnehmung, Beobachtung, Aufmerksamkeit, das Gewahrsein, das Bewusstsein.

So können wir uns übrigens auch erklären, warum wir auf gut funktionierende Musterautomatismen meistens keine Aufmerksamkeit mehr lenken. Es sind (relative) Gleichgewichte, die aktuell keine Aufmerksamkeit benötigen.

Wer beobachtet eigentlich? Was ist unser „Ich“?

Ich schrieb, dass wir immer ein Beobachter sind. Wir haben immer das Gefühl, dass *wir selbst* beobachten. Der Prozess des Beobachtens ist also mit unserem „Ich“ verknüpft. Doch auch hier gibt es die Möglichkeit, Muster als „voneinander unabhängig“ zu erkennen. Ich behaupte, dass es ein „Ich-Muster“ in uns gibt, das immer dann aktiviert ist, wenn wir selbst das Gefühl haben, etwas zu tun. Dieses Ich-Muster ist aktiv, wenn wir fühlen und sagen können: „*Ich* tue, mache, entscheide, denke …“

Ich bin vor einiger Zeit mittags auf dem Sofa eingeschlafen. Mein Aufwachprozess war seltsam. Ich wurde wach und registrierte ein Geräusch, das ich zunächst nicht zuordnen konnte. Dann merkte ich, dass das mein Atem war, der irgendwie ganz automatisch funktionierte. „Ich" machte gar nichts. Es fühlte sich ganz deutlich so an, als ob mein Atem von meinem Ich losgelöst war. Das ging aber nur drei Atemzüge lang so. Dann war ich komplett wach und das „alte" Gefühl war wieder hergestellt. Ich hatte wieder das Gefühl, selbst zu atmen.

Eine andere Erfahrung: Ich übernachtete einmal in einem Haus, das direkt neben dem Fenster einen kleinen Wasserfall hatte. Ich liebte dieses Rauschen und hatte die ganze Nacht das Fenster offen. Als ich morgens aufwachte, war kein Wasserfall mehr zu hören. Ich war erstaunt und fragte mich, wo der Wasserfall hin ist. In dem Moment hörte ich das Rauschen wieder.

Beide Erfahrungen haben mir gezeigt, was passieren kann, wenn bestimmte Muster für einen Moment *nicht* zusammenarbeiten. Beim ersten Mal verhielt sich mein Ich-Muster vom Atem-Muster unabhängig, so dass ich das Gefühl hatte, „es" atmet allein. Bei der zweiten Erfahrung waren in meiner Aufmerksamkeit (= Konzentration einiger Muster) die Muster in meinem Hörzentrum nicht an der Konzentration beteiligt. Sie hatten sich auf Grund der Konstanz des Rauschens (= Gleichgewicht) „abgeschaltet" (keine Wahrnehmung im Gleichgewicht). Sie hatten sich aus der Aufmerksamkeit verabschiedet.

Beide Unabhängigkeiten entwickelten sich während des Schlafs und haben sich erst kurze Zeit nach meinem Aufwachen wieder so sortiert, wie ich es gewohnt war. Auf diese Weise machte ich für einen kurzen Moment diese seltsamen Erfahrungen.

Mit diesen beiden Erfahrungen im Hintergrund kann ich das Denkmodell entwickeln, dass mein Ich-Muster ein von anderen Mustern unabhängiges Muster sein kann. Es besteht also die Möglichkeit, dass sich in mir einige Muster auf ein Ungleichgewicht konzentrieren, ohne dass mein Ich-Muster daran beteiligt ist.

Es gibt in der Hirnforschung Studien, die belegen, dass wir eine Entscheidung in unserem Gehirn fällen, noch bevor wir uns dieser Entscheidung bewusst werden. Daraus haben Forscher*innen die Behauptung abgeleitet, dass wir keinen freien Willen hätten. Wie denke ich darüber und wie würde ich das erklären?

Ich behaupte, dass es ein umfassendes Ich gibt, das all unsere Muster enthält. Unser gesamter Organismus mit all seinen Musterautomatismen ist dieses umfassende Ich. All unsere Muster fällen aufgrund ihres Wunsches nach Gleichgewicht Entscheidungen. *Das* ist unser freier Wille. Dabei gibt es ein untergeordnetes Ich-Muster, das angeschaltet (aktiv) oder auch abgeschaltet (inaktiv) sein kann. Wenn einige Muster entscheiden, etwas aktiv umzusetzen, bei dem unser Ich-Muster nicht aktiviert ist, haben „wir" das Gefühl, dass unser Organismus es von selbst macht, ohne dass „wir" einen Einfluss darauf hätten. So erkläre ich mir die Erfahrung, dass ich „nicht selbst" geatmet habe. Außerdem machen wir diese Erfahrung mit unserem Verdauungssystem, dem Herzschlag, der Arbeit unserer Organe etc. Das läuft alles von selbst, ohne dass dabei unser Ich-Muster beteiligt ist.

Es gibt Menschen mit einer Störung im Gehirn, bei denen eine Hand aktiv ist, ohne dass diese Menschen das Gefühl hätten, die Hand zu steuern. Sie sagen, dass die Hand einen eigenen Willen hätte. So eine selbstaktive Hand wird von bestimmten Mustern gesteuert, ohne dass dabei das Ich-Muster aktiviert ist. Wäre das Ich-Muster gleichzeitig aktiviert, dann wäre auch das *Gefühl* wieder da, man mache das selbst. Ich bin der Überzeugung, dass dieses Ich-Muster kaum Entscheidungen fällt, sondern lediglich bei den Entscheidungen unserer inneren Muster *mit aktiviert* ist, so dass wir *das Gefühl* haben, als ob wir es selbst tun. In Wirklichkeit tun es unsere Muster in unserem gesamten Organismus, also unser allumfassendes Ich.

Außerdem können wir bewusst einige Muster inklusive unseres Ich-Musters auf etwas anderes konzentrieren, unsere Aufmerksamkeit auf etwas Bestimmtes lenken, während andere Muster unabhängig von unserem Ich-Muster aktiv sind. Beispielsweise höre ich Jacqueline zu, die gerade in mein Zimmer gekommen ist und mich etwas fragt, während meine Finger noch den Satz zu Ende schreiben. Dabei habe ich das Gefühl, meine Finger würden das alleine machen – ohne mein Ich. Über so einen Musterautomatismus sprach ich bereits[149].

Ich behaupte also: „Ich" bin schon immer aktiv, denn „ich" bestehe aus all meinen Mustern. Ich fälle meine Entscheidungen und habe meinen Willen. Ich habe überall Wünsche nach Gleichgewicht. Alle

[149] Zur Erinnerung siehe Seite 99 ff.

meine Muster arbeiten dabei zusammen. Nur gibt es zusätzlich noch ein Ich-Muster, das auch deaktiviert sein kann. Dieses Ich-Muster ist allein dafür zuständig, dass ich zusätzlich das „Gefühl" habe, „ich" würde alles tun. Dieses Ich-Muster und damit auch dieses Gefühl können abgeschaltet werden, während viele andere Muster (= allumfassendes Ich) einfach weiter funktionieren. Das Ich-Muster ist nicht für die Organisation der inneren Muster zuständig, sondern nur für das Ich-Gefühl. Deswegen könnte es sein, dass dieses Ich-Muster etwas „später" anspringt, als die Entscheidungsaktivität unserer übrigen Muster. So erkläre ich mir das Ergebnis der wissenschaftlichen Studien, aus der Wissenschaftler ableiten, wir hätten keinen freien Willen.

Und so erkläre ich mir auch, warum wir bei einer Hypnose die Anweisungen des Hypnotiseurs umsetzen und gleichzeitig das Gefühl haben, dass wir das gar nicht selbst machen. Bei dieser Erfahrung machen wir zwar etwas, was unsere inneren Muster „wollen", jedoch ist gleichzeitig das Ich-Muster abgestellt.

Die Amerikanerin Suzanne Segal hat 1996 ein Buch darüber geschrieben[150], dass sie ihr „Ich" verloren hat – und trotzdem alles genauso weiterlief, wie bisher auch. Sie hatte nur nicht mehr das Gefühl, sie würde es „selbst" machen. Nach langer Suche, was das zu bedeuten hätte, war am Schluss ihre Erkenntnis, dass *alles* das Selbst ist. Ich übersetze es so: Dass *alle* Muster in uns unsere Realität und unsere Entscheidungen bestimmen.

Sie ist einige Jahre später an einem Hirntumor gestorben. Ob der Hirntumor genau im Ich-Muster entstanden war und es dadurch lahmgelegt hat, lässt sich nur spekulieren.

Diesen Zusammenhang, dass unser wirkliches umfassendes Ich *aus allen Mustern* besteht, kann man möglicherweise klarer realisieren, wenn das Ich-Muster wie bei Suzanne ausgeschaltet ist und alles von selbst weiterläuft, als wenn nichts geschehen wäre. Der „leere" Körper redet und entscheidet und denkt und fühlt und liebt und lacht und weint, ohne dass noch ein „Ich-Gefühl" dabei wäre. Das wäre die ultimative Erfahrung, dass wir aus lauter Musterautomatismen bestehen – die alle den Wunsch nach Gleichgewicht haben.

---

[150] Kollision mit der Unendlichkeit – Ein Leben jenseits des persönlichen Selbst.

Unser Wille, unsere Entscheidungen, unsere Aktivitäten sind in dem Zusammenhang konzentrierte Wünsche nach Gleichgewicht von mehreren Musterautomatismen, nachdem sie eine Ungleichgewichtserfahrung gemacht haben.

Aber auch, wenn das Ich-Muster ausgestellt ist, gibt es immer noch die „Konzentration von Mustern“, also unsere Aufmerksamkeit, der Beobachter, der darüber berichtet, dass das Ich-Gefühl fehle und nur noch das Gefühl da sei, alles laufe von selbst ganz automatisch. Dieser neutrale Beobachter (Bewusstsein, Aufmerksamkeit etc.), der beim Beobachten permanent vorhanden ist, ist das neunte Basismuster des NeuroSonanz-Modells. Er ist immer da – ganz unabhängig davon, ob wir den Spieler, den Mit-Spieler, den Nicht-Spieler oder den Alles-Spieler beobachten und uns damit identifizieren oder nicht damit identifizieren. Der neutrale Beobachter kann auch von unserem Ich-Muster unabhängig sein. Das Ich-Muster kann ausgeschaltet sein, während der Beobachter beobachtet, dass das Ich-Muster ausgeschaltet ist. Dieses Basismuster „Beobachter“ ist nicht wirklich ein „Muster“, sondern ein übergeordnetes „Phänomen“, eine Konzentration verschiedener Muster auf einen bestimmten Punkt.

Es gäbe noch so viel mehr mit Hilfe des NeuroSonanz-Modells zu beschreiben, doch das würde den Rahmen dieses Buches sprengen. Deswegen komme ich nun zu ein paar praktischen Tipps:

Das NeuroSonanz-Modell praktisch nutzen

Wie können Sie das NeuroSonanz-Modell als Bild-Sprache einsetzen, um besser mit Ihren inneren Mustern zu kommunizieren?

Bevor ich zwei Beispiele erzähle, möchte ich darauf hinweisen, dass ich die obere Hälfte des Schaubildes (Seite 276) mit den vier lächelnden Basismustern im Folgenden verwendet habe. Im Kontakt mit diesem Modell soll es immer darum gehen, in der eigenen Fantasie zu beobachten, ob alle vier Basismustersymbole lächeln können – oder sogar voller Freude lachen, wie vier herzlich lachende Babys.

Jacqueline erzählte mir von einem Problem, das sie gerade hat, und ich machte dazu ein paar witzige Bemerkungen – bis sie sich beschwerte, dass sie sich nicht ernst genommen fühle. Ich verstand, hielt inne und stellte mir das NeuroSonanz-Modell vor. Dabei fragte ich meine inneren Muster, warum ich auf diese Weise Witze machen würde. Als Antwort sah ich vor meinem inneren Auge, dass sowohl der Spieler, der Nicht-Spieler als auch der Alles-Spieler lächelten. Aber dem Mit-Spieler ging es schlecht. Er lächelte nicht. Das Basismuster Mit-Spieler schien in dem Moment mit Schmerz kombiniert zu sein. Als ich das entdeckte, erklärte sich mir auch schon alles Weitere (bei mir geht das inzwischen schon sehr schnell). Mir wurde bewusst, dass ich Jacqueline für das Erzählen ihres Problems zur Verfügung stand (Mit-Spieler) und dass ich das aus meiner Kindheit kannte. Ich „musste" öfter in meiner Familie einem Elternteil für das Erzählen von Problemen zuhörend zur Verfügung stehen. Das war für mich als Kind belastend (Verknüpfung mit Schmerz). Ich konnte daraufhin die damalige Situation mit meinen Eltern von der gegenwärtigen Situation mit Jacqueline *unabhängig* machen. Das hatte zur Folge, dass vor meinem inneren Auge das Symbol für den Mit-Spieler wieder lächelte. Ich berichtete Jacqueline davon und konnte ihr nun weiter für ihren Problembericht zur Verfügung stehen, ohne noch das Bedürfnis zu haben, mich durch Witze vor dem Problemgefühl schützen zu müssen.

Ich arbeitete im Büro konzentriert und über längere Zeit an einer Sache. Am späten Nachmittag wurde mir bewusst, dass ich immer unruhiger fühlte. Ich wusste aber nicht, warum. Ich hielt inne und stellte mir in meiner Fantasie das NeuroSonanz-Modell vor – mit der Frage an meine inneren Muster, was denn mit mir los sei. Als Antwort sah ich vor meinem inneren Auge den Spieler, der nicht nur ein Ziel vor sich hatte, sondern zwei Ziele in unterschiedliche Richtungen. Dadurch erinnerte ich mich wieder, dass ich mir für diesen Tag noch eine zweite Sache vorgenommen hatte. Je später es wurde, umso unwahrscheinlicher wurde es, dass ich das heute noch erledigen konnte. Deswegen wurde ich immer unruhiger. Ich entschied, eine Sache auf morgen zu verschieben, und mein unruhiges Gefühl verschwand sofort.

Sie erinnern sich, dass unser Gehirn unser aktuelles Umfeld in den Zustand einsortiert, in dem es sich selbst gerade befindet[151]. Wenn Sie sich also in einer Problemsituation befinden, dann fragen Sie sich selbst, was gerade mit Ihnen los ist. Anschließend stellen Sie sich vor Ihrem geistigen Auge das NeuroSonanz-Modell als Ganzes vor – oder auch

[151] Zur Erinnerung siehe Seite 208.

jedes der vier Symbole einzeln nacheinander – und beobachten, wie Ihre inneren Muster dieses Modell verändert und *Ihrem inneren Zustand angepasst haben*. Was beobachten Sie? Welche „innere Realität" wird durch Ihre Muster hergestellt? Und was können Sie durch die Antwort Ihrer Muster über sich selbst erkennen?

Auf diese Weise können Sie zu unbewussten Wünschen, die hinter Ihren Mustern stecken, wieder Kontakt herstellen und können das Modell als Barometer einsetzen. Es zeigt Ihnen Unstimmigkeiten auf und möglicherweise auch, warum diese Unstimmigkeiten existieren. Sie brauchen nicht mehr darauf zu warten, was Sie in der Nacht träumen und was Ihnen Ihre Träume zu sagen haben. Sie können nun auch tagträumen und sich mit Hilfe des NeuroSonanz-Modells direkt Antworten von Ihren lebendigen Musterautomatismen holen.

Wie können Sie das Modell im Gespräch mit Ihrem Umfeld einsetzen?

Angenommen es fiel Ihnen bisher schwer, über Gefühle zu reden. Vielleicht haben Sie ab und zu auch Schwierigkeiten, in einer Problemsituation Ihrem Gegenüber zu vermitteln, wie Sie sich gerade fühlen und warum es Ihnen so ergeht. In solchen Momenten kann das Modell Ihnen helfen, klarer einen Zusammenhang zu beschreiben. Sie können z. B. sagen,

- dass Sie das Gefühl haben, ein bestimmtes Ziel gerade verfolgen zu müssen.
- dass Sie das Gefühl haben, zur Verfügung stehen zu müssen.
- dass Sie sich ausgeschlossen fühlen.
- dass Sie das Gefühl haben, etwas integrieren zu müssen, obwohl Sie das eigentlich gar nicht wollen.
- dass Sie von Ihrem Gegenüber den Eindruck haben, er fühle sich so, wie in einer der vier eben aufgezählten Möglichkeiten usw.

Sie können außerdem klarer unterscheiden, ob ein anderer Mensch die vier gelösten (lächelnden) Basismuster oder eher die vier mit Schmerz kombinierten Basismuster lebt und ihm ein Feedback geben.

Wie können Sie das Modell nutzen, um sich selbst gute Gefühle zu „machen“?

Wenn Sie merken, dass in Ihrer Fantasie nicht alle vier Symbole lächeln, dann ändern Sie gezielt Ihre Fantasie und stellen sich vor, wie es sich anfühlen *würde*, wenn alle vier Symbole lächeln *könnten*. Wie reagiert Ihr Organismus auf diese Vorstellung?

Funktioniert das nicht und fühlen Sie sich nicht besser, dann ziehen Sie aus allen Symbolen den Schmerz heraus (lassen den Schmerz in Form einer farbigen oder schwarzen Flüssigkeit rausfließen und lassen ihn dorthin fließen, wo er hingehört). Anschließend lassen Sie die Symbole sich frei und unabhängig voneinander in Ihrer Fantasie bewegen. Können jetzt alle vier lächeln?

Wenn Sie im Alltag mit einem Problemgefühl an einem der Symbole hängen, dann probieren Sie aus, wie es wäre, wenn Sie Ihre Aufmerksamkeit auf ein anderes Symbol konzentrieren. Angenommen Sie fühlen sich als Mit-Spieler gerade nicht wohl, dann entscheiden Sie sich, jetzt der Nicht-Spieler zu sein und nicht mehr zur Verfügung zu stehen. Wie fühlt sich das an? Oder Sie entscheiden, der Alles-Spieler zu sein und sagen: „... und auch das gehört jetzt dazu.“ Wie fühlen Sie sich dann? Oder Sie wechseln von der Rolle des Mit-Spielers in die Rolle des Spielers und fragen sich, was Sie jetzt tun *wollen*, welches eigene Ziel Sie jetzt angehen wollen. Wie geht es Ihnen damit?

Letztendlich können Sie entscheiden, sich ganz *unabhängig* von der gegenwärtigen Situation alle vier Basismustersymbole gleichzeitig lächelnd und fröhlich vorzustellen und sie auf sich wirken zu lassen – während es *unabhängig* davon auch weitere Ungleichgewichte in der Realität geben kann. Sie konzentrieren sich als unabhängiger *Beobachter* einfach auf das gelöste Bild – das *unabhängig* von allem anderen Leid parallel dazu bestehen darf[152]. Wie fühlt sich das an?

Wenn Sie sich in einer Situation mit anderen Menschen nicht wohl fühlen, dann empfehle ich Ihnen, alle vier Basismuster und das Basismuster „Beobachter“ innerlich durchzuprobieren und zu testen, welches dieser Basismuster für Sie in der aktuellen Situation das angenehmste wäre. Testen Sie die Basismuster in folgender Reihenfolge:

[152] Zur Erinnerung siehe Seite 222.

- Der lächelnde Spieler: Ich verfolge nur *mein* Ziel. Ob ihr dabei Mit-Spieler oder Nicht-Spieler seid, könnt ihr frei entscheiden.
- Der lächelnde Mit-Spieler: Ich stehe euch voll und ganz zur Verfügung und mache gerne bei allem mit.
- Der lächelnde Nicht-Spieler (sich selbst ausschließend): Ich stehe nicht mehr zur Verfügung, mache nicht mehr mit und habe größtes Verständnis und Mitgefühl dafür, wenn ihr das schade findet.
- Der lächelnde Nicht-Spieler (ausgeschlossen werdend): Ich darf nicht mehr mitmachen oder habe einen Fehler gemacht und werde daher ausgeschlossen – und das ist verständlich und in Ordnung für mich.
- Der lächelnde Alles-Spieler: Ich entscheide für mich innerlich, dass auch das ab jetzt (zu meinem Chef*insein) dazugehört.
- Der Beobachter.

Wie können Sie das NeuroSonanz-Modell einsetzen, um sich besser in Ihr Umfeld einzufühlen und es leichter zu verstehen?

Nehmen Sie als erstes im Gefühl intensiven Kontakt zu Ihrem Umfeld auf. Dazu empfehle ich folgenden Schritt: Entscheiden Sie sich, für einen kurzen Moment das Basismuster Mit-Spieler zu aktivieren. Sie stellen sich Ihrem Umfeld zur Verfügung und passen sich an – ohne konkret etwas zu tun. Einfach nur als innere Entscheidung. Im Extremfall sagen Sie sich: „Ich bin jetzt der andere." Dadurch stellen Sie möglicherweise eine stärkere Resonanz zum Umfeld her und es besteht die Möglichkeit, dass Ihnen Ihre inneren Muster mit Hilfe der resonierenden Empfindungen Botschaften vom Gegenüber vermitteln.

Nachdem Sie sich im ersten Schritt auf diese Weise zur Verfügung gestellt haben – als innere Entscheidung –, stellen Sie sich nun das NeuroSonanz-Modell vor und beobachten, wie Ihre inneren Muster Ihnen das Modell präsentieren. Was sehen Sie? Zu welcher Form hat sich das Modell verändert – im Kontakt mit dem anderen? Wenn sich beispielsweise der Spieler gerade nicht wohl fühlt, können Sie Ihr Gegenüber fragen: „Könnte es sein, dass du dich gerade zu einem bestimmten Ziel gezwungen fühlst oder meinst, dich dazu zwingen zu müssen? Und dir geht es nicht gut damit?" Oder wenn Sie in Ihrer Fantasie den Nicht-Spieler leiden sehen, können Sie fragen: „Könnte es sein, dass du dich auf irgendeine Weise gerade ausgeschlossen fühlst?" usw.

Ich wette, dass sich Ihre Trefferquote erhöhen wird und Ihr Umfeld sich von Ihnen immer öfter gesehen fühlt.

Wie können Sie das NeuroSonanz-Modell als „Alarmanlage" einsetzen, um schneller ungewollte und unbewusste Beeinflussungen aus Ihrem Umfeld aufzudecken?

Sie können im Kontakt mit Ihrem Umfeld das NeuroSonanz-Modell in Ihrer Fantasie beobachten. Lächeln alle vier Basismustersymbole? Wenn nicht, dann untersuchen Sie die Situation genauer, denn hier könnte gerade von außen ein Ungleichgewicht aktiviert worden sein.

Sie können das Modell noch gezielter einsetzen:

Konzentrieren Sie sich auf die beiden Basismuster „Spieler" und „Mit-Spieler". Wünschen Sie sich von Ihren Mustern, dass Sie im Kontakt mit einem beeinflussenden Umfeld (z. B. bei Werbung im Internet, im Fernsehen, bei Haustürgesprächen oder beim Einkaufen) immer in der „Spielerrolle" sind. Sobald Sie von Ihrem Umfeld in die Rolle des Mit-Spielers gedrängt werden, sollen Ihre Muster Sie mit Hilfe von „unguten Gefühlen" warnen[153]. Sobald diese unguten Gefühle in Ihnen auftauchen, konzentrieren Sie sich auf diese beiden Basismuster und sagen sich selbst: „Jetzt bin ich nicht mehr der Mit-Spieler, sondern wieder der lächelnde Spieler." Anschließend schauen Sie, wie Sie sich fühlen und was Sie aus dem Gefühl des lächelnden Spielers heraus aktiv für Ihr Ziel tun oder was Sie entscheiden wollen.

Vielleicht wollen Sie auch in die Rolle des lächelnden „Nicht-Spielers" wechseln und eine freundliche Grenze ziehen, wenn der Wechsel vom Mit-Spieler zum Spieler nicht wirklich klappt? Und wenn auch der Nicht-Spieler nicht funktioniert, wie fühlt es sich an, wenn Sie innerlich entscheiden: „... und auch das gehört zu meinem Chef*insein dazu", und dadurch in die Rolle des lächelnden Alles-Spielers wechseln?

Probieren Sie aus, was in welcher Situation am besten klappt. Vielleicht haben Sie auch noch weitere Ideen und Lösungsmöglichkeiten.

Eine ungewollte Beeinflussung können Sie jetzt allein durch die Kenntnis des NeuroSonanz-Modells entlarven. Denn sobald Ihr Umfeld von Ihnen will, dass Sie ein ganz bestimmtes Basismuster aktivieren

---

[153] Diesen Auftrag können Sie durch Selbsthypnose verstärken – ab Seite 390.

sollen, und Sie fühlen sich damit nicht wohl, dann werden Sie gerade ungewollt beeinflusst. Beispielsweise wenn jemand Sie dazu überreden will, dass Sie ein ganz bestimmtes Ziel verfolgen sollen – und Sie fühlen sich nicht wohl damit. In Ihrer Fantasie beginnt Ihr innerer „Spieler" zu leiden. Oder jemand will Sie überzeugen, bei etwas mitzumachen – und wenn Sie daran denken, dann beobachten Sie in Ihrer Fantasie, dass Ihr innerer Mit-Spieler zu leiden beginnt.

Hier können Sie sofort reagieren mit der Aktivierung des lächelnden Basismusters „Nicht-Spieler": „Dafür stehe ich nicht zur Verfügung. Da mache ich nicht mit. Das passt für mich nicht. Das fühlt sich für mich nicht stimmig an."

Erlauben Sie sich, jederzeit ins lächelnde Basismuster Nicht-Spieler „fliehen" zu dürfen, sich zurückzuziehen, nicht mitzumachen. „Flucht" und „Grenzen setzen" ist ein wichtiger natürlicher Impuls in unserem Leben, der genauso dazugehört, wie alles andere. Denken Sie nur an Kinder, die sich spontan die Ohren zuhalten, wenn sie etwas nicht hören wollen. Leben wir in einem unverarbeiteten Trauma, dann ist meistens ein Musterautomatismus in uns aktiv, der die Botschaft enthält: „Ich kann nicht flüchten." Aber gerade wenn Gefahr droht, ist das Weglaufen in doppelter Hinsicht befreiend für uns Menschen: Erstens entkommen wir der Gefahr und zweitens bewegen wir unseren Körper, was einen gewissen Stress abbaut und dem Gehirn signalisiert, dass wir uns von der Gefahr entfernen.

Verurteilen Sie sich nicht für Ihr Bedürfnis zu flüchten und bezeichnen Sie die Nicht-Spieler-Rolle nicht als Feigling-Rolle. Stehen Sie lächelnd dazu, bei etwas nicht mitzumachen. Nehmen Sie die lächelnde „Alles-Spieler-Rolle" ein und sagen sich und anderen: „Auch das gehört dazu, dass ich mich schützen will, nicht mitmache und mich nun zurückziehe oder fliehe." Wenn Sie dabei nicht lächeln können, dann empfehle ich, die Popin-Methode© anzuwenden, den Schmerz aus der Nicht-Spieler-Rolle herauszuziehen und sie unabhängig zu machen. Und wenn Sie sich immer noch für das Fliehen und Zurückziehen und Schützen verurteilen, dann gehört auch das dazu und hat vielleicht einen ganz bestimmten Sinn (Wunsch nach Gleichgewicht).

Wie können Sie das NeuroSonanz-Modell als Schutzschild einsetzen, um sich vor den Folgen ungewollter Beeinflussungen besser zu schützen?

„Ungewollte Beeinflussungen" heißt: diese Beeinflussungen sind für Ihre Ziele nicht wichtig, nicht von Bedeutung. Sie brauchen diese Beeinflussungen nicht weiter. Sie wollen Sie nicht. Wenn Sie sich erinnern: Wir können aufgrund unserer Wahrnehmungsorgane nicht immer alle Beeinflussungen komplett ausgrenzen. Wir nehmen unser Umfeld wahr – und unsere inneren Muster sortieren dann: brauch ich – brauch ich nicht. Ziele und Wertungen sind immer miteinander verknüpft. Je intensiver Sie Kontakt zu Ihren Zielen haben, umso klarer sind Ihre entsprechenden Wertungen[154]. **Deshalb ist es ein ganz einfacher Schutzschild, sich fest auf seine persönlichen Ziele zu konzentrieren**, also das Basismuster „Spieler" lächelnd und fröhlich aktiviert zu lassen. Aus der Spieler-Rolle heraus können Sie jede Beeinflussung frei anschauen und wissen genau, was Sie wollen und was Sie nicht wollen.

Wenn Sie diese Klarheit noch nicht spüren, dann arbeiten Sie noch ein Weilchen an sich selbst. Fragen Sie sich, ob und warum Sie eventuell an der „Mit-Spieler"-Rolle oder an der „Nicht-Spieler"-Rolle hängen oder warum Ihre Spieler-Rolle mit Schmerz verknüpft ist. Ist das geklärt und Sie fühlen sich in der Spieler-Rolle wieder frei und fröhlich, dann kann Ihnen keine Beeinflussung ungewollt etwas anhaben. Dies gilt, solange Sie in der Spieler-Rolle bleiben, sich als Chef*in Ihres Erlebens fühlen, Ihr Ziel klar haben und daher klar die Wertungen fühlen.

Sobald Sie eine Frage an Ihr Umfeld haben und selbst „unsicher" werden („Was soll ich nur tun?"), öffnet diese Frage Ihrem Umfeld alle Möglichkeiten. Sie werden zum Mit-Spieler und die Informationen aus dem Umfeld könnten die Macht übernehmen. Doch auch das ist nicht tragisch, wenn Sie jederzeit wieder Ihr Basismuster Spieler aktivieren können, Ihre Ziele klar haben und neu bewerten: Brauche ich es wirklich? Ist es wirklich stimmig für mich und meine Ziele?

Nutzen Sie als Chef*in Ihres Erlebens auch Ihre Kommunikation mit sich selbst als Schutzschild gegen ungewollte Beeinflussungen. Hören Sie auf Ihre inneren Muster, auf Ihr Bauchgefühl und beobachten Sie, ob in Ihrer Fantasie alle vier Basismuster lächeln und sich

---

[154] Zur Erinnerung siehe Seite 280 ff.

freuen, wenn Sie eine Entscheidung für etwas treffen. Nutzen Sie jedes Unwohlsein als ein wichtiges Zeichen. Werten Sie sich selbst dafür nicht ab, dass mit Ihnen etwas nicht stimmt. Auch Unwohlgefühle dürfen dazugehören (Alles-Spieler). Nutzen Sie Unwohlgefühle als wichtiges Alarmsystem und Schutzschild. Setzen Sie sich zum Ziel, sich nur für etwas zu entscheiden, was sich rundherum gut anfühlt und worauf Ihre inneren Muster positiv reagieren, indem die Muster Ihnen ein NeuroSonanz-Modell mit lächelnden Symbolen in Ihrer Fantasie anbieten.

Es besteht auch die Möglichkeit, als Mit-Spieler intensiv etwas kennenzulernen und anderen Menschen zur Verfügung zu stehen. Sie können sich als Mit-Spieler bedenkenlos intensiv beeinflussen lassen. Dann übernehmen Sie aber das, was Sie als Mit-Spieler gelernt haben, nicht unbedingt für Ihre Aktionen als Spieler, ohne es für sich geprüft zu haben. Denn als Spieler sind Sie wieder komplett Ihr*e eigene*r Chef*in und tun genau das, was Sie für Ihre Ziele und Wünsche tun wollen – ohne weiter Mit-Spieler zu sein.

Eine klare Unabhängigkeit zwischen den Basismustern Spieler und Mit-Spieler führt dazu, frei zu bleiben. Dann wirken Beeinflussungen nicht ungewollt. Wenn Sie aber in irgendeiner Weise in der Rolle des Mit-Spielers bleiben und *darin* aktiv werden, dann sind Sie quasi immer noch „hypnotisiert“ und stehen den Beeinflussungen und den Zielen aus dem Umfeld zur Verfügung.

Durch ein klares „Spielersein“ („Chef*insein“) und durch eine klare Unabhängigkeit zwischen Spielersein und Mit-Spielersein können Sie viel besser die unangenehmen Wirkungen von Beeinflussungen lösen.

Die Unabhängigkeit zwischen beiden Basismustern lässt sich mit Hilfe der Popin-Methode© erreichen. Oder probieren Sie aus, ob Ihnen ein Umweg über die Nicht-Spieler-Rolle hilft, zum Spieler zu gelangen: Gehen Sie aus der Mit-Spieler-Rolle in die Rolle des Nicht-Spielers („Dafür stehe ich nicht mehr zur Verfügung“) und dann in die Rolle des Spielers und des Chefseins. Zum Spieler werden Sie, indem Sie sich wieder auf Ihre klaren Wünsche und Ziele fokussieren und dann auch wieder genau wissen, was für Sie dazu gehören soll und was nicht.

Sollten Sie sich als Spieler immer noch von Beeinflussungen „gestört“ fühlen und beginnen Sie sich zu ärgern oder dagegen zu kämpfen, dann können Sie Ihren Stress wieder reduzieren durch die Alles-Spieler-Rolle: „... und auch das gehört zu meinem Chef*insein dazu.“

Wenn aber das alles nicht wirklich funktioniert, dann gehört es ebenfalls aus irgendeinem Grund dazu. Die Frage ist in dem Fall: Was will es mir zeigen? **Was lerne ich gerade dazu?**

Es gibt ja noch die Beobachterposition, auf der wir beobachten, was hier gerade mit uns geschieht und was das wohl für Folgen hat. Wie wir inzwischen wissen: Während des Beobachtens findet permanent eine Musterbildung statt. Wir lernen also auf jeden Fall dazu. Allerdings ist die Frage, was unser Gehirn (die anderen Muster) anschließend mit dieser Musterbildung anfängt. Es ist die Frage, was wir genau dazulernen. Es ist die Frage, ob sich diese neu gelernten Muster überhaupt mit anderen Mustern verknüpfen. Es ist die Frage, für wie lange die neuen Muster anhalten. Und es ist die Frage, ob wir später die neu gebildeten Muster überhaupt effektiv und konstruktiv einsetzen können. Auf jeden Fall aber dienen sie uns zur Weiterentwicklung unserer Realitätsabbildung. Wir haben nie ein absolut konstantes Bild vor Augen. Durch das, was wir hier gerade beobachten, sehen wir anschließend die Welt und uns selbst wieder einmal aus etwas anderen Augen. Wenn man ganz genau beobachtet, kann man erkennen, dass nichts mehr ist wie vorher. Alles hat sich mehr oder weniger gewandelt, innerhalb einer permanenten Wachstumsspirale, in der wir uns alle befinden, solange wir die Welt, das Leben und uns selbst beobachten. Absolute Wiederholung und Konstanz ist eine Illusion, die uns unsere Muster anbieten. Denn „Muster" sind konstante Wiederholungen im allumfassenden Fluss.

Mit Hilfe des NeuroSonanz-Modells Unabhängigkeit trainieren

Folgendes Training können Sie durchführen. Es hat sechs Schritte:

Schritt 1: Stellen Sie sich eine ganz bestimmte Person vor, die Sie kennen und gegenüber der Sie mehr Unabhängigkeit fühlen wollen.

Nehmen Sie einen Stuhl und stellen ihn in den Raum. Stellen Sie sich dabei vor, dass diese Person auf diesem Stuhl sitzt. Halluzinieren Sie sozusagen: Die Person sitzt dort auf dem Stuhl.

Nehmen Sie einen zweiten Stuhl und stellen ihn in einem für Sie angenehmen Abstand der imaginierten Person gegenüber. Setzen Sie sich auf diesen zweiten Stuhl und schauen Sie die Person an.

Aktivieren Sie nun Ihr Basismuster „Spieler", indem Sie sich überlegen, was für ein Ziel Sie im Kontakt mit dieser Person haben. Vielleicht haben Sie das Ziel, von dieser Person freundlich behandelt zu werden, von dieser Person verstanden zu werden, diese Person von etwas zu überzeugen etc. Welches Ziel haben Sie?

Als nächstes sprechen Sie dieses Ziel laut aus und sagen z. B.: „Ich habe ein Ziel. Ich möchte von dir freundlich behandelt werden. Du kannst frei wählen, ob du dabei mitmachen möchtest oder nicht mitmachst."

Während Sie sagen: „... ob du dabei mitmachen möchtest", stellen Sie sich vor, dass die Person auf ihrem Stuhl sitzen bleibt.

Während Sie sagen: „... oder nicht mitmachst", stellen Sie sich entweder vor, dass die Person aufsteht und aus dem Raum geht – oder Sie stellen sich vor, dass der Stuhl mit dieser Person automatisch aus dem Raum rutscht und diese Person auf jeden Fall mitnimmt. Diese Vorstellung des Rausgehens/Rausrutschens steht symbolisch dafür, dass diejenige sich durch ihr Nicht-Mitmachen selbst automatisch aus Ihrem Zielbereich herausbewegt und aus Ihrer Perspektive zum Nicht-Spieler wird.

Beobachten Sie, wie sich diese Übung anfühlt. Falls dabei etwas unangenehm sein sollte, machen Sie einfach weiter und warten mit der Klärung dieses Ungleichgewichts bis zum Ende von Schritt 5.

Üben Sie das ein paar Mal, bis Sie dazu nicht mehr in diesem Buch lesen müssen und Sie es auswendig durchführen können. Das ist dafür gut, dass Sie später dieses eingeübte Verhaltensmuster auch gegenüber anderen Personen und direkt im Alltag durchführen können. Außerdem können Sie in Gedanken dieses Verhaltensmuster immer schneller durchspielen, je besser Sie es verinnerlicht haben. Letztendlich brauchen Sie im Alltag nur noch kurz daran zu denken, und Sie haben klar Ihr Gefühl zur Spieler-Rolle aktiviert.

Schritt 2: Stellen Sie sich weiter vor, die andere Person sitzt auf dem Stuhl Ihnen gegenüber. Nun aktivieren Sie Ihr Basismuster „Mit-Spieler", indem Sie laut aussprechen: „Für diesen Moment stehe ich dir voll und ganz für dein Ziel zur Verfügung, das du jetzt gerade verfolgst. Ich helfe dir gerne, dein Ziel zu erreichen. Wie kann ich dir optimal helfen?"

Beobachten Sie, wie sich dieses Basismuster im Kontakt mit dem (innerlich vorgestellten) Menschen anfühlt.

Üben Sie diese drei Sätze so lange, bis Sie sie auswendig können.

Schritt 3: Nun aktivieren Sie Ihr Basismuster „Nicht-Spieler“, indem Sie laut aussprechen: „Dafür stehe ich nicht weiter zur Verfügung. Ich respektiere dein Ziel und entscheide mich, bei diesem Ziel nicht mitzumachen.“ Beobachten Sie, wie Sie sich damit fühlen.

Sie erinnern sich, dass der Nicht-Spieler auf zwei Weisen aktiviert werden kann. Einmal durch eine eigene Entscheidung, nicht mitzumachen, und einmal durch die Entscheidung des Umfeldes, nicht mitmachen zu dürfen. Deshalb spielen Sie auch noch den zweiten möglichen Fall durch: Sie stellen sich nach einer kleinen Pause nun vor, dass der andere Sie ausgeschlossen hat, und sagen: „Du hast entschieden, dass ich nicht mitmachen darf. Ich respektiere deine Entscheidung und mache nicht mit.“

Beobachten Sie, wie sich die beiden Teile dieses Basismusters bezogen auf diese Person anfühlen.

Üben Sie diese Sätze so lange, bis Sie sie auswendig können.

Schritt 4: Aktivieren Sie Ihr Basismuster „Alles-Spieler“, indem Sie laut aussprechen: „... und auch das gehört dazu.“ Sie können diesen Satz öfter aussprechen und bei dem Wort „das“ sich verschiedene Dinge vorstellen. Beispielsweise das Verhalten des anderen; seine Reaktion auf Ihre Entscheidung bei Schritt 3, nicht mehr mitzumachen; alles das, was Sie am anderen nicht mögen; Ihre eigenen Gefühle; Ihr eigenes Verhalten ihm gegenüber etc.

Wiederholen Sie diesen Satz mehrfach und stellen Sie sich jedes Mal etwas anderes vor, das jetzt dazugehört.

Beobachten Sie jedes Mal, wie es sich anfühlt.

Schritt 5: Das Basismuster „Beobachter“ haben Sie bereits am Ende eines jeden Schrittes eingesetzt. Machen Sie es jetzt noch einmal, indem Sie die von Ihnen imaginierte Person auf dem anderen Stuhl für ca. eine Minute nur beobachten. Die innere Haltung dabei ist: „*Ich schweige und beobachte einfach nur. Ich richte meine Aufmerksamkeit auf dich. Ich konzentriere mich auf dich und nehme dich wahr.*“ – Das brauchen Sie aber weder zu sagen noch zu denken.

Beobachten Sie abwechselnd, was Sie in Ihrer Fantasie sehen und wie Sie sich als Beobachter selbst fühlen.

Sollten bei einem der ersten fünf Schritte besonders unangenehme Gefühle auftauchen, die jetzt nach Schritt 5 noch nicht wieder verschwunden sind, dann probieren Sie, ob Sie mit der Popin-Methode© den Schmerz „herausziehen“ oder „verarbeiten“ können.

Schritt 6: Beginnen Sie wieder von vorne mit Schritt 1 und gehen Sie wieder alle Schritte bis Schritt 5 durch – dieses Mal aber ein bisschen schneller. Den nächsten Durchgang dann noch schneller. Und noch schneller. Bis Sie der imaginierten Person gegenüber sitzen und kurz nacheinander alle fünf Basismuster in dieser Reihenfolge fließend und schnell durchdenken können. Dabei müssen Sie die Sätze nicht mehr aussprechen. Einfach nur noch „Spieler“ / „Mit-Spieler“ / „Nicht-Spieler“ / „Alles-Spieler“ / „Beobachter“. Wenn Sie bei einem Begriff wieder etwas länger innehalten, sollten Ihnen die dazugehörigen Sätze wieder einfallen können. Wenn Sie das nicht innerhalb eines Tages verinnerlichen konnten, dann ist das nach meiner Erfahrung „normal“ und nicht unbedingt ein Problem. Üben Sie ruhig ein paar Tage hintereinander, bis alles trainiert ist.

Dadurch haben Sie mit dieser Übung einen Musterautomatismus gebildet, den Sie jederzeit im Alltag verwenden können. Je mehr Sie ihn verinnerlicht haben, umso schneller und automatischer suchen sich Ihre inneren Muster das zur aktuellen Situation passende Basismuster aus. Je unabhängiger es abläuft, umso seltener wird dabei noch Ihr Ich-Muster und Ihre Aufmerksamkeit benötigt. Das heißt: Es regelt sich im Alltag in Ihnen von selbst. Sie werden höchstwahrscheinlich merken, dass Sie in vielen Situationen plötzlich flexibler und unabhängiger und damit auch selbstsicherer fühlen. Denn Sie haben durch dieses Training neue Muster gebildet und Ihre Wahlmöglichkeiten erhöht. Und Ihr Organismus (Ihr allumfassendes Ich) kann schneller zwischen den Basismustern hin und herwechseln.

Ergänzung: Möglicherweise könnte es nützlich sein, dieses Training auch mit anderen Personen in der imaginierten Fassung allein mit zwei Stühlen durchzuführen, bevor Sie der jeweiligen Person im Alltag begegnen. Wichtig dabei ist, bei jeder neuen Person wieder langsam von vorne anzufangen. Lassen Sie sich für jeden Schritt viel Zeit, damit Sie beobachten können, wie sich die einzelnen Basismuster im Kontakt zu der neuen Person anfühlen. Erst im zweiten Durchgang beschleunigen Sie die Wechsel zwischen den Basismustern so, wie Sie Freude daran haben.

Des Weiteren besteht die Möglichkeit, sich keine einzelne Person vorzustellen, sondern eine ganze Gruppe. Und letztendlich können Sie es auch mit sich selbst durchführen. Stellen Sie sich vor, die Person auf dem anderen Stuhl sind Sie selbst (oder ein bestimmter Teil-Aspekt von Ihnen, wie z. B. der innere Saboteur oder die innere Freundin oder die innere Chefin ihres Erlebens) – und nun machen Sie dieses Training. Wie geht es Ihnen damit? Was hat es für Auswirkungen auf Ihren Umgang mit sich selbst im Alltag?

Als Ritual: Sie können dieses Training einmal am Tag durchführen und dabei jeden Tag einen anderen Menschen, eine andere Gruppe oder einen anderen Anteil von sich selbst aussuchen. Wenn Sie es täglich machen, werden Sie das Ritual im Laufe der Zeit immer besser verinnerlichen.

Blockade im Alltag: Trotzdem kann es immer wieder vorkommen, dass Sie im Alltag in eine Situation rutschen, die mit Schmerz kombiniert ist. Entweder bei Ihnen oder bei Ihrem Gegenüber oder im Umfeld generell. Dann kann es vorkommen, dass Ihre inneren Muster sich auf den Schutz konzentrieren und verklumpen. In dem Moment bleiben Sie in einer der Basismuster kleben. Ihre antrainierte Flexibilität nützt in dem Fall nur wenig. Stattdessen kann es helfen, wieder bewusst und konzentriert die fünf Basismuster nacheinander durchzugehen und genau zu schauen, wie man sich in welcher Rolle fühlt und welche die momentan angenehmste oder angemessenste Rolle ist. Das öffnet dann wieder die Augen. Oder Sie führen die Popin-Methode© durch, um den Schmerz herauszuziehen / zu verarbeiten und wieder mehr Unabhängigkeit zu erhalten.

Wie Sie es hinbekommen, dass Sie sich in solchen Stress-Situationen überhaupt an das NeuroSonanz®-Modell erinnern, lesen Sie ab Seite 402.

Angekommen

Und wieder einmal habe ich während der Arbeit an diesem Buch etwas mit mir selbst erlebt, das ich passend zu den Themen zum Besten geben kann.

Ich merkte, dass ich allmählich ans Ende des Buches komme, und fragte mich, ob ich mich selbst denn „angekommen“ fühle, so wie ich es auf Seite 55 im Stufenplan auf Stufe 15 schrieb: *„Ich bin angekommen – in mir selbst. Ich bin Chef*in meines Erlebens und gleichzeitig mit allem und jedem tief verbunden. Ich fühle mich innerhalb der allumfassenden Verbundenheit immer freier und unabhängiger und erkenne uns alle als Teile der universellen Wachstumsspirale, in der wir immer waren, sind und werden. Das weckt immer wieder Freude und Begeisterung.“*

Die Antwort meiner inneren Muster auf meine Frage fiel ernüchternd aus. Ich fühlte mich irgendwie traurig. Sofort begann ich danach zu suchen, was die Ursache dieser Traurigkeit sein könnte. In meiner Fantasie zeigte mir das NeuroSonanz-Modell, dass die Position des Mit-Spielers diese Traurigkeit hatte. Aus irgendeinem Grund habe ich bei dem Thema „Angekommensein“ das Basismuster Mit-Spieler + Schmerz aktiviert.

Ich erinnerte mich, dass ich als Autor die „dienende“ Rolle gegenüber den Leser*innen einnehme und bei der Arbeit am Buch nach Erklärungen suche, die so vielen Leser*innen wie möglich hilfreich sein könnten. Gleichzeitig war ich mir bewusst, dass ich komplett ohnmächtig bin und niemanden wirklich beeinflussen kann. Die Menschen müssen selbst entscheiden, ob das, was ich schreibe, für sie und für ihre Wünsche und Ziele stimmig und hilfreich ist. Ich erinnerte mich an viele Situationen in meiner Vergangenheit, in denen ich anderen Menschen nicht helfen konnte. Das machte mich traurig. Ich hätte so gerne geholfen. Erfolgreich. Auch die Tatsache, dass ich dieses Buch bald fertig gestellt habe, hilft mir im Moment nicht wirklich, ein Gefühl dafür zu bekommen, vielen Menschen damit helfen zu können. Ich hatte es gehofft – aber das Gefühl stellt sich einfach nicht ein. Und so hatte ich auch nicht das Gefühl, „angekommen" zu sein. „Helfen können" und „angekommen sein" war in mir miteinander verknüpft.

Nach diesen Überlegungen entschied ich, wieder die Popin-Methode© anzuwenden. Ich wollte schauen, ob ich eine innere Unabhängigkeit herstellen könnte. Und so bat ich meine inneren Muster um ein Symbol für den gelösten Zustand. Ich wünschte mir ein Symbol, das mich repräsentiert, wie ich „angekommen" bin und wie ich mich tief in mir selbst auch „angekommen" fühle. „Olaf, der angekommen ist".

Meine inneren Muster schenkten mir ein wundervolles inneres Bild: eine große goldene Kugel, die frei in der Luft schwebte. Es fühlte sich unheimlich gut an, diese Kugel in meiner Fantasie zu sehen. So friedlich. Gleichzeitig kam mir eine Klarheit. Mir wurde klar, dass ich als Baby genau in dem Moment „in mir angekommen" war, als ich das erste Mal in meinem Leben registrierte, dass mein Umfeld aus meiner Perspektive unstimmig handelte. Ich spürte als Baby ein bestimmtes Bedürfnis, aber mein Umfeld reagierte nicht so, wie ich es gebraucht hätte. Das Fühlen dieses allerersten Unterschieds und Ungleichgewichts zwischen meinem Bedürfnis und meinem Umfeld war das „Ankommen in mir selbst". Und ich musste mich als Baby selbstständig „äußern" und mitteilen, dass da etwas nicht stimmte, damit das Umfeld auf mich reagierte und ich wieder ein Gleichgewicht fühlen konnte. Diese Klarheit war mit einem Schlag da. Das war damals der Moment, in dem ich voll und ganz in mir selbst angekommen war. Eine hochinteressante Erkenntnis, die sich sehr gut und stimmig anfühlte.

Nun wollte ich mir das zweite Symbol vorstellen – für den Olaf, der schon sehr lange in seinem Leben und auch während der Arbeit an diesem Buch nach Erklärungen sucht: „Warum verhalten wir Menschen uns so, wie wir uns verhalten? Warum fühlen wir uns so, wie wir uns fühlen? Und wie können wir bewusst darauf Einfluss nehmen?" Diese Suche nach Erklärungen empfand ich als ein „Nicht-Angekommen-Sein". Wenn ich angekommen wäre, würde ich nicht mehr suchen müssen. So dachte ich.

Was mir meine inneren Muster als Symbol für den „Olaf, der nach Erklärungen sucht“ zur Verfügung stellten, überwältigte mich: Es war genau die gleiche große goldene Kugel, die frei in der Luft schwebte – neben der ersten großen goldenen Kugel.

Ich brach in Tränen aus. Tränen der Rührung.

Ich war tief berührt von diesem Bild und der „Logik“ meiner inneren Muster: Weil ich damals als Baby bereits angekommen war, bin ich als erwachsener Olaf, der nach Erklärungen sucht, natürlich auch angekommen – immer noch. Und noch etwas wurde mir klar: Nur weil ich als Baby bereits in mir angekommen war, konnte ich mich überhaupt erst auf die Suche nach diesen vielen Erklärungen machen. Nicht: Erst hilfreiche Erklärungen finden und dann angekommen sein. Sondern: Zuerst ankommen und dann im Angekommensein leben und Erklärungen finden.

Mit Hilfe der Popin-Methode© durfte ich erkennen, dass ich schon seit meiner Zeit als Baby immer im Zustand des Angekommenseins war und bin und dass mein gesamtes Leben darauf aufbaut.

Eine schöne „Zugabe“ stellten mir meine inneren weisen Muster noch zur Verfügung: Als ich testweise in meiner Fantasie probieren wollte, die beiden großen Kugeln in viele kleine Kugeln aufzuteilen und frei und fröhlich durcheinander fliegen zu lassen, wurde mir bewusst, dass die beiden großen Kugeln bereits aus vielen kleinen Mini-Kugeln bestanden. Ich konnte die großen Kugeln mit meiner Hand berühren und in sie „eintauchen“. Die Mini-Kugeln waren absolut flexibel. Es war wie eine Flüssigkeit, die meiner Hand Platz machte und sie eintauchen ließ. Und all diese kleinen Teilchen sagten: „Wir wollen gar nicht frei herumfliegen. Wir fühlen uns so unendlich wohl in dieser großen goldenen Kugelgemeinschaft. Wir wollen so bleiben. Wir sind bereits unabhängig und entscheiden uns einfach freiwillig dafür, in dieser Form zusammen zu sein und eine Gemeinschaft zu bilden. Wir fühlen uns hier *angekommen*.“

Mit resonierenden Empfindungen erfolgreich umgehen

Auch wenn man tief in sich selbst angekommen ist, kann es sein, dass man sich in bestimmten Situationen nicht mehr so angekommen fühlt. Doch das muss nicht mit einem selbst zu tun haben. Es könnten resonierende Empfindungen[155] sein, die das Angekommen-Gefühl überdecken.

Stellen Sie sich vor, dass Sie ein bestimmtes Projekt umsetzen wollen. Sie wollen ein Ziel erreichen, für das Sie die Hilfe von einigen Leuten brauchen. Damit die anderen alles richtig umsetzen, sagen Sie ihnen, wie sie am besten helfen können und was sie tun sollen. Dabei sind Sie gegenüber Fehlern sehr tolerant eingestellt. Nun erleben Sie, dass einer der Helfer*innen sich sehr ungeschickt anstellt. Er macht sehr viele Fehler – und Sie beginnen sich über diesen Menschen zu ärgern, obwohl Sie sich normalerweise nicht so schnell aufregen. Haben Sie so eine ähnliche Situation schon einmal erlebt?

Oder stellen Sie sich vor, dass Sie selbst Helfer*in sind und einer anderen Person helfen. Die andere weiß genau, was und wie alles getan werden soll und pocht darauf, dass alles ganz exakt und richtig umgesetzt wird. Sie steht intensiv unter innerem Druck. Nun werden Sie aktiv, stellen sich aber leider ungeschickt an, obwohl Sie das von sich selbst nicht gewohnt sind. Die andere ärgert sich extrem über Ihre Fehler. Kommt Ihnen auch das bekannt vor?

In der ersten Situation waren Sie Chef*in und haben Helfer*innen engagiert. Hier könnte es sein, dass der ungeschickte Helfer in der inneren

---

[155] In Fachkreisen wird es auch „repräsentierende Wahrnehmung“ genannt, eine Bezeichnung von Prof. Dr. Matthias Varga von Kibéd und Insa Sparrer. Die Bezeichnung „resonierende Empfindung“ stammt von mir.

Realität lebt, dass man sich über seine Fehler ärgert. Er ist mit Eltern aufgewachsen, die sich über jeden seiner Fehler geärgert haben, und hat diesbezüglich eine starke Heilungshierarchie. Sie haben sich in diese Hierarchie unbewusst eingefügt, sind in eine Eltern-Rolle gerutscht und haben die resonierende Empfindung „Ärger" gefühlt.

In der zweiten Situation waren Sie selbst Helfer*in und haben jemandem zur Verfügung gestanden. Die andere Person stand intensiv unter Druck und wollte jeden Fehler ausschließen. In diesem Fall könnte es sein, dass die andere in der Realität lebt, dass Fehler definitiv ausgeschlossen sind und besonders negativ bewertet werden (starke Heilungshierarchie). Fehler sind schon in ihrer Familie mit Stress kombiniert gewesen. Und nun sind Sie ihr gegenüber in eine Rolle gerutscht, haben in sich die resonierende Empfindung „Stress bei Fehlern" gefühlt, während die andere sehr wertend Ihr Verhalten beobachtet hat. Durch diesen Stress beeinflusst, machten Sie vermehrt Fehler und stellten sich ungeschickt an.

Haben Sie schon einmal ein Ziel erreichen wollen, hinter dem Sie nicht wirklich standen? Sie waren nicht wirklich mit Herzblut dabei? Eigentlich waren Sie eher lustlos, haben sich aber gezwungen, das Ziel erreichen zu wollen. Und als es darum ging, Helfer dafür zu finden, mussten Sie die Erfahrung machen, dass viele Leute keine Zeit (keine Lust) dazu hatten.

Umgekehrt: Jemand hat Sie gefragt, ob Sie bei einer Sache mitmachen wollen, und Sie haben in dem Moment eine Lustlosigkeit in sich aufsteigen gespürt, die vor dieser Frage noch nicht da war. Kennen Sie das?

Möglicherweise können die Befragten die Lustlosigkeit der/des Fragenden fühlen und entwickeln eine entsprechend „lustlose" resonierende Empfindung.

Ich habe im Jahr 2001 entschieden, meine Arbeit als Chorleiter vorübergehend zu beenden. Gleichzeitig wollte ich meine Schüler*innenzahl (Gesang- und Klavierschüler*innen) von 12 auf 30 aufstocken. Ich wollte mein Geld vermehrt durch Unterrichten verdienen, war sehr engagiert bei diesem Ziel und hatte ein klares Gefühl. Ich machte einen Aushang an dem schwarzen Brett neben dem Eingang eines Musikgeschäfts in der Stadt. Innerhalb von drei Monaten war meine Schülerzahl auf 32 angestiegen.

Im Jahr 2005 war allmählich meine Schüler*innenzahl wieder geschrumpft. Ich unterrichtete nur noch 18 Schüler*innen. Stattdessen hatte ich seit einiger Zeit begonnen, Workshops für Freie Systemische Aufstellungen zu organisieren. Doch diese Workshops liefen finanziell noch nicht so gut, dass ich allein davon leben konnte. Ich spielte wieder mit dem Gedanken, meine Schüler*innenzahl aufzustocken, stand aber mit dem Herzen nicht so ganz dahinter wie 2001. Ich machte genau den gleichen (!) Aushang beim selben (!) Musikgeschäft – aber es meldete sich kaum jemand. Hatten die Menschen meine fehlende Energie spüren können? Allein durch das Schauen auf meinen Aushang?

Kennen Sie das Gefühl, sich bei bestimmten Handwerker*innen misstrauisch zu fühlen und bei anderen Handwerker*innen nicht?

Oder dass Sie sich wohl fühlen, bei einer Internetfirma einzukaufen, und bei einer anderen Internetfirma haben Sie Vorbehalte?

Ich kenne es von mir, dass ich Kinofilme allein vom Titel her beurteile. Dabei urteile ich nicht über den Titel an sich, sondern ich „fühle" mir den Titel an. Bisher habe ich immer nur Bestätigungen erfahren. Bei Titeln, die sich gut anfühlten, war der Film für mich tatsächlich gut. Bei Titeln, die sich nicht so gut anfühlten, und ich ging aber trotzdem rein, war ich nicht begeistert oder sogar gelangweilt.

Das gleiche mache ich im Internet. Sobald sich für mich irgendetwas auch nur ein bisschen unstimmig anfühlt, schaue ich sofort genauer hin und frage mich, ob ich dort auch wirklich einkaufen will. Meine Aufmerksamkeit ist durch das Ungleichgewichtsgefühl geschärft (konzentriert) – und wenn es immer schlimmer wird, breche ich den Einkaufsvorgang ab. Manchmal verwende ich dazu das NeuroSonanz-Modell und schaue mir in meiner Fantasie die Symbole der vier Basismuster an. Lächeln alle und sind fröhlich, während ich in diesem Internetshop einkaufe?

Wir alle kennen es aus unserer Schulzeit, dass der Unterricht bei bestimmten Lehrer*innen viel Spaß gemacht hat. Hier waren wir konzentriert bei der Sache. Und bei anderen Lehrer*innen war es langweilig.

Wenn Sie selbst Lehrer*in sind, dann kennen Sie sicherlich die Gespräche der Lehrer*innen untereinander im Lehrerzimmer, in denen man sich über ganz bestimmte Schüler*innen unterhält. Die eine Lehrerin berichtet dem anderen, wie unvernünftig sich Schüler A verhält – und der andere Lehrer reagiert: „Seltsam, bei mir ist er nicht so."

Heutzutage haben die meisten Menschen schon mehrere Partnerschaften erlebt. Viele kennen es, dass sie sich mit dem einen Partner anders gefühlt haben als mit dem anderen. Aber es war nicht nur ein Gefühl. Man hat sich selbst teilweise unterschiedlich in den Partnerschaften verhalten. In der einen Partnerschaft war man eher zurückhaltend, in der anderen Partnerschaft eher dominant.

Wer als Angestellte*r jemals eine Firma gewechselt hat, der weiß, wie unterschiedlich es sich in den jeweiligen Firmen angefühlt hat. Und das lag nicht nur an den Mitarbeiter*innen, mit denen man in Kontakt stand, sondern irgendwie auch an anderen Zusammenhängen, die man nicht so ganz auf den Punkt bringen kann.

Eine Frau hat mir erzählt, dass Sie eine Auseinandersetzung mit Ihrem Chef hatte. Der Chef hat geschimpft und ihr Vorwürfe gemacht. Sie selbst brachte kein Wort über die Lippen. Am Ende ging der Chef aus dem Raum, ohne dass sie etwas gesagt hatte. Sie kam zu mir in die Einzelberatung, weil sie sich fragte, warum sie nichts sagen konnte. Den Rahmen dazu hätte sie zwar gehabt, weil der Chef ab und zu Pausen in seinem Redeschwall machte. Außerdem bestand kurz vor seinem Weggehen noch eine Möglichkeit, auf seine Vorwürfe zu reagieren. Doch sie war verstummt – und wusste überhaupt nicht, warum.

Ich fragte sie, ob der Chef verwundert war, dass sie nichts gesagt hatte. „Nein“, war ihre Antwort. „Das schien für ihn keine Rolle gespielt zu haben.“ Dann konnte ich ihr einen Deutungsvorschlag machen:

„Wenn dein Chef sich überhaupt nicht gewundert hat, dass du verstummt bist, und wenn er auch nicht nachgefragt hat, warum du nichts sagst, dann kann es sehr gut sein, dass er dieses Verhalten *erwartet* hat. Du bist ihm gegenüber möglicherweise in eine Rolle gerutscht, die er sich auf irgendeiner unbewussten Ebene gewünscht hatte. So konnte er ungestört seine Vorwürfe machen. *Vielleicht* hast du also aus seiner Perspektive das für ihn beste Gleichgewicht gewählt.

Stell dir einmal vor, dass dein Verstummen allein dein eigenes Problem gewesen wäre und mit ihm überhaupt nichts zu tun gehabt hätte. Dann hätte er bestimmt irgendwann zwischendrin gefragt, warum du nichts mehr sagst. Und vielleicht hätte er auch auf dein Verstummen reagiert und gesagt, dass er mit seiner Kritik dich nicht so angreifen wollte, dass du nun verstummen musst. Dein Verstummen wäre für ihn unstimmig gewesen. Und er hätte dein Verstummen ebenfalls kommentiert. Aber offensichtlich war es stimmig für ihn und er wollte nur Dampf ablassen – ohne eine Diskussion. Und das kannst du als ein Zeichen dafür nehmen, dass du ihm innerhalb seiner Dynamik *möglicherweise* zur Verfügung gestanden bist.“

Als ich sie fragte, ob sie jedes Mal verstummt, wenn ihr jemand Vorwürfe macht, verneinte sie dies. Das war ein weiterer Hinweis, dass sie nicht generell das Muster hat, im Kontakt mit Vorwürfen zu verstummen, sondern dass es von dieser speziellen Situation mit diesem Menschen abhing. Ihr Verstummen war also nicht falsch, sondern *wahrscheinlich* eine passende resonierende Reaktion zur Situation.

Dies waren ein paar Beispiele, wie sich resonierende Empfindungen im Alltag auswirken können.

Wer bisher „Bauchgefühle“ und „Intuition“ versucht hat, wissenschaftlich zu begründen, muss spätestens jetzt seinen Horizont erweitern. Denn die Erfahrungen, die bei Systemaufstellungen gemacht werden, sind mit den bisherigen Denkmodellen der Wissenschaft nicht vollständig erklärbar. Systemaufstellungen belegen, dass Menschen grundsätzlich in der Lage sind, solche resonierenden Empfindungen erleben zu können. Kaum jemand muss es üben, sich als „Stellvertreter*in“ in Rollen einzufühlen. Fast jede*r kann es sofort beim ersten Mal umsetzen. Offensichtlich gibt es da eine Naturbegabung bei uns Menschen. Diese Naturbegabung ist bereits bei ungehemmten Kindern erlebbar. Außerdem ist sie seit Sigmund Freud in der Psychotherapie als „Gegenübertragung“ bekannt. Therapeut*innen reagieren in ihrem Gefühl und Verhalten auf die Projektionen ihrer Klient*innen.

Experimente in der Wissenschaft scheinen das Phänomen zu bestätigen. Ein italienisches Wissenschaftler*innenteam um William Giroldini (Evanlab, Florenz) und Patrizio Tressoldi (Dipartimento di Psicologia Generale, Padova) hat mit fünfundzwanzig Paaren experimentiert. Die Paare waren jeweils zwei befreundete oder direkt verwandte Personen. Die Wissenschaftler*innen trennten beide voneinander, brachten sie in verschiedenen, weit genug voneinander getrennten Räumen unter und überwachten die Hirnaktivitäten von beiden Personen mit Hilfe eines EEG[156]. Eine Sitzung dauerte zehn Minuten. Beide Personen wurden

---

[156] Elektroenzephalograph.

gebeten, sich über die Entfernung in Gedanken aufeinander zu konzentrieren. Dabei wurde die eine Person in dieser Zeit mit akustischen als auch gleichzeitig visuellen Signalen (Lichtblitze) stimuliert, die jeweils eine Sekunde dauerten und in unregelmäßigen Abständen aufeinander folgten. Bei der anderen Person wurde im Alphawellenbereich zur gleichen Zeit eines Signals eine leicht erhöhte Hirnaktivität festgestellt. Die Wissenschaftler*innen stuften die Messungen bei der empfangenden Person als signifikant ein.[157]

Ich bin der Überzeugung: *Wenn* die Wissenschaftler*innen sich auf ein Phänomen stürzen sollten, dann auf das!

Sollten resonierende Empfindungen „nur" auf Einbildung einiger Menschen oder auf unbewussten Manipulationen beruhen, wie einige Zweifler*innen argumentieren, dann dürften Systemaufstellungen sich nicht so verbreiten und so positiv wirken. Doch inzwischen werden Systemaufstellungen immer mehr anerkannt, breitgefächert genutzt, in Firmen eingesetzt und an manchen Universitäten erlebt[158]. Das Phänomen an sich überzeugt. Seit 2015 gibt es ein sehr umfassendes und allparteilich gestaltetes *Handbuch Qualität in der Aufstellungsleitung*[159], in welchem langjährig tätige Aufstellungsleiter*innen ihre Erfahrungen konzentriert versammelt haben. Auch die von mir im Jahr 2003 begründeten Freien Systemischen Aufstellungen sind darin vertreten.

Ich bin davon überzeugt, dass wir Menschen alle solche Empfindungen haben und dass wir durch sie möglicherweise in unserem Alltag *unbewusst* beeinflusst werden.

Sind also unsere Gedanken und Gefühle doch nicht so frei? Wohl nicht so ganz, denn wir befinden uns trotz unserer Unabhängigkeit immer innerhalb einer allumfassenden Verbundenheit. So wie unsere Finger sich unabhängig bewegen können, aber mit unserer Hand unweigerlich verbunden sind. In diesem Kapitel komme ich nun auf diese Verbundenheit zu sprechen.

---

[157] Artikel im Internet: EEG correlates of social interaction at distance, Patrizio Tressoldi, zuerst veröffentlicht am 3.8.2015, Zugriff am 15.8.2016.

[158] Universität Bremen, Georg Müller-Christ: *Systemaufstellungen als innovatives didaktisches Format zur Vermittlung von Orientierungswissen und Systemkompetenz für Studierende und Entscheidungsträger/innen.*

[159] Herausgeberinnen: Nazarkiewicz/Kuschik, Verlag: Vandenhoeck & Ruprecht.

In der Biologie gibt es eine große Frage, die bis heute noch nicht beantwortet ist: Wie entwickelt sich aus einer Eizelle und einer Samenzelle nach der Befruchtung ein kompletter Mensch?

Die Eizelle beginnt sich nach der Befruchtung zu teilen. Nach den ersten Teilungen sind es immer noch Zellen, die sich alle untereinander gleichen. Man sagt auch „Stammzellen“ dazu. Stammzellen haben die Fähigkeit, sich in die unterschiedlichsten Zelltypen und Gewebeformen weiterzuentwickeln. Doch woher weiß eine Zelle, an welcher Stelle sie sich zu welchem Zelltyp oder welcher Gewebeform weiterentwickeln soll? Woher weiß eine Zelle, dass sie sich an der passenden Stelle in eine Nervenzelle entwickelt – oder an einer anderen Stelle in eine Haut-Zelle oder Haarwurzel-Zelle oder Herz-Zelle etc.?

Inzwischen spricht man von „Schaltermolekülen“, die eine Zelle entsprechend beeinflussen. Jedoch hat die befruchtete Eizelle im ungeteilten Zustand noch keine Schaltermoleküle. Woher kommen also diese Schaltermoleküle? Wie entwickeln sie sich und woran orientieren sie sich? Der Wissenschaftler Michael Kessel vom Max-Planck-Institut für biophysikalische Chemie in Göttingen sagt: „Wie genau diese Regelprozesse zur Ausbildung eines Körpers mit seinen komplexen Strukturen führen, ist allerdings immer noch ein Forschungsgebiet mit vielen offenen Fragen.“[160]

Eine weitere offene Frage ist: Wie konnte sich aus toter Materie auf einem leblosen Planeten im Laufe von Jahrmillionen das Leben auf der Erde entwickeln? Wie funktionierte der Schritt von Materie zu Lebendigem? Es gibt bereits Theorien dazu, doch als endgültig beantwortet gilt diese Frage noch nicht.

Was haben diese beiden Beispiele mit den resonierenden Empfindungen zu tun? Was ist der rote Faden bei diesen beiden Beispielen?

Die offenen Fragen.

Auch bei den resonierenden Empfindungen sind wir Menschen noch nicht in der Lage, endgültig zweifelsfrei wissenschaftlich zu beweisen, ob es dieses Phänomen überhaupt gibt, ob es „nur“ ein Teil unserer Realitätskonstruktion ist oder ob es die Welt *ohne* resonierende Empfindungen überhaupt geben kann. Vielleicht baut alles Lebendige auf genau diesem Phänomen auf? Auf „Resonanz“? Und zwar nicht nur im physika-

[160] Internet, Spiegel-Online / Schulspiegel, Dez. 2011, Zugriff am 15.6.2016.

lischen Sinne, sondern besonders auch im emotionalen Sinne? Woher kommen unsere Instinkte, Bauchgefühle und die intuitiven Ideen für Neues?

Wer sagt denn, dass die physikalischen Kräfte nicht mit unseren emotionalen Kräften, unseren Wünschen und Bedürfnissen eng zusammenhängen? Wer sagt, dass die Basis des Universums nicht aus Kräften/Wünschen besteht? Könnten menschliche Stammzellen durch Resonanz untereinander und zum direkten Umfeld beeinflusst sein? Könnte das Leben auf der Erde durch Resonanz zwischen Materieteilchen und zwischen Materie und Sonne entstanden sein?

Eines ist auf jeden Fall klar: Wir wissen es (noch) nicht! Deswegen können wir nur mit Denkmodellen experimentieren und beobachten, ob sich diese Denkmodelle für unser persönliches Erleben stimmig und schlüssig anfühlen oder nicht.

Ich lade die Fachwelt dazu ein, sich ausführlich mit dem Phänomen auseinanderzusetzen, das in Systemaufstellungen zum Vorschein kommt und „repräsentierende Wahrnehmung“ und „resonierende Empfindung“ genannt wird. Ich behaupte: Wer sich als Naturwissenschaftler*in, Philosoph*in oder Psycholog*in hemmt, dieses Phänomen in alle Überlegungen bezüglich ihrer/seiner Forschungen – egal in welche Richtung – mit einzubeziehen, die/der forscht mit einer großen Lücke. Dementsprechend werden sich auch die Forschungsergebnisse und die daraus entwickelten Denkmodelle als lückenhaft erweisen.

Denke ich an dieser Stelle an den Radikalen Konstruktivismus, der davon ausgeht, dass wir unsere Realität in unserem Gehirn radikal selbst konstruieren, dann sehe ich auch dort die Lücke. Es fehlt, dass wir während unserer Konstruktion durch Resonanz im Kontakt mit unserem Umfeld stehen und uns auf irgendeine Weise in unserer Realitätskonstruktion beeinflussen lassen (Wunsch nach Gleichgewicht). Das kann man schon alleine daran erkennen, dass in der Hirnforschung seit längerem bekannt ist, dass man die Funktionsweise des Gehirns durch starke Magnetfelder beeinflussen kann. Es besteht die Möglichkeit, durch ein bestimmtes starkes Magnetfeld die Arbeit einer kompletten Hirnhälfte zu stören, so dass sie nicht mehr richtig funktioniert. Und wenn so etwas durch starke Magnetfelder ganz offensichtlich möglich ist, dann ist es sicherlich auch durch wesentlich schwächere Kraftfelder auf wesentlich sensibleren Ebenen möglich, dass unser Gehirn Schwingungen vom

Umfeld registriert. Das Gehirn kann nicht radikal vom Umfeld losgelöst sein und sich die Realität allein nur durch die Signale der Wahrnehmungsorgane „errechnen“. Es muss im Bereich der Schwingungen mit dem Umfeld auf irgendeiner Ebene „vernetzt“ sein. Vielleicht nutzt unser Gehirn sogar diese Vernetzung konstruktiv, um seine Realitätsabbildung zu optimieren?

Wer sich bis jetzt noch kein inneres Bild dazu machen konnte, für den habe ich ein Symbol: Denken Sie an einen Diamanten. Der Diamant ist das härteste Material auf der Welt. Wir Menschen verknüpfen mit „Härte“ oft die Eigenschaft „undurchdringbar“. Aber was macht das Licht? Es wird durch dieses harte Material wundervoll weitergeleitet. Diamanten sind durchsichtig und leiten auch sehr gut Wärme weiter – trotz ihrer Härte. Unser lebendiger und im Vergleich zum Diamanten „weicher“ Körper besteht aus viel Wasser – zwischen 50 und 80 Prozent, abhängig vom Alter. Er ist definitiv offen für direkte Beeinflussungen von Schwingungen und Kraftfeldern aus dem Umfeld und reagiert auf sensiblen Ebenen darauf. Meistens merken wir es nicht bewusst, denn wir denken immer, wir bleiben „wir selbst“.

Wir erleben uns als autonome Wesen. Wir gehen davon aus, einen „freien“ Willen zu haben. Aber es könnte höchstwahrscheinlich sein, dass all unsere Impulse nicht nur von unserem eigenen Körper, von unserem Ich, sondern auch von unserem Umfeld per „Resonanz“ beeinflusst werden. Auf jeden Fall sind wir es nicht gewohnt, unsere Bedürfnisse und unser Verhalten einem Umfeld zuzuordnen, mit dem wir permanent in Verbindung stehen und das uns in unseren Gefühlen und Entscheidungen beeinflusst.

Der amerikanische Hypnotherapeut Milton H. Erickson hat einen großen Schatz hinterlassen: Er sowie einige seiner Schüler*innen haben sehr viele Artikel über seine verschiedenen Hypnose-Experimente verfasst. Regelmäßig erwähnt er darin, dass die hypnotisierten Versuchspersonen sich nicht bewusst sind, dass sie sich gerade in einem hypnotisierten Zustand befinden. Sie denken, sie seien ganz normal wach und vollständig bei Sinnen. Wurde einer Versuchsperson aber beispielsweise suggeriert, den linken Arm *unbewusst* hinter den Kopf zu nehmen, und sie wurde dann gefragt, warum sie ihren Arm hinter dem Kopf hält, dann konnte sie es sich nicht erklären. Die Person konnte ihr Verhalten nicht der Hypnose und schon gar nicht den Suggestionen von

Erickson zuordnen[161]. Wenn Erickson seinen Versuchspersonen die Suggestion gab, dass sie sich an alles erinnern, reagierten sie regelmäßig mit Klarheit, konnten sich an alles erinnern und entsprechende Zusammenhänge herstellen. Sie wussten plötzlich, warum sie sich so verhalten hatten.

Inzwischen kann ich mir diese Phänomene erklären[162]: Die Versuchspersonen haben auf ganz normale Weise den Worten von Erickson entsprechend ihre Musterautomatismen gestartet und haben die Anweisung von ihm einfach nur umgesetzt. Sie haben „unbewusst" etwas getan – und als sie dann gefragt wurden, warum sie es tun, war es ihnen logischerweise „unbewusst". Das war ein normaler Musterautomatismus im Gehirn, der *ohne* das Basismuster „Beobachter" (ohne Aufmerksamkeit, ohne Bewusstsein) ablief. Mein Fazit daraus ist: Wir Menschen sind in der Lage, Musterautomatismen zu starten und dieses Starten uns gleichzeitig unbewusst werden zu lassen (es läuft *unabhängig* von unserer Aufmerksamkeit). Umgekehrt sind wir auch in der Lage, uns Zusammenhänge wieder bewusst werden zu lassen.

Ich übertrage es auf unsere Verbundenheit zu unserem Umfeld: Haben wir uns selbst mit der Überzeugung hypnotisiert, dass wir mit unseren Gefühlen und Impulsen vom Umfeld getrennt sind, dann haben wir einen bestimmten Musterautomatismus aktiviert. In diesem Automatismus werden wir erstens *nicht* nach Zusammenhängen Ausschau halten und zweitens auch keine Zusammenhänge entdecken – obwohl es vielleicht manche Zusammenhänge gibt. Und wenn wir trotzdem Zusammenhänge entdecken, werden wir sie nicht erklären können, sie als „Zufälle" abtun und uns nicht weiter darum kümmern.

Was passiert aber mit uns, wenn wir in uns die Überzeugung aktivieren, dass es resonierende Empfindungen immer und überall gibt und wir mit unseren Gefühlen und Impulsen manchmal oder öfter oder immer (?) auf Energien (Kräfte, Wünsche) in unserem Umfeld reagieren? Aufgrund einer universellen Verbundenheit?

Wie bereits beschrieben gehe ich als „Chef meines Erlebens" davon aus, dass es resonierende Empfindungen gibt. Ich lebe in der Überzeugung, dass sie überall im Alltag vorhanden sind, dass wir sie aber nicht immer

---

[161] *Gesammelte Schriften von Milton H. Erickson*, Band 3, Seite 185 f.

[162] Zur Erinnerung siehe Seite 133 ff.

bewusst wahrnehmen. Parallel dazu erlebe ich in mir ein anwachsendes Wissen für entsprechende Zusammenhänge im Alltag und kann immer gezielter mit solchen Beeinflussungen umgehen.

Wie bin ich zu dieser Überzeugung gelangt? Durch meine vielen Erlebnisse als Organisator der Freien Systemischen Aufstellungen. Ich habe selbst viele Aufstellungen durchgeführt als auch über dreizehn Jahre tausende von Aufstellungen organisiert, begleitet, beobachtet und innerlich entsprechende Muster gebildet. Nach vielen Experimenten und Beobachtungen bin ich zu der Überzeugung gelangt, dass die Inhalte einer Aufstellung zu einem Teil aus unseren persönlichen Interpretationen bestehen und zu einem Teil aus resonierenden Empfindungen. In welchem Verhältnis diese Anteile zueinander stehen, ist – glaube ich – von Aufstellung zu Aufstellung verschieden. Mal bestehen die Informationen einer Aufstellung mehr aus Interpretationen mal mehr aus resonierenden Empfindungen. Das hängt von den Aktivierungen der Heilungshierarchien der beteiligten Personen ab. Wie stark ist bei jemandem das Basismuster „Spieler“ aktiviert und wie stark das Basismuster „Mit-Spieler“?

Wie funktionieren Freie Systemische Aufstellungen?

Doch bevor ich ausführlicher auf resonierende Empfindungen im Alltag eingehe, möchte ich zunächst für „Erstklässler“ erklären, was Aufstellungen sind. Dabei beschränke ich mich auf die Form, wie ich sie bei den Freien Systemischen Aufstellungen entwickelt habe.

Freies Aufstellen funktioniert so:

Als Organisator lege ich fest, wann und wo ein Workshop stattfinden soll, und stelle den Termin in den Veranstaltungskalender ins Internet[163]. Entweder kann man unangemeldet spontan teilnehmen oder man muss sich anmelden, weil die Teilnehmer*innenzahl begrenzt ist.

Ich gehe im Folgenden von einer Gruppe mit ungefähr 15 Teilnehmer*innen aus. Die Teilnehmer*innen sind mit unterschiedlichen Anliegen zur Veranstaltung gekommen. Wir losen aus, wer aktiv sein Anliegen mit Hilfe einer Aufstellung bearbeiten darf. Die ausgeloste Person ist die Chefin ihrer eigenen Aufstellung und darf *frei* darüber bestimmen, wie

[163] Alle Infos über das Freie Aufstellen und Termine finden Sie im Internet unter: www.freie-systemische-aufstellungen.academy.

ihre Aufstellung ablaufen soll[164]. Dafür erhält sie einen festgelegten Zeitrahmen. Die aufstellende Person überlegt nun laut oder still für sich, wie sie ihr Anliegen mit Hilfe der Gruppe aufstellen möchte. Dann fragt sie einzelne Teilnehmer*innen, ob sie jeweils eine Stellvertreterrolle einnehmen würden. Beispielsweise sucht sie sich Stellvertreter*innen für

- ihr aktuell krankes Ohr
- die Ursache für die Krankheit
- der gesunde Zustand ihres Ohrs
- das heilende Element
- sich selbst

Das ist ein Beispiel für eine Aufstellung mit dem Thema: „körperliche Krankheit“. Hat aber die aufstellende Person ein Problem im Job, dann kann sie z. B. wie folgt Stellvertreter*innen aussuchen:

- die Mitarbeiterin, mit der ein Problem besteht
- der Chef
- die Firma als Ganzes
- Stellvertreterin für sich selbst
- das klärende Element

Welche Stellvertreter*innen bei einer Aufstellung eine Rolle spielen, kann frei entschieden und während der Aufstellung spontan geändert werden. Fehlt jemand, dann kann man eine weitere Rolle hinzustellen. Ist eine Position eher überflüssig und spielt keine Rolle (mehr), kann die/der entsprechende Stellvertreter*in auch entlassen werden.

Das Resonanz-Phänomen funktioniert nun wie folgt: Die Stellvertreter*innen stellen sich (als „Mit-Spieler“) vollkommen dem Thema der aufstellenden Person („Spieler“) zur Verfügung. Ihre eigenen Ziele stellen sie im optimalen Fall hinten an. Und nun beobachten die Stellvertreter*innen, wie sie sich durch die Zuweisung der Stellvertreterrolle unter der Beobachtung der aufstellenden Person in der Aufstellung zu fühlen beginnen. Jede*r Stellvertreter*in fragt sich selbst:

- Wie fühle ich mich jetzt?
- Was spüre ich?

---

[164] Deswegen heißt es *„Freies“* Aufstellen. Bei manch anderen Aufstellungsformen ist die/der Chef*in der Aufstellung die/der erfahrene Seminarleiter*in, die/der mit Hilfe von Fachkenntnissen die Aufstellung leitet.

- Wie fühle ich mich zu anderen Stellvertreter*innenn?

- Was will ich tun? Gibt es Handlungsimpulse in mir?

Entweder setzen die Stellvertreter*innen ihre Bewegungsimpulse sofort um oder sie berichten zunächst darüber, bevor sie sich bewegen – je nachdem wie es die aufstellende Person wünscht.

Der Moment, in dem eine Stellvertreterin sich selbst beobachtet und ihre Gefühle und Impulse ausdrückt, ist der Punkt, wo entweder eine persönliche Interpretation der jeweiligen Stellvertreterin zum Vorschein kommt oder sich eine resonierende Empfindung zeigt oder beides. Ob die Mitteilung einer Stellvertreterin eine persönliche Interpretation oder eine resonierende Empfindung darstellt, kann nur die aufstellende Person entscheiden. Nur sie kann wahrnehmen, ob die Äußerung oder die Aktion einer Stellvertreterin einen Zusammenhang zur Rolle oder zum aufgestellten Thema darstellt oder nicht.

Offensichtliche Zusammenhänge sind, wenn sich der Stellvertreter für das kranke Ohr unwohl fühlt und es ihn am ganzen Körper juckt. Die aufstellende Person bestätigt: „Mein Ohr ist tatsächlich krank, weil es übermäßig juckt." Oder wenn der Stellvertreter des Chefs der Firma sagt, dass er sich am liebsten zur Tür stellen oder aus dem Raum gehen möchte. Und die aufstellende Person sieht den Zusammenhang, dass der Chef der Firma tatsächlich permanent unterwegs ist. Außerdem erlebt sie den Chef als sehr distanziert.

Besonders interessant bei Aufstellungen finde ich, dass man auch „verdeckt" aufstellen kann. Die aufstellende Person sucht aus der Gruppe Stellvertreter*innen für bestimmte Rollen aus, teilt aber den Stellvertreter*innen nicht mit, welche Rolle sie ihnen in Gedanken gegeben hat. Ein Stellvertreter fühlt sich also in eine Rolle ein, für die er keinerlei Bezeichnung und auch keine weitere Information erhalten hat. Interessanterweise können aufstellende Personen trotzdem in den Äußerungen und Aktionen von Stellvertreter*innen zum Thema stimmige Zusammenhänge wiederentdecken. Auch bei einer verdeckten Aufstellung können resonierende Empfindungen zum Vorschein kommen.

Wie ich schon sagte: Ich bin davon überzeugt, dass ein Teil dieser Zusammenhänge die individuelle Interpretationen von Stellvertreter*innen oder auch der aufstellenden Person darstellt. Und ein Teil der Zusammenhänge kommt durch tatsächlich stattfindende resonierende Empfindungen zustande. Denn manche Äußerungen und Aktionen von

Stellvertreter*innen sind so verblüffend übereinstimmend, dass hier nicht mehr von einem „Zufall“ oder einer „Interpretation“ die Rede sein kann. Teilweise sprechen Stellvertreter*innen aus ihrem Bauchgefühl Sätze aus, die exakt den Aussagen der „realen Personen“ aus dem Alltag entsprechen. Sätze, die die Stellvertreter*innen nie hätten wissen können. Auch in den Interaktionen der Stellvertreter*innen zeigt sich eine Dynamik, die der wirklichen Situation im Alltag oder dem aufgestellten Thema manchmal exakt entspricht. Trotzdem: Man kann als Stellvertreter*in nie wirklich wissen, ob man „richtig“ fühlt. Man muss immer wieder nachfragen, ob die aufstellende Person damit etwas anfangen kann.

Der Sinn oder das Ziel einer Aufstellung ist, an der Dynamik so zu arbeiten, dass sich am Ende ein Happy End für die aufstellende Person entwickeln konnte. Im optimalen Fall wirkt sich dieses Happy End positiv auf die inneren Muster und damit auf das Anliegen der aufstellenden Person aus. Man findet mit Systemaufstellungen neue Lösungen, neue Ordnungen, kann seine Wirklichkeit erweitern, seine Wahlmöglichkeiten erhöhen und sich innerlich und äußerlich unabhängiger machen. Manchmal ist aber auch gar kein Happy End nötig, denn es genügt das reine Beobachten der Zusammenhänge, die sich mit Hilfe der resonierenden Empfindungen in den Stellvertreter*innen zeigen (siehe das 9. Basismuster „Beobachter“ = Musterbildung).

Wer selbst ein paar Aufstellungen mit eigenen Themen durchgeführt hat, wird das Phänomen, das ich hier beschreibe, sofort erinnern und dadurch auch nachvollziehen können.

In meinem Buch *Freie Systemaufstellung: Das fühlt sich richtig gut an!* finden Sie konkrete Anweisungen, wie Sie eine Aufstellung mit sich selbst, mit Freund*innen oder auch nur mit der Partnerin zu zweit durchführen können. Zwar haben viele Menschen die Befürchtung, dass bei Aufstellungen etwas „schief“ laufen kann und Aufstellungsarbeit deshalb nur in psychotherapeutische Hände gehöre. Doch ich habe als Nicht-Therapeut seit dreizehn Jahren auch andere Erfahrungen gemacht: Wenn man so mit den Aufstellungen umgeht, wie ich es im Regelwerk des Freien Aufstellens verankert habe, ist das eigenverantwortliche Durchführen von Aufstellungen genauso ungefährlich, wie das Durchführen einer ausgelassenen Party oder einer Party, auf der man sich intensiv über „Probleme“ unterhält. Genauso wie eine Treppe, ein Küchenmesser, das Flugzeugfliegen und das Autofahren an sich nicht gefährlich sind, ist auch das Aufstellen an sich nicht gefährlich. Es kommt immer darauf an, *wie man mit etwas umgeht* und ob das „Schicksal" Unfälle vorgesehen hat.

Wenn man achtsam Chef*in seines Erlebens bleibt und sich vor den Behauptungen anderer Menschen schützt, was beim Freien Aufstellen (wie beim Autofahren) oberstes Gebot ist, kann jeder Stück für Stück innerhalb kürzester Zeit lernen, für sich stimmig mit Freien Systemischen Aufstellungen umzugehen – so wie man Treppensteigen oder Brotschneiden lernt. Eine „unerwartete und plötzliche Konfrontation mit dunklen Anteilen der Psyche" findet in so einem eigenverantwortlichen und freien Rahmen nicht statt.

Die Resonanz im Alltag

Ich behaupte nun, dass die resonierenden Empfindungen einen Teil unseres täglichen Lebens darstellen, aber nicht immer bewusst erlebt werden. Persönliche Interpretationen und fehlende oder unklare Rangfolgen verhindern das Erkennen solcher Empfindungen.

Warum haben Rangfolgen darauf einen Einfluss?

Ich habe mir genau angeschaut, unter welchen Bedingungen resonierende Empfindungen in Systemaufstellungen zum Vorschein kommen. Auf folgende Punkte bin ich gestoßen:

1. Es wird ein*e Chef*in bestimmt, deren/dessen Anliegen im Mittelpunkt steht (Basismuster „Spieler") – die aufstellende Person.
2. Es gibt Teilnehmer*innen, die sich für dieses Anliegen gerne zur Verfügung stellen (Basismuster „Mit-Spieler") – die Stellvertreter*innen.
3. Die/der Chef*in muss in der Lage sein, während des Chef*inseins auch das Basismuster „Alles-Spieler" leben zu können („... und auch das gehört zu meinem Chef*insein dazu").
4. Die zur Verfügung stehenden Teilnehmer*innen konzentrieren sich innerhalb ihrer Stellvertreterrolle *auf sich selbst* und müssen in der Lage sein, ihre eigenen Gefühle und Impulse gut beschreiben zu können (In-Form-ationen).

Wenn wir das auf den Alltag übertragen, dann werden resonierende Empfindungen unter folgenden Bedingungen erkennbar:

1. Eine Person A steht mit ihrer Heilungshierarchie oder mit ihrem Ziel im Mittelpunkt (Spieler).
2. Andere Personen stehen ihr dafür zur Verfügung, indem sie sich gewollt oder ungewollt der Heilungshierarchie oder dem Ziel von Person A unterordnen und damit anpassen (Mit-Spieler).
3. Person A ist bereit, über ihre Ziele und Heilungshierarchien zu reden. Außerdem hat sie die innere Haltung, dass die Gefühle und das Verhalten der anderen Personen eventuell als „Spiegel" zum Ziel oder zur Heilungshierarchie dazugehören (Alles-Spieler).
4. Die angepassten, spiegelnden Personen konzentrieren sich *auf sich selbst*, auf ihre eigenen Gefühle und Impulse im Kontakt mit Person A, und können ebenfalls gut darüber reden.

In so einer Rangfolge könnten resonierende Empfindungen erkannt werden. Gibt es kaum eine Rangfolge (flache Hierarchie) oder ist die Rangfolge nicht klar (Wer hat das Ziel? Wer ist Spieler und wer ist Mit-Spieler?), dann ist es schwer, Gefühle als resonierende Empfindungen zuzuordnen.

Ich erläutere zwei Aspekte aus dem eben Beschriebenen:

Aspekt 1: Die **„Konzentration auf sich selbst"** ist der entscheidende Punkt bezüglich Empathie im Alltag. Wenn man sich im Alltag in einen anderen Menschen einfühlen will, dann funktioniert es nicht so gut, indem man sich *auf den anderen* konzentriert, ihn beobachtet und dann überlegt, wie sich wohl der andere fühlt. Sondern man kann sich viel besser in den anderen einfühlen, wenn man sich sagt: „Ich bin jetzt der andere". Dadurch passt man sich besonders extrem dem anderen an, man ordnet sich ihm komplett unter. Anschließend konzentriert man sich allein *auf sich selbst* und beobachtet, wie man sich in dieser „Rolle" nun fühlt und wie man das Gefühl stimmig auf den Punkt formulieren kann. *Das* ist Empathie. Die Frage ist also immer: *„Zu welchem Menschen werde ich*, wenn ich mich meinem aktuellen Umfeld anpasse oder unterordne?" Die Antwort der inneren Muster auf diese Frage sind höchstwahrscheinlich resonierende Empfindungen, also Empfindungen, die auf irgendeine Weise mit dem Umfeld in Resonanz schwingen (vorausgesetzt man hat sein Basismuster „Mit-Spieler" nicht mit eigenem Schmerz verknüpft; denn sollte ein eigener Schmerz mitschwingen, dann schwingt auch eine eigene Heilungshierarchie mit und das Ergebnis wird möglicherweise verzerrt).

Dies stimmt auch mit meinem Denkmodell überein, dass „ein Wunsch nach Gleichgewicht“ im Kontakt mit seinem Umfeld ein Ungleichgewicht *in sich selbst* registriert (erinnern Sie sich an Seite 321 f.). Dadurch, dass „ein Wunsch“ *sich selbst* unzufriedener fühlt, kann er erkennen, dass er sich in einem ungünstigen Umfeld befindet (größeres Ungleichgewicht). Dadurch wird der Wunsch nach Gleichgewicht verstärkt. Fühlt „ein Wunsch“ sich zufriedener, dann dient das momentane Umfeld eher dem gewünschten Gleichgewicht. Der Wunsch wird kleiner.

Eine hilfreiche Idee wäre für Sie vielleicht auch, sich im Kontakt mit einem anderen Menschen die Rolle zu geben: „Ich bin jetzt der Wunsch, den der andere gerade mir gegenüber hat.“ Anschließend konzentrieren Sie sich auf sich selbst und beobachten Ihr Gefühl und Ihre Gedanken. Schauen Sie, ob Sie daraus Rückschlüsse auf den aktuellen Wunsch des anderen ziehen können, warum er Sie vielleicht gerade beeinflussen möchte. Ich empfehle aber, keine Wahrheit aus dem zu machen, was Sie fühlen und denken. Sondern überprüfen Sie Ihre Vermutung immer wieder durch das „Darüber reden“.

Natürlich müssen wir mit einberechnen, dass der andere sich lieber schützt und nicht darüber reden möchte. Vielleicht hat er das Gefühl, sein Gesicht zu verlieren, wenn er sich „outen“ würde.

Aus der „Konzentration auf sich selbst“ können wir einen interessanten Schluss ziehen: Oft wird diejenige, die sich auf sich selbst konzentriert, als „egoistisch“ abgewertet. Aber egoistisch ist nur diejenige, die andere Menschen schmerzvoll ausschließt, so dass andere sich verletzt fühlen müssen. Wer sich aber einfach nur ganz tief auf die eigenen Wünsche und Bedürfnisse konzentriert, ist genauso mit allem verbunden, wie eine Stellvertreterin in einer Aufstellung, die sich auf sich selbst konzentriert. Ich behaupte sogar: Wer mit seinen ganz tiefen Wünschen intensiv im Kontakt steht – ohne dass dieser Kontakt mit Schmerz verknüpft ist (ohne eigene Heilungshierarchie) –, der steht aufgrund der Verbundenheit gleichzeitig mit seinem gesamten aktuellen Umfeld im Kontakt. Die tiefsten Wünsche *sind* eine Resonanz zum Umfeld – und vielleicht sogar zum gesamten Universum.

Ist das nicht ein schönes Denkmodell?

Aspekt 2: Das **„Darüber reden"** über die Resonanz-Gefühle ist wichtig, um sich austauschen und gemeinsam die resonierenden Empfindungen identifizieren zu können. Nur im gemeinsamen offenen Austausch über die aktuelle Situation kann festgestellt werden, ob die Gefühle und Impulse der angepassten Personen in Resonanz zu dem Thema der Person A schwingen. Beide Seiten müssen es bestätigen. Dann sind resonierende Empfindungen im Alltag aufdeckbar und erkennbar.

Ein Beispiel: Ich schrieb auf Seite 359 über die Frau, die gegenüber ihrem schimpfenden Chef kein Wort über die Lippen brachte. Wenn im Nachhinein beide offen sind, über die Situation zu reden und darüber zu reflektieren, dann könnte die Frau mit ihrem Chef alles klären. Sie würde dabei erzählen, wie sie sich während seiner Vorwürfe gefühlt hat, dass sie kein Wort über die Lippen brachte und dass sie so ein Verhalten von sich kaum kennt. Dann wäre die Frage gewesen, ob dies vielleicht ein Spiegel für den Chef sein könnte. Man klärt gemeinsam, ob der Chef es kennt oder erwartet, dass bei Vorwürfen die Gegenseite verstummt. Man könnte fragen, ob es für ihn unangenehmer gewesen wäre, wenn seine Mitarbeiterin ihm während seiner Vorwürfe widersprochen und ihm gezeigt hätte, in welchen Punkten er die Situation missversteht. Wäre er offen für eine solche Diskussion gewesen?

Sie merken schon beim Lesen dieses letzten Absatzes: So eine nachträgliche Reflexion ist in unserer gegenwärtigen Gesellschaft kaum möglich! Weil sich die Menschen nach einer Auseinandersetzung nur selten wieder zusammensetzen und über die Dynamiken reflektieren, kann auch nur selten aufgedeckt werden, wo resonierende Empfindungen gewirkt haben. Der Punkt 3 der Auflistung auf Seite 371 ist im Alltag kaum erfüllt. Wir können es selten erleben, dass ein „Spieler" (mit Ziel oder mit Heilungshierarchie) dafür offen ist, dass die anderen „mitspielenden" Menschen einen Spiegel für ihn darstellen[165].

Auf der anderen Seite gibt es viele Menschen, die sich einer Situation angepasst oder einer Hierarchie untergeordnet haben, wie z. B. Angestellte einer Firma. Leider können sie ihre unangenehmen Gefühle und Impulse nicht dem Umfeld zuordnen. Anstatt zu sehen, dass ihre Gefühle und Impulse zu den Zielen und Heilungshierarchien der Firma passen, denken sie, dass mit ihnen selbst etwas nicht stimmt.

---

[165] Wer sich über mehr Möglichkeiten eines solchen Spiegels informieren möchte, dem empfehle ich unser Buch *Der lebendige Spiegel*, 2014.

Resonierende Empfindungen können meiner bisherigen Erfahrung nach auf zwei Weisen identifizieren werden:

1. **Konzentration auf sich selbst und Vergleich von sich selbst in unterschiedlichen Kontexten**

   Beobachten Sie sich selbst und vergleichen Sie: „Wie fühle und verhalte ich mich, wenn ich komplett allein bin – und wie fühle und verhalte ich mich im Vergleich dazu in einem bestimmten Umfeld, im Kontakt mit einer Person oder wenn ich eine bestimmten Rolle einnehme? Was ist anders?" Das Ergebnis kann entweder ein Hinweis auf eine resonierende Empfindung zum Umfeld sein oder ein Hinweis auf ein eigenes Thema, auf anders aktivierte Musterautomatismen in Ihnen selbst. Das Ergebnis dieser Beobachtung ist allein Interpretationssache. Deswegen lassen sich solche Zusammenhänge nicht wirklich „objektiv beweisen".

2. **Vergleich zwischen sich und seinem Umfeld und gemeinsamer Austausch darüber**

   Erforschen Sie die Zusammenhänge zwischen Ihren Gefühlen oder Verhaltensweisen und Ihrem aktuellen Umfeld. Beobachten Sie, ob Sie Parallelen entdecken, oder fragen Sie Ihr Umfeld und beobachten Sie, ob die Antwort Ihres Umfeldes eine Parallele zu Ihrem aktuellen Gefühl oder Verhalten darstellen könnte. Auch hier ist das Ergebnis dieser Beobachtung Interpretationssache.

Ich lade Sie dazu ein, ein neues Muster zu bilden, in Ihrem Leben frei nach Zusammenhängen zu suchen. Beginnen Sie diese Musterbildung mit den beiden Fragen: „Wie hängt mein momentanes Gefühl oder mein momentanes Verhalten möglicherweise mit meinem aktuellen Umfeld zusammen? Und wie kann ich diesen Zusammenhang positiv für mich selbst nutzen?" Stellen Sie sich diese Fragen in vielen unterschiedlichen Situationen im Alltag. Sowohl während Sie allein sind, als auch während Sie sich im Kontakt mit anderen Menschen befinden. Durch diese Fragen fordern Sie Ihr Gehirn dazu auf, nach einem neuen und besseren Gleichgewicht zu suchen. Ihre inneren Muster lassen möglicherweise im Laufe der Zeit neue erstaunliche Antworten und Erkenntnisse (= neue Gleichgewichte) auftauchen.

Wie ich bereits schrieb, kann man als Stellvertreter*in in einer Aufstellung nie wirklich wissen, ob man „richtig" fühlt. Man muss immer wieder nachfragen, ob die aufstellende Person damit etwas anfangen kann. So ist es auch im Alltag. Wir wissen nicht wirklich, wodurch unsere Muster aktiviert werden – wie in einem hypnotischen Zustand, bei dem wir den Auslösereiz für eine bestimmte Handlung oder ein bestimmtes Gefühl nicht erkennen. Gespräche könnten Klärung bringen.

Neue Musterbildung durch die Fragen an sich selbst:

„Wie hängt mein momentanes Gefühl oder mein momentanes Verhalten möglicherweise mit meinem aktuellen Umfeld zusammen? Und wie kann ich diesen Zusammenhang positiv für mich selbst nutzen?“

Lösender Umgang mit beeinflussenden Resonanzen

Sie sehen, dass möglicherweise im Alltag auf verdeckte Weise resonierende Empfindungen eine große Rolle spielen können. Dabei kann es zwei Leidtragende geben:

1. Der „Spieler“ leidet darunter, dass diejenigen, die sich ihm untergeordnet haben, etwas widerspiegeln, womit er nicht zurechtkommt. Denken Sie an Lehrer*innen in der Schule, die von ihren Schüler*innen genau die Ungleichgewichte gespiegelt bekommen, bei denen die Lehrer*innen große Probleme haben. Oder denken Sie an mein Anfangsbeispiel dieses Kapitels: Eine Chefin weiß genau, was zu tun ist, und möchte unbedingt, dass die Helfer*innen es genauso umsetzen, wie sie es sich vorstellt. Sie will Fehler definitiv ausschließen. Die Helfer*innen reagieren ungeschickt und machen vermehrt Fehler.

Außerdem leidet ein Spieler, wenn die ihn spiegelnden Menschen ihm sogar bewusst den Spiegel vorhalten. Sie bieten ihm die Vermutung an, dass das, was er gerade erleben muss, möglicherweise mit ihm selbst zu tun hat. Viele Menschen in so einer Spieler-Rolle bekommen in so einem Moment das Gefühl, den „schwarzen Peter“ (Verantwortung/Schuld) zugeschoben zu bekommen, und reagieren: „Die *anderen* sind doch schuld an den Fehlern. *Sie* machen doch die Fehler – nicht ich!“ Deswegen empfehle ich, einem leidenden Spieler so einen Spiegel zur Selbstreflexion vorsichtig „anzubieten“. Am besten keine Behauptungen aufstellen – und schon gar nicht Vorwürfe machen.

2. Der „Mit-Spieler" leidet darunter, dass er sich beim Mitmachen nicht richtig wohl fühlt. Er spürt Stress oder fühlt sich gebremst oder auf andere Weise unwohl. Denken Sie beispielsweise an Schüler*innen, die eine Lehrerin und ihre Eigenarten doof finden. Oder denken Sie an Helfer*innen, die sich im Kontakt mit einem strengen Chef unter Stress fühlen. Erinnern Sie sich noch an mein Beispiel am Anfang des Buches?[166] Ich erzählte, dass ich meiner Mutter selbstständig beim Tischdecken helfen wollte, um ihr eine Freude zu machen. Sie kam mir stattdessen zuvor, indem sie mir beim Eintreffen in der Küche die Anweisung gab, den Tisch zu decken. Anschließend fühlte ich mich unselbstständig und unwohl. Durch Ihre Anweisung wechselte ich in die Rolle des gehorchenden Mit-Spielers und war kein „Spieler" mehr, der das Ziel hatte, seiner Mutter eine Freude zu machen. In der Rolle des Mit-Spielers fühlte ich mich unselbstständig: eine resonierende Empfindung zu der Projektion meiner Mutter, sie „müsse" mir sagen, was zu tun sei.

Ein Mit-Spieler leidet oft darunter, sich in einer Rolle wiederzufinden, die er eigentlich gar nicht haben wollte. Hier ist man (scheinbar) Opfer von projizierenden Menschen, die in bestimmten Mustern leben und ihr Umfeld in bestimmten Rollen sehen (Realitätskonstruktion). Diese Projektionen anderer Menschen spürt man mit Hilfe der resonierenden Empfindungen in der Position als Mit-Spieler[167].

Bezogen auf das Thema „Beeinflussungen" ist die Frage nun: Wie können wir in der Position als Spieler etwas ändern? Und wie können wir als Mit-Spieler etwas ändern? Ich biete folgende Lösungen an:

Spieler

Konzentrieren Sie sich in der Rolle als Spieler darauf, während Ihres Chef*inseins immer auch das Basismuster „Alles-Spieler" zu leben. Trainieren Sie, bilden Sie ein Muster: Immer wenn Sie allein oder zusammen mit anderen Menschen ein Ziel verfolgen, egal wie dringend es ist und unter welchem Zeitdruck oder Stress Sie stehen, dann reagieren Sie auf jede Störung und auf jeden Fehler mit dem Muster: „... und auch das gehört zu meinem Chef*insein dazu."

---

[166] Zur Erinnerung siehe Seite 16 f.

[167] Siehe dazu auch mein Beispiel mit J. Bauer auf Seite 24 f.

Begrüßen Sie jeden „schwarzen Peter", den man Ihnen zuschiebt, jede Schuld, die man Ihnen gibt, jede Verantwortung, die andere bei Ihnen sehen, und schauen Sie, was Sie für einen möglichen Zusammenhang zu sich selbst erkennen können. Auch allein die Tatsache, dass jemand anderes Ihnen die Verantwortung an allem gibt, können Sie als Spiegel verwenden: „Wenn auch das zu meinem Chef*insein dazugehört, wie fühle ich mich damit? Was macht es mit mir? Und welche Informationen über mich selbst kann ich daraus gewinnen?"

Schauen Sie, was Ihnen die Störung oder der Fehler eventuell spiegelt und wie Sie nun als Chef*in mit der Störung oder dem Fehler so konstruktiv umgehen können, dass es Sie bei der Erreichung Ihres Ziels optimal unterstützt.

Sie haben als Spieler u. a. folgende Möglichkeiten, auf Störungen zu reagieren. Beobachten Sie, welche der folgenden Möglichkeiten sich in der jeweiligen Situation gut anfühlt bzw. Sie in der Erreichung Ihres Ziels unterstützt:

- die Grenzen klarer setzen, die Sie auf dem Weg zu Ihrem Ziel schützen sollen.
- die Grenzen lockerer machen als vorher und bisher Ausgeschlossenes als dazugehörig anerkennen.
- den Inhalt Ihres Ziels ändern.
- den Zeitpunkt verschieben, an dem das Ziel erreicht werden soll.
- das Ziel etwas abspecken und sich mit weniger zufriedengeben.
- das Ziel größer machen und sich mehr zugestehen.
- die innere Haltung ändern, mit der Sie das Ziel verfolgen, indem Sie beispielsweise den „Schmerz" aus der ganzen Sache rausziehen, der bei Ihnen noch mit dieser Zielerreichung verklumpt ist.
- das Störende und der gelöste Zustand in Ihrer Fantasie symbolisieren, mit Hilfe der Popin-Methode© bearbeiten und unabhängig voneinander machen usw.

Kurz: Verändern Sie als Spieler etwas in sich selbst, bis Sie sich mit sich selbst zufriedener fühlen (besseres Gleichgewicht). Beobachten Sie dann, ob sich in Ihrem Umfeld der „Spiegel" entsprechend verändert und die anderen Menschen mit angenehmeren resonierenden Empfindungen reagieren. Oder Sie können nach Ihrer Veränderung mit den Reaktionen der anderen gelassener umgehen. Vielleicht passt es auch, Ihren Mit-

Spielern die Eigenverantwortung zu lassen. Wenn es den anderen nicht gefällt, müssen sie ja bei Ihnen nicht mitmachen. Jeder ist frei, sich aus der Mit-Spieler-Rolle in die Nicht-Spieler-Rolle zu bewegen.

Mit-Spieler

Hier sehe ich vier Möglichkeiten:

1. Konzentrieren Sie sich in der Rolle des Mit-Spielers darauf, dass Sie sich als Spieler (Chef*in Ihres Erlebens) für die Rolle des Mit-Spielers (für ein fremdes Ziel) selbst entschieden hatten. Auf einer höheren Ebene verfolgen Sie gerade auch ein eigenes Ziel. Machen Sie sich Ihr eigenes Ziel wieder bewusst. Entscheiden Sie als Chef*in Ihres Erlebens, ob Sie unter Berücksichtigung Ihres eigenen Ziels diese unangenehmen Gefühle weiter in Kauf nehmen oder ob Sie von dem fremden Ziel loslassen wollen und nicht mehr weiter mitmachen – und damit zum Nicht-Spieler werden.

   Beispiele: Hinter Ihrer Arbeit bei einer Firma steckt das eigene Ziel, den Lebensunterhalt zu verdienen. Hinter meiner Unselbstständigkeit im Kontakt mit meiner Mutter steckte das eigene Ziel, sie nicht mit ihrer falschen Projektion konfrontieren zu wollen, damit sie nicht ihr Gesicht verliert und mit Rechtfertigung reagiert. Manche Menschen stehen zur Verfügung, weil sie Angst haben, sonst extrem bestraft zu werden. Sie wählen das geringere Übel.

   Falls Sie sich in der Rolle des leidenden Mit-Spielers tatsächlich entscheiden sollten, nicht mehr weiter mitzumachen, dann können Sie wie folgt vorgehen: Sie wechseln zuerst in die Rolle des Alles-Spielers: „*... und auch dieses Ungleichgewicht gehört jetzt dazu. Und es gehört dazu, dass ich mir erlaube, mich dafür nicht weiter zur Verfügung zu stellen.*“ Dadurch haben Sie als erstes das Ungleichgewicht gewürdigt und haben sich dann die Erlaubnis gegeben, als nächstes in die Nicht-Spieler-Rolle zu wechseln. Dort sagen Sie: „*Ich respektiere das Ziel des anderen und stehe nun nicht weiter zur Verfügung.*“ Und der letzte Schritt ist, sich auf ein neues eigenes Ziel zu konzentrieren, dadurch in die Spieler-Rolle zu wechseln und wieder für sich selbst aktiv zu werden.

   Mit-Spieler ⇨ Alles-Spieler ⇨ Nicht-Spieler ⇨ Spieler

2. Sie können *innerhalb* Ihrer Rolle als Mit-Spieler ein eigenes Ziel verfolgen. Sie passen sich als Mit-Spieler also nicht vollständig an und geben sich nicht komplett hin, sondern nur unter einer bestimmten Bedingung. Stecken Sie sich beispielsweise das Ziel: „*Während ich zur Verfügung stehe, will ich freundlich behandelt werden.*" Wenn nun ein anderer Mensch (Chef*in oder Mitarbeiter*in) Sie freundlich behandelt, dann ist dieser andere Mensch bezogen auf Ihr eigenes Ziel ein Mit-Spieler. Der andere Mensch ist freundlich und passt deshalb in Ihren Zielbereich. Wenn aber jemand unfreundlich wird, dann schließt sich dieser Mensch gerade selbst aus und macht sich bezogen auf Ihr Ziel zum Nicht-Spieler. Testen Sie die beiden folgenden Sichtweisen. Was fühlt sich für Sie besser an?

   a) „Der andere verhält sich unfreundlich, ist dominant und ich muss darunter leiden."

   b) „Der andere verhält sich unfreundlich und katapultiert sich dadurch selbst ins Aus."

   Die Beschreibung unter Punkt a) stellt dar, dass der Unfreundliche die Spieler-Rolle hat, während Sie die Mit-Spieler-Rolle haben.

   Die Beschreibung unter Punkt b) stellt dar, dass Sie die Spieler-Rolle haben und der Unfreundliche sich selbst aus seiner Mit-Spieler-Rolle in die Nicht-Spieler-Rolle bewegt hat. Diese Nicht-Spieler-Rolle passt nicht mehr zu Ihrem Ziel („Ich will freundlich behandelt werden").

   Wenn ich mich in diese beiden Sichtweisen einfühle, ist die Sichtweise b) wesentlich energievoller für mich. Ich bin und bleibe Chef*in meines Erlebens – auch während ich zur Verfügung stehe.

3. Wechseln Sie die Rolle, d. h. bleiben Sie Mit-Spieler, aber stellen Sie sich für eine andere Aufgabe zur Verfügung. Entweder fragen Sie denjenigen, zu dem Sie sich möglicherweise in Resonanz befinden, ob Sie eine andere Rolle haben dürfen, oder Sie machen es still für sich. Geben Sie Ihren inneren Mustern eine Anweisung: ***„Lasst mich hier die beste Rolle empfinden, die ich im Moment im Kontakt zu diesem Umfeld spüren kann und spüren darf.“***

   Beobachten Sie, wie Ihre inneren Muster darauf reagieren.

   Wenn sich nichts ändern sollte, ist die aktuelle Rolle vielleicht die momentan Bestmögliche.

4. Stellen Sie sich in Ihrer Fantasie ein Symbol für Ihren momentanen Zustand vor – und auch ein Symbol für den gelösten Zustand. Nutzen Sie die Popin-Methode© und machen Sie beide Symbole voneinander unabhängig. Wie fühlen Sie sich damit?

Zurzeit übe ich in einer bestimmten Situation, in der ich Mit-Spieler bin, gleichzeitig und parallel mir die Rolle des Nicht-Spielers als Vision vorzustellen. Erinnern Sie sich an die Möglichkeit, die aktuelle Realität und die eigene Vision gleichzeitig und *unabhängig* voneinander bestehen zu lassen[168]. Ich lebe in einer bestimmten Realität und genieße gleichzeitig meine Vision von einem wesentlich angenehmeren Zustand. Dies kann man auf eine Situation übertragen, in der man Mit-Spieler ist, sich nicht so wohl fühlt und zurzeit keine andere Wahl hat – aufgrund bestimmter eigener Wünsche. Stelle ich mir dann die Vision vor, wie ich mich als Nicht-Spieler fühlen würde („Ich stehe nicht mehr zur Verfügung") und lasse sie *unabhängig* von der Realität gleichzeitig bestehen, dann reagiert mein Organismus meistens auf die angenehme Vorstellung und ich genieße die Vision.

Ich habe außerdem bei mir festgestellt, dass es mir nicht immer leicht fällt, wirklich komplett aus der Mit-Spieler-Rolle auszusteigen und voll und ganz Nicht-Spieler zu sein. Es gibt Gewöhnungen, die mich immer wieder zurück in die Mit-Spieler-Rolle rutschen lassen. Durch regelmäßiges Training gelingt es mir immer besser. Wie trainiere ich es? Ich sage mir: „Ich erlaube mir, wirklich vollständig bei nichts mehr mitzumachen. Wie fühlt sich das an?" Und dann beobachte ich die Reaktion meiner inneren Muster. Je öfter ich das mache, umso klarer wird mir, wie befreiend sich das anfühlt (vorausgesetzt das Mit-Spieler-Sein war vorher belastend). Ich erkläre es mir so, dass bei jedem Training, bei jeder Konzentration meiner Aufmerksamkeit auf die Nicht-Spieler-Rolle, allmählich immer mehr Muster in mir bei der Nicht-Spieler-Rolle mitmachen. Als ob ich immer mehr Anteile in mir von der Nicht-Spieler-Rolle überzeugen kann und sich mein lächelndes Basismuster Nicht-Spieler in mir immer mehr ausbreitet.

Ich lade Sie dazu ein, Ihren Alltag immer wieder aus der Perspektive der „resonierenden Empfindungen" zu betrachten.

---

[168] Zur Erinnerung siehe Seite 222.

Fragen Sie Ihre inneren Muster:

„Zu welchem Menschen werde ich in welchem Umfeld? Was kann ich daraus für Rückschlüsse auf mein Umfeld ziehen?“

„Wie würde ich mich in einem anderen Umfeld verhalten?“

„Was ändert sich in meinem Gefühl, wenn ich aus der Mit-Spieler-Rolle in eine der anderen Rollen wechsle?“

„Wie verhalte ich mich spontan? Was sagt mir meine Spontaneität über mein aktuelles Umfeld? Wie kann ich mein spontanes Verhalten im Zusammenhang mit meinem aktuellen Umfeld deuten?“

Oder hypothetisch gefragt: „Wenn ich mich in diesem Umfeld ganz spontan verhalten *würde*, welches Verhalten würde ich als allererstes an den Tag legen? Wie passt das zu meinem Umfeld?“[169]

Denken Sie bei unangenehmen resonierenden Empfindungen an die Möglichkeit starker Heilungshierarchien. Je kraftvoller eine Heilungshierarchie ist, umso stärker ist auch die „Ausstrahlung“ auf das flexible Umfeld. In einer kraftvollen Heilungshierarchie möchte sich ein Mensch unbedingt selbst schützen, um heilen zu können oder nicht verletzt zu werden. Wer eine weniger starke oder nur sehr flache Heilungshierarchie hat und daher freier und unabhängiger agieren kann, passt sich automatisch an die kraftvolle Heilungshierarchie eines anderen an und entwickelt resonierende Empfindungen. Man übernimmt eine „Rolle“ und wird dadurch zu einem „anderen Menschen“.

In diesen Zusammenhang können Sie Ihre Beobachtung von sich selbst einordnen. Wenn Sie beobachten konnten, zu welchem Menschen Sie werden, können Sie sich als nächstes fragen: „Passt mein Gefühl/Verhalten zu einer eventuellen Heilungshierarchie (Schutzwunsch) des anderen Menschen?“

> Je stärker eine Heilungshierarchie wirkt, umso weniger ist ein ebenbürtiges Miteinander möglich.

Manchmal beobachten wir uns selbst, dass wir als Mit-Spieler eine andere Person unbedingt von einem stimmigeren Gedanken oder einer stimmigeren Sichtweise überzeugen wollen. Es könnte sein, dass wir

---

[169] Dies ist die Erklärung zum Sinn von Spontaneität – siehe Seite 23.

uns gerade als ohnmächtiger Mit-Spieler empfinden. Vielleicht stehen wir aufgrund einer starken Heilungshierarchie der anderen ihr „automatisch" zur Verfügung. Wir fühlen unangenehme resonierende Empfindungen und versuchen nun, die „Chefin" (Spieler) zu einer besseren Sichtweise zu überreden, damit wir uns in der Mit-Spieler-Rolle letztendlich selbst besser fühlen dürfen (Kindern geht es gegenüber ihren Eltern oft so). Wird uns das bewusst, dann können wir auch andere Wege wählen, wie z. B. zum Spieler zu werden, zum Nicht-Spieler, zum Alles-Spieler oder zum reinen Beobachter.

Wir können resonierende Empfindungen zum Umfeld kaum wahrnehmen, wenn wir selbst innerhalb einer Heilungshierarchie leben und unseren eigenen Schmerz/Schutz an die Spitze stellen. Daher ist es nicht leicht, problematische resonierende Empfindungen zum Umfeld von den eigenen Problemgefühlen zu unterscheiden. Ich schlage folgende Vorgehensweise vor: Gehen Sie immer *zuerst* davon aus, Ihr Gefühl sei eine resonierende Empfindung und von Ihrem Umfeld beeinflusst. Gehen Sie so damit um, wie ich es vorhin in den vier Punkten für den Mit-Spieler empfohlen habe[170].

Erst wenn Sie sich als Mit-Spieler nicht erleichtern können und Sie extrem unter dem unangenehmen Gefühl leiden, dann gehen Sie davon aus, dass es ein eigenes Problemgefühl ist. Schauen Sie sich in Ihrer Fantasie das NeuroSonanz-Modell an und lassen sich von Ihren inneren Mustern zeigen, in welchem Basismuster der Schmerz steckt. Nutzen Sie Ihr Umfeld als Spiegel für sich selbst. Sie können die Popin-Methode© anwenden, um Ihre Muster von Schmerz und unnötigen Befürchtungen zu befreien und voneinander unabhängig zu machen.

Zurzeit entsteht in mir die vage Vermutung, dass die resonierenden Empfindungen im Alltag viel mächtiger sind und uns viel stärker beeinflussen, als ich es bisher angenommen hatte. Ich glaube immer weniger, dass in Systemaufstellungen ein „Feld" entsteht, in welchem dieses Resonanz-Phänomen erst zum Vorschein kommt. Sondern ich bin allmählich der Überzeugung, dass es sich umgekehrt verhält: Wir leben im Alltag permanent mit einem extrem wirkenden Resonanz-Phänomen und stehen unbewusst unserem aktuellen Umfeld zur Verfügung. Weil

---

[170] Siehe ab Seite 378.

dieser Zustand permanent so ist und weil Menschen kaum darüber reflektieren, kann es uns nicht bewusst werden. Wir stehen also *unbewusst* zur Verfügung. Erst in Systemaufstellungen werden die im Alltag wirkenden Verhältnisse aufgeweicht. Es wird nicht mit den realen Personen, sondern mit „Stellvertreter*innen" gearbeitet, die in eine Rolle hinein und auch wieder herausgehen. Dadurch entstehen Veränderungen in den Gefühlen und machen den Stellvertreter*innen ihre Fähigkeit zu resonierenden Empfindungen bewusst.

Im Alltag jedoch gehen wir nicht absichtlich in „Rollen" als Stellvertreter*in für das System eines anderen Menschen und gehen nicht nach einer Situation wieder aus einer Rolle heraus. Sondern im Alltag spielen wir unsere Rollen permanent – innerhalb von starren, sich nur sehr langsam verändernden Heilungshierarchien. Wir stehen uns permanent gegenseitig zur Verfügung – und genau deswegen sind uns unsere resonierenden Empfindungen im Alltag unbewusst. Mehr noch: Wir denken, dass unsere resonierenden Empfindungen unsere *eigenen* Gefühle sind und identifizieren uns damit. Wir denken, dass wir „so sind", wie wir fühlen. Doch eigentlich ist es ganz anders ...

Wie wir damit umgehen können, habe ich in diesem Kapitel bereits ausführlich beschrieben.

Abschließend noch eine ganz andere Möglichkeit, mit resonierenden Empfindungen umzugehen: Man kann das Phänomen gezielt einsetzen und anderen Personen gute Gefühle zur Verfügung stellen. Interpretieren Sie beispielsweise in andere Personen etwas Positives. Sehen Sie das Potenzial in der anderen. Geben Sie der anderen eine „tolle Rolle". Projizieren Sie in die andere eine „Superwoman" oder einen „Superman" – mit dem Zusatz, dass die Person sich nur noch nicht ganz entfaltet hat, es aber bald wird, wenn sie es möchte.

Dann beobachten Sie, wie sich Ihr Umfeld im Resonanz-Kontakt mit Ihnen und Ihrer Projektion fühlt. Am besten dürfte dies mit Kindern funktionieren – aber vielleicht auch mit der/dem einen oder anderen Erwachsenen, wenn sich der*diejenige nicht (mehr) in einer starken Heilungshierarchie befindet. Testen Sie es und experimentieren Sie[171].

---

[171] In den beiden Büchern *Ich stehe nicht mehr zur Verfügung* (Band 1) und *Der lebendige Spiegel im Menschen* haben wir uns mit noch weiteren Aspekten dieses Resonanz-Phänomens auseinandergesetzt.

Regeln für eine empathische Gemeinschaft

Als Begründer und Organisator der Freien Systemischen Aufstellungen habe ich mir im Laufe der Jahre viele Gedanken über die Form des Freien Aufstellens gemacht. Natürlich sind in Workshops ab und zu zwischen einigen Teilnehmer*innen als auch zwischen Teilnehmer*innen und mir Konflikte aufgetaucht. Diese habe ich genutzt, um die Regeln des Freien Aufstellens immer weiter zu verfeinern und zu optimieren. Inzwischen kommen kaum noch Konflikte vor – nur noch, wenn die Regeln nicht genutzt werden. Und jeder beginnende Konflikt kann mit Hilfe der Regeln sehr schnell wieder beruhigt und geklärt werden.

Während der Entwicklung der Empathie-Schule NeuroSonanz® im Jahr 2014 ist mir bewusst geworden, dass diese Regeln des Freien Aufstellens optimal für eine Gemeinschaft geeignet sind, die sich zum Ziel gesetzt hat, empathisch miteinander umzugehen. Ich stelle die Regeln kurz vor, weil darin auch die resonierenden Empfindungen im Alltag Platz haben. Dafür habe ich mir erlaubt, den folgenden Text zu großen Teilen aus meinem Buch *Die Kriegs-Trance* zu übernehmen.

Diese Regeln müssen nicht nur für eine Gemeinschaft gelten. Man kann sie auf ganz viele Situationen übertragen und die Situationen dadurch empathischer gestalten. Man kann sie für eine neue Gesellschaftsstruktur nutzen oder für die Regelung einer großen oder kleinen Gruppe oder in einer Paarbeziehung – oder sogar für den Umgang mit sich selbst. Welches System man wählt, ist offen und frei bestimmbar.

Das bedeutet für Sie: Sie können sich irgendeine Situation im Alltag aussuchen, der Freundeskreis, Ihre Beziehung, ein eigenes Ziel oder ein Projekt, und können dann diese Regeln darauf übertragen. Das Ergebnis dürfte ein sehr empathisches und harmonisches sein. Probieren Sie es aus.

Diese Regeln sind ein Angebot – kein Dogma:

1. Selbstwirksamkeit, Selbstfürsorge, Selbstverantwortung

Zu allererst gilt – sozusagen als Basis –, dass jede*r Einzelne (oder jeder Anteil) autonom ist, sich um sich selbst kümmert, für die eigenen Handlungen (Gedanken, Worte, Taten) einsteht und mit den Folgen lebt. Jeder ist "Chef*in" seines eigenen Daseins.

2. Ernst nehmen aller (Ungleichgewichts-)Gefühle und Ziele von allen

Jede*r nimmt sowohl alle eigenen Gefühle, Gedanken und Ziele ernst, als auch alle Gefühle, Gedanken und Ziele aller anderen Beteiligten. Alles ist zunächst einmal auf gleiche Weise *unabhängig* voneinander gültig, alles gehört dazu – egal, wie "verrückt" ein Gedanke zu klingen scheint oder wie schmerzvoll ausschließend etwas wirkt. Auch alles Unausgesprochene gehört gleichwertig dazu, obwohl es zunächst nicht bewusst berücksichtigt werden kann.

Bitte nicht missverstehen: Dieses „Ernst nehmen“ heißt nicht, dass man erfüllen muss, was jemand anderes möchte, oder dass man zustimmen muss, was die andere Person behauptet. Es ist alles zunächst einmal nur „gleichermaßen gültig“ – ohne Rangfolge, ohne Hierarchie, ohne Verpflichtung.

3. Einigung auf eine Rangfolge / Reihenfolge (/ evtl. Rollenverteilung)

In diesem Schritt einigen sich die Beteiligten für eine bestimmte Zeit auf eine bestimmte Rangfolge und/oder Reihenfolge und/oder Rollenverteilung.

Im Folgenden ein paar Erläuterungen zu den Begriffen.

"*Einigung*": kann durch ein Losverfahren geschehen, durch einfache Absprache, mit der alle einverstanden sind, durch Abstimmung, durch eine demokratische Wahl oder mit Hilfe einer Aufstellung oder einer anderen Technik.

"*Rangfolge*": Es wird für einen bestimmten Zeitraum und für ein bestimmtes Ziel eine Chefin bestimmt, die Vorrang vor allen anderen bekommt.

"*Reihenfolge*": Es wird eine bestimmte zeitliche Reihenfolge von Zielen festgelegt. Ein Ziel kommt als erstes dran und erhält dadurch den zeitlichen Vorrang vor allen anderen Zielen.

"*Rollenverteilung*": Dies ist eine noch feinere Abstimmung zwischen allen Beteiligten. Wer erhält bezogen auf welches Ziel welche Aufgabe und ist für diese Aufgabe entsprechend verantwortlich (Unterchef*innen für Unterziele)? Diese Rollenverteilung muss aber nicht von der Gruppe durchgeführt werden. Es kann auch durch die gewählte

Chefin geschehen. Sie bestimmt dann die Rollenverteilung / die Verteilung der Aufgaben.

Manchmal einigt sich eine Gruppe ganz automatisch auf eine Rangfolge, wenn z. B. ein Gruppenmitglied einen besonders starken Schmerz erfährt oder einen Herzinfarkt bekommt oder auf andere Weise gefährdet ist. Dadurch tritt eine Heilungshierarchie in Kraft. Meistens richten sich die anderen Gruppenmitglieder danach und helfen demjenigen. Der Schmerz / die Gefahr bekommt in dem Fall fast automatisch Vorrang (wie der Krankenwagen mit Blaulicht im Straßenverkehr automatisch Vorrang erhält).

4. Ist eine Einigung nicht möglich: Gleichzeitigkeit / Unterscheidung / Trennung ... dann von vorne beginnen.

"*Gleichzeitigkeit*": Vielleicht ist es ja möglich, dass manche unterschiedlichen Ziele gleichzeitig und unabhängig voneinander verfolgt werden können?

"*Unterscheidung*": Vielleicht hilft es während eines Einigungsprozesses, die unterschiedlichen Ziele besser voneinander zu unterscheiden, die Unterschiede noch klarer herauszustellen, dadurch Missverständnisse zu klären, um dann eine für alle passende Rangfolge finden zu können.

"*Trennung*": Wenn Gleichzeitigkeit und Unterscheidung nicht helfen, bleibt letztendlich nur die Trennung der momentan vorhandenen Gruppe für eine bestimmte Zeit, damit jede*r den eigenen Zielen folgen kann.

Ist man sich sogar bei dieser Trennung nicht einig und halten einige an einer Verbindung fest, dann entwickelt sich ein "Krieg", in dem ein ungelöster Schmerz versucht, den Vorrang zu erhalten. Hier ist im Grunde jede*r wieder Chef*in des eigenen Erlebens, d. h. es gilt wieder Punkt 1 – zumindest für diejenigen, die nicht unbedingt an der Verbindung festhalten wollen.

Nach einer erfolgreichen Trennung beginnt alles von vorne:

1. Selbstwirksamkeit, Selbstfürsorge und Selbstverantwortung …

5. **Bei Einigung: Chef*in bestimmt autonom, wie sie/er es braucht / andere entscheiden autonom, ob und wie sie mitmachen, helfen, unterstützen (= Geschenk)**

Ist eine Rangfolge gefunden worden, hat man sich geeinigt, dann kann die Chefin nun autonom bestimmen, wie sie es braucht. Ist keine Chefin gewählt, sondern ein Ziel in der Reihenfolge nach vorne gestellt worden, dann regelt nun das Ziel (oder die Zielträgerin) das Verhalten der Leute (Beispiel: Reparieren eines Deiches bei Deichbruch, Erfolgssteigerung einer Firma, bei der alle mitarbeiten und mitbestimmen dürfen etc.).

Während die Chefin autonom bestimmt, können gleichzeitig die Zur-Verfügung-Stehenden (die Helfer*innen) autonom entscheiden, wobei sie helfen und wobei nicht. Sie können auch die Rollenverteilung mitbestimmen und autonom entscheiden, für welche Rolle (Aufgabe) sie zur Verfügung stehen und für welche nicht.

Die Chefin bestimmt, was zu helfen ist, die Helfer*innen bestimmen, ob und in welcher Form sie die von der Chefin gewünschten Hilfe zur Verfügung stellen. Jede*r Helfer*in ist frei zu entscheiden, sich selbst zurückzuziehen und sich von der Chefin und ihrem Ziel zu trennen (Punkt 4). Denn es kann immer wieder vorkommen, dass ein Helfer nicht mehr einverstanden ist und damit die "Einigung" (Punkt 3) rückgängig macht. Trotz Einigung und Rangfolge bleibt jede*r eigenverantwortlich und kümmert sich um sich selbst (Punkt 1). Dementsprechend ist jede Hilfe von den Helfer*innen der Chefin gegenüber immer ein "Geschenk". Und natürlich kann man sich auch auf einen Ausgleich für dieses Geschenk einigen (Vertrag).

6. **Gemeinsame Suche nach Happy End für Chef*in (erfreut auch die Mitmacher*innen)**

   - (Ungleichgewichts-)Gefühle und Ziele sind

   a) Eigenes, b) Resonanz, c) beides

Alle Beteiligten arbeiten gemeinsam auf das Happy End für die Chefin hin (= Zielerreichung). Dabei fühlen sie sich in die Chefin und ihr Ziel ein und nutzen ihre resonierenden Empfindungen, um der Chefin optimal zu helfen. Gleichzeitig teilt die Chefin immer wieder mit, ob das Happy End erreicht ist oder was noch fehlt (wichtige Feedbackschleife!). Dabei können folgende Aspekte berücksichtigt werden:

a) Das Ziel der Chefin ist tatsächlich allein ihr eigenes Ziel.

b) Das Ziel der Chefin ist nicht wirklich ihr Ziel, sondern sie steht damit jemand anderem zur Verfügung. Es gibt also noch einen übergeordneten Chef, der "eigentlich" oder "ursprünglich" das Ziel hat. Ist das bewusst geworden, dann kann die Chefin neu entscheiden, ob sie das Ziel noch weiter verfolgen möchte oder lieber ein anderes (oder verändertes) eigenes Ziel zu verfolgen beginnt. Will sie das bisherige Ziel weiterverfolgen, dann sollte auf jeden Fall dieser übergeordnete andere Chef bei der Suche nach dem Happy End mit berücksichtigt werden, denn in ihm sind die Regelungen für das Ziel klarer und präsenter.

c) Sowohl ein anderer Mensch als auch die Chefin haben dieses Ziel. Hier sollten bei der Suche nach dem Happy End vielleicht beide Chef*innen mit berücksichtigt werden? Und es sollte darauf geachtet werden, wo sich die beiden Chef*innen in ihren Zielen unterscheiden (denn es gibt keine absolut identischen Ziele).

7. Bei Happy End oder Konflikten: von vorne beginnen

Sollte während der Suche nach dem Happy End ein Konflikt entstehen, dann hat sich ein anderes Ziel / eine andere Chefin eingeschlichen. Oder das Ziel hat sich verändert. Dadurch entsteht in gewisser Weise eine „Konkurrenz“ gegenüber dem bisherigen Ziel / Chefin. Das bedeutet, dass die Einigung von Punkt 3 sich auflöst und nicht mehr gültig ist. Dementsprechend muss wieder von vorne angefangen werden (siehe Punkt 1).

Ist ein Happy End gefunden worden, dann ist die Aufgabe beendet, das Ziel ist erreicht, die Gruppe und die Rangfolgeneinigung lösen sich auf und alles beginnt ebenfalls wieder neu bei Punkt 1.

Hier noch einmal die Regeln als **Kurzfassung**:

1. Selbstwirksamkeit, Selbstfürsorge, Selbstverantwortung
2. Ernst nehmen aller (Ungleichgewichts-)Gefühle und Ziele von allen
3. Einigung auf Rangfolge / Reihenfolge (/ evtl. Rollenverteilung)
4. Ist keine Einigung möglich: Gleichzeitigkeit / Unterscheidung / Trennung ... dann von vorne beginnen.

5. Bei Einigung: Chef*in bestimmt autonom, wie sie/er es braucht / andere entscheiden autonom, ob und wie sie mitmachen, helfen, unterstützen
6. Gemeinsame Suche nach Happy End für Chef*in
   - (Ungleichgewichts-)Gefühle und Ziele sind
     a) Eigenes, b) Resonanz, c) beides
7. Bei Happy End oder Konflikt: von vorne beginnen

Diese Regeln stellen bereits eine Rangfolge dar, auf die man sich einigen kann, wenn man das gemeinsam möchte.

Trainingsangebot:

Lernen Sie diese Regeln in ihrer Kurzfassung auswendig und nutzen Sie sie als Maßstab im Kontakt mit Beeinflussungen. Solange im Kontakt mit anderen Menschen keine bewusste oder unbewusste Einigung vorliegt, wer wem für welches Ziel zur Verfügung steht, stehen Sie zusammen mit allen anderen bei Punkt 1 und Punkt 2:

Jeder ist eigenverantwortlich

und alle Wünsche gehören gleichwertig dazu.

Musterumbildung durch leichte Selbsthypnose

Im Folgenden beschreibe ich, wie ich mich ganz leicht selbst hypnotisiere, um einige Muster umzubilden. Wenn Sie die Techniken ebenso als stimmig empfinden, dann übernehmen Sie sie gerne. Ansonsten können Sie meine Beschreibungen als Anregung nutzen, um für sich selbst etwas Stimmigeres zu finden.

Ich habe mich gefragt, wie ich zu meinen inneren Mustern gezielt Kontakt aufnehmen kann, um von ihnen Informationen zu bekommen oder sie zu verändern oder eine neue Musterbildung anzuregen. Das NeuroSonanz®-Modell ist eine der vielen Möglichkeiten, mit den Mustern zu kommunizieren und sie zu verändern. Allerdings bezieht sich das NeuroSonanz®-Modell mehr auf die allgemeine Stimmung oder grundsätzliche Haltung, in der man sich gerade befindet. Nicht umsonst spreche ich von „*Basis*mustern“.

Wie kann ich ganz gezielt einzelne Muster ansprechen oder ganz bestimmte Themen in mir verändern? Dafür habe ich mich von verschiedenen Beschreibungen inspirieren lassen, die in Hypnosekreisen ihre Runde machen. Mein persönliches Ergebnis beschreibe ich Ihnen anhand eines Beispiels:

Ich habe gestern Nachmittag wieder einmal Lust auf Süßes verspürt. Normalerweise gehe ich zum Bäcker und hole ein Stück Kuchen. Dieses Mal wollte ich mich so beeinflussen, dass ich dazu kein Bedürfnis mehr verspüre. Ich setzte mich in meinen Sessel und stellte mir vor, dass meine Aufmerksamkeit ein kleines Männchen ist. Für diese Vorstellung schloss ich die Augen. Mein Aufmerksamkeitsmännchen stand auf einem weiten Feld auf der Erde. Vor dem Männchen ragte ein Fahrstuhlschacht aus der Erde – wie eine große Telefonzelle, nur in zylindrischer Form. Ich stellte mir vor, dass mein Aufmerksamkeitsmännchen eine

CD-ROM in der Hand hält. Auf dieser CD-ROM war ein Programm gespeichert mit der Bezeichnung „Das, was meine Lust auf Süßes beendet und mich zufrieden fühlen lässt.“ Mein Männchen sprang voller Freude in den Fahrstuhl, der nach unten in die tiefe Erde führt. Nachdem sich hinter dem Männchen die Tür geschlossen hatte, ging die Fahrt auch schon los – in die Tiefe.

Normalerweise würde man sich nun vorstellen, dass die Erde, durch die der Fahrstuhl saust, schwarz oder braun ist. Meine Erde ist bunt und hat die unterschiedlichsten leuchtenden Farben, die ich durch die gläserne Fahrstuhlwand bestaunen kann.

Bei mir ist dieser Fahrstuhl flexibel und bestimmt selbst, in welche Richtung er fahren will und an welchen Schacht er andockt. Denn tief in dieser bunten, fruchtbaren Erde befinden sich die unterschiedlichsten Schächte. Meine Deutung dieses Bildes ist, dass „die Erde“ in Wirklichkeit „mein Gehirn“ ist – mit vielen verschiedenen Wegen und Verknüpfungen tief in sich drin. Der Fahrstuhl fährt selbstständig an die Stelle in meinem Gehirn, an die das Aufmerksamkeitsmännchen fahren soll. Mal fährt er ein Weilchen an der Oberfläche entlang, um dann anschließend ein bisschen tiefer zu sinken und sich dann bereits zu öffnen, mal fährt er unheimlich tief. Ich bin davon überzeugt, dass in meiner Vorstellung der Fahrstuhl von meinen inneren Mustern gesteuert wird. Denn natürlich wissen meine Muster besser, an welcher Stelle das Aufmerksamkeitsmännchen Kontakt aufnehmen soll.

Interessant ist immer wieder: Während der Fahrstuhl mit dem Männchen in die Tiefe fährt und dabei Kurven macht, merke ich jedes Mal, wie ich gleichzeitig im Gefühl tiefer sinke, als ob ich ein bisschen einschlafen würde. Ich brauche mir das Schlafen gar nicht zu suggerieren – es passiert bei dieser Vorstellung des Fahrstuhlfahrens von selbst. Wobei es nicht wirklich ein Schlafgefühl ist. Es fühlt sich nur immer unstimmiger an, die Augen zu öffnen. Als ob ich mich in zwei Teile teile: Der eine Teil fährt aufmerksam und hellwach mit dem Fahrstuhl in die Tiefe, der andere Teil zieht sich von der Außenwelt zurück, was man von außen betrachtet „Schlaf“ nennen könnte. So ähnlich ist es beim Träumen: Wenn wir etwas träumen, ist ein Teil von uns aktiv, der andere Teil ist vom Außen distanziert und schläft. Meditierende kennen es auch. Während ihr Körper entspannt ist, sind sie innerlich hellwach (meistens).

Vielleicht können Sie diesen Zustand dadurch unterstützen, indem Sie sich vorstellen, dass sich im Fahrstuhlschacht hinter dem Fahrstuhl immer mehr Tore schließen, je tiefer er fährt. Die geschlossenen Tore trennen die Außenwelt immer mehr von der Innenwelt ab.

Zurück zu meiner Fahrstuhlfahrt zum Thema „Süßes“. Der Fahrstuhl blieb irgendwann selbstständig stehen, öffnete seine Tür und das Männchen sprang heraus in den bunten Gang. Es lief den Gang entlang und sah schon bald auf der rechten Seite in einer Einbuchtung des Gangs einen Computer, der sein Laufwerk ausgefahren hatte. Er wartete schon darauf, dass das Männchen die CD in das Laufwerk legte. Das tat es dann auch, schloss das Laufwerk und das Programm begann zu laufen. Dann sprang mein Männchen zurück in den Fahrstuhl, alle verschlossenen Tore öffneten sich wieder und der Fahrstuhl fuhr blitzschnell nach oben. An der Oberfläche angekommen, wurde das Männchen vom Fahrstuhl einfach nach draußen geschleudert, was dem Männchen riesigen Spaß machte – wie ein kleines Kind, das von den Eltern hochgeworfen wird und dabei große Freude hat.

Mein Männchen ist ständig voller Freude und hat bei diesem Fahrstuhlfahren großen Spaß. Wenn das Aufmerksamkeitsmännchen wieder an der Oberfläche angekommen ist, öffne ich interessanterweise immer *automatisch* die Augen. Und mein Schlafgefühl ist vorbei.

Auch das Bedürfnis nach etwas Süßem war einfach weg – und ich bin nicht zum Bäcker gegangen.

In der Hypnose-Szene gibt es öfter die Vorstellung, wie man mit Fahrstühlen in die Tiefe fährt oder eine Treppe hinunter steigt etc. Vielleicht wollen Sie aber auch nach oben fahren? Oder in ein anderes Land oder in einen anderen Bereich? Vielleicht fühlen Sie sich in einem Fahrstuhl nicht wohl und brauchen etwas anderes mit viel mehr Platz? Ein riesiges U-Boot, so groß, wie ein mehrstöckiges Haus mit hohen Räumen? Ein großes Raumschiff? Fragen Sie Ihre inneren Muster, was für Sie am stimmigsten ist und auf welche Weise Sie sich am besten selbst beeinflussen. Sie können verschiedene Möglichkeiten ausprobieren und erforschen, was die besten Ergebnisse bringt.

Wenn ich ein Problem fühle, Fragen dazu habe und Antworten von meinen inneren Mustern wünsche, dann fahre ich manchmal mit dem

Fahrstuhl in die Tiefe und lasse mich zu dem Gang bringen, der eine Antwort für mich bereithält. In dem Moment, in dem die Fahrstuhltür aufgeht und mein Männchen in den Gang tritt, bekomme ich meistens bestimmte Bilder oder Erinnerungen, die mir tatsächlich weiterhelfen. Dann holt sich mein Männchen eine CD aus einem der Computer und nimmt sie mit an die Oberfläche. Oben angekommen arbeite ich mit diesen Bildern oder Erinnerungen im Wachzustand weiter.

Glücklicherweise kam ich vor kurzem wieder einmal in die Verlegenheit, mich an den Namen eines anderen Menschen erinnern zu wollen – und mir fiel der Name nicht ein. Ich wollte Jacqueline etwas über eine Teilnehmerin erzählen, die wir beide kennen, konnte aber nicht den Namen nennen. Diese Teilnehmerin hat eine gute Freundin, die Jacqueline und ich ebenfalls kannten. Von ihr wussten wir noch den Namen: „Karin". Doch trotz all meiner Beschreibungen, wo wir die andere Frau das letzte Mal gesehen haben, welche Haarfarbe sie hat usw. kamen wir beide nicht auf den Namen. Mir fiel immer nur „Karin" ein – aber das war ja falsch. Und weil es der falsche Weg war, wehrte ich mich gegen den Gedanken „Karin", wollte diesen Namen vergessen und mich an den richtigen Namen erinnern. Es klappte nicht. Der Name „Karin" stand als Hindernis vollständig im Weg.

Das war jetzt *die* Gelegenheit, meinen imaginären Fahrstuhl bezüglich Namenserinnerung zu testen. Ich zog mich in mein Arbeitszimmer zurück und schloss die Augen. Ich stellte mir mein Aufmerksamkeitsmännchen vor und gab ihm die Aufgabe, sich vom Fahrstuhl genau in die Ecke der Erde bringen zu lassen, wo alle Informationen über diese Person versammelt seien – inklusive des Namens.

Das Männchen hüpfte in den Fahrstuhl und schon ging´s abwärts. Während der Abwärtsfahrt kam der Name „Karin" wieder. Dieses Mal ließ ich es zu, weil ich mir dachte, dass es vielleicht aus irgendeinem Grund sinnvoll wäre. Außerdem *musste* ich es auch zulassen, denn der Name „Karin" wurde während der Abwärtsfahrt automatisch immer lauter und immer präsenter. Ich konnte gar nichts dagegen tun. Karin – Karin – KARIN – und dann war er plötzlich da, der andere Name: Annette. Sie hieß Annette. Schwupp – war mein Männchen wieder an der Oberfläche. Und ich war hellauf begeistert, wie es funktionierte, mit Hilfe des Fahrstuhls Zugang zu meinen inneren Mustern zu bekommen.

So gehe ich auch bei Mustern vor, die anscheinend tief wirken und nur schwer zugänglich sind. Manchmal brauche ich dafür mehrere Schritte und muss allmählich Schale für Schale abtragen, bis ich irgendwann einmal zum Kern der In-Form-ation vorstoßen kann.

Ein weiteres Beispiel: Bevor ich dieses Kapitel über die Selbsthypnose begann, hatte ich das Gefühl, das Buch sei fast fertig und ich würde nur noch ein Abschlusskapitel schreiben. Allerdings fehlte mir dafür wieder die Energie. Ich hatte am Vormittag intensiv am vorigen Kapitel gefeilt und dachte, dass ich davon erschöpft sei und deswegen keine Energie mehr hätte. Nach einer gewissen Zeit kam ich auf die Idee, die Selbsthypnose anzuwenden. Mein Aufmerksamkeitsmännchen fuhr mit einer CD-ROM im Fahrstuhl in die Tiefe. Auf der CD stand „Alle Inspirationen für das Abschlusskapitel". Der Fahrstuhl hielt an einem bestimmten Gang, das Männchen sprang heraus und rannte vor Freude mehrere Gänge entlang, bis es auf einen Computer stieß, der sein Laufwerk geöffnet hatte. CD wurde eingelegt, Laufwerk wurde geschlossen und es war zu sehen, wie hinter dem Computer innerhalb der Wand sich plötzlich viele energetische Wege ausbreiteten – als ob die Informationen sich nun innerhalb der bunten Erde verteilen würden. Doch dieser Prozess blieb plötzlich stecken. Eine gewisse Fläche war bereits mit Informationen versorgt, aber es floss nicht mehr weiter.

Als ich mich fragte, warum es stecken blieb, schenkten mir meine inneren Muster die Idee, das Programm umzubenennen. Ich hatte ja den Begriff „Abschlusskapitel" verwendet. Aber vielleicht gibt es noch mehr zu schreiben? Vielleicht begrenzte ich durch diese Definition den Energiefluss? Und so benannte ich die CD um in „Alle Inspirationen für *den Rest des Buches*" – und schon breiteten sich die Informationen weiter aus, in alle Richtungen innerhalb der Erde. Ich fühlte dabei ein sehr euphorisches Gefühl und vergaß fast, mein Männchen wieder in den Fahrstuhl springen und nach oben fahren zu lassen. Oben angekommen öffnete ich wieder die Augen und fühlte mich großartig. Ich begann sofort die Arbeit an diesem Kapitel über die Selbsthypnose.

Wenn Sie nicht so gut visualisieren können, schlage ich Ihnen vor, für sich selbst eine kleine Geschichte aufzuschreiben, so wie ich hier meine Visualisierung aufgeschrieben habe. Lesen Sie sich selbst anschließend diese Geschichte laut vor – oder erzählen Sie sich diese Geschichte mit geschlossenen Augen.

Wenn ich meine Geschichten beschreibe, die ich mir vorstelle, wirkt es auf den ersten Blick sehr klar. Das liegt aber daran, dass ich meine Geschichten in Worte fassen muss, um sie hier aufschreiben zu können. Und dieser Prozess filtert sehr viel Unklarheit heraus. In Wirklichkeit sind meine inneren Bilder unklar, verschwommen und nur Andeutungen. Ich sehe zwar ein Aufmerksamkeitsmännchen, habe aber keine Details im Blick. Der Fahrstuhl ist auch nur eine Andeutung. Allerdings – wenn ich mich genauer frage, wie der Kopf meines Männchens aussieht oder was es für Schuhe an hat oder wie die inneren Wände des Fahrstuhls aussehen, dann kommen klarere Antworten von meinem Inneren. Der Fahrstuhl ist beispielsweise durchsichtig, so dass ich immer sehen kann, wohin die Reise geht. Der Kopf meines Männchens ist kugelrund. Meine Fragen lassen also meine Fantasie aktiv werden und Antworten „gestalten". Aber das kennen wir ja schon: Ungleichgewichte führen zu neuen Gleichgewichten. Fragen führen zu Antworten und zu klareren Details. Die inneren Muster haben den Wunsch nach einem Gleichgewicht und werden bei Fragen entsprechend aktiv.

Ich empfehle Ihnen, sich für die Selbsthypnose Raum (Schutz) und Zeit zu nehmen. Falls Sie die Sorge haben, die Zeit zu vergessen, stellen Sie einen Wecker. Wir wissen ja schon: Je entspannter und sicherer Sie sich fühlen, umso unabhängiger sind Ihre Muster und können sich leichter sortieren, sich der von Ihnen gestellten Aufgabe anpassen und neue Antworten bringen. So erkläre ich mir, warum Hypnotiseur*innen immer darauf achten, ihre Klient*innen in einen Schlafzustand zu versetzen. Ich glaube, die meisten Hypnotiseur*innen wissen gar nicht genau, warum sie das machen. Jetzt können wir es erklären: Vertrauen, Entspannung, Sicherheit und Geborgenheit führen zu mehr innerer Beweglichkeit und mehr innerer Unabhängigkeit, so dass leichter Antworten kommen und Aufgaben umgesetzt werden können.

Diesen Zusammenhang können wir auf unsere Kommunikation mit unserem Umfeld übertragen. Seitdem mir der Zusammenhang zwischen Entspannung und innerer Unabhängigkeit bewusst geworden ist, ist mir auch klar, warum ich leichter mit anderen Menschen kommunizieren kann, wenn sie entspannt und offen sind. Gleichzeitig verstehe ich mein

Gefühl, an mein Gegenüber „nicht herankommen zu können", wenn derjenige sich gerade im Stress befindet. Seine inneren Muster sind auf eine Heilungshierarchie konzentriert (verklumpt).

Manche Menschen stehen unter Dauerstress – aufgrund schmerzlicher unerlöster Kindheitserlebnisse. Diejenigen sind am schwersten „zu erreichen", weil ihre inneren Muster sich kaum unabhängig bewegen können, sondern permanent innerhalb von Heilungshierarchien konzentriert sein müssen. Dazu kommt, dass diejenigen den Dauerstress kaum noch merken, weil sie ihn schon lange gewohnt sind.

Wenn man also einer anderen Person neue Sichtweisen anbieten möchte, wäre es von Vorteil, ihr vorher einen sicheren Rahmen anzubieten. Wenn die andere es möchte, kann sie innerhalb dieses Rahmens besser entspannen. Dabei ist es wichtig, nicht auf sich zu schauen, was man selbst als entspannend empfindet, sondern die andere zu beobachten oder zu fragen, was sie braucht, damit sie sich wohl fühlt. Oder Sie geben sich die Rolle: „Ich bin jetzt die andere", und stellen sich die Frage: „Was würde mich entspannen und öffnen?" Selbstverständlich sollten Sie aus der Antwort keine „Wahrheit" machen, sondern immer wieder überprüfen, ob es mit der anderen übereinstimmt und es ihr tatsächlich hilft. Erst die positive Bestätigung der anderen macht aus Ihrer Wahrnehmung eine Wirklichkeit.

Doch Vorsicht: Erinnern Sie sich an die resonierenden Empfindungen? Es kann nach hinten losgehen, wenn Sie sich unter Druck auf das Herstellen dieses entspannten Rahmens konzentrieren. Die andere Person kann eventuell spüren, wie angespannt Sie selbst sind – und könnte sich dementsprechend anstecken lassen und selbst nicht entspannen. Es wäre also von Vorteil, die Entspannung und Offenheit und Toleranz und Integration (Alles-Spieler) selbst vorzuleben.

Schreie ich mein Gegenüber an: „Komm endlich mal runter! Entspann dich mal! Hör auf mit deinen Vorwürfen!!" (Spieler + Schmerz), dann wird das kaum wirken. Der andere wird sich in dem Moment in die schmerzliche Nicht-Spieler-Rolle gedrängt fühlen. Nur wenn der andere sowieso schon offen für solche Botschaften ist und sich in der Mit-Spieler-Rolle befindet, wird er in dem Moment zurückrudern und tatsächlich runterfahren. Ist er nicht offen und weiterhin in konzentrierter Verteidigung, dann bin ich ohnmächtig und habe keine Chance – als Spieler. Wenn ich mich aber selbst zum Mit-Spieler mache, ihrer Heilungshierarchie zustimme und der anderen dadurch die Möglichkeit anbiete, die Spieler-Rolle zu übernehmen, ändert sich vielleicht etwas.

Kurz: Sie können einer anderen Person am besten Beeinflussungen „anbieten", wenn

- sie Ihnen eine Frage gestellt hat und aufmerksam auf Ihre Antwort wartet (auf das bessere Gleichgewicht).
- sie sich mit einer inneren Entspannung auf Sie konzentriert hat und Ihnen zuhört.
- Sie sich der Heilungshierarchie der anderen Person anpassen, falls sie sich darauf konzentriert hat. Nehmen Sie *innerhalb* ihrer Heilungshierarchie, innerhalb ihres Zielbereichs in der Rolle des Mit-Spielers Kontakt zu ihr auf, denn dort erreichen Sie die Person[172].

Letztendlich sind Sie sowieso ohnmächtig gegenüber der anderen und können sie nicht darin beeinflussen, Ihre Beeinflussungen wirklich anzunehmen. Sie können die andere nur dazu „einladen". Welchen Wunsch nach welchem Gleichgewicht ihre inneren Muster haben und was sie aus Ihrer Einladung machen, liegt nicht in Ihrer Hand.

Kommen wir zurück zu Ihnen. Es kann also von Vorteil sein, sich vor einer Visualisierung zu entspannen und sich Raum (Schutz) und Zeit zu nehmen. Dann machen Sie sich Ihr Ziel klar und geben sich selbst die Aufgabe, für dieses Ziel eine Lösung zu finden. Überlassen Sie alles Ihren schlauen Mustern, die alle einen Wunsch nach Gleichgewicht haben, und lassen die Kontrolle durch das Ich-Muster los. Geben Sie sich den perfekten Rahmen, damit Ihre Muster sich unabhängig bewegen und sich selbst neu orientieren und organisieren können.

Falls Ihre Muster einen Prozess besonders schnell durchführen wollen und die Bilder rasend schnell ablaufen (so ist es bei mir), dann ist das nicht „falsch". Es muss nicht scheinbar „langsam und gründlich" ablaufen, um wirken zu können. Falls aber auf der anderen Seite etwas in Ihnen besonders gründlich ist und sich lange auf etwas konzentrieren will, dann gehört natürlich auch das dazu.

Mit mir selbst habe ich die Erfahrung gemacht, dass ich es merke, wenn meine Muster etwas „wollen". Erinnern Sie sich, dass ich mich im

[172] Die andere dort „abholen", wo sie ist. Eine hilfreiche Praxis innerhalb der Hypnose und Psychotherapie.

Wachzustand gegen den Namen „Karin“ gewehrt und ihn als Hindernis eingestuft hatte. Als ich aber in Trance ging, indem ich mit dem Fahrstuhl in die Tiefe fuhr, wurde plötzlich klar, dass der Name „Karin“ in Wirklichkeit die Verbindung zum Namen Annette darstellte und unbedingt verstärkt werden wollte. In Trance waren meine inneren Muster stärker als mein Ich-Muster. Denn ich hatte ihnen durch meine Entspannung und meine Beobachtung der inneren Bilder (Beobachter-Rolle) mehr Raum und Freiheit und Unabhängigkeit gegeben.

Es gibt einen weiteren wichtigen Punkt bezüglich unserer inneren Muster, den ich hier ansprechen möchte. Ich schreibe immer davon, dass jedes Muster den Wunsch nach Gleichgewicht hat. Doch manchmal haben wir den Eindruck, dass dies nicht so ist. Wir merken, dass wir in der Gegenwart auf eine Situation unangemessen reagieren. Wir verhalten uns automatisch, wie wir uns eigentlich nicht verhalten müssten. Beispielsweise haben wir Angst vor einem Menschen, der in Wirklichkeit offen und freundlich ist. Diese Angst wird in uns ausgelöst, weil uns dieser Mensch an einen anderen Menschen aus unserer Vergangenheit erinnert, der uns oft verletzt hat. Der aktuelle Mensch löst in uns also einen Musterautomatismus aus, der gar nicht mehr angemessen ist. In so einem Fall sind wir offensichtlich mit unserer Aufmerksamkeit schlauer als unsere inneren Muster.

Das erkläre ich mir wie folgt: Es gibt innere Musterautomatismen, die davon überzeugt sind, dass sie sich in einem relativen Gleichgewicht befinden. Sie sehen sich selbst gar nicht groß in einem Ungleichgewicht und bewegen sich daher auch nicht in ein besseres Gleichgewicht. Sie reagieren, wie sie es schon immer gemacht haben, wie sie es gewohnt sind, wie es bisher stimmig war. Die Musterautomatismen denken, dass sie „richtig“ agieren. Einige andere Muster in uns registrieren aber, dass diese Angst gar nicht wirklich notwendig ist. Sie haben begriffen, dass der gegenwärtige Auslöser nicht gefährlich ist. Sie merken: Hier ist ein Ungleichgewicht.

Jetzt bleibt nur noch die Aufgabe übrig, die Muster, die noch auf eine frühere Situation reagieren und hier etwas verwechselt haben, davon zu überzeugen, dass sie sich in ein besseres Gleichgewicht bewegen und sich der aktuellen Realität anpassen können.

Das funktioniert am besten, wenn man den alten Musterautomatismus wieder unabhängiger macht, denn er ist noch mit einer früheren Situation verklumpt und reagiert entsprechend. Wählen Sie für dieses alte Muster ein Symbol und wählen Sie für die aktuelle Gegenwart (ungefährliche Situation) ebenfalls ein Symbol und bearbeiten beide mit Hilfe der Popin-Methode©.

Oder fahren Sie mit dem Fahrstuhl zu dem alten Muster hinunter in die Tiefe und legen eine CD-ROM in den Gehirncomputer mit der Aufgabe: „Das, was das bisherige Muster darüber informiert, in welchen Punkten die gegenwärtige Situation *anders* ist als die frühere Situation." Oder Sie haben noch andere Ideen, wie Sie das alte Muster unabhängig machen, so dass es sich neu orientieren kann.

Das können wir auch auf Situationen übertragen, in denen wir uns freier verhalten könnten, weil die Situation tatsächlich ungefährlich ist. Wir könnten uns endlich entspannen – doch ein Anteil in uns hat immer noch Angst, dafür bestraft zu werden. Wenn wir uns offen und frei verhalten wollen, reagieren innere Muster mit einer Bremse. In Wirklichkeit ist aber niemand da, der uns bestrafen oder abwerten würde.

Das ist wieder ein wundervoller Auftrag für unser Aufmerksamkeitsmännchen. Wir schicken es mit einer CD-ROM oder mit der Aufgabe in die Tiefe, die entsprechenden Muster über die Unterschiede zwischen Vergangenheit und Gegenwart vollständig und lückenlos zu informieren. Wir geben also unseren alten Mustern ein Update.

Oder wir speisen mit Hilfe der CD-ROM ein neues Programm ein: „Mit der Nicht-Spieler-Rolle und dem damit verknüpften Schmerz gelassen umgehen können." Denn die Angst vor Strafe ist die Angst davor, von anderen Menschen schmerzvoll in die Nicht-Spieler-Rolle geschickt zu werden.

Oder wir nehmen ein Symbol für die Vergangenheit und ein Symbol für die Gegenwart und machen beide mit Hilfe der Popin-Methode© unabhängig voneinander.

Manchmal nehmen die Muster das Update oder die Unabhängigkeit nicht an. Sie machen nach so einer Übung genauso weiter wie bisher. Es verändert sich nichts. Dies könnte daran liegen, dass die Muster den Wunsch haben, von uns *vollständig* verstanden zu werden. In dem Fall schlage ich vor, das Aufmerksamkeitsmännchen forschungsorientiert in die Tiefe zu schicken, um herauszubekommen, warum das Muster sich immer noch so verhält. Welcher Wunsch steckt dahinter? Vielleicht wird es klar, wenn das Männchen sich dem Muster mit Hilfe des Fahrstuhls nähert. Oder wir stellen uns den Wunsch als Symbol vor, dem das Männchen in der Tiefe begegnet, und das Männchen stellt dem Wunschsymbol die Frage, was es sich wünscht. Sobald der Wunsch klar ist, kann er sich vielleicht ganz von selbst unabhängig machen, sich vom alten Muster lösen und an neue angemessenere Muster knüpfen[173]. Oder der Wunsch macht Vorschläge und sagt, was er genau braucht, um sich verändern zu können.

Wenn der Wunsch von selbst keine Informationen preisgibt, dann können wir ihm verschiedene Möglichkeiten anbieten und beobachten, wie der Wunsch auf diese Vorschläge reagiert (lächelnd oder grimmig):

- den Wunsch besser schützen, durch eine klarere Grenzsetzung gegenüber unserem Umfeld.
- den Wunsch von einem unangemessenen Schutz befreien.
- seine Erfüllung in der Zeit nach hinten verschieben.
- den Wunsch in einer parallelen Realität erfüllen, in einer Vision, die unabhängig von der Gegenwart geschieht. Sich ein Happy End ausmalen, wie schön es wäre, wenn der Wunsch erfüllt wäre – und die entsprechenden Gefühle dazu fließen lassen.
- den Wunsch inhaltlich etwas verändern.
- den Wunsch komplett aufgeben.
- sich den Wunsch vom Universum auf andere Weise erfüllen lassen, als auf die Weise, die man sich im Verstand vorgestellt hatte.
- sich vorstellen, die Stärke des Wunsches mit Hilfe eines Reglers zu verstellen – ihn stärker oder schwächer zu machen.
- die innere Haltung ändern, mit der Sie den Wunsch haben, indem Sie beispielsweise den „Schmerz“ aus dem Wunsch rausziehen, der bei Ihnen noch damit verklumpt ist.[174]

Aus den Reaktionen unseres Wunsches auf diese Vorschläge können wir Rückschlüsse ziehen, die uns der Lösung unseres Problems näher bringen.

---

[173] Siehe dazu mein Beispiel auf den Seiten 84 ff. und die Erklärung Seite 87 f.

[174] Zur Ergänzung siehe dazu auch den Umgang mit Zielen Seite 377.

Auf diese Weise können wir uns von „alten Beeinflussungen" unabhängig machen, die bisher immer noch in uns unstimmig gewirkt hatten. Auch mit aktuellen Beeinflussungen aus unserem Umfeld können wir besser und leichter umgehen, wenn wir diesen Umgang mit unseren Wünschen pflegen. Daher empfehle ich Ihnen, die eben aufgeführten Möglichkeiten zu verinnerlichen und sie immer präsent zu haben.

Sie können bei der Selbsthypnose selbstverständlich auch mit anderen Bildern arbeiten, als ich es tue. Sie können sich Feen und Elfen vorstellen, die in der Tiefe der Erde vom Aufmerksamkeitsmännchen Aufträge annehmen oder Fragen beantworten. Sie können sich die besten Expert*innen vorstellen, die in Ihnen arbeiten und die über alles Bescheid wissen. Sie können sich Verschachtelungen vorstellen: Ihr Aufmerksamkeitsmännchen fährt mit dem Fahrstuhl in die Tiefe, bis der Fahrstuhl stehen bleibt und sich öffnet. Dann geht das Männchen den Gang entlang, bis es zu einem Computer kommt. In dem Computer öffnet sich ein kleines Türchen. Beim Männchen öffnet sich am Bauch auch ein Türchen und es kommt ein noch viel kleineres Aufmerksamkeitsmännchen heraus, das in das Türchen vom Computer reingehen kann – und nun setzt sich Ihre Fantasie innerhalb des Computers fort. Beispielsweise repariert das Mini-Männchen im Computer ein bestimmtes Programm oder es erlebt dort etwas viel Lebendigeres, als nur Computerchips. Sie können das Aufmerksamkeitsmännchen auch weglassen und selbst durch die Gegend reisen. Sie können die Erde und den Fahrstuhl weglassen und durch Wälder fliegen etc. Suchen Sie das, was mit Ihren inneren Mustern ein optimales Zusammenspiel ermöglicht.

Für das Thema „schnelle / langsame Zeit"[175] möchte ich Ihnen noch einen Vorschlag machen: Bevor Sie die folgende Fantasie durchleben, stellen Sie sich zur Sicherheit und für Ihre Entspannung einen Wecker. Dann haben Sie keine Sorge, dass Sie die Zeit vergessen, und Ihre inneren Muster können noch unabhängiger agieren.

Sie schließen die Augen und lassen sich mit dem Ziel „meine besondere Zeit" im Fahrstuhl in die Tiefe bringen. Dort, wo er anhält, steigen Sie aus und gehen einen Gang entlang bis zu einer Tür. Sie öffnen die

---

[175] Zur Erinnerung siehe Seite 118 ff. und Seite 262 ff.

Tür, gehen in den großen Raum und schließen die Tür hinter sich. In dem Moment, in dem sich die Tür schließt, sind die Zeiten komplett voneinander getrennt. Draußen vergeht die Zeit viel, viel langsamer. Im Raum haben Sie genügend Zeit für das, was Sie in Ruhe tun wollen. Wenn Sie fertig sind, öffnen Sie die Tür von selbst und fahren mit dem Fahrstuhl wieder nach oben. Oder Sie lassen die Tür durch Ihren Wecker öffnen. Sobald die Tür wieder offen ist, laufen die Zeiten wieder synchron und Sie fahren mit dem Fahrstuhl nach oben und „wachen auf". Je öfter Sie das machen, umso „trainierter" werden Sie darin (Musterbildung durch Wiederholungen).

Oft erleben wir, dass wir tolle Ideen lesen oder von jemandem stimmige Vorschläge erhalten, wie man mit einer Problemsituation umgehen kann. Dann kommt der Alltag, wir konzentrieren uns auf unsere Aufgaben, es entsteht ein Problem, ein Konflikt und wir merken erst hinterher: „Oh, es hat sich nichts verändert. Ich habe mich genauso verhalten wie immer. Mir sind die Lösungen und tollen Ideen gar nicht eingefallen." Wie setzt man Ideen und Lösungsvorschläge in seinem Alltag praktisch um?

Hier kommt wieder die Selbsthypnose zum Einsatz. Wir kennen es aus Hypnose-Shows oder anderen Erfahrungen mit Hypnose, dass der Hypnotiseur Suggestionen gibt, wie z. B.: „Wenn ich mit dem Finger schnippe, dann tust du xyz …" oder „Wenn ich mir eine Zigarette anzünde, wirst du zum Regal gehen und ein Buch holen."

Hier wird ganz einfach ein Auslöser mit einer Aktion verknüpft – zwei Muster werden miteinander verklumpt, konzentriert, voneinander abhängig gemacht. Wir können das positiv für uns selbst einsetzen, indem wir gezielt und absichtlich selbstständig zwei Muster miteinander verknüpfen. Je entspannter und unabhängiger unsere inneren Muster dabei sind, umso leichter funktioniert diese Verknüpfung. Deshalb mache ich den Vorschlag, für diese Verknüpfung wieder entspannt in der inneren Tiefe zu arbeiten und dort in aller Ruhe diese Verknüpfung vorzunehmen.

Machen Sie sich vorher Ihr Ziel klar. In welcher Situation soll Ihnen in Zukunft welche Lösung einfallen? Ist das Ziel klar, dann fahren Sie wieder mit dem frei fahrenden Fahrstuhl in die Tiefe und schauen, wie Ihre inneren Muster diese Verknüpfung im optimalen Fall durchführen wollen. Wohin bringt Sie der Fahrstuhl? Was begegnet Ihnen? Was will Ihr Aufmerksamkeitsmännchen tun?

Ich gebe Ihnen ein Beispiel als Angebot:

Einige Seiten vorher haben Sie ausführlich das NeuroSonanz-Modell kennengelernt. Ich biete Ihnen folgende Reaktionskette an:

Sie erleben in der Zukunft eine Situation mit anderen Menschen, in der Sie sich gestresst oder eine Abwehr fühlen. Dabei fällt Ihnen automatisch das NeuroSonanz-Modell ein und Sie beobachten: „Welches Basismuster lächelt mehr als die anderen?" Dann wechseln Sie innerhalb der Stress-Situation in dieses angenehmere Basismuster.

Wenn Sie wollen, können Sie folgende kleine Selbsthypnose ausprobieren, um diese Reaktionskette zu verinnerlichen:

Stellen Sie sich zuerst die obere Hälfte des NeuroSonanz-Modells vor – mit allen vier lächelnden Symbolen. Haben Sie dieses Bild mit den vier lächelnden Gesichtern vor Augen, dann geben Sie diesem Bild noch eine große Überschrift mit vier fett gedruckten Worten:

„Wer lächelt am stärksten?"

Das Bild mit den vier lächelnden Gesichtern und der Überschrift „Wer lächelt am stärksten?" drücken Sie Ihrem Aufmerksamkeitsmännchen in die Hand – mit der Aufgabe, dieses Bild dorthin zu bringen, wo Ihr Gehirn in einer stressigen Alltagssituation gestresst reagiert. Das Aufmerksamkeitsmännchen fährt mit dem Bild und dem Fahrstuhl in die Tiefe. Dort, wo es richtig ist, hält der Fahrstuhl an, öffnet seine Tür und Ihr Aufmerksamkeitsmännchen läuft in einen Gang hinein. Es liefert das Bild mit den vier lächelnden Gesichtern und der Überschrift „Wer lächelt am stärksten?" genau dort ab, wo dafür gesorgt wird, dass Sie in jeder Stress-Situation im Alltag an dieses Bild mit dieser Überschrift denken.

Als nächstes gibt Ihr Aufmerksamkeitsmännchen eine CD-ROM ab, auf der ein bestimmtes Programm steht: „Ich sehe in einer Stress-Situation das NeuroSonanz-Modell vor mir und beobachte, welches der vier Gesichter am stärksten lächelt. Diese Rolle nehme ich dann ein und verhalte mich entsprechend." Die CD-ROM mit diesem Programm (Programm = Musterautomatismus) wird dort eingelegt und gestartet, wo auch das Bild mit den vier gestressten Gesichtern und der Überschrift „Wer lächelt am stärksten?" aufgenommen wurde.

Anschließend fährt das Aufmerksamkeitsmännchen mit dem Fahrstuhl voller Freude wieder an die Oberfläche.

Beobachten Sie, was im Alltag in Stress-Situationen automatisch passiert und ob die Verknüpfung funktioniert. Wenn nicht, dann machen Sie es ein paar Mal hintereinander. „Üben“ Sie diese Verknüpfung und beobachten, ob es hilft. Entwickeln Sie einen Musterautomatismus durch Wiederholungen.

Oder verändern Sie die Selbsthypnose-Geschichte so, wie es für *Sie* und *Ihre* inneren Muster stimmig und wirksam ist, so dass *Ihre* Muster mit *Ihrer* Absicht optimal zusammenspielen.

Mir macht diese Form der Selbsthypnose sehr viel Freude, weil es für mich sehr „leicht“ geht und gleichzeitig fantastisch funktioniert. Vielleicht ergeht es Ihnen ja genauso.

Frei mit Beeinflussungen tanzen

Wenn Sie aufmerksam das Buch Seite für Seite bis hierher gelesen haben, dann haben Sie sehr viele Puzzle-Teile kennengelernt. Mir ist bewusst, dass es so unglaublich viele Puzzle-Teile sind, dass Sie sie erst einmal Schritt für Schritt verinnerlichen müssen, um ein Gesamtbild in sich selbst genießen zu können. Das ist natürlich ein längerer Musterbildungsprozess. Allerdings bin ich mir bewusst, dass es sich lohnen kann, wenn man diesen Weg mit Hilfe dieses Buches beginnt. Schließlich durfte ich mich selbst bei der Entwicklung des Buches beobachten und genießen und bin von der Selbsterforschung und von meinem Unabhängigkeitsgefühl einfach nur begeistert. Es liegt natürlich bei Ihnen und Ihren Zielen, was Sie mit allen Informationen anfangen. Und vielleicht werden Sie Zeit, Geduld und Spucke brauchen …

Wenn jemand ein Puzzle zusammensetzt, sucht er sich meistens zuerst die Randteilchen heraus und fügt sie aneinander, so dass als erstes ein Rahmen entsteht. Für diesen Rahmen fehlt allerdings noch ein letzter wichtiger Aspekt – der wichtigste von allen, wie ich glaube.

Stimmigkeit

Ich habe mich gefragt, was uns Menschen am allermeisten motiviert. Meine Antwort lautet:

Wir tun etwas und es passiert das, was wir wollten.

Wenn wir einen Satz lesen, lesen wir ihn deshalb, weil wir verstehen wollen, was der Verfasser des Satzes gemeint hat. Wenn wir das Gefühl haben, den Satz verstanden zu haben, ist das ein Erfolgserlebnis. Inzwischen ist dieses Erfolgserlebnis beim Lesen für uns „normal“ und wir sind nicht jedes Mal begeistert. Wenn wir aber etwas definitiv nicht verstehen, dann beginnen wir möglicherweise, es als unangenehm zu empfinden oder uns zu ärgern oder im Extremfall zu verzweifeln (und vielleicht fällt uns in dieser Stress-Situation dann das NeuroSonanz-Modell ein – mit den vier lächelnden Gesichtern und der Überschrift „Wer lächelt am stärksten?“). An unserer eventuellen Ungleichgewichtsreaktion bei Nicht-Verständnis erkennen wir, dass wir uns das Gefühl von Verständnis wünschen. Stimmig ist, alles gut verstehen zu können.

Sitzen wir am Computer, dann bewegen wir den Pfeil entweder mit der Maus oder mit einem Touchpad. Wir klicken mit Hilfe des Pfeils auf eine Fläche oder einen Button, wodurch etwas passiert, wenn wir die Fläche richtig getroffen haben. Erfolgserlebnis.

Ich bewege meine Finger auf der Tastatur und erschaffe auf diese Weise die Sätze, die in meinem Kopf sind, wenn ich die Tasten in der richtigen Reihenfolge getroffen habe. Erfolgserlebnis.

Bei Computerspielen geht es meistens darum, etwas anzuvisieren und dann zu treffen. Jeder „Treffer“ begeistert den Spieler. Auch beim Lotto ist man über jeden Treffer begeistert. Hat man einen Pokemon gefunden, ist die Euphorie groß. Beim Fußballspiel ist man über jeden Treffer der eigenen Mannschaft euphorisch. Trifft man beim Dartspiel mit dem Pfeil die Mitte der Scheibe, ist das Ziel erreicht. Wenn man tanzt, dann macht das Tanzen am meisten Spaß, wenn man sich genau zum Rhythmus bewegt und jeden Beat mit seiner Körperbewegung „trifft“. Beim Sex stellen die erogenen Zonen gewisse „Treffer“ dar, durch die man sich lustvolle Gefühle macht. Auch der Orgasmus ist eine Art „Treffer“, der intensiv befriedigt. Hat man sich durch Selbsthypnose erfolgreich beeinflusst und sich und seine Musterautomatismen positiv verändert, dann ist man begeistert.

In den allermeisten Fällen geht es im Leben eines jeden Menschen darum, etwas genau zu treffen. Und wenn man getroffen hat, tritt ein Erfolgsgefühl ein. Ich sage dazu: Stimmigkeit. Ein Treffer ist für uns stimmig. Das wollen wir. Jeder „Treffer“ ist für uns ein stimmiges Gleichgewicht. Der Wunsch nach Gleichgewicht ist erfüllt. Passt. Ziel erreicht! Das ist es! Genau! Stimmt! Treffer!

Ich behaupte, dass die Aussage „Wir suchen alle nach Stimmigkeit“ eine universell stimmige Aussage ist. Dieser tiefe Wunsch nach Treffern ist meines Erachtens die Ursache dafür, warum viele Menschen von Computerspielen oder auch von anderen Spielen oder auch von Sportarten so begeistert sind. Es geht immer darum, etwas ganz Bestimmtes so genau wie möglich zu treffen. Uns geht es am besten, wenn wir unserem

Herzen folgen und dadurch auch unsere tiefsten Wünsche möglichst stimmig erfüllen.

Auf der anderen Seite gibt es aufgrund dieses tiefen Wunsches nach Stimmigkeit die Politikverdrossenheit vieler Menschen. Erstens haben sie nicht das Gefühl, die Politik beeinflussen und dadurch „treffen" zu können. Und zweitens haben sie nicht das Gefühl, dass die Politiker genau „treffen", sondern vieles geht „daneben".

Wer es in seiner Kindheit öfter nicht geschafft hat, seine Eltern zu überzeugen, hat allmählich resigniert. Man hat zwar irgendwie getroffen, aber die Eltern haben nicht so reagiert, wie man es sich gewünscht hat. Vielleicht wurde man sogar für seine Treffer bestraft. Wer immer wieder bei Treffern bestraft oder ignoriert wurde, verliert seine grundsätzliche Motivation.

Was passiert eigentlich, wenn man für Treffer bestraft wird? Der Bestrafende „trifft" den Bestraften. Der Bestrafende ist in der Spieler-Rolle. Der Bestrafte ist der Nicht-Spieler und wird erfolgreich und schmerzvoll ausgeschlossen. In der Kindheit kann dies dadurch passieren, dass man als Kind aus seinem eigenen Gefühl heraus etwas getan hat, was Freude gemacht hat, wodurch man „getroffen" hat, was für das Kind stimmig war – und die Eltern haben das getan, was *für sie* stimmig war. Sie haben das Kind von etwas anderem überzeugen wollen, haben es eingeschränkt, gebremst oder im schlimmsten Fall bestraft. Meistens haben die Eltern beim Bremsen zusätzlich noch das Stimmigkeitsgefühl des Kindes abgewertet. Es wurde von den Eltern nicht anerkannt, dass es für das Kind stimmig war, auf diese Weise zu „treffen".

Ich weiß, dass über diesen letzten Punkt viele Diskussionen ausbrechen könnten. Und was passiert bei Diskussionen? Jeder Diskutierende versucht im Rahmen seiner eigenen Ziele zu „treffen". Angeregt durch den eigenen Wunsch nach einem besseren Gleichgewicht.

Die Tatsache, dass wir alle für uns selbst „stimmig treffen" wollen, ist weder gut noch schlecht. Es ist etwas, das wir bei uns allen beobachten können. Es ist dieser „Wunsch nach Gleichgewicht", der unsere grundlegende Antriebskraft für alles ist.

Um nun in diesem Kapitel den Rahmen für unser Puzzle herstellen zu können, nutze ich für den Wunsch nach Gleichgewicht die Beschreibung „Wunsch nach Stimmigkeit".

Stellen Sie sich vor, jeder Mensch hat zu jedem Zeitpunkt den Wunsch nach einer bestimmten Stimmigkeit. Selbst die völlige Entspannung kann ein Ziel sein, das man *stimmig getroffen* hat, wenn man sich tatsächlich entspannen kann und nicht gestört wird.

Und jetzt schauen Sie verschiedene Konfliktsituationen Ihrer Vergangenheit an. Was passiert, wenn Menschen streiten? Jeder möchte sein eigenes Gefühl von „Stimmigkeit" erreichen.

Wie fühlen Sie sich, wenn Sie einen anderen Menschen beobachten, der nach Ihrem Gefühl absolut ***un***stimmig handelt? Sie nehmen es als Ungleichgewicht wahr, sprechen es vielleicht an, regen sich möglicherweise darüber auf, empören sich und sind frustriert. Das, was Sie selbst als stimmig empfinden, können Sie in Ihrem Umfeld *nicht* erleben. Ihr Basismuster „Nicht-Spieler (+Schmerz?)" ist durch so eine Beobachtung aktiviert worden. Oder Sie sind gerade in der Spieler-Rolle (+ Schmerz?) und bewerten das, was der andere tut, als „nicht zu meinem Ziel dazugehörig".

Ich lade Sie nun zu folgendem Experiment ein: Was passiert, wenn Sie alle Stimmigkeitsgefühle aller Menschen als *voneinander unabhängig* betrachten? Wenn Sie sehen, dass jeder Mensch seine eigenen Wünsche hat, seine eigenen Muster, seine eigenen Heilungshierarchien, seine eigene Realität und daher auch sein eigenes Stimmigkeitsgefühl? Und dass diese Stimmigkeitsgefühle nicht aneinander gekoppelt sind, also nicht aufeinander reagieren *müssen*, sondern unabhängig voneinander sind?

Führen Sie die Popin-Methode© durch. Stellen Sie sich viele Symbole vor – jedes Stimmigkeitsgefühl eines Menschen ist ein Symbol. Und nun lassen Sie alle Symbole unabhängig voneinander durch die Luft fliegen. Wie ein Schmetterlingsschwarm. Wie fühlt sich das für Sie an?

Sie können das auch mit einem einzigen Menschen ausprobieren – mit einem Menschen, mit dem Sie sich gerade in einer Spannung befinden. Stellen Sie sich ein Symbol für sein Stimmigkeitsgefühl und ein Symbol für Ihr Stimmigkeitsgefühl vor. Und nun lassen Sie in Ihrer Fantasie beide Symbole ganz unabhängig voneinander frei durch die Luft fliegen. Geht das? Wenn nicht, dann wenden Sie die vollständige Popin-Methode© mit allen Schritten an. Zur Unterstützung können Sie den Satz aussprechen: „Dein Stimmigkeitsgefühl und mein Stimmigkeitsgefühl gehören beide dazu. Sie müssen nicht aufeinander reagieren. Sie sind unabhängig voneinander." Wie geht es Ihnen danach, wenn Sie nun an Ihren Kontakt mit diesem Menschen denken?

Wenn Sie sich nicht spontan gut fühlen, dann kann es manchmal sein, dass erst eine Wut aufsteigen möchte. Hinter dieser Wut steckt ein eigener unverarbeiteter Schmerz darüber, wie weh es getan hat (oder immer noch tut), dass die eigene Stimmigkeit nie vom Gegenüber anerkannt wurde (Nicht-Spieler + Schmerz). Das war so ungerecht!

Folgt man diesem Gefühl noch tiefer, dann könnte sich dahinter vielleicht auch folgender Schmerz verbergen: Man muss miterleben, dass die andere Person aus eigenem Schmerz heraus nicht offen für das Stimmigkeitsgefühl anderer Menschen sein kann. Es tut weh zu sehen und zu fühlen (Mit-Spieler + Schmerz), dass die andere in einem eigenen Schmerz, in einer eigenen starken Heilungshierarchie steckt, der sie alles andere unterordnen möchte.

Beispiel: Angenommen Sie stellen sich vor, dass die Stimmigkeitsgefühle Ihrer Eltern als auch Ihr eigenes Stimmigkeitsgefühl unabhängig voneinander sind. Dann könnte bei dieser Vorstellung die Wut oder der Schmerz auftauchen, dass die Eltern diese Unabhängigkeit nicht haben sehen können. Es ist Ihr Schmerz über die Heilungshierarchie Ihrer Eltern. Sie sehen, dass Ihre Eltern aus einem eigenen Schmerz heraus sich selbst schützen mussten und deswegen ihr Umfeld ihrer Heilungshierarchie unterordnen wollten. In so einem Fall konnten Ihre Eltern die Stimmigkeitsgefühle anderer Menschen nicht sehen und nicht als unabhängig anerkennen.

Erinnern Sie sich, dass auch die Heilungshierarchien aller Menschen nicht aufeinander reagieren müssen, sondern unabhängig voneinander sind[176]. Und Sie können Ihren Eltern aus ganzem Herzen wünschen, dass ihre Wunde irgendwann einmal heilen darf.

Führen Sie so lange die Popin-Methode© durch und ziehen den Schmerz aus den einzelnen Stimmigkeitsgefühlen heraus oder verarbeiten Ihren unverarbeiteten Schmerz mit Hilfe des Tränen-Yogas, bis sich alle Stimmigkeitsgefühle unabhängig voneinander und fröhlich in Ihrer Fantasie bewegen können.

Sie können auch die Position des „Beobachters" nutzen und gezielt Ihr Umfeld beobachten – mit dem Ziel, die Unabhängigkeit aller Stimmigkeitsgefühle überall erkennen zu können.

---

[176] Zur Erinnerung siehe ab Seite 176 ff.

Beobachten Sie, wie alle Stimmigkeitsgefühle aller Menschen *voneinander unabhängig* sind. Diese Beobachtung ist die Basis Ihrer Unabhängigkeit von allen Beeinflussungen.

Das schmerzliche Gefühl von „Ungerechtigkeit" und der Kampf dagegen entstehen, wenn man in der eigenen Realität zwei verschiedene Ereignisse/Sachverhalte/Situationen miteinander verknüpft und sie dann vergleicht. Dadurch entsteht eine Abhängigkeit. Diese Abhängigkeit wird zur Unabhängigkeit, wenn man beides als „voneinander unabhängig" betrachtet. Jedes Ereignis, jeder Sachverhalt, jede Situation ist in sich selbst stimmig und unabhängig und hat sein eigenes Schicksal und seinen eigenen Sinn. Die Sichtweise von „Ungerechtigkeit" löst sich auf. Stattdessen kann man entspannt schauen: Welcher nächste Schritt ist für mich jetzt der stimmigste?

Angenommen Sie können nun die Stimmigkeitsgefühle aller Menschen als *voneinander unabhängig* sehen, dann ist diese Sichtweise die Basis für Ihre gesamte Unabhängigkeit von allen Menschen und damit von allen Beeinflussungen. Dabei erinnere ich noch einmal: Unabhängigkeit heißt nicht „Distanz" und auch nicht „Trennung", sondern *mehr Wahlmöglichkeiten*. Wenn Sie alle Stimmigkeitsgefühle als voneinander unabhängig sehen, dann dürfen alle Stimmigkeitsgefühle gleichzeitig existieren, *müssen* nicht aufeinander reagieren, aber *dürfen* es. Nicht „entweder - oder", sondern „sowohl - als auch". Ihr eigenes Stimmigkeitsgefühl darf gleichzeitig und parallel existieren, während auch alle anderen Stimmigkeitsgefühle aller anderen Menschen existieren dürfen. Alle Stimmigkeitsgefühle gehören dazu – gleichzeitig, parallel und *unabhängig* voneinander (Alles-Spieler). Dabei haben Sie die freie Wahl, ob Sie sich als Mit-Spieler den Stimmigkeitsgefühlen anderer Menschen anpassen, welchem Stimmigkeitsgefühl Sie sich anpassen oder ob Sie Ihrem eigenen Stimmigkeitsgefühl folgen (Spieler) oder beides. Unabhängig davon, wie Sie sich entscheiden: Alle Stimmigkeitsgefühle sind im Rahmen der universellen Verbundenheit in Form von Resonanz miteinander verbunden – und gleichzeitig unabhängig voneinander.

Diese Sichtweise kann dazu führen, dass Sie viel intensiveren Kontakt zu Ihrem eigenen Stimmigkeitsgefühl herstellen können. Endlich dürfen Sie es sich wieder erlauben und müssen nicht mehr die Stimmigkeitsgefühle anderer Menschen in der Rangfolge über Ihr Gefühl stellen. Je besser Ihr Kontakt zu Ihrem Stimmigkeitsgefühl ist, umso besser spüren Sie, wann Sie unbewusst beeinflusst sind und sich ein bisschen anders verhalten, als Sie es von sich kennen. Sie merken klarer, wann Sie vom Umfeld beeinflusst zu „einem anderen Menschen“ werden, der Sie eigentlich gar nicht sind. Welche Möglichkeiten Sie haben, mit solchen Einflüssen umzugehen, haben Sie inzwischen beim Lesen dieses Buches erfahren.

Weil die Wünsche nach Stimmigkeit die Basis all unserer Motivationen und Gefühle darstellen, haben Sie mit dieser Unabhängigkeit gleichzeitig eine Basis-Unabhängigkeit erreicht – eben der Rahmen des Puzzles, in das Sie Schritt für Schritt alles andere einsortieren. Jetzt sind Sie frei, in alle Beeinflussungen tief einzutauchen und gleichzeitig unabhängig davon zu bleiben. Sie *müssen* auf keine Beeinflussung reagieren, *dürfen* es aber, wenn es für Sie stimmig ist. Sie können unabhängig von allen Beeinflussungen Ihrem ganz eigenen Stimmigkeitsgefühl folgen, denn es darf parallel zu allem anderen bestehen – auch während jeder fremden Beeinflussung. Ihr unabhängiges Stimmigkeitsgefühl darf Sie führen und motivieren. Treffer!

Jetzt können Sie sich als Chef*in Ihres Erlebens (Spieler) frei dafür entscheiden, sich in der Rolle des Mit-Spielers von Ihrem gesamten Umfeld beeinflussen zu lassen und dabei gleichzeitig mit Ihrem unabhängigen Stimmigkeitsgefühl zu entscheiden, was für Sie passt und was nicht. Sie haben (mindestens) drei Aussagen zur Auswahl:

„Ich werde beeinflusst – und ich entscheide mich als Chef*in meines Erlebens frei und unabhängig dafür, dieser Beeinflussung nicht weiter zu folgen. Sie spielt für mich keine Rolle.“

„Geil! Ich werde beeinflusst – und das hilft mir gerade bei meinen eigenen Zielen genial weiter. Treffer! Stimmig!“

„Ich werde beeinflusst – und ich weiß noch nicht, was ich damit mache. Ich werde noch ein Weilchen abwarten und nachfühlen, bis meine stimmige Entscheidung reif ist.“

An alle drei Aussagen können Sie noch folgende Aussage knüpfen:

„Und wenn irgendein anderer Mensch etwas dagegen hat, dann ist seine Wertung, sein Gefühl und sein Verhalten *für ihn* stimmig und existiert parallel und unabhängig zu meiner Stimmigkeit. Ich kann ihn dadurch besser kennenlernen (In-Form-ation, Musterbildung). Gleichzeitig kann ich mit Hilfe meines Stimmigkeitsgefühls entscheiden, ob ich dem Einwand des anderen nicht zur Verfügung stehe, ob der andere mich mit seinem Einwand optimal unterstützt oder ob ich noch ein Weilchen warte, bevor ich mich stimmig entscheide."

Der Tanz

Je klarer Sie entscheiden, was Sie wollen, was Sie wünschen und wie Sie etwas wünschen, umso klarer können Sie Stimmigkeit anvisieren und erreichen. Je mehr Schritte und Tanzfiguren Sie beherrschen und je mehr Bewegungsmöglichkeiten Sie von einer Verklumpung befreit haben, umso freier und stimmiger können Sie tanzen. Sie entscheiden, wie Sie sich bewegen und wohin Sie treten und ob Sie stimmig getroffen haben. Je tiefer Sie dabei Ihrer inneren Weisheit vertrauen, umso mehr Beeinflussungstricks anderer Menschen können Sie wundervoll für Ihre eigenen Ziele nutzen oder ihnen gekonnt ausweichen. Sie können dabei immer mehr sich selbst als auch Ihre Mitmenschen „erkennen", mit allem offen mitfühlen, immer mehr Zusammenhänge verstehen, immer effektiver mit allem umgehen und haben immer stimmigere Erlebnisse.

Meine Empfehlung: Suchen Sie sich Schritt für Schritt aus dem Buch einzelne Übungen aus und trainieren Sie sich selbst.

Wie können Sie die Übungen trainieren?

1. Eine Übung können Sie vom Inhalt her „verinnerlichen", indem Sie sie wiederholt durchlesen. Dann schließen Sie das Buch und tun so, als würden Sie einem anderen Menschen laut diese Übung erklären. Wie weit kommen Sie? Wenn Sie stecken bleiben, schlagen Sie das Buch wieder auf und lesen nach, was Ihnen entfallen ist. Sie haben die Übung verinnerlicht, wenn sich Ihre Erklärung für Sie stimmig anfühlt und Sie zufrieden sind. Gleichgewicht erreicht.
2. Eine Übung beherrschen Sie, indem Sie sie entweder einem anderen Menschen „vormachen" können – oder (falls es sich um eine Visuali-

sierung handelt) indem Sie sich die Übung selbst vormachen können und mit dem Ergebnis zufrieden sind. Gleichgewicht erreicht.

3. Durch eine kleine Selbsthypnose können Sie Ihre eingeübte Fähigkeit an zukünftige Auslöser knüpfen, damit Ihre Musterautomatismen so reagieren, wie Sie es sich wünschen. Treffer!

„Die unabhängigen Stimmigkeitsgefühle aller Menschen sind auf der universellen Ebene durch Resonanz miteinander verbunden."
Dieses Denkmodell biete ich Ihnen als Basis Ihrer eigenen Unabhängigkeit an, die Sie im Umgang mit Beeinflussungen haben. Hierdurch sind all Ihre Basiswünsche erfüllt:

- In der universellen Verbundenheit gehören Sie immer dazu. Die Resonanz-Ebene ist immer und überall vorhanden.
- Mit Hilfe Ihres unabhängigen Stimmigkeitsgefühls und auch ab und zu mit Hilfe der Stimmigkeitsgefühle anderer Menschen können Sie als Chef*in Ihres Erlebens immer frei über sich hinauswachsen.
- Ihr Stimmigkeitsgefühl unterstützt Sie optimal darin, sich selbst immer besser zu schützen als auch sich immer besser zu heilen.

Damit Sie dieses Denkmodell verinnerlichen können, biete ich Ihnen dafür wieder ein Fantasiebild an:

Stellen Sie sich vor, die unabhängigen Stimmigkeitsgefühle aller Menschen bilden zusammen einen Parkett-Fußboden. Jedes Stimmigkeitsgefühl ist ein Holzstückchen. Allerdings passen diese Holzstückchen nicht so perfekt zusammen, dass sie eine glatte Oberfläche bilden. Einige Holzstückchen sind größer, andere kleiner, einige höher, andere tiefer, einige gerade, andere schief, einige bestehen aus sehr weichem Holz, andere aus sehr hartem Holz – und sie haben auch nicht alle die gleiche Form, so dass es zwischen einigen Holzstückchen kleine Lücken gibt. Zusammen ergibt es einen Parkett-Fußboden, der äußerst holprig ist. Aufgrund der Unabhängigkeit der Stimmigkeitsgefühle sind die Holzstückchen beweglich und können nach Wunsch den Platz wechseln. Sie müssen genau hinschauen, wenn Sie darauf gehen und nicht stolpern möchten – und besonders, wenn Sie darauf tanzen. Durch die vielen Ungleichgewichte ist also immer wieder intensive Aufmerksamkeit und Achtsamkeit gefordert (Basismuster Beobachter).

Stellen Sie sich weiterhin vor, dass Sie auf diesem Parkett stehen und es rundherum betrachten. Sie können mit Ihrer Aufmerksamkeit den gesamten Fußboden sehen – und denken: „Ja, jedes Holzstückchen gehört mit seiner ganz individuellen Form dazu und alles zusammen bildet diese Basis" (Basismuster Alles-Spieler). Mit dieser Haltung sind Sie frei, das gesamte Parkett zu nutzen, wenn Sie es wollen und es als stimmig empfinden.

Während Sie als Chef*in Ihres Erlebens zu tanzen beginnen (Basismuster Spieler), entscheiden Sie und Ihr Stimmigkeitsgefühl, welche Tanzschuhe Sie tragen oder ob Sie mit rutschfesten Socken oder barfuß tanzen, und Sie entscheiden, wo Sie genau hintreten und wohin nicht, was für Sie stimmig ist und was nicht (Ihre individuellen Wünsche).

Sie werden von den Holzstückchen, auf die Sie beim Tanzen treten, für den Zeitraum „getragen", solange Sie Ihr Gewicht drauf stützen (diese Holzstückchen sind Mit-Spieler). Die anderen Holzstückchen spielen momentan keine Rolle (Nicht-Spieler).

Wollen Sie auf ein bestimmtes Holzstückchen treten, dann müssen Sie es kurz studieren. Wie ist es geformt? Wie trete ich am besten drauf, ohne dass ich stolpere oder abrutsche? Wie will ich es? Wie ist es stimmig? Durch diese Fragen und Beobachtungen stellen Sie sich kurz dem entsprechenden Holzstückchen zur Verfügung und passen sich durch innere Musterumbildungen an die Form an (Basismuster Mit-Spieler). Dadurch sind Sie in der Lage, optimal zu „treffen". Die Form aller anderen Holzstückchen interessiert Sie momentan nicht. Aus der Perspektive der anderen, denen Sie sich *nicht* anpassen, sind Sie gerade ein Nicht-Spieler.

Sie tanzen auf den Stimmigkeitsgefühlen vieler Menschen. Manche berühren Sie dabei, manche nicht. Auf manchen bleiben Sie ein Weilchen, andere überspringen Sie, wieder andere sind weit weg.

Egal, was Sie tun: Sie kommen in Ihrem Leben von diesem Parkett nicht herunter (in Verbundenheit mit allem). Selbst wenn Sie sich komplett aus der Welt zurückziehen würden, gibt es Menschen, die das als stimmig oder unstimmig einstufen.

Es gibt keine kollektive Stimmigkeit, so wie es nie zwei identische Wünsche nach identischen Gleichgewichten gibt. Selbst wenn einige Menschen so tun und generalisieren und Behauptungen aufstellen, die allgemeingültig erscheinen. Das Parkett wird nie „glatt". Es bleibt immer holprig aufgrund der vielen Unterschiedlichkeiten. Dadurch bleibt auch immer Ihre Aufmerksamkeit gefordert, weil Sie den Wunsch nach Gleichgewicht haben.

Und auch dieser Absatz, den Sie eben gelesen haben, ist „nur“ das Ergebnis des individuellen Stimmigkeitsgefühls des Autors.

Wenn ein anderer Mensch mit Ihnen zusammen auf diesem Parkett tanzt, dann tanzt er immer mit einem anderen Stimmigkeitsgefühl und auf anderen Stimmigkeitsgefühlen als Sie.

Wenn Sie rückwärts tanzen, dann machen Sie keine Rückschritte, denn Sie treffen immer wieder auf neue und andere Stimmigkeitsgefühle anderer Menschen. Weiterhin bleiben Sie als „Spieler“ und damit als „Chef*in Ihres Erlebens“ frei in Ihren Wahlmöglichkeiten.

Mit jedem Ungleichgewicht, das Sie erleben und auch selbst erschaffen, und mit jedem neuen Gleichgewicht, das Sie finden, um sich selbst neu aufzufangen (Treffer), verbessern Sie sich (Musterbildung) und reifen. Dabei sind Sie immer begleitet und geführt von Ihrem eigenen Stimmigkeitsgefühl und von allen Stimmigkeitsgefühlen Ihrer weisen inneren vielfältigen und lebendigen Musterautomatismen.

Je mehr Bewegungsmöglichkeiten Sie antrainiert und daraus neue Musterautomatismen gebildet haben, umso mehr Wahlmöglichkeiten haben Sie bei jedem Schritt, umso unabhängiger fühlen Sie sich, umso leichter fällt Ihnen das Tanzen, umso mehr „schweben“ Sie aufmerksam und wach über dieses gesamte Stimmigkeits-Parkett – und umso mehr Freude macht es. Stimmig! Treffer! Jeder Schritt, jeder Sprung, jeder Flug!

In diesem Sinne: Let´s dance!

Nach diesem Buch

Wenn Sie wollen, können Sie nach dem Lesen dieses Buches noch einmal die fünfzehn Stufen ab Seite 47 durchlesen und beobachten, ob sich in Ihrem Gefühl etwas verändert hat. Stufen Sie sich jetzt woanders ein? Wie haben sich Ihr Gefühl zu den Stufen und Ihr Blickwinkel verändert?

Während einer Freien Systemischen Aufstellung beobachtete ich, wie Teilnehmerin A „endlich" glücklich auf ihr Ziel zugehen und es umarmen konnte und sich wie befreit verhielt. Dabei hatte ich das Gefühl, dass hier irgendetwas noch nicht stimmt. Ich sagte aber nichts, weil ich noch keine Klarheit hatte. Eine andere Teilnehmerin B bestätigte mein Gefühl indirekt, indem sie mitteilte, dass sie sich von Teilnehmerin A irgendwie ausgeschlossen fühlte. Dann wurde mir etwas klar:

Wenn man glücklich sein Ziel erreicht hat, kann man auf zwei unterschiedliche Weisen auf den Weg zurückschauen, den man gebraucht hat, um zum Ziel zu gelangen:

1. „Endlich habe ich mein Ziel erreicht. Endlich ist der mühsame Weg dorthin vorbei! Nie wieder muss ich so einen Weg gehen!"
2. „Ich freue mich sehr, mein Ziel erreicht zu haben, und bin tief in meinem Herzen dankbar für den gesamten Weg, den ich dafür gebraucht habe. Ohne diesen Weg wäre ich nicht da, wo ich jetzt bin. Ich würde diesen Weg jederzeit wieder gehen."

Wenn wir die erste Haltung gegenüber unserem eigenen Weg haben und nun mit dieser Haltung anderen Menschen helfen, *ihr* Ziel zu erreichen, dann strahlen wir gegenüber ihrem Weg unbewusst eine Abwertung aus. Es wirkt noch ein unverarbeiteter Schmerz in uns, den wir auf unserem eigenen Weg erlebt haben.

Die anderen Menschen haben zu uns unangenehme resonierende Empfindungen. Weil sie aber diese Empfindungen meistens nicht als „resonierend“ identifizieren können, deuten sie es oft auf sich selbst bezogen. Sie fühlen sich in ihren Lernprozessen von uns nicht gesehen, nicht verstanden, sondern eher unwohl oder unter Druck gesetzt oder können keine Motivation entwickeln.

Wie viele Eltern „bemühen“ sich angestrengt gegenüber ihren Kindern, dass die Kinder ***nicht*** das gleiche durchmachen müssen, wie die Eltern in ihrer Kindheit erleben mussten?! Und wie fühlen sich die Kinder in Resonanz dazu? Liebevoll und verständnisvoll begleitet? Vielleicht fühlen sie sich eher bemuttert, haben das Gefühl, den Heilungshierarchien der Eltern zur Verfügung stehen zu müssen, und reagieren genervt. Die Eltern haben es schwer, die Kinder zu motivieren.

Wenn wir die zweite gelöste und dankbare Haltung gegenüber unserem eigenen Weg haben und aus dieser Haltung heraus anderen Menschen helfen, *ihr* Ziel zu erreichen, dann begleiten wir sie gerne und geduldig. Die anderen Menschen fühlen sich gewürdigt, gesehen und intensiv unterstützt. Kinder fühlen sich frei, dazugehörig und wachsen gerne über sich hinaus.

Würde mich heute jemand fragen: „Olaf, wenn du die Chance hättest, dein Leben noch einmal zu leben, mit dem Unterschied, von Anfang an zu wissen, was dich erwartet, würdest du irgendetwas anders machen?“

Meine Antwort: „Nein, ich würde nichts anders machen. Ohne diesen Weg – mit allem Leid und allem Glück – wäre ich nicht so, wie ich jetzt bin. Und so, wie ich jetzt bin, bin ich absolut einverstanden. Ich bin zutiefst dankbar, dass mich mein gesamtes bisheriges Leben zum Schreiben vieler Bücher und letztendlich zum Schreiben *dieses* Buches geführt hat. Ohne meinen Weg hätte ich dieses Buch nie schreiben können.“

Es ist tatsächlich ein Buch geworden, durch das ich selbst das Gefühl habe, alles Menschliche unter einen Hut bekommen zu haben. Es bildet für mich zusammen mit meinen anderen Büchern endlich eine innere schlüssige Basis, die ich mir eigentlich schon als Jugendlicher gewünscht hätte, die mir aber niemand hat geben können. Und so habe ich mich damals auf eine lange Suche gemacht. Diese Suche ist für mich nun abgeschlossen. Es wird weitere Entwicklungen und weitere Projekte geben, aber diese ganz spezielle Suche, die über viele Jahre bis zu diesem Buch geführt hat, ist mit der Fertigstellung des Buches beendet.

Während der Arbeit an diesem Buch war ich intensiv in die Materie eingetaucht, habe viele Erfahrungen und Erkenntnisse beschrieben, einiges Neue entwickelt und erfolgreich auf mich und meinen Kontakt zu meinem Umfeld übertragen. Nachdem das Buch fertig war, stand ich wieder im Alltag und hatte das Gefühl: „Meine innere Suche ist abgeschlossen, aber sonst hat sich nichts verändert. Mein Umfeld ist immer noch genauso wie vorher." Es fühlte sich zunächst so an, als ob ich in den Zustand zurückrutschte, in dem ich mich vorher befunden hatte. Die genialen Wirkungen der aufgeschriebenen Denkmodelle begannen zu verschwinden. Dann wurde mir klar: „Wie soll sich das Umfeld verändert haben und mit mir meine Erfahrungen teilen können, wenn es nichts davon mitbekommen hat, was ich für Veränderungsprozesse durchlebt habe? Klar, dass ich keine Änderung fühle, wenn ich mich in intensiver Resonanz zu meinem Umfeld befinde."

Mir fiel wieder ein, die Dinge unabhängig voneinander zu machen.

Ich stellte mir vor, dass mein Erleben mit den Inhalten des Buches vollkommen *unabhängig* von der Ausstrahlung meines aktuellen Umfeldes ist und *gleichzeitig* bestehen kann. In dem Moment hatte ich wieder vollen Zugang zu meinem Begeisterungsgefühl, das ich während der Arbeit an diesem Buch erlebt hatte. Gleichzeitig konnte ich mich wieder an viel mehr Inhalte erinnern und sie erfolgreich im Kontakt mit meinem aktuellen Umfeld anwenden. Letztendlich wurde mir bewusst, wo ich mich überall weiterentwickelt habe - unabhängig von meinem Umfeld.

Vielleicht ergeht es Ihnen ähnlich.

Eine Weisheit des Zen-Buddhismus besagt:

„Vor der Erleuchtung: Holz hacken und Wasser holen. Nach der Erleuchtung: Holz hacken und Wasser holen."

Lasse ich die Erleuchtung und den Alltag *unabhängig* voneinander parallel und gleichzeitig bestehen, ergibt sich für mich daraus:

Erleuchtet Holz hacken und Wasser holen.

Ergänzungen

Mit über 130.000 verkauften Exemplaren eines der erfolgreichsten Bücher im Bereich Lebenshilfe, Coaching und Systemaufstellungen:

Ich stehe nicht mehr zur Verfügung (Band 1)

Wie Sie sich von belastenden Gefühlen befreien und Beziehungen völlig neu erleben

Jeder Mensch sehnt sich nach guten Gefühlen, nach Harmonie, besonders in der Begegnung mit anderen Menschen. Doch wir übernehmen zumeist unbewusst „stellvertretende Rollen“ und rutschen in die damit korrespondierenden Gefühle hinein. Wir sind nicht zu hundert Prozent wir selbst, sondern wir erleben „resonierende Empfindungen“, die uns steuern.

Empathie-Spezialist Olaf Jacobsen deckt den Hintergrund auf, warum wir uns automatisch und unbewusst in andere Menschen einfühlen. Mit Hilfe zahlreicher Beispiele aus alltäglichen Lebenssituationen stellt er Möglichkeiten vor, wie wir uns unabsichtlichen Rollen nicht mehr zur Verfügung stellen, um damit eine wirklich authentische Kommunikation und authentisches Verhalten zu ermöglichen. Legen wir bewusst eine Rolle ab, so verschwinden gleichzeitig alle daran gekoppelten seelischen und körperlichen Beschwerden, und wir fühlen uns erleichtert.

Wir haben in unserem Leben viel öfter die freie Wahl,
als wir bisher dachten.

„Du hast absolut recht. Dieser Satz ‚Ich stehe nicht (mehr) zur Verfügung‘ passt erstaunlich oft und es lebt sich damit langfristig sehr viel besser. Vor allem im Job habe ich in den letzten Wochen sehr häufig davon Gebrauch gemacht und siehe da: Plötzlich hat sich die Lage total entspannt.“
(Kerstin S.)

ISBN: 978-3-936116-60-1

Ich stehe nicht mehr zur Verfügung Band 2

Die Kritik von anderen hat nichts mit mir zu tun

In der Hirnforschung ist klar: Unser Gehirn nimmt die Wirklichkeit nicht wahr, wie sie ist, sondern es konstruiert die Realität in sich selbst. Es braucht optimal funktionierende Programme (neuronale Netzwerke), um die äußere Realität so gut wie möglich in sich selbst abzubilden. Je empathischer die „inneren Browser" gestaltet sind, umso näher leben wir an der wirklichen Realität.

Wir alle kennen es, dass Menschen mit schmerzvollen inneren Programmen aus der Kindheit viel öfter dazu neigen, die Realität zu verzerren. Sie missverstehen andere, sind unklar, vermischen vieles, verbreiten Unwahrheiten und verhalten sich destruktiv, distanziert und unkooperativ.

Olaf Jacobsen bietet einen aktualisierten „Realität-Browser" an, den Sie sich durch Lesen und Übungen allmählich in Ihr Gehirn und ins Herz „herunterladen". Mithilfe der in diesem Buch angebotenen Erkenntnisse und Sichtweisen werden Sie neu auf Ihr Umfeld schauen. Sie können „sehen" und damit auch spüren, dass destruktives Verhalten und Kritik anderer Menschen tatsächlich nichts mit Ihnen zu tun haben. Vielleicht lösen Sie durch Ihr Verhalten im Gegenüber Reaktionsmuster aus – doch wie Ihr Gegenüber mit seinen aktivierten Mustern umgeht, ist vollkommen unabhängig von Ihnen. Jeder Mensch ist frei, den eigenen Realität-Browser im Gehirn selbst zu gestalten und dadurch entweder ein anstrengendes oder ein angenehmes, möglicherweise sogar glückliches Leben zu führen.

Sie lernen eine Flexibilität im Denken und Fühlen, mit der Sie fremden unangenehmen Sichtweisen nicht mehr zur Verfügung stehen. Stattdessen entwickeln Sie Betroffenheit und Mitgefühl für diejenigen, die einen Zusammenhang schmerzvoll betrachten und kommunizieren müssen ...

Dieses Buch führt Neurowissenschaften, kreative Lebenshilfe und Achtsamkeit zusammen – und bringt es auf den Punkt.

ISBN: 978-3-936116-26-7

Danke!

Hey, Jacqueline, mein lieber Schatz, ich danke dir von Herzen dafür, wie du mich bei der Arbeit an diesem Buch unterstützt hast! Ich habe mich sehr frei darin gefühlt, diese ganzen sieben Monate nur der Arbeit an dem Buch zu widmen. Auch deine Anregungen haben das Buch in ein noch besseres Gleichgewicht bewegt.

Meine lieben inneren Musterautomatismen!

Ohne Euch wäre dieses Buch nicht entstanden. Wirklich genial, was Ihr in mir für Antworten geformt habt, nachdem ich Euch so viele verschiedene Dinge gefragt habe! Eigentlich habt *Ihr* dieses Buch geschrieben – nicht ich. Aber da Ihr ein Teil von meinem allumfassenden Ich seid, erlaube ich mir, meinen Namen vorne auf dem Buch als Autor anzugeben. Ich danke Euch von Herzen!

Tiefen Dank ans weise Universum!

Ausbildung für Freie Systemische Aufstellungen

„Drei auf einen Streich“ - eine Ausbildung mit drei Zielen:

- ✓ Ausbildung darin, eigenverantwortlich und effektiv mit seinen eigenen Systemaufstellungen umzugehen (Selbstorganisation)
- ✓ Ausbildung im Organisieren von Freien Systemischen Aufstellungen (Abschluss: „**Organisator*in für Freie Systemische Aufstellungen**“)
- ✓ Ausbildung im Ausbilden von Organisator*innen (Abschluss: „**Ausbilder*in im Organisieren von Freien Systemischen Aufstellungen**“)

An drei Wochenenden bilden sich die Teilnehmer*innen darin aus, eigenverantwortlich, selbstständig und effektiv das Phänomen der „Resonierenden Empfindungen“ zu nutzen, eine eigene Systemaufstellung mithilfe einer Gruppe oder für sich allein frei anzuwenden, mit ihr frei umzugehen und das Beste aus ihr herauszuholen.

Gleichzeitig bilden sich die Teilnehmer*innen zur/zum Organisator*in für Freie Systemische Aufstellungen aus. Das bedeutet: Die Teilnehmer*innen können nach der Ausbildung selbst die Freien Systemischen Aufstellungen organisieren. Sie können in einer Veranstaltung anderen interessierten Menschen Freie Systemaufstellungen anbieten und sie darin einführen, wie man effektiv seine eigene Aufstellung nutzen und das Beste aus ihr herausholen kann.

Ebenso befähigen sich die Teilnehmer*innen dieser Ausbildung dazu (und erhalten die Erlaubnis), selbst diese „Ausbildung für Freie Systemische Aufstellungen“ anzubieten.

Für die Teilnahme gibt es keine Voraussetzung. Auch wer Aufstellungen noch nicht erlebt hat, darf an dieser Ausbildung eigenverantwortlich teilnehmen.

Ausbilder*in: Jacqueline & Olaf Jacobsen

Empathisches NeuroSonanz-Coaching

Olaf Jacobsen stellt ein Coaching für alle möglichen Fragen und Themen zur Verfügung, in welchem er u. a. folgende Werkzeuge anbietet:

- ✓ Lösende Imaginationen und Techniken im einfühlsamen Gespräch
- ✓ Findungsprozesse mithilfe von Einzelaufstellungen
- ✓ Befreiende Realitätsbrille mithilfe des NeuroSonanz®-Modells

Ein Coaching ist wie folgt erlebbar:

- ✓ am Telefon
- ✓ in einer Video-Konferenz über das Internet (z. B. über zoom.com)
- ✓ in einem Direktkontakt vor Ort (Karlsruhe, Köln)

Weitere Infos: www.in-resonanz.net/Olaf-Jacobsen_Beratungen.html

Einen Termin buchen Sie per E-Mail: olaf-jacobsen@in-resonanz.net

Über den Autor

Olaf Jacobsen ist ein deutscher Empathie-Spezialist und Autor. Er gilt als Pionier der klientenzentrierten Systemaufstellung. 2003 entwickelte er die Freie Systemische Aufstellung, erfand 2014 das NeuroSonanz®-Modell und leitet die von ihm begründete Empathie-Schule NeuroSonanz® in Karlsruhe und in Köln.

Geboren am 11. Juni 1967 in Neumünster, Studium in Karlsruhe an der Staatlichen Hochschule für Musik und Universität (Musik und Mathematik), Dirigent, Pianist, Tenor, Musikpädagoge, intensives Studium und Erforschung eigener Gefühle, Empathie-Coach, Systemischer und Psychologischer Coach, Unternehmensberater im Bereich "Kommunikation & Gefühle", Experte für Resonierende Empfindungen, Bestseller-Autor.

Infos & Kontakt unter www.olafjacobsen.com

Ausführlicher Lebenslauf unter:
https://www.in-resonanz.net/Olaf-Jacobsen_Lebenslauf.html

Veröffentlichungen von Olaf Jacobsen

Leseproben und Bestellungen (ohne Versandkosten, per Rechnung) unter www.olaf-jacobsen-verlag.de

Trilogie „Basis-Erkenntnisse":

So, jetzt ist aber genug! Die Geburt einer Weltformel (1996, aktualisierte Neuauflage 2014, E-Book 2019)

Bewegungen in neue Gleichgewichte. Bewegende Sichtweisen für unseren Alltag (2000, aktualisierte Neuauflage 2014, E-Book 2019)

Die Vollkommenheit des Universums. (Das) Nichts ist All-ein, Alles ist in Resonanz (2001, aktualisierte Neuauflage 2014, E-Book 2019)

Trilogie „Freie Systemaufstellung":

Das freie Aufstellen - Gruppendynamik als Spiegel der Seele. Eine Einführung in eine freie Form der Systemischen Aufstellungen (2003, E-Book 2019, aktualisierte Neuauflage 2021)

Freie Systemaufstellung: Das fühlt sich richtig gut an! Gefühle erforschen, Klarheit gewinnen und den Alltag befreit leben (2012, E-Book 2019, aktualisierte Neuauflage 2021)

Ich stelle selbst auf. Wie Sie Ihre Selbstheilungskräfte durch Freies Aufstellen aktivieren (2011, E-Book 2019, aktualisierte Neuauflage 2021)

Impulskarten für Freie Systemische Aufstellungen. Wenn Sie in Ihrer Aufstellung nicht mehr weiterwissen (2012/2021)

Trilogie „Ich stehe nicht mehr zur Verfügung":

Ich stehe nicht mehr zur Verfügung. Wie Sie sich von belastenden Gefühlen befreien und Beziehungen völlig neu erleben (2006, E-Book 2021, aktualisierte Neuauflage 2021)

Ich stehe nicht mehr zur Verfügung 2. Die Kritik von anderen hat nichts mit mir zu tun (2010, E-Book 2020, aktualisierte Neuauflage 2021)

Hilfe! Ich stehe *unbewusst* zur Verfügung Unbewusste Beeinflussungen aufdecken – für ein unabhängiges Leben (2016/2021, E-Book 2019)

Stehe ich zur Verfügung? Das Kartenset für jede Situation (2021, E-Book 2020)

Ich stehe nicht mehr zur Verfügung – Die Essenz (CD). Wie Sie sich von belastenden Gefühlen befreien und Beziehungen völlig neu erleben, Hörbuch zu Band 1 (2009) – **Restexemplare nur beim www.olaf-jacobsen-verlag.de erhältlich**

Drei Bücher „Selbstreflexion & Empathie“:

Der lebendige Spiegel im Menschen. In Resonanz lernen – lösen – leben – lieben (Jacqueline & Olaf, 2014, E-Book 2019, Neuauflage 2021)

Meine Eltern sind schuld! Was unsere Eltern falsch gemacht haben und immer noch falsch machen (2014, E-Book 2019, Neuauflage 2021)

Die Kriegs-Trance und das Mitgefühl Warum wir fast alle betroffen sind und wie wir daraus aufwachen (2015, E-Book 2019, Neuauflage 2021)

Drei Bücher „Werkzeuge für Potenzialentfaltung“:

Der Mann, der sich glücklich weinte Tränen befreien das Gehirn, das Menschsein und die Gesellschaft (PDF-eBook 2019, erweiterte Neuauflage 2021)

Das Handbuch der resonierenden Empfindungen Wie wir mit Gefühlen umgehen können, die in Verbindung zu unserem Umfeld stehen (2022)

Das NeuroSonanz-Modell Die vollständige Erklärung unseres Menschseins (PDF-eBook 2019)

Wie wird das Ziel erreicht? Das E-Kartenset rund um Ziele, Wünsche, Bedürfnisse (E-Book 2020)

Olafs komplette Werkzeugkiste Das umfassende E-Kartenset (beinhaltet alle anderen Kartensets und noch mehr, über 400 Karten, **nur als PDF-Datei**, 2020) – nur beim www.olaf-jacobsen-verlag.de erhältlich

Weitere Schriftwerke:

Das trifft sich gut Ein Schlaganfall, seine dramatischen Folgen und wie er zum wundervollen Geschenk wurde (Jacqueline & Olaf, Autobiographie 2018, E-Book 2019)

HauptRolle Es geht immer um das stimmigste Rollengefühl (E-Book als PDF-Datei, 2019) – ***kostenfrei*** auf www.olaf-jacobsen-verlag.de

Wie wir uns ändern und die Erde retten Wir haben bereits alles Wissen – nur die Umsetzung fehlt noch (E-Book als PDF-Datei, 2019) – ***kostenfrei*** auf www.olaf-jacobsen-verlag.de

Die spiegelnde Gruppe

Die Freien Systemischen Aufstellungen sind im Jahr 2003 von Olaf Jacobsen begründet worden. Dieses Buch ist das allererste, das über das Freie Aufstellen geschrieben wurde, und bildet die Basis zu allen weiteren Büchern über diese effektive Selbsthilfemethode.

Das Freie Aufstellen nutzt das Phänomen der „Resonanz“ in unseren Gefühlen. Sogenannte „resonierende Empfindungen“ tauchen auf, sobald wir uns als Stellvertreter*in für die Probleme und Fragen anderer Menschen zur Verfügung stellen. Wir beginnen, die Personen oder Anteile des fremden Problems in uns selbst zu spüren, und bieten dadurch der aufstellenden Person einen Spiegel für ihr Anliegen.

Olaf Jacobsen entwickelte diese Methode, damit die resonierenden Empfindungen auch außerhalb eines therapeutischen oder fachlich geleiteten Rahmens von allen selbstständig genutzt werden können. Dadurch handelt es sich um die erste „echte“ Form der klientenzentrierten Systemaufstellung. Jeder, der daran Interesse hat, sich mithilfe anderer Menschen sein Anliegen spiegeln zu lassen und eigenverantwortlich Lösungen dafür zu finden, kann an einer Gruppe für Freies Aufstellen teilnehmen. Auch im Freundeskreis kann eine solche Gruppe selbstständig organisiert werden.

Dieses Buch enthält die ersten praktischen Anleitungen und theoretischen Hintergründe zu den Freien Systemischen Aufstellungen.